NIVEAU
B1

# ÉDITO

*Méthode de français*



Marion Dufour
Julie Mainguet
Eugénie Mottironi
Sergueï Opatski
Marion Perrard
Ghislaine Tabareau

didier
rfi SAVOIRS

**Note de l'éditeur :** ***Édito*** étant fondé sur le document authentique, vous trouverez, dans cet ouvrage, des anglicismes caractéristiques des nouvelles tendances dans les modes de vie (travail, consommation, ville, loisirs…).

Une activité complémentaire sur **savoirs.rfi.fr**

**Prolongez votre apprentissage sur rfi SAVOIRS**

Le partenariat entre RFI et les éditions Didier vous permet d'accéder sur votre smartphone ou votre tablette à un nouveau document sur la thématique de l'unité. Téléchargez une application de scanner QR Codes pour le découvrir et répondez au quiz !

**Couverture :** Ellen Gögler
**Principe de maquette :** Christian Dubuis-Santini © Agence Mercure
**Déclinaison maquette :** Sabine Beauvallet
**Mise en page :** Nadine Aymard
**Édition :** Laure Mistral, Laurie Millet
**Illustrations :** Fanny Regeste (11, 17, 43, 75, 107, 139, 171), Delphes Desvoivres (27, 59, 91, 123, 155, 187)
**Documents iconographiques :** Dany Mourain
**Photogravure :** RVB
**Enregistrements, montage et mixage des audios :** Pierre Rochet - Eurodvd
**Formatage et sous-titrage des vidéos, authoring DVD :** INIT Éditions-Productions


ISBN 978-2-278-08773-0
Dépôt légal : 8773/12 - 5423579/04

Achevé d'imprimer en Italie en février 2022 par L.E.G.O. (Lavis).

PAPIER À BASE DE FIBRES CERTIFIÉES

éditions didier s'engagent pour l'environnement en réduisant l'empreinte carbone de leurs livres. Celle de cet exemplaire est de : 1,2 kg éq. $CO_2$
Rendez-vous sur www.editionsdidier-durable.fr

# AVANT-PROPOS

***Édito B1*** s'adresse à des étudiants adultes ou grands adolescents ayant acquis le niveau A2 du *Cadre européen commun de référence pour les langues* (CECRL).
Il couvre le niveau B1 du CECRL et permet aux apprenants de se présenter au DELF B1 (des productions de type DELF au fil des unités et des entraînements dans le livre et dans le cahier).

Ce manuel privilégie l'approche par tâches communicatives authentiques grâce auxquelles l'apprenant développera des savoir-faire en interaction.

- Le livre de l'élève comprend 12 unités, centrée chacune sur un thème qui sera abordé au travers des quatre compétences.
  Les unités sont composées de supports variés : des documents authentiques didactisés (écrit, audio ou vidéo) provenant de divers horizons ou médias francophones, mais aussi des dialogues enregistrés de la vie quotidienne.

- Un accent particulier est mis sur la découverte de la grammaire et du lexique. ***Édito B1*** propose une démarche guidée de la grammaire qui va de l'observation (Échauffement) à la systématisation (Entraînement) en passant par l'explication de la règle (Fonctionnement). Des tableaux offrent une vision synthétique des points traités et des listes de vocabulaire sont dynamisées par des activités de réemploi.
  En fin d'unité, « L'essentiel » permet de faire le point sur les acquis grâce à des activités grammaticales.

- Les activités de productions écrite et orale proposées favorisent les échanges interculturels et mettent l'étudiant(e) en situation de communication authentique, lui permettant ainsi de s'adapter à des situations concrètes qu'il pourrait vivre dans un contexte francophone.
  Des encadrés d'aide à la communication ainsi que des encarts « Au fait ! » jalonnent les unités pour guider l'étudiant(e) dans ses productions mais aussi lui donner des informations sur des points linguistiques ou culturels.

- La rubrique « En direct sur RFI » vous propose un document dans le livre et un deuxième sur le site RFI Savoirs. Ce document, accessible via un QR code, invite l'apprenant à réaliser un quiz.

- La phonétique est intégrée dans chaque unité afin d'aider l'apprenant à perfectionner sa prononciation, à le sensibiliser à l'intonation grâce à des exercices ciblés et ludiques.

- À la fin de chaque unité, une page « Ateliers » (dont un Atelier tech' qui repose sur l'utilisation des nouvelles technologies) rassemble des tâches/projets à réaliser en groupe, afin que les apprenants puissent réutiliser activement les savoirs acquis tout au long de l'unité, en faisant appel à leur créativité.

- En alternance, en fin d'unité, on trouvera soit une page « Détente » avec des activités récréatives soit une page de stratégies d'apprentissage et de préparation au DELF B1.

- Les transcriptions des audios et des vidéos complètent ce manuel.

- Un DVD-Rom comprenant tous les enregistrements et les vidéos est joint à ce manuel.

ÉCOUTE PETIT, TU ENTENDS? ÇA C'EST DE LA MUSIQUE!

## Unité 3 p. 43

# Travailler autrement

### Communication
- Exprimer sa saturation
- Relater une expérience professionnelle
- Parler de son rôle, de ses responsabilités passées
- Évoquer sa vision du monde du travail
- Exprimer son opinion
- Parler de ce qui rend heureux au travail
- Exprimer sa motivation

### Grammaire
- Les pronoms relatifs simples : *qui, que, dont, où*
- L'expression de l'opinion (1) : sans subjonctif
- L'expression du but

### Vocabulaire
- Le monde du travail
- Le marché du travail

### Phonétique
- La prononciation de la consonne finale

### Socioculturel
**Documents francophones**
**Suisse :** article (une Fribourgeoise nomade digitale)
**Belgique :** article (les jeunes et l'entreprise)

**CIVILISATION**
La féminisation des mots

**▶ VIDÉO**
*La Loi du marché (extrait de film)*

**rfi SAVOIRS**
- Viemonjob.com
- @ L'entretien d'embauche

| | |
|---|---|
| **Ateliers** | **1.** Mettre en valeur ses qualités — ATELIER TECH' **2.** Faire un tutoriel |
| **Détente** | Quiz : Êtes-vous fait pour travailler chez vous ? |

## Unité 4 p. 59

# Date limite de consommation

### Communication
- Présenter un sujet
- Exprimer différents degrés de certitude
- Exprimer l'évidence
- Exprimer son point de vue
- Comparer différents modes de consommation
- Décrire un lieu

### Grammaire
- L'expression de l'opinion (2) : indicatif *vs* subjonctif
- Le comparatif et le superlatif
- La place de l'adjectif

### Vocabulaire
- La mode et la consommation
- La consommation collaborative

### Phonétique
- L'enchaînement vocalique

### Socioculturel
**CIVILISATION**
Quel consom'acteur êtes-vous ?

**▶ VIDÉO**
Quand les gares font des affaires *(reportage)*

**rfi SAVOIRS**
- **Suisse :** un magasin gratuit
- @ La vente en vrac

| | |
|---|---|
| **Ateliers** | **1.** Mettre en place un projet de lutte contre le gaspillage — ATELIER TECH' **2.** Réaliser une série de portraits vidéo de commerçants |
| **DELF B1** | Stratégies et exercice 2 de l'épreuve : Compréhension de l'oral |

## Unité 5 p. 75

# Le français dans le monde

| Communication | Grammaire | Vocabulaire | Socioculturel |
|---|---|---|---|
| • Parler de la diversité des cultures francophones<br>• Parler des avantages et des inconvénients d'une langue unique<br>• Hésiter à s'expatrier<br>• Exprimer la confiance, encourager<br>• Raconter deux événements passés antérieurs l'un à l'autre<br>• Situer dans le temps : exprimer la chronologie | • Le plus-que-parfait<br>• Les pronoms *en*/*y* et la double pronominalisation<br>• Les indicateurs de temps (2) : l'antériorité, la simultanéité, la postériorité | • Les relations sociales et interculturelles<br>• La diversité<br><br>**Phonétique**<br>• Les liaisons facultatives | **Documents francophones**<br>**Belgique/Canada :** interview radio (une Belge au Canada)<br>**Vanuatu :** émission radio (des habitants heureux), couverture de livre *(La Parole des sables)*<br>**Louisiane :** article (la « survie » des francophones)<br>**CIVILISATION**<br>Faites voyager vos histoires dans l'espace<br>▶ **VIDÉO**<br>La langue française évolue avec le temps *(reportage)*<br>**rfi SAVOIRS**<br>• L'atelier « Lingua Libre »<br>• @ Les « franco-combattants » de l'Alberta |
| **Ateliers** | **1.** Créer un test de vocabulaire français | ATELIER TECH' **2.** Réaliser un reportage sur les musiques francophones | |
| **Détente** | Quiz : Quels anglicismes remplacent ces mots francophones ? | | |

## Unité 6 p. 91

# Médias en masse

| Communication | Grammaire | Vocabulaire | Socioculturel |
|---|---|---|---|
| • Exprimer une difficulté à faire quelque chose<br>• Parler de son rapport aux médias et à l'information<br>• Raconter et réagir à un fait-divers<br>• Rédiger un article pour la presse à sensation<br>• Rapporter un événement<br>• Débattre sur l'indépendance des journaux | • La nominalisation de la phrase verbale<br>• Le passif<br>• Les adverbes de manière en *-ment* | • Le journalisme et les médias sociaux<br>• La presse<br><br>**Phonétique**<br>• L'élision | **Documents francophones**<br>**Belgique :** article (les médias à l'ère du numérique)<br>**CIVILISATION**<br>L'aventure de la revue *XXI*<br>▶ **VIDÉO**<br>C'est quoi une information ? *(animation)*<br>**rfi SAVOIRS**<br>• Le mot de la semaine : la presse<br>• @ La radio au Sénégal |
| **Ateliers** | **1.** Écrire un canular | ATELIER TECH' **2.** Réaliser un reportage vidéo | |
| **DELF B1** | Stratégies : Construire un plan (productions écrite et orale) | | |

## Unité 7 p. 107

# Et si on partait ?

| Communication | Grammaire | Vocabulaire | Socioculturel |
|---|---|---|---|
| • Raconter un voyage<br>• Organiser un voyage<br>• Indiquer un itinéraire<br>• Faire des hypothèses<br>• Exprimer un regret<br>• Imaginer un passé différent | • L'expression du futur (présent, futur proche, futur simple)<br>• La condition et l'hypothèse (conditionnel présent)<br>• Le conditionnel passé | • Le voyage (1) : transport, hébergement, météo<br>• Le voyage (2) : localisation, paysage, organisation<br>**Phonétique**<br>• Les liaisons interdites : le « h » | **Documents francophones**<br>**Belgique :** extrait littéraire (Éric-Emmanuel Schmitt)<br>**Canada :** témoignage blog (une Française au Québec)<br>▶ **CIVILISATION**<br>Typique (mais pas trop)<br>▶ **VIDÉO**<br>*Le Voyage au Groenland (bande annonce de film)*<br>**rfi SAVOIRS**<br>• Le voyage à vélo<br>• @ Marcher jusqu'au bout du monde |
| **Ateliers** | 1. Faire le programme d'un séjour de cinq jours | ATELIER TECH' 2. Organiser un week-end avec deux budgets | |
| **Détente** | Voyageurs célèbres | | |

## Unité 8 p. 123

# La planète en héritage

| Communication | Grammaire | Vocabulaire | Socioculturel |
|---|---|---|---|
| • Réaliser une interview<br>• Insister, convaincre quelqu'un<br>• Informer sur la manière<br>• Exprimer deux actions simultanées<br>• Structurer son discours<br>• Rejeter une idée | • Les verbes et adjectifs suivis de prépositions<br>• Le gérondif<br>• L'ordre du discours | • Le recyclage<br>• L'écologie et les solutions pour l'environnement<br>**Phonétique**<br>• L'intonation montante ou descendante (phrase interrogative) | **Documents francophones**<br>**Suisse/Maroc :** émission radio (projet écologique au Maroc)<br>**Suisse :** article site (présentation documentaire *Demain Genève*)<br>**Suisse :** article (végétalisation des toits)<br>**CIVILISATION/VIDÉO**<br>*Demain (bande annonce de documentaire)*<br>**rfi SAVOIRS**<br>• Une déchetterie transformée en supermarché inversé<br>• @ Écotourisme dans le sud de la France |
| **Ateliers** | 1. Réaliser une affiche sur les alternatives écologiques | ATELIER TECH' 2. Organiser une chasse aux livres | |
| **DELF B1** | Stratégies et exemples de sujets : Production orale | | |

## Unité 9 p. 139

# Un tour en ville

| Communication | Grammaire | Vocabulaire | Socioculturel |
| --- | --- | --- | --- |
| • Manifester son dégoût<br>• Rapporter des paroles<br>• Proposer des améliorations pour rendre la ville plus agréable<br>• Écrire un mail de réclamation<br>• Interroger de manière soutenue<br>• Indiquer une quantité | • Le discours rapporté au présent et au passé et la concordance des temps<br>• L'interrogation (mots interrogatifs et inversion du sujet)<br>• Les indéfinis (la quantité) | • La propreté en ville<br>• Le bien-être en ville, l'art urbain<br>**Phonétique**<br>• Les courbes intonatives | **Documents francophones**<br>**Belgique :** vidéo (*video mapping*)<br>**CIVILISATION**<br>Parcours BD/Musées dans la rue<br>**▶ VIDÉO**<br>Illuminer la ville *(reportage)*<br>**rfi SAVOIRS**<br>• Street art ou graffitis : vandalisme ou expression artistique ?<br>• @ Le street art, un cauchemar pour l'urbanisme ? |

| | |
| --- | --- |
| **Ateliers** | **1.** Créer un dépliant pour la semaine de la propreté — ATELIER TECH' **2.** Créer un parcours de *video mapping* |
| **Détente** | La ville : mots croisés et ville idéale |

## Unité 10 p. 155

# Soif d'apprendre

| Communication | Grammaire | Vocabulaire | Socioculturel |
| --- | --- | --- | --- |
| • Parler de ses études<br>• Exprimer son inquiétude, ses souhaits<br>• Exprimer son intention de faire quelque chose<br>• Exprimer la cause et la conséquence<br>• Échanger sur un sujet de philosophie<br>• Exprimer sa satisfaction/son insatisfaction<br>• Exprimer la confiance/la méfiance | • La cause et la conséquence<br>• Le participe présent<br>• Les pronoms relatifs composés | • Les études<br>• Les connaissances<br>**Phonétique**<br>• La prononciation de [y] | **Documents francophones**<br>**Canada :** vidéo (utilisation de Wikipédia)<br>**CIVILISATION**<br>La philosophie au bac<br>**▶ VIDÉO**<br>Quand et comment utiliser Wikipédia ? *(animation)*<br>**rfi SAVOIRS**<br>• 50 bougies pour le BELC<br>• @ Suisse : apprentissage, la potion magique ? |

| | |
| --- | --- |
| **Ateliers** | **1.** Organiser un salon de l'étudiant — ATELIER TECH' **2.** Créer un cours en ligne |
| **DELF B1** | Exercices 1 et 2 de l'épreuve : Compréhension de l'oral |

## Unité 11 p. 171

# Il va y avoir du sport !

| Communication | Grammaire | Vocabulaire | Socioculturel |
|---|---|---|---|
| • Présenter l'utilité et les qualités d'un objet connecté<br>• Mettre en garde contre des modes d'accès à la médecine<br>• Mettre en valeur<br>• Parler de ses loisirs<br>• Confirmer/démentir<br>• Parler du futur | • L'ordre des doubles pronoms<br>• La mise en relief<br>• Le futur antérieur | • Le temps libre<br>• Le sport et la santé<br>**Phonétique**<br>• La prononciation de /Œ/ | **Documents francophones**<br>**Belgique :** article (tee-shirts connectés au service de la santé)<br>**CIVILISATION**<br>Échappez-vous !<br>▶ **VIDÉO**<br>Les Français aiment la course à pied *(reportage)*<br>**rfi SAVOIRS**<br>• Comment bien choisir son sport ?<br>• @ Entraîneur de Scrabble |
| **Ateliers** | **1.** Élaborer un parcours sportif | ATELIER TECH' **2.** Réaliser une présentation sur les bienfaits du sport | |
| **Détente** | En forme : charades | | |

## Unité 12 p. 187

# Cultiver les talents

| Communication | Grammaire | Vocabulaire | Socioculturel |
|---|---|---|---|
| • Parler de ses pratiques de lecture<br>• Exprimer l'opposition et la concession<br>• Exprimer ses goûts artistiques<br>• Exprimer le fait d'apprécier/de ne pas aimer<br>• Décrire une œuvre, un événement artistique<br>• Écrire une biographie | • L'opposition et la concession<br>• Les indicateurs de temps (3) liés au moment où on parle/à quelque chose qu'on raconte<br>• Le passé simple | • La littérature et la création<br>• L'art<br>**Phonétique**<br>• La prononciation des voyelles nasales | **Documents francophones**<br>Interview radio (Alain Mabanckou, écrivain **congolais**)<br>**Suisse** : texte et dessin (Yves Nussbaum, illustrateur BD)<br>**CIVILISATION**<br>Rencontre avec les artistes francophones<br>▶ **VIDÉO**<br>Valérian et Laureline sous les projecteurs *(reportage)*<br>**rfi SAVOIRS**<br>• *WIP*, nouvelle revue littéraire<br>• @ Printemps des poètes spécial « Afrique(s) » |
| **Ateliers** | **1.** Créer un guide d'exposition | ATELIER TECH' **2.** Organiser une exposition virtuelle | |
| **DELF B1** | Stratégies et exercice 2 de l'épreuve : Compréhension des écrits | | |

**Annexes**

# JOUEZ AVEC LES MOTS !

Voici quelques propositions d'activités pour jouer avec les listes des pages Vocabulaire.

## Faites travailler votre mémoire

***Reconstituez une liste***
Choisissez une liste et essayez de la mémoriser en 30 secondes. Ensuite cachez la liste et reconstituez-la à l'écrit ou à l'oral.
*Variantes :* recopiez une liste de mots d'une même catégorie et ajoutez-y un intrus. Montrez votre liste à un(e) partenaire qui doit retrouver l'intrus.

***Fabriquez un memory***
Sélectionnez des mots d'une page (entre 20 et 30) et fabriquez des petites cartes : écrivez un mot sur chaque carte, et chaque carte doit être en double. Ensuite vous pouvez jouer au memory à 2, 3 ou 4 joueurs.

## Triez les mots

***Sélectionnez les mots les plus importants***
Sur une page de vocabulaire, sélectionnez les 5, 10 ou 15 mots les plus importants pour vous et expliquez à un(e) partenaire pourquoi vous avez choisi ces mots.
*Variante :* dites quel est votre mot préféré sur une page de vocabulaire et justifiez votre choix.

***Fabriquez une chaîne de mots***
Avec un ou plusieurs partenaires, fabriquez une chaîne de mots d'une page de vocabulaire. Commencez par dire un mot, puis un(e) partenaire doit dire un autre mot se trouvant sur la page et ayant un rapport direct avec le premier mot. Continuez le plus longtemps possible sans répéter le même mot. (Exemple : *un fruit – un légume…*).

***Écrivez un poème***
Repérez les mots qui riment sur la page de vocabulaire et écrivez un court poème.

***Réutilisez les mots en contexte***
Choisissez un thème ou des personnages et écrivez un dialogue avec des mots de la page. Ces mots peuvent d'abord avoir été sélectionnés par un(e) partenaire ou par l'enseignant(e).

## Jeux de mots

***Les devinettes***
Choisissez un mot sur une page et donnez des indications à un(e) partenaire pour qu'il/elle devine le mot. Vous pouvez également faire deviner un mot avec une charade ou la traduction du mot.

***Le Pictionnary***
Sélectionnez des mots d'une page de vocabulaire et fabriquez des petites cartes. Écrivez un mot sur chaque carte. Formez des équipes de 2 ou 3. Tirez une carte au hasard et dessinez le mot pour le faire deviner à votre équipe.

***Les mots mêlés***
Fabriquez une grille de mots mêlés pour un(e) partenaire.

***Le Time's up***
Sélectionnez des mots d'une page de vocabulaire et fabriquez des petites cartes. Écrivez un mot sur chaque carte et faites-en un petit tas. Formez 3 ou 4 équipes de 2 à 4 personnes. Chacun(e) votre tour, essayez de faire deviner le plus de mots possible aux personnes de votre équipe en 1 ou 2 minutes. À la fin du temps imparti, c'est au tour de l'équipe suivante de jouer et ainsi de suite jusqu'à ce que tous les mots du paquet de cartes aient été devinés. Le jeu comporte 3 tours : au premier tour, tout est permis pour faire deviner chaque mot. Au deuxième tour, vous ne pouvez prononcer qu'un mot et au troisième tour, vous devez mimer le mot.

***Le petit bac***
Tracez des colonnes sur une feuille. La première colonne est celle de la lettre choisie et la dernière permet de compter les points. Les autres colonnes correspondent aux catégories de la page de vocabulaire que vous étudiez. Donnez une lettre au hasard et remplissez le tableau le plus vite possible avec des mots qui commencent par la lettre imposée. Le premier/La première à avoir rempli sa grille gagne 2 points supplémentaires, il/elle les perd si un de ses mots n'est pas correct. Vous gagnez un point par mot correct trouvé et 2 points si vous êtes le seul/la seule à avoir trouvé ce mot.

# VIVRE ENSEMBLE

**Objectifs**

- Exprimer son intérêt, son indifférence
- Exprimer une obligation, une permission, une interdiction
- Conseiller

> *« Le monde du partage devra remplacer le partage du monde. »*
> Claude Lelouch (cinéaste)

# DOCUMENTS

## A La Louve : une autre idée du supermarché

**Le secteur de la grande distribution connaît une petite révolution depuis l'ouverture de La Louve à Paris, le premier supermarché coopératif et participatif. Il est maintenant permis de rêver à un autre modèle de distribution. Rencontre avec Tom Boothe.**

Brian HORIHAN et Tom BOOTHE, fondateurs de La Louve.

**Un projet inspiré par la coopérative new-yorkaise Park Slope Food Coop**

À La Louve, on a le droit de faire ses courses si on est actionnaire de la coopérative. Tom Boothe nous explique les détails : *« Pour faire partie de La Louve, il faut que vous achetiez 10 parts à 10 euros et ensuite, travailler à la caisse ou à la mise en rayon trois heures par mois. C'est ça qui permet de réduire les frais et de proposer des produits 20 à 40 % moins chers. »*

**Les actionnaires : des consommateurs pour qui bien manger est important**

Tom Boothe insiste sur l'aspect non lucratif du projet : *« Le but de la chaîne agro-industrielle n'est pas d'apporter santé et bien-être au consommateur. »* La Louve est donc une solution alternative pour ceux qui refusent que la vente de nourriture soit uniquement dépendante de grandes sociétés. À La Louve, on trouve des produits frais comme des produits laitiers, des œufs, des fruits et légumes… Mais aussi des pâtes, du riz, des conserves et puis des produits d'entretien et d'hygiène. Dans tous les rayons, il y a des produits bio ou équitables, et des produits à bas prix qu'on peut trouver dans n'importe quel autre supermarché. Pour Tom, *« le prix de vente est un enjeu éthique. Nous ne voulions pas que La Louve devienne un supermarché bio pour gens aisés, il fallait créer une ressource pour le quartier et encourager le mélange des populations. »*

**Une initiative qui plaît en France**

La Louve fait désormais des petits dans toutes les grandes villes de France, à la différence de la coopérative de New York qui reste une exception sur le sol américain. Pour Tom Boothe, ce type d'initiative a plus de succès dans l'Hexagone car les Français veulent défendre ceux qui produisent les aliments : le paysan, le fermier, l'éleveur. D'après Tom, *« les Français sont plus méfiants vis-à-vis de la grande distribution qu'aux États-Unis, le pays de l'industrialisation de la nourriture. Là-bas, les gens se posent rarement la question de l'origine des produits. »*

Interview exclusive pour *Édito*

### COMPRÉHENSION ÉCRITE

***Entrée en matière***

**1** Où faites-vous vos courses ?

***Lecture***

**2** Quelles sont les conditions pour pouvoir faire ses courses à La Louve ?

**3** Quels sont les avantages économiques de faire ses courses à La Louve ?

**4** Que reproche Tom Boothe à la chaîne agroalimentaire ?

**5** Pourquoi est-il important de pratiquer des prix bas selon Tom Boothe ?

**6** D'après lui, pourquoi ce type de projet a plus de succès en France qu'aux États-Unis ?

***Vocabulaire***

**7** Retrouvez dans le texte un équivalent des expressions suivantes :

**a** | qui rapporte de l'argent

**b** | riches

### PRODUCTION ÉCRITE

**8** Que pensez-vous des coopératives comme La Louve ? En existe-t-il dans votre pays ?

**Pour exprimer son intérêt**

- Je trouve cette initiative intéressante/passionnante.
- C'est tout à fait enthousiasmant.
- Je m'intéresse à… (+ nom)
- Je suis vraiment intéressé(e)/passionné(e) par… (+ nom)

**… et son indifférence pour quelque chose**

- Ça m'est égal.
- Cela m'indiffère.
- Pour moi, cela n'a aucun intérêt.
- C'est totalement inintéressant.
- Bof ! *(fam.)*

## B Ce sont les clients qui travaillent 2

### COMPRÉHENSION ORALE

***Entrée en matière***

**1** **Lisez la phrase extraite du document. À votre avis, pourquoi les étals de La Louve sont-ils colorés ?**

*« Les étals commencent à être assez colorés. »*

***1re écoute (en entier)***

**2** **Dans cet extrait, Nadja décrit :**

a | les actionnaires de La Louve.
b | les produits qu'on trouve à La Louve.
c | le fonctionnement de La Louve.
d | le quartier où se trouve La Louve.

***2e écoute (du début à « les mêmes personnes. »)***

**3** **Quel est le métier de Nadja ?**

**4** **Quels fruits trouve-t-on sur les étals ?**

**5** **Que veut dire « consommer d'une manière différente » pour Nadja ?**

***3e écoute (de « Alors expliquez-nous » à la fin)***

**6** **Quelle est la première étape pour devenir actionnaire de La Louve ?**

**7** **À quels moments les coopérateurs peuvent-ils choisir un créneau de travail ?**

**8** **Quels sont les droits d'un coopérateur ?**

### PRODUCTION ORALE

**9** **En scène !** **Vous êtes actionnaire de La Louve et vous recevez des personnes intéressées par le projet. Vous leur présentez le supermarché, les conditions de participation et vous répondez à leurs questions.**



## C La soupe aux poireaux

Marguerite Duras

On croit savoir la faire, elle paraît simple, et trop souvent on la néglige. Il faut qu'elle cuise entre quinze et vingt minutes et non pas deux heures – toutes les femmes françaises font trop cuire les légumes et les soupes. Et puis il vaut mieux mettre les poireaux lorsque les pommes de terre bouillent : la soupe restera verte et beaucoup plus parfumée. Et puis aussi il faut bien doser les poireaux : deux poireaux moyens suffisent pour un kilo de pommes de terre. Dans les restaurants cette soupe n'est jamais bonne : elle est toujours trop cuite (recuite), trop « longue », elle est triste, morne.

Marguerite Duras, *Outside*, © P.O.L. Éditeur, 1984

### COMPRÉHENSION ÉCRITE

***Entrée en matière***

**1** **Quel est votre légume préféré ? Comment le cuisinez-vous ?**

***Lecture***

**2** **D'après Marguerite Duras, que pense-t-on généralement de la soupe aux poireaux ?**

**3** **Quel est le défaut des femmes françaises selon Marguerite Duras ?**

**4** **Quand faut-il mettre les poireaux dans la soupe ? Pourquoi ?**

***Vocabulaire***

**5** **Retrouvez dans le texte le contraire de l'expression « prend au sérieux ».**

**6** **Expliquez l'expression « il faut bien doser les poireaux ».**

**7** **Reliez les mots qui décrivent la soupe aux poireaux dans les restaurants à leur synonyme.**

a | recuite
b | longue
c | morne

1 | allongée d'eau
2 | fade
3 | réchauffée

### PRODUCTION ÉCRITE

**8** **Décrivez un plat de votre pays qui paraît très simple à préparer.**

# GRAMMAIRE > le subjonctif présent

Cahier d'activités unité 1

## ÉCHAUFFEMENT

**1 Lisez les phrases suivantes. Expriment-elles une obligation, une interdiction ou la permission de faire quelque chose ?**

**a** | Il est maintenant permis de rêver à un autre modèle de supermarché.

**b** | On a le droit de faire ses courses seulement si on est actionnaire.

**c** | Il faut que vous achetiez des parts.

**d** | Ils refusent que la vente de nourriture soit uniquement dépendante de grandes sociétés.

**e** | Nous ne voulions pas que La Louve devienne un supermarché bio pour gens aisés.

**f** | Il faut que la soupe cuise entre quinze et vingt minutes.

**2 Soulignez les expressions d'obligation, d'interdiction et de permission.**

**3 Quelles expressions sont suivies d'un verbe au subjonctif ? Retrouvez l'infinitif de ces verbes.**

## FONCTIONNEMENT

### Le subjonctif présent

**4 Complétez le tableau.**

<table>
<tr><th>Verbes réguliers</th><th colspan="2">Verbes irréguliers</th></tr>
<tr><td rowspan="2">• Je, tu, il/elle/on, ils/elles : on utilise le radical du verbe conjugué à la 3<sup>e</sup> personne du pluriel du présent et on ajoute les terminaisons -e, -es, -e, -ent.<br>mettre → ils mettent → que je mett…<br>que tu mett…<br>qu'il/elle/on mett…<br>qu'ils/elles mett…<br>• Nous et vous : on conjugue le verbe comme à l'imparfait.<br>mettre → que nous …..<br>que vous …..</td><td colspan="2">avoir, être, aller, faire, falloir, pleuvoir, pouvoir, valoir, savoir, vouloir</td></tr>
<tr><td>Être<br>que je sois<br>que tu sois<br>qu'il/elle/on soit<br>que nous soyons<br>que vous soyez<br>qu'ils/elles soient</td><td>Avoir<br>que j'aie<br>que tu aies<br>qu'il/elle/on ait<br>que nous ayons<br>que vous ayez<br>qu'ils/elles aient</td></tr>
</table>

## ENTRAÎNEMENT

**5 Retrouvez l'infinitif des verbes conjugués au subjonctif présent.**

**a** | qu'il faille

**b** | que nous sachions

**c** | qu'elles aillent

**d** | que tu veuilles

**e** | que je puisse

**f** | que vous fassiez

**g** | qu'il pleuve

**h** | que nous valions

**6 Reformulez les obligations, permissions et interdictions suivantes avec une expression suivie du subjonctif.**

**a** | Je suis obligé d'aller travailler.

**b** | Je vous autorise à acheter du chocolat.

**c** | Je te défends de mettre tes pieds sur la table.

**d** | Dans cette école, on nous oblige à cuisiner tous les jours.

**e** | Je leur interdis de regarder la télé le matin.

**f** | Ne faites pas vos courses dans ce magasin !

**g** | Ne mangez pas cette soupe !

## PRODUCTION ORALE

**7 Qu'est-ce qui était interdit et autorisé chez vous quand vous étiez enfant ?**

| Pour exprimer l'obligation | … la permission | … et l'interdiction |
|---|---|---|
| • Il faut que… (+ subjonctif)<br>• Il faut… (+ indicatif)<br>• Je suis forcé(e)/obligé(e) de… (+ infinitif)<br>• On nous force/oblige à… (+ infinitif)<br>• Il est obligatoire de… (+ infinitif) | • Je veux bien que… (+ subjonctif)<br>• Tu as la permission de… (+ infinitif)<br>• Je te permets de… (+ infinitif)<br>• Je t'autorise à… (+ infinitif)<br>• On a le droit de… (+ infinitif)<br>• Il est permis/autorisé/admis de… (+ infinitif) | • Je ne veux pas que… (+ subjonctif)<br>• Je refuse que… (+ subjonctif)<br>• Je vous/t'interdis de… (+ infinitif)<br>• Je vous/te défends de… (+ infinitif)<br>• Il est interdit/C'est défendu de… (+ infinitif) |

# VOCABULAIRE > l'alimentation

Cahier unité 1 d'activités

## Les aliments

les céréales *(f.)*
la conserve
le fruit
le fruit de mer
le fruit sec
le laitage
le légume
le légume sec
l'œuf *(m.)*
les pâtes *(f.)*
le plat préparé
le poisson
le produit laitier
le riz
la viande blanche/rouge

**1 Parmi les aliments de la liste précédente, lesquels sont impérissables et lesquels sont des produits frais ?**

**2 Citez un maximum de fruits, de légumes, de produits laitiers et de céréales.**

### PRODUCTION ORALE

**3 Quel est votre aliment préféré ? celui que vous détestez ? Avez-vous des allergies à certains aliments ?**

## *Expressions*

avoir du pain sur la planche
avoir la pêche/la frite
être un navet
se fendre la poire
raconter des salades

**4 À quelles expressions correspondent les définitions suivantes ?**

**a** | rire
**b** | un mauvais film
**c** | être très en forme
**d** | dire des mensonges
**e** | avoir beaucoup de travail

## Les préparations culinaires

la farce
le gâteau
le hors-d'œuvre
le potage
le ragoût
le rôti
la salade
la sauce
la soupe
le tartare

## Cuisiner

assaisonner
doser
égoutter
épicer
éplucher
faire bouillir
faire cuire
frire
hacher
mélanger
poivrer
préparer
réchauffer
rôtir
saler

### PRODUCTION ÉCRITE

**5 Inventez une recette de cuisine complètement folle et jamais testée avec au moins six mots de la liste.**

## Donner son opinion sur un plat

c'est comestible
c'est délicieux
c'est exquis
c'est immangeable
c'est indigeste
c'est un régal

**6 Quelles expressions de la liste précédente sont positives et lesquelles sont négatives ?**

## Faire ses courses au supermarché

le chariot
comparer les prix
l'étal *(m.)*
faire des provisions
faire la queue
la grande distribution
l'hypermarché *(m.)*
lire les étiquettes
passer à la caisse

## L'origine des produits

l'agriculteur, l'agricultrice
le commerce équitable
l'éleveur, l'éleveuse
la ferme
le label bio
le paysan, la paysanne
le producteur, la productrice

**7 Complétez avec des mots de la liste précédente.**

Jean et Odile sont tous les deux ….. dans le Nord de la France. Jean travaille la terre pour faire pousser des fruits et des légumes, il est ….. . Et sa voisine Odile est ….., elle a un troupeau de vaches pour produire de la viande ou du lait. Ils ont tous les deux le ….. car ils préfèrent les produits qui respectent la nature. Ils vendent leurs produits directement au consommateur dans leur ….. .

### PRODUCTION ORALE

**8 Lisez-vous les étiquettes des aliments que vous achetez ? Faites-vous attention à l'origine des aliments que vous consommez ? Pour quelles raisons ?**

# PHONÉTIQUE « Je veux et j'exige des excuses »

**1 Écoutez, notez et répétez.** 3

### Le mot phonétique et la virgule phonétique

Contrairement aux autres langues européennes, le français oral est constitué non pas de mots mais de **groupes rythmiques** (= « mots phonétiques ») d'environ **quatre syllabes**. L'accent individuel de chaque mot se perd au profit du groupe dont il devient membre.

La constitution des mots phonétiques suit les règles de la syntaxe : verbe avec son pronom, nom avec ses déterminants.

La frontière entre les mots phonétiques est très importante. C'est une micro-pause (une respiration) précédée d'une légère variation d'intonation vers le haut.

**2 Apprenez à faire des compliments !**

Tournez-vous vers votre voisin(e) et faites-lui un compliment sur son vêtement. Allongez progressivement votre phrase en ajoutant *beau/belle* et des adjectifs de couleur.

Exemple : *Quelle robe !* → *Quelle belle robe !* → *Quelle belle robe bleue !* → *Quelle belle robe bleu marine !*

**3 Écoutez cette poésie.**
**Résumez l'histoire d'Odile, Caï et Alligue.** 4

DOCUMENTS

## D Faites-vous des amis dans votre voisinage

Selon un sondage réalisé à l'occasion de la Fête des voisins, on apprend que 82 % des Français déclarent avoir des relations cordiales avec leur voisinage. Les Français sont plutôt bienveillants puisque 72 % se rendent service, par exemple : réceptionner des colis, surveiller les habitations lors des départs en vacances, prêter des outils...

Pourtant, près d'un Français sur dix a déménagé à cause de ses voisins. Voici donc quelques trucs qu'il vaut mieux avoir en tête pour devenir ou rester ami avec ses voisins : Si vous utilisez un marteau, il vaudrait mieux respecter les horaires autorisés, car ce qui gêne le plus les Français, ce sont les travaux (21 %). Et puis, ce serait mieux de ne pas laisser votre chien aboyer des heures. Enfin, 18 % des personnes interrogées se plaignent des soirées et des fêtes. Si vous avez prévu de fêter votre anniversaire, il est conseillé de mettre un petit mot dans le hall de l'immeuble. Cela adoucira vos relations de voisinage.

http://www.avendrealouer.fr

### COMPRÉHENSION ÉCRITE

***Entrée en matière***

**1** Avez-vous de bonnes relations avec vos voisins ?

***1re lecture (image)***

**2** À votre avis, qu'est-ce qu'un voisin amical, un voisin serviable et un voisin fantôme ?

***2e lecture (texte)***

**3** Que fait un voisin bienveillant ? Est-ce un voisin amical, serviable ou fantôme ?

**4** Qu'a déjà fait un Français sur dix ?

**5** Que doit-on éviter pour ne pas faire de bruit ?

### PRODUCTION ORALE

**6** Quel(le) voisin(e) pensez-vous être : amical(e), serviable ou fantôme ?

### PRODUCTION ÉCRITE

**7** Décrivez un(e) habitant(e) de votre quartier que vous avez rencontré(e) à la Fête des voisins.

## E L'habitat participatif, ça consiste en quoi ? 1

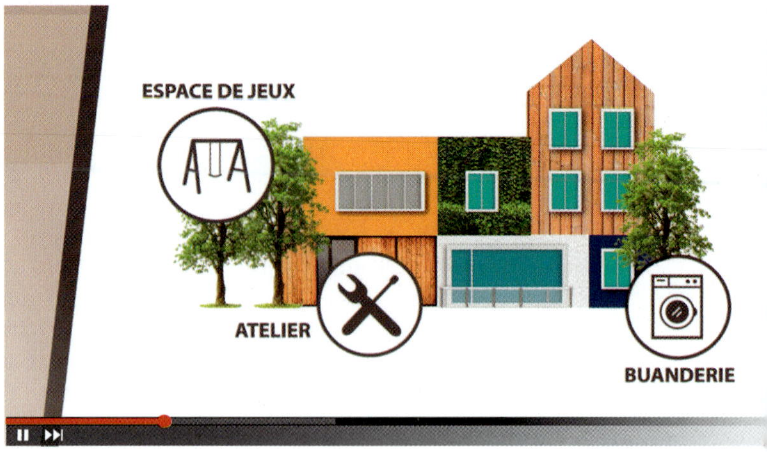


### COMPRÉHENSION AUDIOVISUELLE

***Entrée en matière***

**1** Décrivez l'image extraite de la vidéo. D'après vous, de quoi s'agit-il ?

***1er visionnage (sans le son, du début à 0'24")***

**2** D'après vous que veulent les deux personnages ? Quel est leur problème ?

***2e visionnage (avec le son, en entier)***

**3** Quel est le rêve de Paul et Margot ?

**4** Quels services propose la coopérative Axanis ?

**5** Que proposent les communes de la métropole de Bordeaux ?

**6** Que font l'architecte et l'assistant maître d'œuvre ?

**7** Sur quoi les futurs habitants se mettent-ils d'accord ?

**8** Au bout de combien de temps les habitants peuvent-ils emménager ?

***Vocabulaire***

**9** Retrouvez dans la transcription (p. 219) un équivalent des expressions suivantes.

a | devenir propriétaire
b | les travaux
c | mis en commun
d | la distribution de pièces

### PRODUCTION ORALE

**10** Aimeriez-vous intégrer un projet d'habitat participatif ? Pourquoi ?

**11** Vous allez agencer l'appartement de vos rêves. Dessinez-le et expliquez vos choix.

# F Déménagement

## COMPRÉHENSION ÉCRITE

***Entrée en matière***

**1** Expliquez la différence entre « déménager » et « emménager ».

***Lecture***

**2** Que fait la jeune fille ?

**3** Comment a-t-elle organisé ses cartons ?

## PRODUCTION ORALE

**4** Imaginez comment le chat s'est retrouvé dans cette situation.

**5** Quelles difficultés peut-on rencontrer lors d'un déménagement ?

# G À ta place, je déménagerais (5)

*« Impossible de fermer l'œil. »*

## COMPRÉHENSION ORALE

***Entrée en matière***

**1** Lisez le titre et la phrase extraite du document. Pourquoi cette personne devrait déménager ?

***1re écoute***

**2** Martine donne des conseils à Julien pour :

a | décorer son appartement.
b | trouver un nouveau logement.
c | organiser son déménagement.

***2e écoute***

**3** Quel est le problème de Julien dans son appartement actuel ?

**4** Comment est l'appartement idéal de Julien ?

**5** Pourquoi ne veut-il pas passer par une agence immobilière ?

**6** Que conseille Martine à Julien ?

**7** Que propose Martine à Julien à la fin de la conversation ?

## PRODUCTION ORALE

**8** Quel est le meilleur moyen de trouver un logement dans votre pays ?

**9** Vous préférez vivre dans un appartement en centre-ville ou dans une maison à la campagne ? Pourquoi ?

# GRAMMAIRE > conseiller

Cahier unité 1 d'activités

## ÉCHAUFFEMENT

**1 Observez les phrases. Relevez les expressions qui expriment le conseil.**

**a** | Il vaudrait mieux respecter les horaires autorisés.
**b** | Ce serait mieux de ne pas laisser votre chien aboyer.
**c** | Il est conseillé de mettre un petit mot dans le hall.
**d** | Il vaudrait mieux que tu fasses le point sur tes critères.
**e** | Il faudrait que tu ailles te balader.

**2 Quelles formes verbales utilise-t-on après ces expressions ?**

## FONCTIONNEMENT

### Pour conseiller

**3 Dans quel cas utilise-t-on l'infinitif ? Et le subjonctif ?**

**a** | Pour donner un conseil adressé à une personne spécifique : phrases ......
**b** | Pour donner un conseil à valeur générale : phrases ......

| | | |
|---|---|---|
| **Infinitif** | **Il faudrait**<br>**Il vaut mieux/Il vaudrait mieux**<br>**Il est préférable de**<br>**Tu ferais mieux de**<br>**Si tu veux un conseil, tu devrais**<br>**Tu pourrais**<br>**Je te conseille/recommande de**<br>**Il est conseillé/recommandé de**<br>**C'est mieux/Ce serait mieux de** | ***Je te conseille*** *d'acheter une maison.* |
| **Subjonctif** | **Il faudrait que**<br>**Il vaut mieux/Il vaudrait mieux que** | ***Il faudrait que*** *je compare les prix.* |
| **Conditionnel** | **À ta place** | ***À ta place,*** *je mangerais des produits frais.* |

## ENTRAÎNEMENT

**4 Complétez les phrases en mettant le verbe au subjonctif si nécessaire.**

**a** | Il vaudrait mieux que tu (déménager) ...... .
**b** | Il faudrait (construire) ...... plus de logements étudiants.
**c** | Il vaut mieux (louer) ...... qu'acheter.
**d** | Il faudrait que vous (laisser) ...... une clé au gardien.
**e** | Il vaut mieux que tu (choisir) ...... une cuisine tout équipée.

**5 Reformulez les phrases avec des expressions pour conseiller.**

**a** | ranger le salon
**b** | apprendre à cuisiner
**c** | aller dans cette agence immobilière
**d** | repeindre les murs
**e** | ne pas faire de bruit

## PRODUCTION ORALE

**6 Quelles sont vos recommandations pour réussir un déménagement ?**

**7 En scène ! Vous venez de vous installer dans votre quartier. Un de vos nouveaux voisins vous conseille de venir à la Fête des voisins mais vous n'en avez pas très envie.**

## PRODUCTION ÉCRITE >>> DELF

**8 Répondez au courriel de Perrine (160 mots).**

Nouveau message
À : armelle@orange.net
Objet : Nouvelles

Chère Armelle,

Je viens de trouver un emploi à Paris et je dois venir m'installer la semaine prochaine. Je n'ai pas eu le temps de chercher un logement et je ne sais pas par où commencer. Je sais que tu y as vécu plusieurs années, tu pourrais me donner quelques conseils ?
Je te remercie.

À très bientôt,
Perrine

# CIVILISATION

## H Les kots à projet (6)

*« Le principe, c'est de créer du lien entre les étudiants. »*

### COMPRÉHENSION ORALE

***Entrée en matière***

**1** Regardez l'image. Qu'est-ce qu'un kot, selon vous ?

***1re écoute (du début à « Reportage. »)***

**2** Où trouve-t-on des kots ?

**3** Donnez une définition du mot « kot ».

**4** Qu'est-ce qu'un kot à projet ?

***2e écoute (de « Au milieu du campus » à la fin)***

**5** Que veut dire « kot » en flamand ?

**6** Que peut-on faire dans le kot de Florence ?

**Drôle d'expression !**

**« Un petit chez-nous vaut mieux qu'un grand ailleurs. »** (proverbe québécois)

→ Que signifie ce proverbe d'après vous ?

→ Quelle est l'expression dans votre langue pour dire la même chose ?

### PRODUCTION ORALE

**7 En scène !** Vous vivez dans un kot et vous cherchez un(e) nouveau/nouvelle colocataire. Vous expliquez à un(e) candidat(e) le fonctionnement du kot et vous lui demandez pourquoi il/elle aimerait s'installer dans votre kot.

## I Le Kap Délices

Le Kap Délices est un kot-à-projet de huit personnes, avec pour objectif de faire découvrir de nouvelles saveurs culinaires aux étudiants.

Nous organisons pour cela divers buffets à thème composés de savoureux plats exotiques internationaux, souvent méconnus, mais dont les goûts exquis ne vous laisseront pas indifférents !

Nous proposons également des cours de cuisine en compagnie des plus grands chefs cuistots que la communauté estudiantine ait jamais connus (c'est-à-dire nous). Nous essayerons une fois par mois de vous communiquer nos savoirs et nos astuces afin que vous puissiez apporter à vos plats la petite touche de magie qui fera frissonner vos papilles gustatives...

Nous vous proposons aussi un catalogue de matériel de cuisine à louer : raclettes, fondues, woks, set d'assiettes et couverts... et tout cela à prix modique.

Enfin, nous organisons un barbecue citadin, qui a pour but de rapprocher les habitants de Louvain-la-Neuve et les étudiants autour d'un méchoui, sur la grand-place.

Bon appétit !!!

http://www.kapuclouvain.be

### COMPRÉHENSION ÉCRITE

***Lecture***

**1** Quel est le but du Kap Délices ?

**2** Qui donne des cours de cuisine ?

**3** Quel est l'objectif du barbecue citadin ?

***Vocabulaire***

**4** Retrouvez dans le texte deux mots qui signifient « délicieux ».

**5** Retrouvez dans le texte un équivalent des expressions suivantes :

a | réception thématique
b | le truc en plus
c | avoir du plaisir en mangeant
d | bon marché

### PRODUCTION ORALE

**6** Vous faites partie du Kap Délices et vous discutez avec vos colocataires pour trouver des nouvelles idées d'activités.

### PRODUCTION ÉCRITE

**7** Vous voulez proposer un projet de Kap. Écrivez un court article pour présenter votre idée.

## J Carte sonore

*Pico Bogue - Carnet de bord*, Roques et Dormal, Dargaud, 2016.

### COMPRÉHENSION ÉCRITE

***Entrée en matière***

**1** Envoyez-vous des cartes ? À qui et à quelles occasions ?

***Lecture***

**2** Décrivez la première vignette. D'après vous, qui sont les personnages et où se trouvent-ils ?

**3** À quelle occasion la petite fille a-t-elle dessiné sa carte ?

**4** Pourquoi est-elle triste ?

**5** Comment Antoine décrit-il la carte ?

**6** Que se passe-t-il quand on appuie sur le rond noir ?

### PRODUCTION ÉCRITE

**7** Écrivez une carte pour souhaiter quelque chose à un de vos proches.

**Pour souhaiter quelque chose, féliciter**
- Je te souhaite un très bon anniversaire.
- Je t'envoie tous mes bons vœux pour la nouvelle année.
- Toutes mes félicitations pour ton mariage.
- Je te félicite pour ton succès aux examens.
- Bravo pour ta promotion professionnelle.

# K La courtoisie au volant

**Laissez-vous gagner par la courtoisie**

Sur la route, lorsque l'on est confronté à une situation de stress, les tensions accumulées durant la journée peuvent être très vite exacerbées. Un comportement incivique, parfois involontaire ou dû à la distraction peut être interprété comme agressif et déclencher une chaîne d'événements qui risquent de créer un climat plus stressant et donc plus dangereux. Un simple geste d'excuse ou de remerciement peut permettre de désamorcer[1] la situation et encouragera par ailleurs à être plus respectueux à son tour. Même sur la route, nous pouvons échanger de façon positive avec des inconnus et ainsi profiter des bienfaits de la courtoisie.

**Les 10 commandements de la courtoisie**

- J'utilise mes clignotants pour marquer un changement de direction. D'ailleurs, c'est une obligation légale !
- Je ne me rabats pas trop vite devant le véhicule que je viens de dépasser (pas de queue de poisson).
- Je ne squatte pas la bande du milieu sur l'autoroute.
- Je ne me gare pas sur les places de stationnement pour les moins valides, ni sur les trottoirs et pistes cyclables.
- Je n'utilise pas l'appel de phare ni le klaxon de manière intempestive[2] et sans raison valable.
- Je ne colle pas le véhicule qui me précède, je garde une distance de sécurité suffisante.
- Je coupe mes feux de route lorsque je croise un automobiliste qui vient en face pour ne pas l'éblouir.
- Je cède le passage avec le sourire et remercie d'un geste courtois lorsqu'on me cède le passage.
- Je respecte les autres usagers de la route, qu'ils soient derrière un volant, un guidon, à pied ou en vélo.
- Je reste calme au volant, surtout dans les situations à risque.

http://www.tousconcernes.be

*1. Neutraliser, paralyser. 2. Non adaptée à une situation donnée.*

## COMPRÉHENSION ÉCRITE

***Entrée en matière***

**1** Circulez-vous plutôt en voiture, en deux-roues ou à pied ?

***1re lecture***

**2** À qui s'adresse cet article ?

***2e lecture***

**3** Quel comportement peut être considéré comme agressif sur la route ?

**4** Comment peut-on détendre l'atmosphère ?

***3e lecture***

**5** Où ne doit-on pas se garer ?

**6** Que faut-il adresser aux autres conducteurs quand ils nous cèdent le passage ?

***Vocabulaire***

**7** Retrouvez dans le texte les équivalents des expressions suivantes :

a | l'énervement emmagasiné
b | amplifiées
c | causer
d | gêner la vue

## PRODUCTION ORALE

**8** Quels sont les deux commandements de la liste les plus importants pour vous ? Pourquoi ?

# L Téléphone : les bons gestes à adopter

7

*« L'objectif est de développer des comportements courtois. »*

## COMPRÉHENSION ORALE

***Entrée en matière***

**1** Lisez le titre. Quels sont les bons gestes à adopter selon vous ?

***1re écoute***

**2** Qu'apprend-on dans cet extrait ?

***2e écoute***

**3** Pourquoi des règles sont-elles nécessaires ?

**4** Que doit-on faire dans les endroits publics ?

**5** Quels comportements sont irrespectueux au travail ?

***Vocabulaire***

**6** Retrouvez dans la transcription (p. 204) les mots relatifs au savoir-vivre.

**7** Retrouvez dans la transcription (p. 204) un équivalent de l'expression « manque de courtoisie ».

## PRODUCTION ORALE >>> DELF

**8 En scène !** Votre enfant utilise son téléphone portable à table. Vous lui expliquez pourquoi il est déconseillé de le faire.

# GRAMMAIRE > la négation et la restriction

Cahier unité 1 d'activités

## ÉCHAUFFEMENT

**1 Quelles phrases expriment une négation ? Quelle phrase exprime une restriction ? Comment peut-on la reformuler ?**

**a** | Cette soupe n'est jamais bonne.
**b** | Je n'ai pas bien dormi.
**c** | Il n'y a qu'un petit rond noir.
**d** | Je n'utilise ni l'appel de phare, ni le klaxon.
**e** | Veillez à ne pas parler trop fort.

**2 Soulignez les éléments de la négation dans les phrases concernées. Que remarquez-vous ?**

## FONCTIONNEMENT

### La négation et la restriction

**3 Complétez.**

**a** | **Ne** et **pas/plus/rien/jamais** encadrent le verbe conjugué à **un temps simple** : phrases ......
**b** | **Ne** et **pas/plus/rien/jamais** encadrent l'auxiliaire à **un temps composé** : phrase ......
**c** | **Ne** et **pas/plus/rien/jamais** se placent devant **un verbe à l'infinitif** : phrase ......

| | | |
|---|---|---|
| **La négation à deux éléments** | **Ne ... pas/plus/rien/jamais** | *Je **n'**ai **jamais** habité en colocation.* |
| | **Personne ne** | ***Personne ne** supporte le bruit.* |
| | **Rien ne** | ***Rien ne** le gêne dans cet appartement.* |
| **La négation à trois éléments** | **Ne ... ni ..., ni ...** | *Il **ne** mange **ni** viande, **ni** poisson.* |
| | **Ne ... pas encore** | *Nous **n'**avons **pas encore** déménagé.* |
| | **Ne ... plus rien** | *Je **n'**ai **plus rien** dans mon frigo.* |
| | **Ne ... plus jamais** | *Je **n'**irai **plus jamais** dans ce restaurant.* |
| **La restriction** | **Ne ... que** | *Je **n'**ai **qu'**une chambre chez moi.* |

***RAPPEL***
L'expression de la restriction **ne ... que** peut être remplacée par les mots **seulement**, **uniquement** ou **juste**.

## ENTRAÎNEMENT

**4 Dites le contraire.**

**a** | Quelqu'un a déposé son dossier pour cette location.
**b** | J'ai encore quelque chose à manger dans mon placard.
**c** | Je retournerai dans cette agence immobilière.
**d** | Nous avons déjà visité cette maison.

**5 Reformulez avec une restriction.**

Exemple : *J'aime manger sucré et salé.* → *Je n'aime manger que salé.*

Je vais au marché le lundi et le mardi. J'achète des légumes et des fruits. Je discute avec le boulanger et le boucher. Quand je m'arrête au café, je bois un thé et un jus d'orange.

## PRODUCTION ORALE

**6 Écrivez cinq questions sur des petits papiers. Mélangez-les et tirez un papier au sort. Répondez aux questions avec une phrase négative.**

# > le préfixe privatif : in-, il-, im-, ir-

## ÉCHAUFFEMENT

**1 Observez et soulignez les préfixes dans les mots suivants. Qu'expriment-ils ?**

**a** | irrespectueux
**b** | incivilité
**c** | inutile
**d** | impossible
**e** | illimité

## FONCTIONNEMENT

### Le préfixe in-

**2 Complétez.**

Le préfixe **in-** ajouté devant certains mots permet d'exprimer l'idée contraire. Il change en fonction de la première lettre du mot :

- devant la lettre **l**, le préfixe **in-** devient .... : *logique* → ***il**logique*
- devant les lettres **m**, **b** et **p**, le préfixe **in-** devient .... : *prévu* → ***im**prévu*
- devant la lettre **r**, le préfixe **in-** devient .... : *réel* → ***ir**réel*

## ENTRAÎNEMENT

**3 Ajoutez un préfixe privatif aux mots suivants.**

**a** | régulière
**b** | connu
**c** | légal
**d** | attentive
**e** | pair
**f** | buvable
**g** | poli

# VOCABULAIRE > le logement, la convivialité

## Se loger

acheter/acquérir une maison
aller dans une agence immobilière
bâtir/construire
déménager
emménager
être en colocation
habiter dans un immeuble
lire les petites annonces immobilières
louer un appartement
payer des frais d'agence
payer un loyer
vendre un bien immobilier
visiter un logement

**1 Retrouvez à quels mots de la liste précédente correspondent les définitions.**

**a** | ……, c'est s'installer dans un nouveau logement.
**b** | ……, c'est changer de logement.
**c** | Un ……, c'est un bâtiment dans lequel il y a plusieurs appartements.
**d** | Les ……, c'est ce qu'on doit payer pour le service d'une agence immobilière.
**e** | Le ……, c'est ce qu'on paie chaque mois au propriétaire de son logement.

## Les types de logement

l'appartement *(m.)*
le duplex
la, le HLM
la maison
la roulotte
le studio

**PRODUCTION ORALE**

**2 Dites quels sont les avantages et les inconvénients de chaque type de logement.**

## Les caractéristiques d'un logement

l'ancienneté *(f.)*
l'ascenseur *(m.)*
le couloir
l'espace *(m.)*
l'étage *(m.)*
l'état *(m.)*
l'exposition *(f.)*
le hall
la luminosité
le nombre de mètres carrés
le nombre de pièces
l'orientation *(f.)*
le parking
le rez-de-chaussée
la surface
la vue

**3 Quelles caractéristiques sont données dans cette annonce ?**

**À louer :** petit deux-pièces très lumineux de 40 m² orienté sud et ouest, calme (sur cour), dans immeuble neuf. 3ᵉ étage sans ascenseur. Place de park. ind.

## Le voisinage

le/la colocataire
le gardien, la gardienne
l'habitant(e)
le quartier
le voisin, la voisine

## Les nuisances

le bruit
l'incivilité *(f.)*
la saleté
le tapage nocturne

## La vie collective

la communauté
la convivialité
la copropriété
la cordialité
la courtoisie
l'entraide *(f.)*
l'intimité *(f.)*
le lien
la politesse
les règles de vie en société
le savoir-vivre
la solidarité
le vivre-ensemble

## Partager

cohabiter
mettre en commun, mutualiser
participer
rapprocher
respecter les autres

**4 Complétez avec les mots : *petites annonces, savoir-vivre, déménage, tapage nocturne, rez-de-chaussée.***

**a** | Je …… la semaine prochaine. Tu peux venir m'aider à porter des cartons ?
**b** | Mon appartement est très sombre, il se trouve au ……
**c** | Il faut du …… pour s'entendre avec ses voisins.
**d** | Chez moi ce n'est pas calme du tout, car j'ai des problèmes de ……
**e** | Je lis les …… tous les jours, mais je ne trouve rien dans mes prix.

**PRODUCTION ORALE >>> DELF**

**5 En scène ! Vous allez au commissariat pour vous plaindre de vos voisins. Vous expliquez au policier quelles nuisances vous gênent.**

**PRODUCTION ÉCRITE**

**6 Rédigez une annonce pour trouver un(e) colocataire.**

# EN DIRECT SUR rfi SAVOIRS

## M Équilibrer son alimentation 8

*« L'alimentation est un facteur clé de notre santé. »*

### COMPRÉHENSION ORALE

***Entrée en matière***

**1 Lisez la phrase extraite du document. Quels sont les autres facteurs clés pour être en bonne santé d'après vous ?**

***1re écoute (en entier)***

**2 Dans cet extrait, le docteur Saldmann :**

**a** | donne les principes de base d'une bonne alimentation.
**b** | décrit les bienfaits de certains aliments.
**c** | explique comment éviter certaines maladies.

***2e écoute (du début à « ça fait le même effet. »)***

**3 Pourquoi il ne faut pas trop manger d'après le docteur Saldmann ?**

**4 Que permettent les coupe-faim naturels ?**

**5 Quels coupe-faim naturels le docteur Saldmann cite-t-il ?**

**6 Quels sont les effets du clou de girofle ?**

***3e écoute (de « Ça ce sont les coupe-faim » à la fin)***

**7 Qu'est-ce qu'un aliment détox ?**

**8 Que se passe-t-il si on mange de l'avocat avec un hamburger ?**

**9 Quels sont les bénéfices de la salade de cresson et des dattes ?**

Une activité complémentaire sur **savoirs.rfi.fr**

### PRODUCTION ORALE

**10 Selon vous, qu'est-ce que manger sain ?**

## L'ESSENTIEL GRAMMAIRE

**1 Le subjonctif. Mettez les verbes au subjonctif si nécessaire.**

**a** | Il faut que tu (cuisiner) …… plus.
**b** | Je te conseille de (rester) …… poli pendant la visite de l'appartement.
**c** | Il vaut mieux que vous (décorer) …… votre salon avec simplicité.
**d** | Il ne veut pas que nous (prendre) …… sa voiture.
**e** | Il faut absolument qu'ils (aller) …… au salon de l'immobilier.
**f** | Il faudrait qu'il (faire) …… les courses.
**g** | Je te défends de (sauter) …… sur mon lit.
**h** | Je veux bien que vous (étudier) …… dans mon bureau.

**2 La négation. Mettez le texte à la forme négative.**

Éloi est étudiant et célibataire. Il a un chat. Il cherche encore un appartement à louer. Il pourrait partager un logement avec son frère et son cousin. Quelqu'un lui a conseillé de faire les petites annonces immobilières. Il a déjà visité des appartements près de l'université. Il a toujours vécu seul. Il a rencontré des gens dans le hall de l'immeuble. Il propose toujours quelque chose à manger pendant les réunions de la copropriété. Il aime la musique et le théâtre.

**3 Le préfixe privatif. Complétez avec l'adjectif qui correspond à la définition. Utilisez des mots qui contiennent un préfixe privatif.**

**a** | Il ne respecte personne. Il est …… .
**b** | Ce n'est pas autorisé par la loi. C'est …… .
**c** | Paul ne peut pas venir. Il est …… .
**d** | Ce n'est pas la réalité. C'est …… .
**e** | Manquer de courtoisie, c'est faire preuve d' …… .

# ATELIERS

## 1 ÉTABLIR DES RÈGLES DE VIE EN SOCIÉTÉ

*Vous allez rédiger des conseils de savoir-vivre à respecter dans votre classe ou votre établissement à partir d'une enquête auprès des étudiants.*

### *Démarche*

*Formez des groupes de deux.*

### 1 Préparation

- Vous allez interroger les étudiants de votre école sur les principes de savoir-vivre en société. Vous préparez un questionnaire puis vous allez sonder les autres étudiants. Pensez aux conditions nécessaires pour étudier, aux choses concrètes, aux comportements inciviques (par exemple : ne pas laisser de déchets sur la table en partant) et à l'atmosphère au sein de la classe.
- Vous vous réunissez ensuite pour analyser les résultats et vous discutez pour choisir les cinq comportements inciviques les plus graves pour vous.
- Vous les écrivez sur un petit papier que vous déposerez dans une boîte.

### 2 Réalisation

- Le professeur ouvre la boîte et repère les cinq comportements problématiques les plus fréquemment cités.
- Pour chaque problème, vous rédigez une règle. N'oubliez pas que ces règles doivent être valables pour tous. Pensez à utiliser les expressions de l'obligation, de l'interdiction et du conseil.
- Vous tabriquez des affiches avec les règles que vous avez rédigées.

### 3 Présentation

- Présentez maintenant vos affiches aux autres étudiants.

## 2 CRÉER UN PROJET D'HABITAT PARTICIPATIF

ATELIER TECH'

*Vous allez concevoir un projet de logement collectif sur le modèle de l'habitat participatif et le publier sur un réseau social.*

### *Démarche*

*Formez des groupes de quatre ou cinq.*

### 1 Préparation

- Vous allez partager le même habitat.
- Vous faites la liste des besoins de vos familles, de vous-même et réfléchissez à un type de logement adapté. Pensez aux espaces personnels pour chaque famille, aux nécessités de chacun. Imaginez des espaces collectifs, des lieux de rencontre, des activités conviviales.
- Vous vous mettez d'accord sur l'endroit où vous allez faire construire votre bâtiment (en ville, à la campagne, sur une île...).
- Vous élaborez une petite liste de règles à respecter pour bien cohabiter. Posez-vous la question de l'organisation de votre communauté au quotidien.

### 2 Réalisation

- Vous faites une recherche plus précise du lieu de votre futur habitat sur internet. Utilisez un logiciel de cartographie en ligne pour sélectionner votre lieu idéal et faites une capture d'écran.
- Vous réalisez une brochure de présentation de votre projet avec :

* une description du bâtiment ;
* une image cartographique pour visualiser le lieu ;
* une proposition d'organisation pour s'entendre entre voisins ;
* des idées d'activités collectives.

### 3 Présentation

- Vous présentez votre projet à la classe.
- Vous créez une page sur un réseau social pour y publier toutes les brochures.

## TEST : Dis-moi ce que tu manges, je te dirai qui tu es

**1 Au petit déjeuner, vous :**

a | préparez un thé, un jus de fruit et des tartines.
b | prenez un bol de céréales.
c | avalez un café en vitesse avant de partir.

**2 Dans la matinée, vous :**

a | faites au moins une pause café-croissant avec vos collègues.
b | évitez absolument le grignotage.
c | mangez une banane quand vous avez un petit creux.

**Au fait !**

**Avoir un petit creux,** c'est avoir une petite faim.

**3 À midi, vous :**

a | allez à la cantine avec vos collègues, c'est plus sympa.
b | cherchez un endroit calme pour déguster un plat préparé la veille.
c | avalez un sandwich devant l'ordinateur.

**4 Le goûter :**

a | c'est sacré, ça rappelle l'enfance.
b | est à éviter, mais vous faites parfois des exceptions.
c | ça permet de caler un petit creux vers 17 heures.

**5 Vous êtes plutôt du style à :**

a | savourer des plats exotiques ou traditionnels.
b | manger cinq fruits et légumes par jour.
c | consommer des plats préparés ou surgelés.

**6 Dans votre cuisine idéale, il y a :**

a | une table, des livres de recettes et des épices du monde entier.
b | un robot multifonctions et un cuiseur à vapeur.
c | le minimum : un frigo, un four et une cuisinière.

**7 Pour vous, un repas de fête, c'est :**

a | une grande tablée avec toute la famille ou tous vos amis.
b | un tête-à-tête dans un restaurant gastronomique.
c | un plaisir solitaire : un plateau-repas devant un film ou un match de foot.

**8 Le plat que vous préparez le mieux, c'est :**

a | la blanquette de veau.
b | la soupe aux poireaux.
c | le sandwich au fromage.

### Résultats

*Vous avez une majorité de* **a** *:*

**Vous faites partie des bons vivants !**

Pour vous, manger est avant tout un plaisir et une occasion de s'ouvrir aux autres. Vous êtes toujours partant(e) pour un dîner entre amis ou pour un apéritif improvisé avec vos voisins. Les repas sont des moments de fête à partager. Ce qu'il y a dans les assiettes n'est pas le plus important, mais vous ne dites jamais non aux bons petits plats.

*Vous avez une majorité de* **b** *:*

**Manger, oui, mais manger bien !**

Pas question d'avaler n'importe quoi. Pour vous, l'alimentation doit être saine et équilibrée. Vous évitez au maximum les produits industriels, les plats préparés, le grignotage, et vous êtes prêt(e) à faire des kilomètres pour trouver des produits frais et naturels. Vous n'êtes pas contre un bon dîner de temps en temps pour une occasion spéciale, mais sans excès.

*Vous avez une majorité de* **c** *:*

**La cuisine ? Une pièce peu utile.**

Vous ne mangez pas, vous vous alimentez par nécessité. La nourriture est loin d'être une priorité et vous n'accordez pas beaucoup d'importance à la gastronomie et encore moins aux conseils nutritionnels. Vous ne mangez jamais à heure fixe, vous êtes un grand adepte du grignotage. Vos passions sont ailleurs, c'est en dehors des repas que vous profitez de la vie.

# LE GOÛT DES NÔTRES

**Objectifs**

- Parler de l'histoire de sa famille
- Décrire les liens avec ses proches
- Raconter au passé : décrire des situations, des habitudes, des événements

*« Dans une famille, on a beau avoir vécu les mêmes choses, on n'a pas les mêmes souvenirs. »*
Marie Darrieussecq (écrivaine)

# A Mes origines et moi, du Maroc à l'Alsace

– T'es d'où, toi ? T'as l'air un peu méditerranéenne… Espagnole, peut-être ? grecque ? italienne ? Ma mère marocaine a rencontré mon père alsacien dans le sud-est de la France et ils ne se sont plus quittés. De cette belle union sont nées mes deux sœurs et moi. De ma mère, elles ont pris une peau un peu plus mate, de belles boucles brunes ; moi j'ai hérité du châtain alsacien.

Et même si je n'ai jamais vécu au Maroc, et passé seulement les premières années de ma vie près de Colmar, ces deux origines font partie de moi. Les souvenirs liés à mes deux patries sont très différents.

Déjà, ce sont des souvenirs de longues vacances en famille ; je me rappelle mon incrédulité quand des potes[1] de primaire allaient déjeuner chez leur grand-mère. Moi, mes grands-mères, elles étaient à des centaines de kilomètres de chez moi, et pas dans la même direction, en plus !

Noël, c'était l'Alsace : la famille étendue réunie autour du sapin, le repas de fête avec une pièce de gibier ou un plat traditionnel, les petits bretzels de l'apéro, la montagne de cadeaux. Parfois il neigeait, ça sentait la soupe et le pain de campagne.

En été : 36 heures de route dans une voiture pleine à craquer pour rallier Casablanca avec tous les autres immigrés qui revenaient au pays pour quelques semaines.

Je n'ai jamais vu Marrakech en hiver, et rarement vu Mulhouse en été. À chaque origine sa période de l'année, c'était le plus pratique et ça faisait un rituel réconfortant qui me permettait de savourer tout autant le thé à la menthe que le jus de pomme artisanal rangé dans la cave de mon grand-père.

Dans mon collège, il y avait plein d'élèves de plein d'origines. Des Marocains, des Tunisiens, des Sénégalais, des Espagnols… ou plutôt des « descendants de », puisque la grande majorité étaient, comme moi, les enfants d'un ou de deux immigré(s). Tout ce beau monde discutait de ses origines, de sa sensibilité, de ses fiertés, avec les mots maladroits d'adolescents qui se cherchent. Et moi, au milieu de tout ça, je me sens principalement française (c'est ma nationalité, c'est ici que j'ai vécu toute ma vie)… Mais clairement pas française « de souche », pas à 100 %.

Je partage avec bien d'autres enfants d'immigrés des habitudes, des souvenirs, des rituels que ne connaissaient pas mes copains allant déjeuner chez leur grand-mère. Mon identité ce n'est pas d'être française, ni d'être marocaine. C'est d'être franco-marocaine.

http://www.madmoizelle.com

1. *Des amis.*

## COMPRÉHENSION ÉCRITE

### *Entrée en matière*

**1** **Observez la photo. Que partagent ces élèves et qu'est-ce qui les différencie ?**

### *1^re^ lecture*

**2** **Le thème de ce document est :**

a | hésiter entre les vacances au Maroc ou en Alsace.

b | vivre avec des origines diverses.

c | vivre chez ses grands-parents.

### *2^e^ lecture*

**3** **Donnez les caractéristiques physiques de la jeune fille et de ses sœurs.**

**4** **Comment la jeune fille passait-elle la fête de Noël ?**

**5** **Que pense-t-elle de l'habitude de partager ses vacances entre deux pays ?**

**6** **De quoi parle-t-elle avec ses copains de collège ?**

### *Vocabulaire*

**7** **Comment expliquez-vous l'adjectif « maladroit » (l. 36) ?**

**8** **Comment comprenez-vous l'expression « française de souche » (l. 39) ?**

## PRODUCTION ORALE

**9** **Pensez-vous qu'avoir plusieurs origines est une richesse ou une difficulté ?**

## PRODUCTION ÉCRITE

**10** **Vous avez lu sur le forum « Descendants de … » ce témoignage de Nat : « Mon père vient de Montpellier, ma mère, elle, n'est pas française. Je voudrais mieux connaître la culture de maman, mais je ne sais pas comment faire. » Répondez à Nat et donnez-lui quelques pistes pour commencer ses recherches (s'intéresser à la cuisine traditionnelle, aux traditions culturelles, à la littérature, étudier la langue, etc.).**

# B Une famille, trois générations 9

**Au fait !**

Le **Cloud**, ou **Nuage**, est un terme informatique qui désigne le stockage d'informations à distance toujours disponibles pour un groupe d'utilisateurs.

*« La famille pour moi, c'est quelque chose qu'on porte, un Cloud. »*

## COMPRÉHENSION ORALE

### *Entrée en matière*

**1** Expliquez la phrase entre guillemets.

### *1re écoute (en entier)*

**2** De quel type de document audio s'agit-il ?

**3** Qui parle ? D'où vient cette personne ?

### *2e écoute (du début à « transmis. »)*

**4** Que faisait sa mère pour la famille ?

**5** Comment les enfants de la deuxième génération ont-ils réagi en grandissant ?

**6** Que s'est-il passé pour les enfants de la troisième génération ?

### *Vocabulaire*

**7** À votre avis, que signifie cette phrase : « Elle tenait à créer un esprit de famille » ?

**8** Relevez les deux expressions qui montrent l'attachement à la famille.

**9** Retrouvez dans la transcription (p. 204) l'expression qui signifie « se briser ».

### *3e écoute (de « Je ne les ai pas élevés » à la fin)*

**10** Pourquoi la personne qui parle semble-t-elle étonnée ? Relevez les expressions qui montrent son étonnement.

**11** Pourquoi compare-t-elle la famille au Cloud ?

**12** Comment comprenez-vous les expressions « à la française » et « à l'africaine » ?

## PRODUCTION ÉCRITE >>> DELF

**13** Un(e) ami(e) francophone a déménagé récemment avec sa famille à l'étranger. Il/Elle vous écrit car ses enfants ne s'intéressent pas à la culture française. Vous lui répondez et donnez votre opinion sur l'importance de connaître ses racines (160 mots).

# C Parents-enfants : le temps passé ensemble

## COMPRÉHENSION ÉCRITE

### *Entrée en matière*

**1** Pensez-vous que les parents et les enfants passent beaucoup de temps ensemble dans votre pays ?

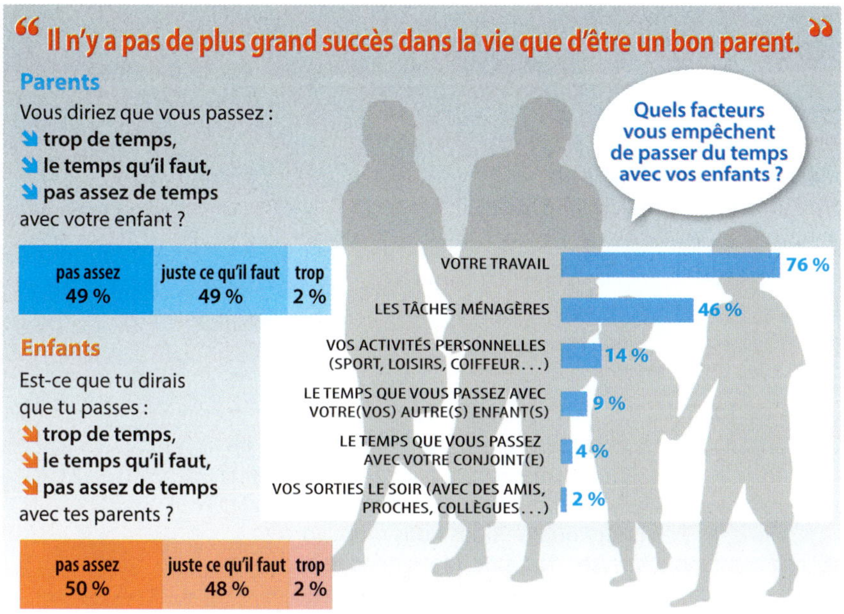


Ipsos 2017

### *Lecture*

**2** D'après le sondage, que pensent les Français du temps passé en famille ?

**3** Est-ce que les enfants et les parents ont la même opinion sur le temps qu'ils passent ensemble ? Justifiez votre réponse.

**4** Quelles sont les occupations qui empêchent les Français de passer du temps avec leurs enfants ?

## PRODUCTION ORALE

**5** Êtes-vous d'accord avec l'affirmation qu'il n'y a pas de plus grand succès dans la vie que d'être un bon parent ?

**6** Pour vous, qu'est-ce qu'un grand succès dans la vie ? Questionnez également les autres apprenants et faites ensemble une liste de ce qui pourrait être considéré comme les plus grands succès dans la vie.

# GRAMMAIRE > le passé composé et l'imparfait

Cahier d'activités unité 2

## ÉCHAUFFEMENT

**1 Observez les phrases suivantes. Quelles phrases expriment une action ? Est-ce que l'imparfait exprime toujours une description ?**

**a** | Ma mère marocaine a rencontré mon père alsacien dans le sud-est de la France.
**b** | De cette belle union sont nées mes deux sœurs et moi.
**c** | Je n'ai jamais vécu au Maroc et passé seulement les premières années de ma vie près de Colmar.
**d** | Noël, c'était l'Alsace. Parfois il neigeait, ça sentait la soupe et le pain de campagne.
**e** | Des potes de primaire allaient déjeuner chez leur grand-mère.
**f** | Dans mon collège, il y avait plein d'élèves de plein d'origines.
**g** | Tout ce beau monde discutait de ses origines.
**h** | Maman, elle tenait vraiment à créer un esprit de famille.
**i** | Je ne les ai pas élevés à l'africaine car je ne me sentais pas concernée.
**j** | À Noël, on retrouvait tout le monde. Et puis on est devenus grands et cette famille a volé en éclats.
**k** | Ils m'ont fait découvrir un joueur de kora, je n'en revenais pas.

## FONCTIONNEMENT

### Le passé composé et l'imparfait

**2 Quelle est la fonction de chaque temps ? Complétez le tableau. Certaines phrases peuvent correspondre à plusieurs emplois.**

| | Passé composé | Imparfait |
|---|---|---|
| **Temps utilisés indépendamment** | • Exprime une action ponctuelle.<br>Exemple : .....<br>• Exprime une action délimitée dans le temps.<br>Exemple : .....<br>• Exprime des actions qui se sont produites les unes après les autres.<br>Exemple : ..... | • Permet de faire une description (cadre, états, émotions).<br>Exemples : *phrases d*, ....., .....<br>• Exprime une action sans durée limitée.<br>Exemples : ....., .....<br>• Exprime des actions répétitives, des habitudes.<br>Exemple : ..... |
| **Temps liés dans un récit, utilisés l'un après l'autre** | • Introduit un changement.<br>Exemple : ..... | • Décrit une situation passée.<br>Exemple : ..... |
| **Temps liés dans un récit, utilisés ensemble** | • Exprime les événements de l'histoire passée.<br>Exemples : ....., ..... | • Décrit le contexte (cadre, états, émotions) de l'histoire passée.<br>Exemples : ....., ..... |

## ENTRAÎNEMENT

**3 Conjuguez les verbes au passé composé ou à l'imparfait et dites à quel emploi du tableau correspondent les phrases.**

**a** | Pendant deux ans, il (faire) ...... plusieurs voyages au Maroc.
**b** | J'(adorer) ...... le jus de pomme de mon grand-père quand j'(être) ...... petite.
**c** | Pour Noël, notre classe (décider) ...... de préparer un spectacle de musique.
**d** | Au collège, je (préférer) ...... faire mes devoirs avec Marco, mais quand il (déménager)...... , je (devoir) ...... étudier seul.
**e** | Paul (rencontrer) ...... Sophie à Mulhouse et ils (se marier) ...... l'année suivante.
**f** | À l'époque, tu (étudier) ...... à l'université.
**g** | Le déjeuner (être) ...... prêt quand nous (rentrer) ...... à la maison.
**h** | Ma grand-mère (souvent venir) ...... chez nous avec un de ses délicieux gâteaux.

**4 Réécrivez au passé le témoignage de ce père de famille.**

C'est le mois d'août. Nous sommes en vacances depuis deux jours déjà. Il fait chaud, le soleil brille tous les matins. Les enfants sont heureux d'aller à la plage. Tous les jours, ils courent partout, nagent et s'amusent dans l'eau. Vendredi, ma femme reçoit un coup de téléphone. C'est son frère. Samedi, il arrive avec sa femme et ses trois enfants pour nous rendre visite. Donc, au lieu d'être quatre, nous nous retrouvons à neuf dans la maison. Les enfants sont ravis mais les parents sont stressés. Nous décidons de faire la cuisine et le ménage à tour de rôle et, finalement, nous passons de merveilleuses vacances tous ensemble !

## PRODUCTION ÉCRITE

**5 Observez ces images. Écrivez un texte pour expliquer la situation passée de cette personne et imaginez quels événements ont pu provoquer le(s) changement(s).**

et

Avant, il …… et puis un jour, ……

**6 Envoyez un mail à un(e) ami(e) pour lui raconter votre anniversaire. Vous expliquez le contexte (lieu, temps qu'il a fait, émotions…) et les événements de cette journée (préparatifs, arrivée des invités)…**

Il y a quelques jours, j'ai fêté mon anniversaire…

**Pour exprimer le plaisir, la joie**

- C'était exceptionnel/incroyable !
- C'était très bien !
- C'était chouette/super/sympa/génial !
- J'étais très content(e) de le rencontrer.
- J'étais ravi(e) de participer à cette cérémonie.

**Pour raconter un souvenir, dire qu'on a oublié**

- Je me souviens que c'était un samedi.
- Je n'ai pas oublié cette fête extraordinaire.
- Je n'ai pas oublié que la chaleur était insupportable.
- J'ai oublié de préciser qu'on était nombreux.
- Je ne sais plus (+ si/pourquoi/quand)…

## PRODUCTION ORALE

**7 En scène ! Vous feuilletez un vieil album de photos avec votre grand-mère ou votre grand-père à qui vous avez demandé de raconter l'histoire de la famille. Posez des questions sur les liens de parenté entre les personnes que vous voyez sur la photo et imaginez leurs histoires. Votre voisin(e) joue le rôle du grand-parent.**

**8 Cherchez une photo qui rappelle une journée spéciale dans votre famille (mariage, naissance, cérémonie de fin d'études, etc.) et racontez cette journée.**

**Pour raconter une anecdote**

- Tu sais/Vous savez ce qui est arrivé à ma sœur ?
- Je te/vous ai dit que ma fille se mariait ?
- Il faut que je te/vous dise/raconte…
- J'ai appris qu'il était papa.
- Cette fois/Ce jour-là…

# VOCABULAIRE > l'être humain, la famille

Cahier unité 2 d'activités

## L'être humain

l'adolescent(e)/l'ado
l'adulte *(m./f.)*
exister
la génération
l'identité *(f.)*
le milieu
les origines *(f.)*
la personne = l'individu
les souvenirs *(m.)*

## Les perceptions et les sentiments

s'affirmer
se chercher
consoler
éprouver (un sentiment)
la fierté
goûter
l'incrédulité *(f.)*
maladroit
réconfortant
savourer
la sensibilité
se sentir concerné(e)
soulager
tenir à (faire quelque chose)
se trouver

### PRODUCTION ORALE

**1 Croyez-vous que la fierté soit un sentiment positif ? Discutez-en avec votre voisin(e). Vous pouvez élargir votre discussion à d'autres émotions.**

## Les membres de la famille

l'aïeul, l'aïeule
le cousin, la cousine
les descendants, les descendantes
le fils, la fille = les enfants
le frère, la sœur = la fratrie
le grand-père, la grand-mère = les grands-parents
le neveu, la nièce
l'oncle, la tante
l'orphelin, l'orpheline
le père, la mère = les parents
le petit-fils, la petite-fille = les petits-enfants

**2 De qui parle-t-on ?**

Exemple : *le fils de ma tante = mon cousin*

**a** | la fille de ma sœur = ......
**b** | le père de ma mère = ......
**c** | les enfants et les petits-enfants = ......
**d** | la personne la plus âgée de la famille = ......
**e** | tous les enfants d'un couple = ......
**f** | celui qui a perdu ses parents = ......

## Les relations familiales

célibataire
la cellule (familiale)
en commun
le divorce
ensemble ≠ séparément
l'esprit *(m.)* de famille
la famille étendue ≠ la famille proche
le fiancé, la fiancée
le lien de parenté
le mariage
le mode de vie
le parent éloigné
le proche
la retrouvaille
la séparation
la tradition
transmettre
la tribu
l'union *(f.)*
voler en éclats

### PRODUCTION ÉCRITE

**3 Décrivez les relations familiales et le mode de vie d'une famille dans votre pays.**

# PHONÉTIQUE

## « Suis-je chez ce cher Serge ? »

**1 Écoutez et notez la prononciation de la voyelle accentuée.** 10

**a** | Madagascar
**b** | Toronto
**c** | Mississippi
**d** | Casablanca
**e** | Atacama
**f** | Novgorod
**g** | Vaasa

### L'égalité syllabique et l'allongement de la voyelle accentuée

La voyelle accentuée est plus longue que les autres. Il faut avoir suffisamment de souffle pour réaliser cette longueur. Pour cela les Français répartissent uniformément l'effort de prononciation. Toutes les autres syllabes qui constituent le mot phonétique sont sensiblement identiques. Les voyelles non accentuées sont plutôt brèves et de force égale.

**2 On organise une manifestation des noms géographiques. Notez un nom de lieu de minimum 2 syllabes avec ses voyelles ainsi que la dernière consonne, si nécessaire.**

Exemples : ***[e-ik]*** *: Mexique ;* ***[e-a-y-i]*** *: États-Unis.*

**Prononcez. Toutes les voyelles sont brèves, sauf la dernière qui est allongée. Pour cela levez le poing et scandez comme dans une manifestation.**
**Vos camarades, seront-ils capables de retrouver le lieu dont il s'agit ?**

**3 Écoutez, notez et répétez.** 11

## D Les Français et la généalogie

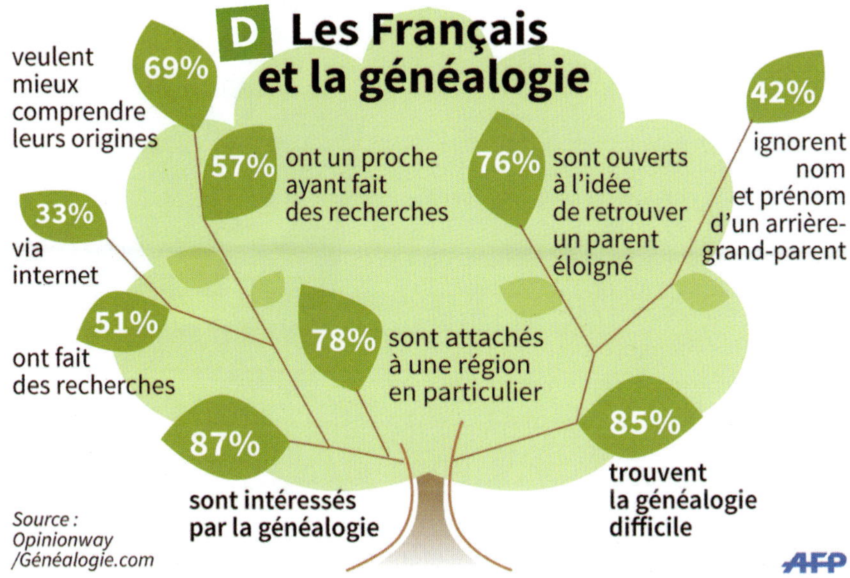


### COMPRÉHENSION ÉCRITE

**1** Regardez le titre de l'infographie et ses chiffres. Pensez-vous que les Français s'intéressent beaucoup à la généalogie ?

**2** Combien de Français ont-ils déjà fait des recherches généalogiques ?

**3** Comment pourrait-on expliquer la différence entre l'intérêt pour cette activité et la pratique réelle ?

**4** Quel pourcentage de Français a fait des recherches généalogiques autrement que par internet ?

**5** Cet intérêt existe-t-il dans votre pays ?

### PRODUCTION ORALE

**6 En scène !** Organisez le même sondage dans votre classe. Qui a déjà pensé à faire son arbre généalogique ? Qui trouve cela difficile ?

## E Quels ancêtres !

### COMPRÉHENSION ÉCRITE

**1** Observez le dessin et son texte. Expliquez l'ironie de cette phrase.

**2** Reconnaissez-vous les différents « membres » de la famille du petit-garçon ?

**3** Que veut dire le dessinateur par cette image ?

*« C'est décidé, je vais faire mon arbre généalogique ! »*

## F À la recherche de ses racines (12)

### COMPRÉHENSION ORALE

**1** Qu'est-ce qui a motivé la décision du premier homme ?

**2** À quoi compare-t-il ses recherches ?

**3** Quelle est l'attitude de son ami ? Justifiez votre réponse.

**4** D'après cet ami, pour quelle seule raison pourrait-on s'intéresser à la généalogie ?

### PRODUCTION ÉCRITE

**5** Vous souhaitez commencer une recherche sur l'histoire de votre famille. Vous écrivez sur un blog d'amateurs de généalogie pour vous présenter, expliquer votre intérêt et demander quelques conseils.

### Drôle d'expression !

**« L'enfant est le pied du vieux. »**
(proverbe sénégalais)

→ Lisez ce proverbe. Comment l'interprétez-vous ?

→ Cherchez des équivalences possibles dans votre langue.

# DOCUMENTS

## G Trois jours chez ma mère

*« Tu fais peur à tout le monde »*, m'a dit Delphine hier soir. Nous vivons ensemble depuis plus de trente ans.
D'où sort ce « tout le monde » ? S'agit-il de nos deux filles, deux femmes adultes, capables de voir que leur père est dans le pétrin[1] ? Sûrement. Et sans doute aussi de ma mère et de mes sœurs. Delphine, pourtant, voit peu ma famille, tout comme moi, qui me sens coupable de ne pas voir suffisamment ma mère.
Quelques-uns de nos amis ont également dû faire part de leur inquiétude à Delphine. Je parie qu'elle a reçu des coups de téléphone pendant que je dormais (je me réveille en général au milieu de l'après-midi, parfois plus tard) : *« Que devient François ? Il ne donne plus de ses nouvelles. La dernière fois qu'on l'a vu, il n'avait pas l'air en forme. On est inquiets. »*

François Weyergans, *Trois jours chez ma mère*, Grasset, 2005.

1. *Il a des problèmes.*

### COMPRÉHENSION ÉCRITE

**1** Lisez l'extrait du roman de François Weyergans et relevez les membres de famille mentionnés.

**2** Comment le personnage principal se sent-il vis-à-vis de sa famille ? Pourquoi ?

**3** Imaginez pourquoi il est dans cette situation et ce qu'il devrait faire pour aller mieux.

**4** Pourquoi fait-il peur à tout le monde ?

### PRODUCTION ORALE >>> DELF

**5** Vous téléphonez à un(e) ami(e) qui refuse depuis quelque temps toutes vos invitations et ne sort pratiquement plus de chez lui/elle. Vous vous inquiétez et essayez de le/la persuader de sortir avec vous. Votre voisin(e) joue le rôle de l'ami(e).

## H Photos de famille 13

*« En quelques années, on est passé de l'album à l'image sur écran. »*

### COMPRÉHENSION ORALE

**Au fait !**

**En duplex :** dispositif à la radio ou à la télévision qui permet de communiquer avec une personne qui ne se trouve pas au même endroit que le/la journaliste.

***Entrée en matière***

**1** Faites-vous beaucoup de photos de votre famille ?
Les organisez-vous en albums ?

***1re écoute***

**2** En quoi les photos de famille ont-elles changé ?

***2e écoute***

**3** À votre avis, que signifie l'expression « chroniques familiales » ?

**4** À quelles occasions faisait-on des photos par le passé ?

**5** Trouvez dans la transcription (p. 204) l'expression équivalente à un « événement officiel ».

**6** Quels changements ont connus les anniversaires d'enfants ?

**7** « La famille connaît une mutation entre le début du XXe siècle et aujourd'hui. » Quels synonymes du mot « mutation » pourriez-vous utiliser dans cette phrase ?

**8** D'après l'interviewée, Facebook peut-il remplacer l'album photos ?
a | Oui  b | Non  c | Elle ne sait pas

### PRODUCTION ÉCRITE

**9** À l'occasion d'une fête, vous aimeriez offrir à un membre de votre famille un album de photos familiales. Écrivez à vos proches pour leur expliquer votre démarche et leur demander de l'aide.

# GRAMMAIRE > les indicateurs de temps (1)

Cahier unité 2 d'activités

## ÉCHAUFFEMENT

**1 Observez ces phrases et relevez toutes les indications de temps. Quelles expressions indiquent une durée ? Lesquelles indiquent un moment ?**

**a** | Nous vivons ensemble depuis plus de trente ans.
**b** | Je parie qu'elle a reçu des coups de téléphone pendant que je dormais.
**c** | En quelques années, on est passé de l'album à l'image sur écran.
**d** | La photo de famille avance de façon parallèle à la mutation que connaît la famille entre le début du xx^e^ siècle et aujourd'hui.
**e** | On ne sait pas quels formats de photo il y aura dans quelques années au niveau informatique.
**f** | L'anniversaire des enfants n'était pas photographié à la fin du xix^e^ siècle ou au début du xx^e^.
**g** | Ça fait trois ans que mon fils me pose des questions.
**h** | Il y a quinze jours, il m'a dit qu'il m'aiderait à chercher.

## FONCTIONNEMENT

### Les indicateurs de temps

**2 Associez les éléments (il y a plusieurs possibilités).**

| Durée | | Moment | |
|---|---|---|---|
| **a** \| Depuis plus de trente ans | **1** \| période avec un début et une fin définis | **a** \| Il y a quinze jours | **1** \| moment dans le futur où l'action se passera |
| **b** \| Ça fait trois ans que | **2** \| durée limitée | **b** \| Dans quelques années | **2** \| moment de commencement/moment de l'achèvement d'une action |
| **c** \| Pendant que je dormais | **3** \| durée non limitée avec un point de départ dans le passé | **c** \| Au début du xx^e^/À la fin du xix^e^ | **3** \| moment dans le passé où l'action a eu lieu |
| **d** \| Entre le début du xx^e^ siècle et aujourd'hui | **4** \| durée nécessaire pour réaliser une action | | |
| **e** \| En quelques années | | | |

## ENTRAÎNEMENT

**3 Associez pour faire des phrases.**

**a** | Je partirai en vacances chez ma grand-mère
**b** | Elle est mariée
**c** | Nous avons attendu
**d** | J'ai vu mes cousins
**e** | Il a fait une centaine de photos

**1** | en 1 minute.
**2** | pendant des heures.
**3** | il y a 2 jours.
**4** | dans 3 mois.
**5** | depuis 1980.

**4 Complétez avec les indications de temps : *depuis, pendant, cela fait… que, il y a, au début, à la fin, dans, en.***

Avec ma sœur, nous préparons …… un moment un cadeau surprise pour l'anniversaire de notre frère Jérôme, qui va avoir 18 ans. …… exactement six mois …… nous économisons pour lui offrir un saut en parapente. …… deux semaines, nous avons pris rendez-vous avec un moniteur qui nous a expliqué qu'il était très important de garder son calme …… le saut. Malheureusement, beaucoup de gens veulent, nous disait-il, …… quelques minutes ressembler à des professionnels, et ils ne sont donc pas suffisamment prudents. Ce ne sera pas le cas de Jérôme. Bien sûr, il aura peur…… du saut, mais nous sommes sûres qu' …… de la journée il sera fier de lui. L'anniversaire de Jérôme est …… trois jours. Nous serons là pour le filmer !

### PRODUCTION ÉCRITE

**5 Prenez la place de Jérôme. Vous avez reçu en cadeau un saut en parapente. Racontez votre expérience sur un forum d'amateurs de sensations fortes. Utilisez le maximum d'indicateurs de temps.**

*« Il y a trois ans, pour mon anniversaire,… »*

# DOCUMENTS

## I Une gigantesque cousinade

2

### COMPRÉHENSION AUDIOVISUELLE

***Entrée en matière***

**1** À votre avis, que signifie le titre de la vidéo ?

***1er visionnage (sans le son, du début à 0'27")***

**2** Vérifiez vos hypothèses sur le titre en regardant les images de la vidéo. Qu'est-ce qui réunit toutes ces personnes ?

**3** Imaginez ce que dit l'un des deux hommes âgés à l'autre.

***2e visionnage (avec le son, du début à « mon cousin. »)***

**4** Combien de personnes se sont réunies ? Relevez le nom et l'année de naissance de leur aïeul.

**5** Écoutez l'homme âgé. Comparez ses paroles avec ce que vous avez imaginé précédemment.

***3e visionnage (avec le son, de « Roger » à la fin)***

**6** Comment Roger a-t-il eu l'idée de s'intéresser à l'histoire de sa famille ?

**7** Combien de temps a-t-il fallu pour organiser cette réunion de famille ?

**8** Expliquez cette affirmation : « La généalogie, c'est une enquête policière. »

**9** Pourquoi Marcella semble-t-elle émue ?

## J Les grands-parents 2.0

14

*« À quoi tient la modernité des grands-parents d'aujourd'hui ? »*

**Au fait !**

Le **Web 2.0** désigne la nouvelle étape de l'évolution d'internet à partir des années 2000. **2.0** est devenu synonyme de « moderne », « qui utilise les nouvelles technologies ».

### COMPRÉHENSION ORALE

***Entrée en matière***

**1** Quelle est votre définition des grands-parents modernes ?

***1re écoute (en entier)***

**2** Comment les grands-parents modernes communiquent-ils avec leur famille ?

***2e écoute (du début à « garderai blancs. »)***

**3** En quoi Mijo est-elle une grand-mère pas comme les autres ?

**4** Trouvez dans la transcription (p. 205) le verbe synonyme de « accepter, prendre sur soi ».

**5** Que signifie l'expression « c'est négligé » ?

***3e écoute (de « Ma mamie à moi » à la fin)***

**6** La grand-mère de Delphine (plusieurs réponses) :

a | vit à l'étranger.
b | utilise Skype et Facebook pour contacter sa famille.
c | crée des bijoux.
d | suit la mode.

**7** D'après Jeanne Thiriet, pourquoi Skype est-il important pour les grands-parents ?

**8** Quels sont les deux autres moyens de communication utilisés par les grands-parents ?

**9** Comment comprenez-vous la phrase : « Ma mamie est un bijou à l'ancienne de toute beauté » ?

### PRODUCTION ORALE >>> DELF

**10** Vous allez bientôt partir vivre à l'étranger. Vous aimeriez garder le contact avec vos grands-parents qui restent dans le pays. Mais, selon vous, ils ne sont pas très modernes, même s'ils ont internet. Discutez du meilleur moyen de communication et choisissez ce qui vous convient. Votre voisin(e) joue le rôle du grand-parent qui n'est pas toujours d'accord avec vos propositions.

# K Dessine-moi des grands-parents de cœur

## Super-grandparents, le site n° 1 de la rencontre intergénérationnelle

**Qui sommes-nous ?**
**Créé en décembre 2007, Super-grandparents est le premier site de rencontre intergénérationnelle[1] sur internet. Les psychologues et pédopsychiatres[2] affirment que les grands-parents sont essentiels non seulement au développement de l'enfant mais également des parents. Ils témoignent…**

**Fanny, 38 ans (Lot-et-Garonne)**
Orpheline depuis ma petite enfance, je n'avais pas de grands-parents à « offrir » à mon fils. Refusant la fatalité, incapable de me résoudre à ce que notre petit vive ce manque, je me suis inscrite sur le site.
Après une première rencontre qui ne correspondait pas à nos attentes, j'ai été contactée par une dame qui semblait avoir la place dans son cœur que j'espérais.
Nous nous sommes écrit de femme à femme chaque jour ou presque pendant plus de deux mois, ce qui nous a permis de nous connaître, de comprendre les attentes et les espoirs de l'autre.
Gabin avait un an et demi quand nous nous sommes enfin rencontrés. Depuis, nous nous aimons, nous nous voyons régulièrement, nous leur confions Gabin, qui a sa chambre chez eux. Il a appris à dire « papi » et « mamie ». C'est une aventure qui a changé notre vie !
Fêter Noël devient enfin un plaisir, car nous avons le sentiment d'appartenir à une famille. Avec eux, c'est une histoire pour la vie !

**Nanou et Francis, Namur (Belgique)**
Il était une fois une jeune tribu bien seule, et nous, des grands-parents isolés. Un jour, chacun de leur côté, ils ont décidé de rompre la monotonie de leur vie et se sont mis à la recherche d'une famille. Le cœur rempli de crainte, ils se sont inscrits sur le site « Super-grandparents ». Ils ont cherché, échangé, puis échoué… Puis ils ont persisté et, un beau jour, ils se sont enfin trouvés.
Ils ont fait connaissance *via* le site, ensuite ont échangé des photos et numéros de téléphone et se sont rencontrés. Comme par magie, il y a eu de part et d'autre un déclic, vous savez, comme une petite voix qui vous dit : « *Voilà la famille que vous aimeriez avoir !* »
Ils ont beaucoup bavardé, se sont invités, et à chaque rencontre le temps passait trop vite, ils avaient tellement de choses à se dire…
Très vite, une grande complicité s'est installée dans les échanges, les jeux, les repas, les fous rires et toutes les choses qui rendent la vie plus agréable lorsqu'elles sont partagées. Ensemble ils remercient le site, qui leur a donné quelques conseils judicieux et surtout qui leur a permis de se rencontrer. Merci, Super-grandparents !!!

http://www.super-grandparents.fr

*1. Entre les générations. 2. Docteur qui soigne les troubles du comportement chez les enfants.*

### COMPRÉHENSION ÉCRITE

***Entrée en matière***

**1** Lisez le titre. Connaissez-vous une autre phrase célèbre qui commence par « Dessine-moi… » ?

***1re lecture***

**2** Quel est l'objectif de ce site ?

***2e lecture***

**3** Comment Fanny a-t-elle préparé la rencontre avec les futurs grands-parents de son fils ?

**4** À quel âge le fils de Fanny a-t-il rencontré ses nouveaux grands-parents ?

**5** Vrai ou faux : Fanny s'est inscrite sur le site pour pouvoir fêter Noël en famille ?

**6** Vrai ou faux : Nanou et Francis avaient peur de s'inscrire sur le site ?

**7** Comment Nanou et Francis savent-ils qu'ils ont rencontré les bonnes personnes ?

**8** Après avoir lu les témoignages, comment définiriez-vous les « grands-parents de cœur » ?

***Vocabulaire***

**9** Trouvez des synonymes des verbes suivants : *rompre* (l. 31), *échouer* (l. 35), *persister* (l. 35).

**10** Trouvez dans le texte le mot qui signifie « qui déclenche une réaction, provoque une décision » ?

### PRODUCTION ORALE

**11** « Les grands-parents sont essentiels non seulement au développement de l'enfant mais également des parents. » Êtes-vous d'accord avec cette affirmation ? Expliquez votre point de vue.

### PRODUCTION ÉCRITE

**12** Vous souhaitez devenir un grand-parent de cœur et décidez de vous inscrire sur le site Super-grandparents. Créez votre profil pour vous présenter et expliquer votre démarche.

# GRAMMAIRE > l'accord des verbes pronominaux au passé composé

Cahier unité 2 d'activités

## ÉCHAUFFEMENT

**1 Analysez les phrases suivantes. Est-ce que les verbes pronominaux au passé composé sont toujours accordés au féminin et au pluriel ?**

a | Je me suis dit : « Ben, tu verras. »
b | Je me suis inscrite sur le site *Super-grandparents*.
c | Nous nous sommes écrit de femme à femme pendant plus de deux mois.
d | Gabin avait un an et demi quand nous nous sommes enfin rencontrés.
e | Un beau jour, ils se sont enfin trouvés.
f | Ils se sont invités.
g | Très vite, une grande complicité s'est installée dans les échanges.

## FONCTIONNEMENT

### L'accord des verbes pronominaux au passé composé

**2 Retrouvez la construction des verbes.**

Exemple : *Je me suis dit… = (me = à moi-même) / ils se sont invités (se = eux-mêmes)*

a | Je me suis inscrite.
b | Nous nous sommes écrit.
c | Nous nous sommes rencontrés.
d | Ils se sont trouvés.

| Règle | Exemples |
|---|---|
| • Le participe passé des verbes pronominaux **s'accorde** quand le deuxième pronom placé devant le verbe représente un **COD** (= « soi-même », sans préposition). | **a** Elle **s'**est lav**ée** (**s'** = elle-même).<br>**b** Nous **nous** sommes regard**és** (**nous** = nous-mêmes). |
| • Quand le deuxième pronom représente un **COI** (= « à soi-même »), **l'accord ne se fait pas**. | **a** Elle **s'**est lav**é** les mains (**s'** = à elle-même).<br>**b** Nous **nous** sommes parl**é** (**nous** = à nous-mêmes). |

***REMARQUE***
Pour quelques verbes (*s'enfuir, se moquer, se méfier*), la construction non pronominale est impossible. Les participes passés de ces verbes s'accordent toujours.

## ENTRAÎNEMENT

**3 Choisissez la forme qui convient.**

Exemple : *Nous nous sommes ~~dits~~ / dit / ~~dite~~ bonjour.*

a | Jeanne et Martine se sont *amusés / amusé / amusées* avec leurs parents.
b | Les adultes se sont *serré / serrés* la main.
c | Nous nous sommes *écrits / écrit* pendant l'été.
d | Ils se sont *fâchées / fâchés / fâché* au point de demander le divorce.
e | Elle s'est *promenée / promené* avec son fiancé.
f | Comment vous êtes-vous *connu / connus* ?
g | Fatiguée, Éléonore s'est *endormie / endormi / endormis* immédiatement.
h | Elles se sont *ennuyés / ennuyées / ennuyé* à la fête.

**4 Réécrivez les phrases au passé composé et accordez les participes passés si nécessaire.**

a | Les fiancés s'envoient des messages.
b | Les cousins se retrouvent après plusieurs années de séparation.
c | Nous nous trouvons des amis communs.
d | Avant le mariage, elle se pose beaucoup de questions.
e | Pendant les vacances les amies ne se voient pas, elles s'appellent par Skype.

**5 Racontez au passé l'histoire d'amour de Marie et Jean. Accordez les verbes si nécessaire.**

Exemple : *Se rencontrer – chez – amis :*
*Ils se sont rencontrés chez des amis.*

a | Quand – se voir – se sourire
b | Se parler – pendant – soirée
c | Se téléphoner – pendant – voyage d'affaires de Jean
d | S'inviter – cinéma
e | Se prendre – main
f | Se marier – été suivant

## PRODUCTION ORALE

**6 Vous avez récemment rencontré quelqu'un. Racontez cette rencontre à votre voisin(e) en utilisant le maximum de verbes pronominaux.**

# VOCABULAIRE > les rapports à l'autre

Cahier unité 2 d'activités

## Les sentiments et états

l'attente *(f.)*
(se sentir) coupable
craindre
culpabiliser
le désir
effrayer
envier
l'espoir *(m.)*
être en forme
être épanoui(e)
être inquiet, inquiète
faire peur
la fatalité
le fou rire
la jalousie
le manque
se moquer
plaisanter
prendre un coup de vieux *(fam.)*
rigoler
souffrir

**1 Complétez avec : *l'espoir, fait peur, rigolent, envient, crains, la fatalité, se sentiront coupables, serai inquiet, souffrirai, un fou rire, culpabilise, épanouie, se moquent, courage***

Rien ne me ..... . Je suis une personne très ..... . Je dois même dire que beaucoup m'..... mon ..... . Et bien sûr, je ne ..... pas les animaux sauvages. Si un jour je vois une famille de tigres en liberté, je ne ..... pas ..... . Et s'ils me mangent, tant pis, c'est ..... . J'ai quand même ..... que je ne ..... pas trop, et même que les tigres ..... après. Quand j'en parle à mes amis, ils ..... et ..... de moi. Une famille de tigres qui ....., ça provoque ..... .

## Les relations sociales

appartenir
bavarder
charmant(e)
la complicité
la confidence
se confier
convaincre
la coopération
dépendre
l'échange *(m.)*
s'entendre
être attaché(e) à
être ouvert(e) à
isolé(e)
partager
persuader
posséder
rester dans son coin *(fam.)*
séduisant(e)
seul(e)

**PRODUCTION ÉCRITE**

**2 Quels sont les avantages et les inconvénients de vivre dans une famille nombreuse ? Utilisez dans votre texte le maximum de mots des listes précédentes.**

## Les connexions informatiques

accepter quelqu'un (sur Facebook)
l'application *(f.)*
créer un profil
l'écran *(m.)*
exploser son record
le fichier
le format (numérique)
garder le contact
s'inscrire sur un site
le jeu en ligne
le livre/l'album de photos numériques
le logiciel
moderne/la modernité
la mutation
l'outil *(m.)* (informatique)
le pseudonyme
le réseau social
la sauvegarde
Skype/skyper
le smartphone
la tablette

**3 Choisissez le mot qui convient.**

Pour *saisir / créer* son profil sur le *logiciel / site* d'un *jeu en ligne / réseau social* comme Facebook, vous avez besoin d'*accepter / inscrire* vos nom, prénom et date de naissance dans un *fichier / format* informatique qui apparaît sur votre *écran / outil*. Ensuite, vous choisissez votre *surnom / pseudonyme*. Ça y est, vous êtes prêt(e) pour *accepter / inscrire* des amis !

## Les notions et idées

aborder (un rôle)
assumer
l'avis *(m.)*
avoir un déclic
la conclusion
échouer
l'enquête *(f.)*
l'expérience *(f.)*
judicieux
le jugement
logique
s'obstiner
parier sur
persister
réfléchir
se résoudre à
réussir
rompre, interrompre
suffisamment
têtu(e)

**4 Associez au complément qui convient.**

Exemple : *se résoudre* → *à partir*

| | |
|---|---|
| a \| se résoudre | 1 \| à une conclusion logique |
| b \| persister | 2 \| une expérience |
| c \| réfléchir | 3 \| dans son jugement |
| d \| parier | 4 \| un déclic |
| e \| interrompre | 5 \| sur l'avenir |
| f \| échouer | 6 \| un conseil judicieux |
| g \| avoir | 7 \| à expliquer |
| h \| donner | 8 \| à partir |

unité 2 Le goût des nôtres

## L Les émotions 15

### COMPRÉHENSION ORALE

***Entrée en matière***

**1 Expliquez la phrase extraite du document sonore. Quelles émotions peuvent nous submerger ?**

*« Et nous ne serons plus submergés par nos émotions, nous serons juste des êtres humains. »*

***1^re^ écoute (en entier)***

**2 Catherine Aimelet-Périssol donne des conseils pour :**

a | nous protéger de nos émotions.
b | mieux gérer nos émotions.
c | comprendre les émotions des autres.

***2^e^ écoute (du début à « le plus essentiel. »)***

**3 Quel est la profession de Catherine Aimelet-Périssol ?**

**4 Quelle est la première chose à faire quand on est submergé par ses émotions ?**

**5 Que se passe-t-il si nous essayons de résister à nos émotions ?**

***3^e^ écoute (de « Et après... » à la fin)***

**6 La fonction des émotions est de nous :**

a | alerter. b | paralyser.

**7 Que faut-il décoder ?**

a | nos peurs b | nos désirs c | nos besoins d | nos fragilités

**8 À quoi sert ce décodage ?**

**9 Que peut-on faire quand on est apaisé ?**

### PRODUCTION ORALE

**10 Avez-vous des astuces pour gérer vos émotions ?**

### PRODUCTION ÉCRITE

**11 Racontez un événement au cours duquel une émotion vous a submergé(e). Décrivez cette émotion et vos réactions.**

Une activité complémentaire sur **savoirs.rfi.fr**

## L'ESSENTIEL GRAMMAIRE

**1 Le passé composé et l'imparfait. Conjuguez les verbes au passé composé ou à l'imparfait. Accordez les participes passés si nécessaire.**

Marie et Jean (avoir) ...... leur premier enfant en 2010. Ils l' (appeler) ...... Sébastien. C' (être) ...... un bébé adorable qui ne (pleurer) ...... jamais et (grandir) ...... bien. Marie et Jean (vouloir) ...... avoir d'autres enfants mais Marie (travailler) ...... beaucoup. En 2015, la société de Marie lui (proposer) ...... un nouveau poste et la famille (déménager) ...... à Sydney. À ce moment-là, Jean (décider) ...... de quitter son travail pour s'occuper de la famille. Finalement, la sœur de Sébastien (naître) ...... là-bas, en Australie. Marie et Jean (rester) ...... deux ans dans ce pays qu'ils (aimer) ...... bien. Ils (ne pas vouloir) ...... repartir, mais pour des raisons professionnelles, Marie (accepter) ...... un autre poste et la famille (retourner) ...... en France. Finalement, tout le monde (être) ...... content car les enfants de Marie et Jean (retrouver) ...... leurs grands-parents.

**2 Accord des verbes pronominaux au passé composé. Accordez les participes passés des verbes pronominaux si nécessaire.**

Ma grand-mère est une mamie moderne. Récemment, elle s'est acheté... un smartphone et s'est inscrit... sur Facebook. Elle s'est créé... un profil, s'est photographié... et a posté sa photo sur le site. Elle s'est mis... aussi en contact avec ses anciennes copines. Elles se sont parlé... par Skype et se sont envoyé... les photos de leurs familles. Finalement, elles se sont revu... après plusieurs années de séparation. Leur rencontre s'est bien passé... Elles se sont amusé... comme quand elles étaient jeunes, se sont promené... et se sont posé... mille questions. Elles se sont promis... de se voir régulièrement et se sont déjà mis... d'accord pour faire une nouvelle sortie.

# ATELIERS

## 1 CRÉER UNE HISTOIRE FAMILIALE

*Vous allez imaginer une histoire familiale commune.*

### *Démarche*

*Formez deux grands groupes de quatre à huit.*

#### 1 Préparation

- Chaque groupe s'invente une nouvelle identité. Vous avez tous un(e) aïeul(e) commun(e), mais la vie a séparé vos familles en plusieurs branches qui se sont établies dans des pays différents.
- Vous vous mettez d'accord sur l'identité et l'histoire de votre aïeul(e). Pensez à lui donner un nom et un visage.

#### 2 Réalisation

- Vous écrivez votre histoire familiale, que vous allez raconter à l'autre groupe. Expliquez vos liens de parenté et trouvez-vous éventuellement quelques traits (caractère, physique) communs.
- Pensez à fabriquer aussi votre arbre généalogique pour faciliter la présentation.

#### 3 Présentation

- Présentez votre « famille » à la classe. Affichez la photo de votre aïeul(e) ainsi que l'arbre généalogique.

## 2 FABRIQUER UN LIVRE DE PHOTOS NUMÉRIQUES

ATELIER TECH'

*Vous allez fabriquer un livre de photos numériques.*

### *Démarche*

*Formez des groupes de trois à quatre.*

#### 1 Préparation

- Ensemble, vous faites une activité ou un voyage que vous aimeriez raconter aux autres à travers les photos que vous allez réaliser.
- Décidez du titre de votre futur album numérique.
- Choisissez les lieux à photographier (rues, parcs, monuments, musées, etc.).
- Mettez-vous d'accord sur les activités que vous pouvez représenter (une sieste sous un arbre, une dégustation, une visite, etc.).

#### 2 Réalisation

- Rendez-vous sur le lieu choisi et prenez des photos.
- Sélectionnez les meilleures.
- À l'aide d'un logiciel (Picasa, par exemple), éditez votre livre numérique.
- Pensez à écrire quelques légendes d'explication.

#### 3 Présentation

- Présentez votre livre photos à la classe et accompagnez-le du récit de vos aventures.

# Entraînement au DELF B1 Compréhension des écrits

Dans cette épreuve, il s'agit de répondre à des questionnaires de compréhension portant sur deux documents écrits :
- dégager des informations utiles par rapport à une tâche donnée ;
- analyser le contenu d'un document d'intérêt général.

## Stratégie pour comprendre un document écrit DELF B1

**1** Lisez bien la consigne pour comprendre ce que l'on vous demande.
C'est en fonction des questions posées que vous allez devoir chercher et sélectionner des informations précises.
N'hésitez pas à souligner les mots-clés de la consigne. Cette étape est **très importante** pour réussir l'examen.
L'ordre des questions dans l'exercice 2 de la compréhension des écrits suit l'ordre du texte !
**2** Entraînez-vous à identifier rapidement la nature du document écrit proposé :
- Est-ce une interview, un article, une annonce publicitaire ?
- Y a-t-il un titre ? des sous-titres ?
- La source ou l'auteur sont-ils cités ?

**3** Lisez le texte une première fois pour comprendre le sens général.
N'hésitez pas à souligner les **mots** et les **phrases clés du texte**.
**4** Revenez maintenant aux questions qui vous sont posées et reprenez la lecture pour y répondre.
Gérez bien votre temps : pour réussir les deux exercices de l'épreuve, vous n'avez que 35 minutes !

## Compréhension des écrits, exercice 1

- Votre sœur et vous vivez depuis quelques mois en France. Vous souhaitez vous inscrire à un cours de français.
- Votre niveau de français est déjà très bon. Votre objectif est de vous améliorer surtout à l'oral. Au contraire, votre sœur est débutante. Vous travaillez tous/toutes les deux et êtes disponibles surtout le soir. Vous n'aimez pas beaucoup la grammaire et appréciez les cours pratiques.
- De plus, votre sœur préfère étudier dans un grand groupe.
- Vous hésitez entre trois écoles. Choisissez celle qui conviendrait à vous deux.

| École de langues Beaumont | Centre linguistique de Fernex | Cours Vitalingua |
|---|---|---|
| * Cours de français général tous niveaux : de 2 à 20 heures par semaine, garantis toute l'année.<br>* Horaires flexibles de 8 h à 21 heures.<br>* Préparation des examens DELF et DALF.<br>* Effectifs des cours collectifs : de 8 à 15 personnes. | * Cours de français durant l'année.<br>* 12 niveaux de A1 à C2.<br>* Cours de conversation, ateliers « Cuisinons en français ».<br>* École ouverte toute la journée.<br>* Cours collectifs et sur mesure. | * Cours intensifs de français général et professionnel : 12, 15 ou 30 heures par semaine.<br>* Plusieurs horaires le matin ou l'après-midi.<br>* Cours collectifs ou individuels.<br>* Effectifs des cours collectifs : inférieurs à 10 personnes.<br>* Préparation aux examens. |

- Dans le tableau ci-dessous, indiquez à l'aide d'une croix si l'école correspond à vos critères.

| | École 1 | École 2 | École 3 |
|---|---|---|---|
| Niveaux disponibles | | | |
| Horaires | | | |
| Types de cours proposés | | | |
| Cours pratiques | | | |
| Nombre d'étudiants par classe | | | |

→ École choisie : ……

# TRAVAILLER AUTREMENT

### Objectifs

- Relater une expérience professionnelle
- Exprimer son opinion
- Parler de ce qui rend heureux au travail
- Exprimer sa motivation

> *« Il faut travailler pour vivre et non vivre pour travailler. »*
> Romain Guilleaumes (écrivain)

# A Le wi-fi, c'est l'oxygène du nomade digital

Vibrer. Changer. Créer. Voilà en trois petits verbes ce que Sarah Zendrini, fribourgeoise de 35 ans, veut faire dans la vie. Trois mots qui chapeautent son tout nouveau blog et qui résument les deux dernières années de sa vie. Depuis petite – sa maman est hollandaise, son papa italien – elle a été habituée aux voyages. Dès qu'elle a commencé à gagner sa vie, cette assistante de direction a investi tous ses revenus dans la découverte de la planète. Mais, à chaque fois, même après quatre mois passés en Asie, elle est revenue bien sagement à son train-train suisse parfaitement huilé[1]. Jusqu'au jour où elle se rend compte qu'elle n'en peut plus : « *J'étais en rupture avec tout, mon travail comme ma vie privée. J'en avais marre de cette existence partagée en deux : le poids du travail et le bonheur des vacances.* » Elle découvre le terme de *digital nomad* dans un magazine. « *Cela m'a immédiatement parlé. Nomade digital n'est pas un métier, mais un style de vie.* » Elle se prépare tout de même un peu au grand saut en envoyant ses offres un peu partout et en décrochant des mandats[2] avec deux entreprises de communication qui créent des sites Web dont elle assure le contenu[3] de base.

Sarah Zendrini

Le 9 avril 2015, elle décolle pour la Thaïlande, où elle s'offre deux semaines de vacances avant de pousser pour la première fois la porte d'un espace de coworking, ces bureaux communs où les nomades partagent bien plus que le wi-fi. Dans l'espace de coworking, elle fait la connaissance d'une photographe et d'une graphiste, qui s'occupent des visuels de son site et de l'affiche de son spectacle. La jeune femme, décidément jamais aussi créative qu'hors de sa zone de confort, transforme ses anecdotes de voyage en un show d'une heure qu'elle jouera devant 120 personnes. Elle quitte la scène pour un avion en direction du Brésil. À Noël, elle rentre à Fribourg. Enfin, pour le moment.
Sa vision de la Suisse a changé, pour le mieux. « *Cette expérience m'a poussée à créer et à me développer malgré les cadres stricts que l'on retrouve en Suisse.* » Et c'est réussi : son site va être repris et développé et son livre, *Changer de vie, 7 histoires pour vous inspirer*, va sortir au mois de juillet.

Thérèse Courvoisier, 24heures.ch, 15 mai 2016.

*1. Rodé. 2. Contrats. 3. Le matériel, la matière.*

## COMPRÉHENSION ÉCRITE

### *Entrée en matière*

**1 Lisez le titre et regardez l'image. À votre avis, qu'est-ce qu'un nomade digital ?**

### *1re lecture*

**2 D'après le texte, le nomadisme digital est :**

a | une profession.
b | une forme de travail à distance.
c | un style d'année sabbatique.
d | une forme de travail volontaire à l'étranger.

**3 Faites le portrait de Sarah Zendrini (origine, nationalité, ville de résidence, profession, loisirs, qualités).**

**4 Depuis combien de temps est-elle nomade digitale à plein temps ?**

### *2e lecture*

**5 Pourquoi a-t-elle décidé de devenir nomade digitale ?**

**6 Comment s'est-elle préparée à ce changement ?**

**7 Qu'a-t-elle appris de cette expérience sur les plans personnel et professionnel ?**

### *Vocabulaire*

**8 Expliquez le sens de « chapeauter » (l. 3) à l'aide du contexte et de la composition du verbe.**

**9 Retrouvez dans le texte un équivalent des expressions suivantes :**

a | revenir à sa routine
b | se préparer à un changement de vie
c | en obtenant un mandat

## PRODUCTION ORALE

**10 Aviez-vous déjà entendu parler du nomadisme digital ? Se développe-t-il dans votre pays ?**

**11 À votre avis, quels sont les avantages et les inconvénients de ce style de vie ?**

**12 Et vous ? Êtes-vous satisfait(e) de votre vie actuelle et seriez-vous prêt(e) à faire le grand saut ? Pourquoi ?**

**Pour exprimer sa saturation**

- Je suis fatigué(e) de… (+ nom ou verbe à l'infinitif)
- Je n'en peux plus de… (+ nom ou verbe à l'infinitif)
- J'en ai marre de *(fam.)*… (+ nom ou verbe à l'infinitif)
- J'en ai assez de… (+ nom ou verbe à l'infinitif)
- J'en ai ras le bol de *(fam.)*… (+ nom ou verbe à l'infinitif)

# B Après le coworking, voici le cohoming

16

*« Transformer son salon en mini-open space. »*

## COMPRÉHENSION ORALE

### *Entrée en matière*

**1** **À l'aide de la phrase entre guillemets et de l'image, proposez une définition du cohoming.**

### *1re écoute (du début à « petits gâteaux. »)*

**2** **Le cohoming consiste à :**
a | travailler tout seul chez soi.
b | travailler dans un bureau commun.
d | partager son environnement de travail privé.

**3** **Est-ce une forme de travail très fréquente en France ?**

**4** **Quels sont les avantages du cohoming ?**

**5** **De quoi bénéficient les utilisateurs ? Choisissez les bonnes réponses.**
***multiprises, salles de réunion, bureaux indépendants, wi-fi, café, thé, petits gâteaux***

### *2e écoute (de « C'est pas très propice » à la fin)*

**6** **Vrai ou faux ? Dans l'espace de cohoming :**
a | on doit respecter une étiquette.
b | on choisit son niveau de silence.
c | les plages de travail et les pauses sont imposées.
d | les coups de téléphone sont interdits.

**7** **Combien coûte le service de cohoming ? Est-ce une bonne affaire ?**

**8** **Quelles opportunités offre le cohoming ?**

**9** **Quelles personnes utilisent les espaces de cohoming ?**

## PRODUCTION ÉCRITE

**10** **Seriez-vous prêt(e) à transformer votre salon en espace de cohoming ? Quels services proposeriez-vous ? Rédigez l'étiquette du lieu et présentez votre projet en groupe. Votez pour le meilleur projet.**

# C Qui sont les nomades digitaux francophones ?

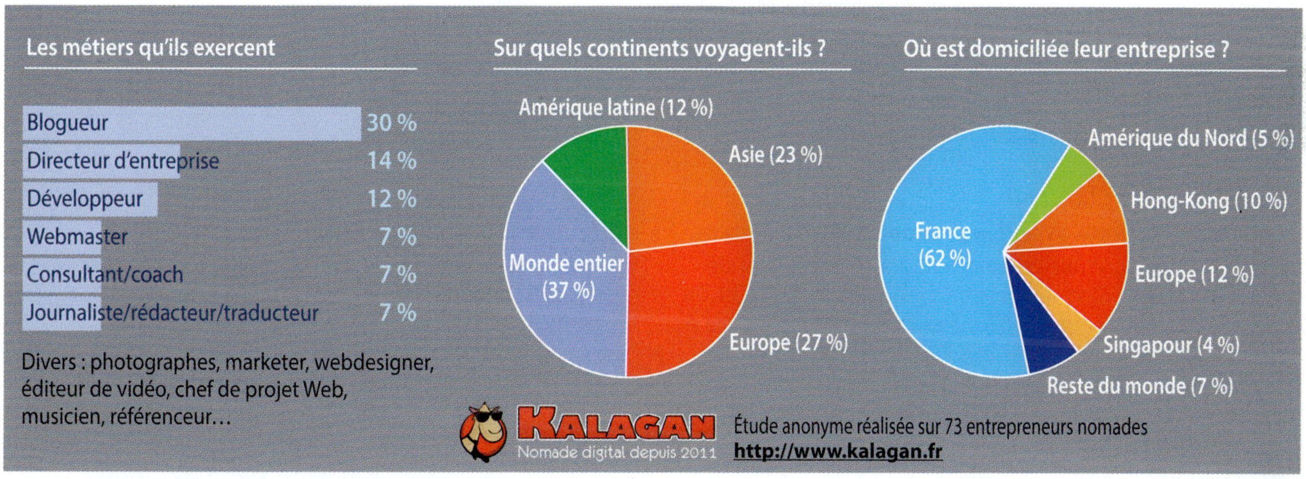


## COMPRÉHENSION ÉCRITE

**1** **Examinez la liste des métiers qu'ils exercent. À quels secteurs appartiennent-ils principalement ?**
a | le tourisme
b | l'informatique
c | le conseil
d | la communication
e | l'éducation
f | la santé

**2** **Vrai ou faux ?**
a | La majorité des nomades est toujours en voyage et change régulièrement de continents.
b | La plupart des nomades interrogés ont fixé leur quartier général dans un pays francophone.

**3** **Quel est le continent où l'on trouve le plus de nomades digitaux francophones ? Comment l'expliquez-vous ?**

## PRODUCTION ÉCRITE >>> DELF

**4** **Vous êtes nomade digital(e) et vous souhaitez témoigner de votre expérience ? Rejoignez le cercle des blogueurs des *digital nomads* francophones ! Racontez votre expérience (métiers, activités que vous avez exercés, vos rencontres, pays traversés et pays de résidence) et partagez vos impressions (160 mots).**

# GRAMMAIRE > les pronoms relatifs simples : *qui, que, dont, où*

Cahier unité 3 d'activités

## ÉCHAUFFEMENT

**1 Observez les phrases. Pourquoi dit-on qu'elles sont complexes ?**

**a** | Elle fait la connaissance d'une photographe qui s'occupe des visuels de son site.

**b** | Ces entreprises de communication créent des sites Web dont Sarah assure le contenu.

**c** | Elle décolle pour la Thaïlande, où elle s'offre deux semaines de vacances.

**d** | Elle continue son train-train jusqu'au jour où elle se rend compte qu'elle n'en peut plus.

**e** | Elle transforme ses anecdotes de voyage en un show qu'elle jouera devant 120 personnes.

**f** | Cette expérience m'a poussée à me développer malgré les cadres stricts que l'on retrouve en Suisse.

## FONCTIONNEMENT

### Les pronoms relatifs simples

**2 Pour chaque phrase, identifiez les éléments que le pronom remplace (un sujet, un complément d'objet direct, un complément de lieu, un complément de temps, un complément introduit par « de »).**

Exemple : **a.** *Elle fait la connaissance d'une photographe* ***qui*** *s'occupe des visuels de son site.* → phrase complexe.
*Elle fait la connaissance d'une photographe. Cette photographe s'occupe des visuels de son site.* → 2 phrases simples.

| | | | | | |
|---|---|---|---|---|---|
| a | **Qui** | **remplace** | Cette photographe | **c'est-à-dire** | le sujet de la deuxième phrase. |
| b | **Dont** | | | | |
| c | **Où** | | | | |
| d | **Où** | | | | |
| e | **Qu'** | | | | |
| f | **Que** | | | | |

***REMARQUE***

- **Qui** ne change jamais, mais **que** devient **qu'** suivi d'une voyelle.
Exemples : *un show* ***qu'****elle jouera.*
- **Dont** est toujours placé avant le nom ou le verbe qu'il complète.
- Après les pronoms **que**, **dont** et **où**, le sujet et le verbe peuvent être inversés.
Exemples : *l'entreprise* ***que*** *dirige mon père ; la compagnie* ***où*** *travaille sa femme ; la destination* ***dont*** *rêvait Sarah était la Thaïlande.*

## ENTRAÎNEMENT

**3 Complétez le texte avec des pronoms relatifs simples.**

Quel stress ! J'intègre une nouvelle entreprise. Mon chef de service me présente les membres de mon équipe …… j'oublie les noms en même temps qu'il les énonce. Ensuite, il frappe à la porte du bureau …… travaille le P.-D.G. Quelle angoisse ! Heureusement, personne ne répond. Alors, il me conduit à mon poste de travail …… se trouve juste en face de celui de ma supérieure directe …… je ne connais pas encore. Je m'assois sur ma chaise et au moment …… je commence tout juste à me sentir mieux, le directeur entre dans mon bureau. Panique à bord ! Heureusement, cette rencontre …… j'avais si peur s'est finalement bien passée.

**4 Retrouvez les phrases simples qui composent ces phrases complexes.**

Exemple : *C'est 11 euros par mois dont un euro va au site.* → *C'est 11 euros par mois. Un euro de ces 11 euros va au site.*

**a** | Le projet dont il s'occupe avance bien.

**b** | Le docteur que connaît mon cousin pourra sûrement te prendre en stage.

**c** | Le petit pays dont il est originaire se trouve au sud du Mexique.

**d** | La langue étrangère qu'apprend son mari est le brésilien.

**e** | La femme dont il est amoureux s'appelle Cécile.

**f** | J'ai assisté à une conférence où il était question de monnaie numérique.

## PRODUCTION ORALE

**5 Créez cinq ou six définitions à l'aide de pronoms relatifs différents à chaque fois et faites deviner des personnes, des choses, des lieux, des dates/jours/moments, comme dans l'exemple.**

Exemple : ***A :*** *– Comment s'appelle le lieu où je travaille ?*
***B :*** *– Ton bureau.*

## PRODUCTION ÉCRITE

**6 Écrivez une phrase humoristique, la plus longue possible, en employant des pronoms relatifs, sur le modèle suivant :**

*Je vous présente mon ami Édouard* ***que*** *j'aime beaucoup et* ***dont*** *la fille* ***qui*** *souhaitait épouser un milliardaire a déménagé sur la Côte d'Azur* ***où*** *il fait bon vivre et* ***où*** *elle a rencontré un prince qatari* ***qui*** *revenait de Chine et* ***que*** *j'ai invité à dîner à la maison.*

# VOCABULAIRE > le monde du travail

Cahier unité 3 d'activités

## Le travail indépendant

l'autoentrepreneur, l'autoentrepreneuse
le blogueur, la blogueuse
le consultant, la consultante
l'informaticien, l'informaticienne
le/la journaliste
le/la nomade digital(e)
le/la photographe
le traducteur, la traductrice
travailler à son compte
le travailleur/la travailleuse freelance
le/la webmaster

**1 Créez une définition pour faire deviner un mot de la liste précédente.**

## Le travail salarié

le/la chargé(e) de projet
le/la chef de service
le chômeur, la chômeuse
les congés *(m.)* payés
être au chômage
être en congé
l'ouvrier, l'ouvrière
le/la P.-D.G. : président(e) directeur/directrice général(e)
la prime
le/la salarié(e)
le/la supérieur(e) hiérarchique
travailler à mi-temps
travailler à plein temps
travailler à temps partiel

### PRODUCTION ORALE

**2 Votre très jeune frère est passionné d'aventures et souhaite devenir nomade digital. Il est très enthousiaste, mais vous demande conseil avant de prendre sa décision. Vous lui demandez le métier et le secteur qu'il a choisis et vous tentez de le dissuader.**

## Les lieux de travail

l'atelier *(m.)*
la boîte *(fam.)*
le bureau
le cabinet d'architecte, médical
le domicile
l'entreprise *(f.)*
l'espace *(m.)* de cohoming *(m.)*
l'espace *(m.)* de coworking *(m.)*
le terrain
l'usine *(f.)*

**3 Voici ce que raconte Céline. Complétez avec les mots de la liste précédente.**

Avant je faisais des petits boulots à ...... : femme de ménage, babysitting, etc. Et puis j'en ai eu marre de la précarité et je suis rentrée comme couturière dans une ...... de prêt-à-porter. Avantage : la sécurité de l'emploi. Inconvénient : le bruit des machines dans les ...... Alors, il y a un an, j'ai pris ma décision et j'ai créé ma ...... en collaboration avec une collègue. C'est très différent : aujourd'hui, mon salon, c'est aussi mon ...... mais pour la créativité et la motivation, le ...... c'est idéal !

## Les activités au travail

aménager ses horaires
assister à des réunions
définir des plages de travail
échanger sur un projet
faire une pause-déjeuner
(se) faire du réseau
fournir un service/du matériel
installer son ordi(nateur) sur un coin de table
partager des contacts
passer des coups de fil
rencontrer des gens
réserver une salle

**4 Pour chaque situation, proposez une ou plusieurs activité(s) de la liste précédente.**

Exemple : *Je veux être efficace dans mes études et bien gérer mon temps : je définis des plages de travail.*

**a** | Je dois organiser une réunion.
**b** | J'équipe les bureaux des entreprises.
**c** | C'est mon premier jour d'embauche.
**d** | Je dois aller chercher mes enfants à la sortie de l'école, je ne peux pas terminer tard.
**e** | Je cherche à obtenir un poste, à obtenir une commande, à promouvoir une idée, à développer un partenariat.

### PRODUCTION ÉCRITE

**5 Racontez votre journée de travail en réutilisant cinq expressions de la liste précédente.**

# PHONÉTIQUE
## « Ils répondent dans une seconde »

### La prononciation de la consonne finale

L'énergie de prononciation en français est forte et constante. On arrive à la fin du mot phonétique sans être essoufflé pour prononcer distinctement les consonnes.

**1 Écoutez et écrivez les phrases entendues (vous pouvez vous aider de la transcription p. 205).** 17

- La fin de chaque phrase rime avec le verbe. Coupez toutes les phrases en deux après le verbe, mélangez et formez deux piles.
- Mettez les cartes « verbes » face cachée.
- Asseyez-vous par deux en vous tournant le dos.

À tour de rôle, prenez un papier dans la pile « verbes » et chuchotez ce qui y est inscrit. Votre partenaire doit continuer la phrase pour obtenir une rime à l'aide d'un complément écrit sur un papier de la deuxième pile.

- Quand toutes les phrases sont reconstituées, comparez-les encore une fois avec celles de l'enregistrement.

**2 Écoutez, écrivez et répétez ces proverbes et virelangues.** 18

# DOCUMENTS

## D Stages en entreprise

**Journaliste :** Pourquoi est-il essentiel de faire un stage, selon toi ?
**Julie :** Je pense qu'il n'y a pas de meilleure façon d'être motivé pour tes études. Et au niveau des compétences professionnelles, ça n'a pas de prix de faire des stages.
**Journaliste :** Pourquoi as-tu postulé pour *24 heures* ?
**Julie :** Le fait que ce soit un journal de référence dans toute la Suisse romande, qui a un aspect généraliste. Je crois que c'est vraiment ça qui m'a poussée à postuler. Je me disais que je pourrais un peu toucher à tout. Ce qui était vraiment intéressant pour moi c'est de pouvoir avoir la vision pratique de la théorie qu'on me dispensait en cours ; j'ai vraiment trouvé que c'était très agréable d'avoir cette facette où ton job rejoint tes études.

Extrait du témoignage de Julie KUMMER, étudiante en deuxième année de master, http://medialabnews-geneve.ch

### COMPRÉHENSION ÉCRITE

**1** **À votre avis, à quel métier se destine Julie ?**

**2** **Qu'est-ce qui l'a motivée à faire un stage ?**

**3** **Où a-t-elle effectué son stage ?**

**4** **Expliquez ce qu'elle veut dire par « Je me disais que je pourrais un peu toucher à tout » (l. 8).**

**5** **Qu'est-ce que cette expérience lui a apporté ?**

### PRODUCTION ORALE

**6 En scène ! Vous allez réaliser une interview. Choisissez votre rôle : intervieweur/intervieweuse (journaliste d'un magazine) ou interviewé(e) (stagiaire ou ex-stagiaire). Les intervieweurs prépareront une série de questions tandis que les interviewés se prépareront à l'interview. Réfléchissez aux dates, lieu, entreprise, durée du stage que vous avez faits, à vos motivations, activités, responsabilités, à ce que vous avez aimé, et à ce que ce stage vous a appris.**

**Pour parler de son rôle, de ses responsabilités passées**

- Je devais… (+ verbe)
- Je m'occupais de… (+ nom)
- J'étais chargé(e) de… (+ nom ou + verbe)
- J'étais responsable de… (+ nom)

## E Job vacances 19

*« C'est un vrai parcours du combattant. »*

### COMPRÉHENSION ORALE

***Entrée en matière***

**1** **Lisez le titre et la phrase entre guillemets. À votre avis, de quoi va parler ce document audio ?**

***1re écoute (du début à « ce niveau-là ».)***

**2** **Quelle est la profession de Mme Gélie ?**

**3** **Quand recommande-t-elle aux jeunes de prospecter ? Pourquoi ?**

**4** **Quelles sont les principales difficultés des jeunes ?**
a | Ils ne sont pas motivés.
b | Ils n'ont pas de réseau professionnel.
c | Ils ont peur des employeurs.
d | Ils manquent d'expérience.

***2e écoute (de « Est-ce qu'il y a des secteurs » à la fin)***

**5** **Quels sont les secteurs qui recrutent en priorité des jeunes ?**

**6** **Comment Mme Gélie aide-t-elle les jeunes ?**

**7** **Expliquez les phrases en donnant des exemples.**
a | « On travaille sur le comportement verbal, non verbal à avoir. »
b | « Positionner sur des immersions en entreprise. »

### PRODUCTION ORALE

**8** **Est-il facile, dans votre pays, de trouver des jobs vacances ?**

**9** **Quelles stratégies faut-il mettre en œuvre pour décrocher un job ? Que faut-il éviter de faire ?**

### PRODUCTION ÉCRITE >>> DELF

**10** **Racontez votre première expérience de travail : âge, lieu, tâches à accomplir, entretien d'embauche, émotions… (160 mots).**

# F Se préparer à l'entretien d'embauche

Source : Territoires des langues.com

*1. Réduction du temps de travail. Le jour de RTT est une journée de repos qu'une entreprise donne à son salarié afin de compenser un temps de travail qui excède les 35 heures hebdomadaires (durée légale du travail en France).*

## COMPRÉHENSION ÉCRITE

### *Entrée en matière*

**1** Avez-vous déjà entendu parler de carte heuristique ou carte mentale ?

**2** Quels sont les objectifs recherchés par l'auteur de cette carte ?

### *Lecture*

**3** Faites correspondre les points de vue de la recruteuse avec ceux du candidat.

**4** Cette « carte » recommande d'utiliser un langage formel. Que pourriez-vous dire à la place de :

a | C'est n'importe quoi !
b | Bof
c | Cool !
d | Ça marche !
e | OK !

## PRODUCTION ORALE

**5** Vous passez un entretien d'embauche. Par groupe de deux, imaginez un petit dialogue incluant ces expressions formelles.

## PRODUCTION ÉCRITE

**6** Et vous ? Quelle carte dessineriez-vous pour vous préparer à un entretien d'embauche ?

# G La loi du marché

3

## COMPRÉHENSION AUDIOVISUELLE

### *Entrée en matière*

**1** Connaissez-vous le film intitulé *La Loi du marché* ? D'après vous, quel en est le sujet ?

**2** Regardez la photo et décrivez-la.

### *1er visionnage (du début à « Ben oui. »)*

**3** Que fait cet homme ?

**4** Comment le qualifieriez-vous ? Justifiez votre réponse à l'aide de son attitude verbale et non verbale.

a | combatif
b | confiant
c | résigné
d | enthousiaste

### *2e visionnage (de « Bon. Ah si » à la fin)*

**5** Que pense le recruteur de son CV ?

**6** Comment qualifieriez-vous ce recruteur ? Justifiez votre réponse.

a | exigeant
b | démoralisant
c | professionnel
d | incompétent

**7** Vrai ou faux ?

a | Le candidat est flexible.
b | Il n'y a pas d'autres candidats sur le poste.
c | Le recruteur donnera sa réponse dans les deux semaines.
d | Le candidat sera recontacté par téléphone.

## PRODUCTION ORALE

**8** Pensez-vous que le candidat sera retenu pour le poste ? Pourquoi ?

**9** Débat. Quelle est votre vision du monde du travail ?

a | Un monde où tout le monde a sa place.
b | Un monde sans pitié où il faut se battre.
c | Un monde merveilleux.
d | Un monde où le profit justifie tout.

# GRAMMAIRE > l'expression de l'opinion (1)

Cahier unité 3 d'activités

## ÉCHAUFFEMENT

**1 Identifiez les verbes introduisant une opinion.**

**a** | Je pense qu'il n'y a pas de meilleure façon d'être motivé.

**b** | Je crois que c'est vraiment ça qui m'a poussée à postuler.

**c** | J'ai vraiment trouvé que c'était très agréable.

**d** | Il me semble que vous ne correspondez pas tout à fait au profil.

**e** | Vous pensez ou vous êtes sûr que cette situation vous convient ?

**f** | J'avais l'impression que mon CV était assez clair pourtant.

**2 De quel mode sont-ils suivis ?**

**3 Identifiez les marqueurs introduisant une opinion.**

**a** | Pourquoi est-il essentiel de faire un stage selon toi ?
Selon moi, il n'y a pas de meilleure façon d'être motivé.

**b** | À votre avis, à quel métier se destine Justine ?
À mon avis, elle veut être journaliste.

**c** | Quel est le sujet du film, d'après vous ?
D'après nous, ce film traite du monde professionnel.

**4 Que remarquez-vous concernant les pronoms personnels et les possessifs présents dans ces marqueurs ?**

## FONCTIONNEMENT

### Les verbes introduisant une opinion

**Les verbes introduisant une opinion font référence à la pensée de la personne qui parle.**

- Ils sont suivis du mode indicatif.
- Les verbes et les marqueurs introduisant une opinion ne se combinent pas.

***REMARQUE***

- Il existe d'autres types de marqueurs se rapportant à la personne : **personnellement, quant à moi, pour moi,** etc., qui peuvent se combiner à des verbes exprimant l'opinion.

Exemple : ***Personnellement***, ***je pense*** *qu'il ne viendra pas.* → expression de l'opinion

- Les marqueurs ne font pas nécessairement référence à la pensée de la personne qui parle. Ils peuvent exprimer ses goûts, ses sentiments, ses capacités physiques, sa compréhension.

## ENTRAÎNEMENT

**5 Transformez les phrases suivantes en utilisant un marqueur d'opinion. Pensez à choisir le pronom personnel ou le possessif adapté à la situation.**

Exemple : *Il pense qu'il a bien réussi son entretien d'embauche.* → *D'après lui, il a bien réussi son entretien d'embauche.*

**a** | Nous avons l'impression que vous êtes fait pour le poste.

**b** | Elle trouvait que la vie de nomade digital était un luxe.

**c** | Donc tu crois qu'il est important de changer d'entreprise régulièrement.

**d** | Il leur semblait qu'il était difficile de retrouver un emploi après 50 ans.

**e** | Pour trouver un job vacances, il faut postuler juste avant les vacances.

**f** | L'argent ne fait pas le bonheur au travail.

**g** | Concernant la parité, les femmes ont encore du pain sur la planche.

**6 Exprimez une opinion contraire à celle qui est exprimée. Changez d'expression à chaque phrase.**

Exemple : *Trouver un stage est un vrai parcours du combattant !* → *Moi, je trouve que c'est plutôt facile.*

**a** | Les jeunes de la génération Z sont très ouverts sur le monde !

**b** | Les espaces de cohoming sont extrêmement bruyants pour travailler !

**c** | Le moment le plus difficile dans la vie d'un nomade digital, c'est le grand saut.

**d** | Ça n'a pas de prix de faire des stages !

### PRODUCTION ORALE

**7 Introduisez les opinions suivantes à l'aide d'un verbe ou d'un marqueur exprimant l'opinion, puis demandez l'avis de votre partenaire.**

Exemple : *trouver un job vacances* → ***A :*** *– Personnellement, je pense qu'il est important de trouver un job pour financer mes vacances. Et toi, qu'en penses-tu ?*

***B :*** *– À mon avis, les vacances sont faites pour se reposer, pas pour travailler.*

**a** | finir ses études

**b** | voyager à l'étranger

**c** | apprendre plusieurs langues

**d** | gagner beaucoup d'argent

**e** | faire un stage

**f** | travailler en équipe

**g** | séparer vie professionnelle et vie de famille

**h** | la parité au travail

## H Féminisation des mots : la France en retard

**« Le masculin l'emporte sur le féminin ». Cette règle de grammaire française est enseignée aux écolières et écoliers depuis trois siècles. Au nom de l'égalité entre les sexes, n'est-il pas temps d'infléchir[1] certains principes linguistiques ?**

En France, si la situation n'évolue guère, dans les autres pays francophones comme le Québec, la Suisse ou la Belgique, la féminisation des mots est plus largement répandue. Professeure, auteure, ingénieure sont des mots d'usage courant au Québec, pionnier dans les modifications apportées à la langue.

Marion Chastain, Élise Saint-Jullian, TV5 Monde, 14 mars 2016.

1. *Rendre flexible.*

### COMPRÉHENSION ÉCRITE

***Entrée en matière***

**1** Pouvez-vous nommer les différents métiers représentés sur cette affiche ? Quelle situation dénonce-t-elle ?

***Lecture***

**2** Pourquoi dit-on en français que « le masculin l'emporte sur le féminin » ?

**3** Quelle est l'attitude de la majorité des pays francophones concernant la féminisation des noms de profession ?

**4** Quelle est la position de la France ?

## I Quiz : Pouvez-vous féminiser ces noms de métier ?

**1** Marguerite Duras, c'est :
- a | une auteur
- b | une auteure
- c | une autrice
- d | une auteuresse

**2** Une femme élue à la tête d'une ville, c'est :
- a | une maire
- b | une mairesse
- c | une mère
- d | une mairie

**3** Une femme qui exerce la profession de médecin, c'est :
- a | une médecin
- b | une médecine
- c | une docteure
- d | une doctoresse

**4** Une femme qui dirige une équipe en entreprise, c'est :
- a | une chef
- b | une cheffe
- c | une chèfe
- d | une cheftaine

**Réponses :**
**1. a, b** et **c** (rare). **2. a** et **b**. **3. a, b, c, d** (vieilli en France).
**4. a** et **b** (une cheftaine est une responsable d'un groupe de jeunes).

### PRODUCTION ORALE

**1** Quelles réflexions vous inspire ce quiz ?

**2** Selon vous, les noms de professions devraient-ils tous avoir une forme masculine et une forme féminine ? Pourquoi ?

**3** Quelle est la situation dans vos langues ?

### Drôle d'expression !

« Les femmes ont encore du pain sur la planche ! »
→ À votre avis, que veut dire cette expression (cf. ex. 6, p.50) ?
→ Comment exprimerait-on la même idée dans votre langue ?

### Au fait !

En France, l'Académie française accepte la féminisation de certains métiers seulement : « une avocate, une aviatrice, une artisane, une postière ». Elle ne recommande pas les utilisations d'« auteure », de « docteure », de « professeure », d'« ingénieure » ou de « chercheure », et leur préfère : « madame l'auteur, madame le docteur/le médecin, madame le professeur, madame l'ingénieur, madame le chercheur, » etc.

## DOCUMENTS

# J Cinq générations de travailleurs !

**En Belgique, la moitié des jeunes âgés entre 16 et 21 ans, à savoir la génération Z, envisagent[1] de lancer leur propre entreprise ou de travailler en tant qu'indépendant. Ils estiment que leur ambition est leur atout le plus important sur le marché du travail. C'est la raison pour laquelle ils n'accordent pas le même degré d'importance aux vacances que les générations précédentes. La génération Z préfère un contact direct combiné à l'aspect numérique lors de la recherche d'un nouvel emploi.**

Pour la première fois dans l'histoire, cinq générations différentes de travailleurs sont actuellement présentes sur le lieu de travail. Nous voyons d'excellentes occasions pour tirer parti[2] des points forts de chaque génération ! La génération X accorde une grande importance au travail acharné, et a transmis ce point de vue à la génération Z, leurs enfants. Les jeunes de la génération Z sont ambitieux, mais ils ont besoin d'autonomie, et leurs fonctions doivent avoir un véritable sens afin que leur potentiel puisse être mis pleinement en valeur. Les jeunes préfèrent des relations horizontales plutôt que des structures pyramidales, et ne placent pas de frontières entre la vie familiale et professionnelle. Bien qu'il existe de grandes différences, ces deux générations travaillent bien ensemble. Ainsi, alors que la génération Z recherche des mentors, la génération X accueille des jeunes ambitieux afin de partager leurs connaissances et leur savoir. Entre les deux, on retrouve les personnes âgées entre 22 et 35 ans, à savoir la génération Y, qui sont passées maîtres dans l'art des compromis. Le meilleur est à venir.

Les jeunes font davantage[3] appel à des agences de recrutement que les générations précédentes, parce qu'ils sont à la recherche d'un mentorat pour pouvoir mettre en avant leurs compétences. Ils optent pour ces agences de recrutement afin d'être mis en contact avec des entreprises qui partagent leurs normes et leurs valeurs.

www.accentjobs.be/fr

*1. Projettent. 2. Tirer avantage, profiter. 3. Plus.*

## COMPRÉHENSION ÉCRITE

### *Entrée en matière*

**1 Lisez le titre. À votre avis, qui sont ces cinq générations de travailleurs ?**

### *Lecture*

**2 Qu'est-ce qui motive la génération Z ?**

**3 Pourquoi les générations X et Z peuvent bien travailler ensemble ? Qu'est-ce qui les rapproche ? Qu'est-ce qui les distingue ?**

**4 Qu'est-ce qui caractérise la génération Y ?**

### *Vocabulaire*

**5 Que signifient les mots soulignés ?**

- « Ils estiment que leur ambition est leur <u>atout</u> le plus important » (l. 4).

**a** | point fort **b** | point faible

- « Elle préfère le contact direct combiné à l'aspect <u>numérique</u> » (l. 8).

**a** | digital **b** | mathématique

- « Ils ne placent pas de <u>frontières</u> entre la vie familiale et professionnelle » (l. 22).

**a** | connexions **b** | limites

**6 Expliquez la phrase : « Les jeunes préfèrent des relations horizontales plutôt que des structures pyramidales. » (l. 20-21)**

## PRODUCTION ORALE

**7 À quelle génération de travailleurs appartenez-vous ?**

**8 Vous reconnaissez-vous dans la description faite par le texte ? Pourquoi ?**

**9 Comment imaginez-vous la prochaine génération ?**

# K Télétravail 20

*« Ça te ferait du bien de t'arrêter un peu. »*

## COMPRÉHENSION ORALE

***Entrée en matière***

**1** Qu'est-ce que le télétravail ?

***1re écoute***

**2** Décrivez la situation : où se passe la scène ? qui sont les trois personnes présentes ? que font-elles ?

***2e écoute***

**3** Est-ce que ces personnes cohabitent bien ensemble ? Pourquoi ?

**4** À quelles générations de travailleurs appartiennent-elles ?

**5** Quelle est la passion de Mathieu ?

a | la musique
b | l'informatique
c | le cinéma
d | Facebook

**6** Quels sont les reproches faits à Chloé ?

**7** Comment Chloé réagit-elle ?

a | Elle propose un compromis.
b | Elle se rebelle.
c | Elle accepte.
d | Elle ne change rien.

**8** Expliquez la conclusion : « Tel père, telle fille ».

## PRODUCTION ORALE

**9** Et vous ? Aimeriez-vous travailler en famille ?

**10** Selon vous, est-il important de séparer vie privée et vie professionnelle ? Pourquoi ?

# L Le bonheur au travail

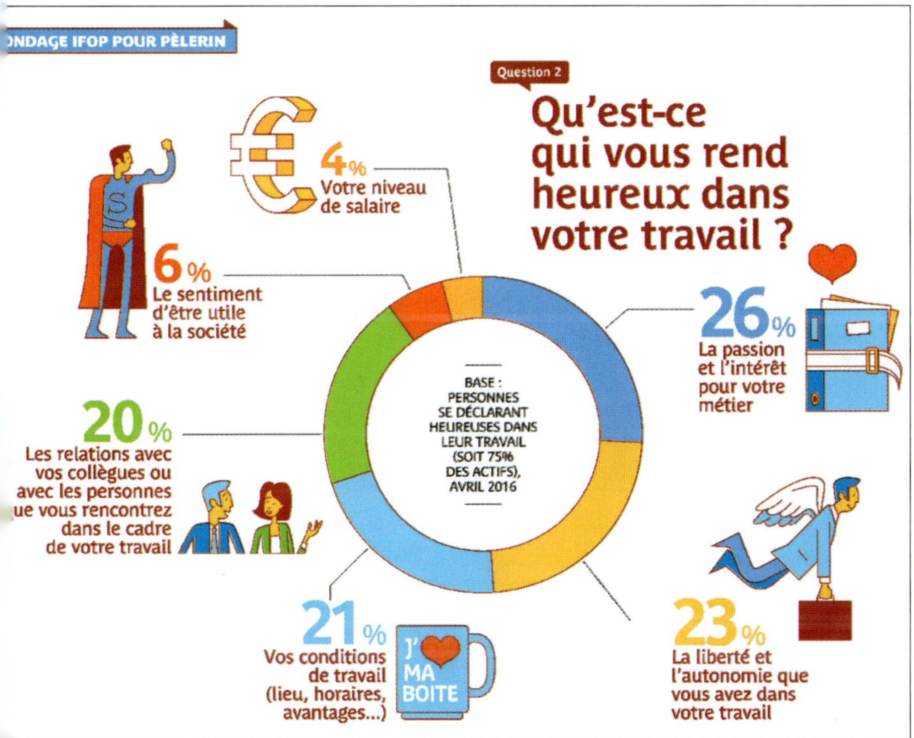


www.pelerin.com

## COMPRÉHENSION ÉCRITE

**1** Présentez le document : type de document, source, année de réalisation, sujet…

**2** D'après ce document, les Français sont-ils heureux au travail ? Justifiez votre réponse.

**3** Quelle est leur plus grande source de motivation ?

**4** Leur salaire fait-il leur bonheur ?

**5** D'après ce document, quelle est la recette du bonheur au travail ?

## PRODUCTION ORALE

**6** Et vous ? Qu'est-ce qui vous rend heureux/heureuse au travail ? Pourquoi ?

**7** Réalisez un sondage dans la classe sur le bonheur au travail.

## PRODUCTION ÉCRITE >>> DELF

**8** Décrivez votre entreprise idéale. Quels type de travail, secteur d'activité, type de management (pyramidal ? horizontal ?), activités, horaires vous conviendraient le mieux ? (160 mots)

# GRAMMAIRE > l'expression du but

Cahier unité 3 d'activités

## ÉCHAUFFEMENT

**1 Lisez ces phrases et dites quelles expressions permettent d'exprimer un but.**

**a** | Nous voyons d'excellentes occasions pour tirer parti des points forts de chaque génération.
**b** | Leurs fonctions doivent avoir un véritable sens afin que leur potentiel puisse être mis en valeur.
**c** | La génération X accueille des jeunes ambitieux afin de partager leurs connaissances et leur savoir.
**d** | Je veux faire un planning pour que mes employés puissent s'organiser.
**e** | Qu'est-ce que je ne ferais pas pour te faire plaisir…
**f** | C'est pour la bonne cause.

## FONCTIONNEMENT

### L'expression du but

**2 • Quel mode (indicatif, infinitif ou subjonctif) utilise-t-on après :**
**afin de** + …… ? **pour** + …… ?
**Est-ce que les sujets sont les mêmes dans les deux parties de phrase ?** **a** | oui **b** | non

**• Quel mode utilise-t-on après :**
**afin que** + …… ? **pour que** + …… ?
**Est-ce que les sujets sont les mêmes dans les deux parties de phrase ?** **a** | oui **b** | non

• Quand le sujet est le même dans les deux parties de phrase, on ne répète pas le sujet du verbe après **pour** et **afin de**. On met simplement le verbe à l'infinitif.
Exemple : ***Afin de*** *vous satisfaire tous les deux, je vais faire un effort. (Je désire vous satisfaire tous les deux. Je vais faire un effort.)*

• Quand les deux parties de phrase ont des sujets distincts, on utilise le subjonctif après **pour que** et **afin que**.
Exemple : *Tu dis ça* ***pour que*** *je sois plus présente en famille, c'est ça ?*

***Attention au sens !***
**Pour** n'exprime pas nécessairement le but. Il peut aussi exprimer la cause.
Exemple : *Il est condamné pour faute grave, pour vol (= pour cause de faute grave, de vol).*

## ENTRAÎNEMENT

**3 Terminez les phrases.**

**a** | Je ne sais plus quoi faire pour que…
**b** | Que penses-tu lui dire pour…
**c** | Il faut trouver une solution afin que…
**d** | Elle m'a prêté son dictionnaire pour que…
**e** | Il a toujours son téléphone portable avec lui afin de…
**f** | Il porte des lunettes noires pour que…

**4 Complétez les phrases en utilisant une expression du but différente à chaque fois.**

**Comme un poisson dans l'eau**

Si je me lève le matin c'est …… (plonger). J'ai choisi ce métier par passion pour les sensations extrêmes. Le salaire n'est pas très élevé, alors …… (arrondir) les fins de mois, je fais des heures supplémentaires. Être monitrice de plongée est un métier idéal …… (voyager) dans des endroits paradisiaques. …… (pouvoir) vivre mes rêves, mon mari m'accompagne dans toutes mes missions. Il a décidé de devenir nomade digital …… (ne jamais être séparé).

## PRODUCTION ORALE

**5 Stendhal disait : « La vocation, c'est avoir pour métier sa passion. »**
**Êtes-vous d'accord avec cette phrase ?**
**Qu'est-ce qui vous motive à travailler ?**

### Pour exprimer le but

- Dans l'intention de… (+ infinitif)
- Dans le but de… (+ infinitif)
- De façon à… (+ infinitif)
- De manière à… (+ infinitif)
- En vue de… (+ infinitif ou nom)

# VOCABULAIRE > le marché du travail

Cahier unité 3 d'activités

## Chercher du travail

le CV *(curriculum vitae)*
décrocher un emploi
démissionner
embaucher
l'entretien *(m.)* d'embauche
être, se porter candidat(e)
se faire licencier
Pôle emploi
poser sa candidature
postuler
se présenter à un rendez-vous
prospecter
rédiger une lettre de motivation
sélectionner une offre d'emploi/une petite annonce

**1 Complétez l'annonce avec des mots de la liste précédente.**

La société de décoration Casitas ...... un vendeur ou une vendeuse qui sera chargé(e) du conseil aux clients et de la vente des produits. Pour ...... , les candidats doivent envoyer un ...... et une ...... à l'adresse indiquée sur l'...... Cet emploi ne requiert pas de diplôme mais une expérience de deux ans dans la vente. Les ...... auront lieu début avril.

## Préparer son entrée dans le monde du travail

être chargé(e) de
être mis(e) en contact avec une entreprise
être responsable de
faire appel à une agence de recrutement, à un recruteur, à une recruteuse
faire une formation
faire le point
faire un stage
mettre en avant des compétences
mettre en valeur un potentiel
s'occuper de
réaliser une immersion professionnelle
rechercher un mentorat
le réseau professionnel

**PRODUCTION ÉCRITE**

**2 Vous appartenez à la génération Z. À la recherche d'un mentorat, vous écrivez à une agence de recrutement. Vous vous présentez, exposez votre expérience, et évoquez le secteur dans lequel vous aimeriez travailler et le professionnel que vous aimeriez être.**

## Parler de ses compétences (ou savoir-faire)

maîtriser l'outil informatique
savoir analyser une situation
savoir s'organiser
savoir parler anglais
savoir se présenter
savoir transmettre
savoir travailler en équipe

**3 Associez les bonnes pratiques suivantes aux savoir-faire de la liste précédente.**

**a** | être précis, concis et éloquent
**b** | tirer parti de ses erreurs
**c** | respecter les dates butoirs
**d** | déléguer les responsabilités
**e** | former les nouvelles recrues
**f** | utiliser Excel pour faire une présentation graphique
**g** | échanger avec un partenaire étranger

## Parler de ses qualités (ou savoir-être)

avoir l'art du compromis
avoir l'esprit d'entreprise
avoir un point fort/faible
avoir le sens des affaires
disposer d'un atout
être ambitieux, ambitieuse
être autonome
être polyvalent
être un touche-à-tout
être un(e) travailleur/travailleuse acharné(e)

**PRODUCTION ÉCRITE**

**4 En utilisant la technique S.T.A.R, vous ferez la démonstration d'une qualité de la liste précédente en vous appuyant sur votre expérience personnelle.**

La technique **S.T.A.R** consiste lors d'un entretien d'embauche à fournir un exemple concret pour prouver que l'on possède une qualité ou une compétence recherchée pour un poste. La démonstration se fait de la manière suivante : après avoir présenté la **Situation** (date, lieu, contexte, rôle) et la **Tâche** à réaliser, vous exposerez l'/les **Action(s)** que vous avez mise(s) en œuvre dans ce but et les **Résultats** que vous avez obtenus.

## Le contrat et le salaire

l'augmentation *(f.)*
le CDD (contrat à durée déterminée)
le CDI (contrat à durée indéterminée)
la contribution
gagner sa vie
recevoir un salaire
la rémunération
le revenu
la RTT (réduction du temps de travail)
le salaire brut ≠ net

## *Expressions*

arrondir les fins de mois
avoir du mal à joindre les deux bouts
gagner un salaire mirobolant
toucher des clopinettes *(fam.)*
travailler au noir

**PRODUCTION ORALE**

**5 Par deux, imaginez un dialogue pour illustrer une des expressions sans la nommer, puis jouez-le. Les autres apprenants devront identifier l'expression illustrée.**

## M Viemonjob.com 21

*« Ça lui aura au moins servi à se connaître. »*

### COMPRÉHENSION ORALE

***Entrée en matière***

**1** Aimeriez-vous changer de métier ? Qu'aimeriez-vous faire ?

***1re écoute (en entier)***

**2** Que propose la start-up *Viemonjob.com* ?

***2e écoute (du début à « ma vie de tous les jours. »)***

**3** Quel est le métier actuel de la première personne interviewée et dans quel secteur veut-elle monter une entreprise ?

**4** Comment se sent-elle maintenant ?

**5** Qu'a appris Tiphanie de Malherbe sur le métier de fleuriste ?

**6** Quel est l'intérêt d'avoir suivi cette formation selon elle ?

***3e écoute (de « C'est elle, Célina Rocquet » à la fin)***

**7** Quel âge ont les clients potentiels de *Viemonjob.com* ?

**8** Quels étaient le métier et le projet du premier client de *Viemonjob.com* ?

**9** Combien coûtent les formations de *Viemonjob.com* ?

Une activité complémentaire sur **savoirs.rfi.fr**

### PRODUCTION ORALE

**10** Vous avez suivi une formation avec *Viemonjob.com* et vous êtes interviewé(e) par RFI. Vous racontez votre expérience.

## L'ESSENTIEL GRAMMAIRE

**1 Les pronoms relatifs. Reliez les phrases.**

a | Je n'ai pas eu de réponse à la lettre de motivation
b | Le CDI et le CDD sont les types de contrat
c | Je ne suis pas satisfait du salaire
d | La retraite est ce moment
e | Il travaille actuellement dans une entreprise
f | Le coworking est un style de travail
g | Elle a décroché le job
h | Je vais prendre des vacances

1 | dont elle rêvait depuis longtemps.
2 | qui permet de se faire un réseau.
3 | que j'ai adressée à cette entreprise.
4 | dont j'espère bien profiter !
5 | qui sont les plus fréquents en France.
6 | que j'ai touché ce mois-ci. Il a dû y avoir une erreur de calcul.
7 | où ses qualités et compétences sont valorisées.
8 | où l'on se retire de la vie active.

**2 Le but. Complétez le texte à l'aide de : *pour, pour que, afin que, afin de.***

Comment faire ...... les jeunes de la génération Y trouvent leur place en entreprise ? Née autour des années 1984, cette génération n'a connu que la crise et profite de la vie au présent. Ainsi, les jeunes de cette génération n'ont pas peur de démissionner ...... décrocher un emploi plus valorisant, s'ils l'estiment nécessaire. Par ailleurs, familiers des nouvelles technologies, ils ont l'habitude d'obtenir tout en un clic. Le problème, c'est qu'il n'y a pas d'appli ...... être satisfait dans son job ou ... obtenir une promotion. ...... ils parviennent à s'intégrer harmonieusement, les managers devraient les aider à apprendre la patience et la coopération.

# ATELIERS

## 1 METTRE EN VALEUR SES QUALITÉS

*Des mentorés font appel à un groupe de mentors pour les aider à mettre en valeur leurs qualités.*

**Définition :** Un mentorat, ou mentoring, permet à une personne peu expérimentée – le/la mentoré(e) – de bénéficier des conseils et des connaissances d'une personne plus expérimentée – le/la mentor – pour son développement personnel et professionnel.

### *Démarche*

*Formez des groupes de mentors (au moins un groupe de trois ou quatre) et des groupes de mentorés (au moins deux groupes de deux). Chaque groupe de mentors supervisera deux groupes de mentorés, donc quatre personnes.*

#### 1 Préparation

- Chaque mentoré propose une qualité qu'il possède et utile à avoir pour réussir un entretien d'embauche (bon relationnel, flexibilité, ténacité, leadership, optimisme, curiosité, etc.). Les mentorés soumettent leurs qualités à leur groupe de mentors.
- Les mentors recherchent quatre activités (une activité par qualité) : jeux, questions, études de cas, mises en situation, afin de tester les mentorés sur ces qualités.
- Chaque mentoré prépare un petit portrait de lui-même (d'environ une minute qui inclut expériences et connaissances) afin de prouver qu'il possède au moins deux de ces quatre qualités (les quatre qualités doivent être réparties entre les deux mentorés d'un même groupe).

#### 2 Réalisation

- Une première équipe de mentorés fait face aux mentors qui leur demandent de se présenter.
- Les mentorés présentent leur petit portrait l'un à la suite de l'autre.
- Puis ils se soumettent aux tests des mentors : en fonction de leurs points forts, ils décident quel mentoré réalisera l'épreuve. Ils peuvent également la réaliser ensemble.
- La seconde équipe de mentorés fait de même.

#### 3 Présentation

- Les mentors se réunissent pour discuter des performances des deux groupes et délibérer.
- Ils délivrent un retour qui met en valeur les points forts et atouts de chaque candidat, et récompensent l'équipe qui a su le mieux prouver ses qualités.

## 2 FAIRE UN TUTORIEL

ATELIER TECH'

*Vous allez imaginer un tutoriel vidéo en lien avec le monde professionnel.*

**Définition :** Un tutoriel est une séquence vidéo qui permet de se former de manière autonome sur un sujet. Il propose des conseils pratiques et explique la démarche à suivre étape par étape.

### *Démarche*

*Formez des groupes de deux.*

#### 1 Préparation

- Faites un remue-méninges pour trouver un sujet et des idées de contenu pour votre tutoriel : comment trouver un job d'été, comme réussir son entretien d'embauche, comment s'enrichir rapidement…
- Réfléchissez à la structure de votre vidéo.
- Réfléchissez aux visuels que vous souhaitez intégrer.
- Réfléchissez au texte de votre tutoriel.

#### 2 Réalisation

- Organisez votre séquence méthodiquement et filmez-vous avec vos téléphones portables. Le tutoriel ne doit pas dépasser 5 minutes.

#### 3 Présentation

- Projetez vos tutoriels à la classe et organisez une remise de prix par catégories : tutoriel le plus drôle, tutoriel le plus utile, tutoriel le plus intéressant, tutoriel le plus original, etc.
- La classe vote pour le meilleur tutoriel (il n'est pas autorisé de voter pour son propre tutoriel).

# ÊTES-VOUS FAIT POUR TRAVAILLER CHEZ VOUS ?

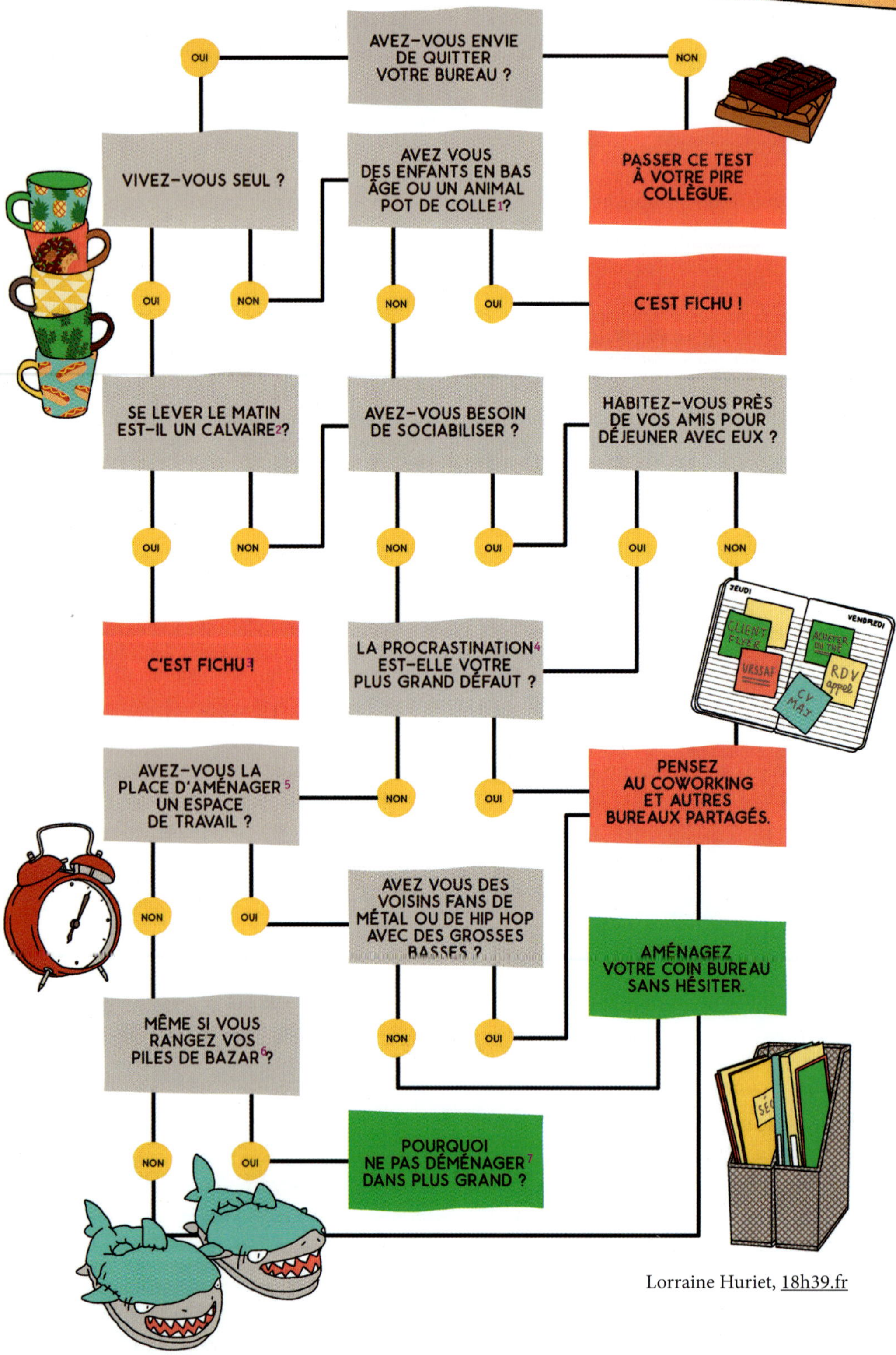


**Expliquez à chaque étape du parcours les raisons de vos choix.**

Lorraine Huriet, 18h39.fr

*1. Personne dont il est difficile de se débarrasser. 2. Une souffrance. 3. C'est raté. 4. Tendance à remettre les choses à plus tard. 5. Installer. 6. Désordre. 7. Changer de domicile.*

# DATE LIMITE DE CONSOMMATION

### Objectifs

- Exprimer différents degrés de certitude
- Comparer différents modes de consommation
- Décrire un lieu

> ***« La consommation, c'est l'addiction. »***
> Luc Ferry (écrivain et ancien ministre)

# DOCUMENTS

REGARDS CROISÉS

## A La France vue par les étrangers

### 1 Stéréotypes

Quand on regarde les films français ou un film qui montre les Français, on voit que les gens sont toujours très chics. Les femmes marchent dans les rues de Paris et portent des robes Jean-Paul Gaultier, des chaussures à talons Louis Vuitton, un sac à main Coco Chanel et des lunettes de soleil Lafont. Il est évident que la France compte plus de créateurs de mode que les autres pays. La mode et le style en France sont très importants, en particulier à Paris. À Aix-en-Provence, il y a beaucoup de magasins de luxe et des gens qui vivent leur vie comme s'ils vivaient à Paris. Quelquefois, j'ai senti que mon style n'était pas assez bien. En Californie, on peut porter n'importe quoi en classe, alors qu'ici les étudiants, le plus souvent, font attention à leurs vêtements même s'ils vont en classe.

Roel Romualdo Jr.

### 2 Le marketing

« Beauté », « style », « chic », « santé », « mince », tout cela montre ce qui apparaît quand on cherche « France » ou « French » sur internet. On trouve surtout des articles et des astuces pour être belle comme une Française : la façon de se maquiller, les vêtements, les principes de la mode, le régime, ce qu'il faut manger pour être mince… Il existe cette idée que la femme française est idéale. Bien sûr on peut trouver des raisons pour lesquelles cette image a été créée, mais c'est probablement à cause du marketing que cette image reste si répandue aujourd'hui. Si la femme/la vie française est « parfaite » ou « désirable », les produits associés à la France ont ainsi plus de valeur. Cette technique de marketing touche les besoins émotionnels et les fragilités des gens ; le désir d'avoir une meilleure vie, le désir d'être respecté et, surtout, le besoin d'être heureux. En faisant de la France le symbole de la vie parfaite, cela donne l'illusion que l'on aura une vie heureuse si on vit comme une Française. Ainsi, non seulement les entreprises de la mode et de la beauté en bénéficient, mais aussi les entreprises agroalimentaires qui vendent « l'alimentation des Françaises ».

Cependant, cette image ne représente qu'une partie spécifique de la France : la classe privilégiée. Pourtant, je ne crois pas que cela soit un phénomène spécifique à la France, mais plutôt que l'image de la France est utilisée comme une technique de marketing. Les gens croient que la richesse (ou les choses perçues comme inaccessibles) équivaut à « la bonne vie » et apporte le bonheur, donc les entreprises profitent de cette croyance pour créer une image de luxe en manipulant et sélectionnant les informations.

Kawai Leung
http://blog.univ-provence.fr

## COMPRÉHENSION ÉCRITE

### *Entrée en matière*

**1** Connaissez-vous des stéréotypes sur les Français et la mode ?

### *Lecture (document 1)*

**2** Comment les Français sont-ils représentés au cinéma ?

**3** À quoi les Français attachent-ils de l'importance ?

**4** Comment se comportent les étudiants californiens ?

### *Lecture (document 2)*

**5** Quel est le résultat de la recherche « France » sur internet ?

**6** D'après Kawai Leung, pourquoi cette image de la femme française idéale existe-t-elle ? Dans quel but ?

**7** À quels secteurs profite l'illusion d'une « vie heureuse » ?

**8** Quelle est l'idée reçue dont parle Kawai Leung ?

### *Vocabulaire*

**9** Relevez le lexique relatif aux vêtements.

**10** Retrouvez dans le texte un équivalent de :

a | conseils pratiques

b | être égal à

c | en orientant la conduite de quelqu'un

## PRODUCTION ORALE

**11** Dans votre pays, quel est le rapport des gens avec la mode ? Est-ce essentiel dans la vie de tous les jours ?

# B Les vêtements éthiques 22

## COMPRÉHENSION ORALE

« *Je suis certaine qu'on trouvera des merveilles…* »

### *Entrée en matière*

**1** **À votre avis, qu'est-ce qu'on appelle des vêtements éthiques ?**

### *1re écoute*

**2** **Qu'ont prévu de faire les deux amies ?**

**3** **De quoi Sophie a-t-elle entendu parler ?**

### *2e écoute*

**4** **Que propose la boutique ?**

**5** **Sur quoi Céline a-t-elle des doutes ?**

**6** **Quels sont les avantages de cette boutique ?**

### *Vocabulaire*

**7** **Retrouvez dans la transcription (p. 207) une expression de dégoût et une expression d'enthousiasme.**

**8** **Retrouvez dans le document un équivalent des expressions suivantes :**

a | des vêtements qui ont déjà été portés

b | des tissus justes pour le producteur et le consommateur

## PRODUCTION ÉCRITE

**9** **Vous écrivez un article sur un blog afin de présenter la nouvelle boutique slow fashion de votre quartier.**

**Pour présenter un sujet**

- Il s'agit de… (+ infinitif/+ nom)
- Elle consiste en… (+ nom)
- J'aimerais bien…
- Je voudrais te/vous parler de… (+ nom)
- À propos de…

# C

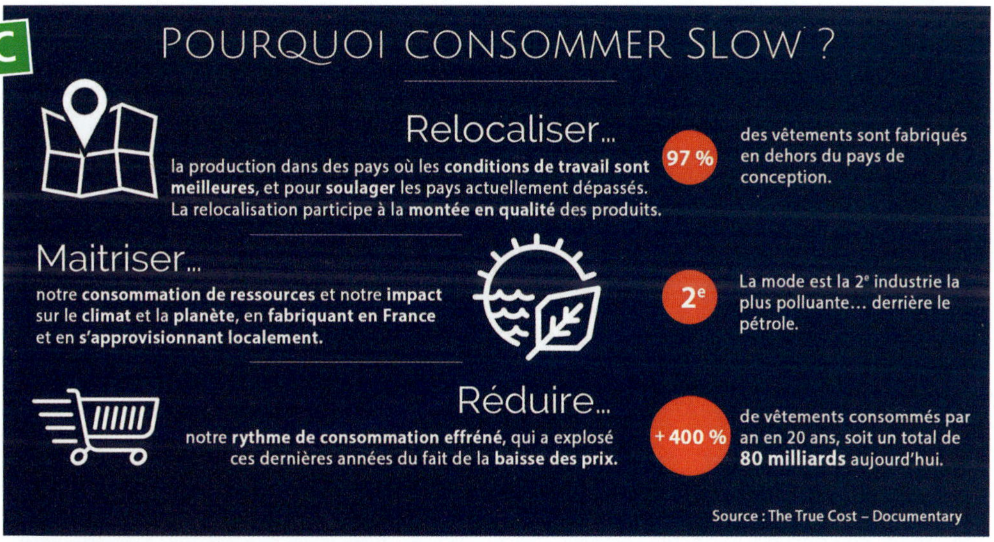


## COMPRÉHENSION ÉCRITE

### *Entrée en matière*

**1** **D'après vous, quel impact le fait de consommer slow peut-il avoir ?**

### *1re lecture*

**2** **Le document se compose de deux colonnes. À quel type d'informations correspondent-elles ?**

### *2e lecture*

**3** **Pourquoi relocaliser la production de vêtements ?**

**4** **Quelle conséquence la relocalisation a-t-elle ?**

**5** **Quel pourcentage illustre la question de la délocalisation ?**

**6** **À part l'industrie de la mode, quelle est l'industrie la plus polluante ?**

**7** **Par quel chiffre illustre-t-on l'explosion de la consommation?**

**8** **Comment est expliqué ce phénomène ?**

### *Vocabulaire*

**9** **Retrouvez dans le document un équivalent des expressions suivantes :**

a | débarrasser quelqu'un de sa charge

b | faire ses courses

c | démesuré, immodéré

## PRODUCTION ORALE >>> DELF

**10** **Pensez-vous que consommer slow soit la solution pour lutter contre la pollution et le chômage ? Quels sont vos critères de consommateur/trice ?**

# GRAMMAIRE > l'expression de l'opinion (2)

Cahier unité 4 d'activités

## ÉCHAUFFEMENT

**1 Observez ces phrases. Qu'expriment les parties en bleu ? À quel mode sont les verbes en gras ?**

**a** | On voit que les gens **sont** toujours très chics.
**b** | Je ne crois pas que cela **soit** un phénomène spécifique à la France.
**c** | Les gens croient que la richesse **équivaut** à « la bonne vie ».
**d** | Je trouve qu'il n'y **a** rien dans les magasins.
**e** | Tu sais que ça me **plaît**.
**f** | Je ne suis pas sûre que ce **soit** très fiable.
**g** | Il est possible que je ne **choisisse** pas tout de suite la location.

## FONCTIONNEMENT

### Les différents degrés de certitude

**2 Complétez la règle.**
**a** | La certitude est exprimée par …
**b** | Le doute est exprimé par …

| | | | |
|---|---|---|---|
| **Indicatif** | **La certitude** | **Je pense que**<br>**Je crois que**<br>**Je trouve que** | ***Je trouve que*** *l'idée* ***est*** *intéressante.* |
| | | **Je suis sûr(e) que**<br>**Je suis certain(e) que**<br>**Je suis persuadé(e) que**<br>**Je sais que** | ***Je suis persuadée*** *que tu* ***aimeras****.*<br>***Je sais que*** *cette boutique* ***a ouvert*** *il y a 2 mois.* |
| | **La probabilité** | **J'ai l'impression que**<br>**Il est probable que**<br>**Il paraît que** | ***Il est probable que*** *tu* ***vas aimer*** *cet endroit.* |
| **Subjonctif** | **La possibilité** | **Il est possible que** | ***Il est possible qu'****on* ***puisse*** *trouver du coton bio.* |
| | **Le doute** | **Je doute que**<br>**Je ne pense pas que**<br>**Je ne crois pas que**<br>**Je ne trouve pas que** | ***Je ne pense pas que*** *tu* ***aies*** *la possibilité de trouver ailleurs.* |
| | | **Je ne suis pas sûr(e)**<br>**Je ne suis pas certain(e)** | ***Je ne suis pas certain que*** *tu* ***puisses*** *acheter les vêtements.* |

- **À la forme affirmative, je crois que** est suivi de l'indicatif. C'est une **certitude**.
- **À la forme négative, je ne crois pas que** est suivi du subjonctif. C'est un **doute**.
- La **probabilité** est presque une certitude, on utilise donc l'indicatif.
- La **possibilité** introduit un doute, on utilise donc le subjonctif.

***REMARQUES***

- **Il me semble que** est suivi de l'indicatif, mais **il semble que** est suivi du subjonctif :

***Il me semble que*** *vingt collections* ***sont*** *créées par an. = Je pense que…*
***Il semble qu'****il y* ***ait*** *déjà une boutique de location de vêtements. = Il est possible que…*

- **Je doute que** est suivi du subjonctif, mais **je me doute que** est suivi de l'indicatif :

***Je doute que*** *les tissus* ***soient*** *de bonne qualité. = Je ne pense pas que…*
***Je me doute que*** *tu* ***feras*** *attention maintenant. = Je sais bien que…*

- **Est-il probable que** est suivi du subjonctif à la forme interrogative inversée, mais **il est probable que** est suivi de l'indicatif :

***Est-il probable qu'****il* ***vienne*** *à la vente de vêtements ? (doute)*
***Il est probable qu'****il* ***achètera*** *des aliments bio à son bébé.*

- Lorsque les verbes d'opinion sont à la forme interrogative inversée, ils sont suivis du subjonctif :

***Crois-tu qu'****on* ***puisse*** *y aller ?* mais ***Tu crois qu'****on* ***peut*** *y aller ?*

**3 Choisissez entre l'indicatif et le subjonctif.**

a | Elle est sûre que la tendance de l'année prochaine (être) ...... au bleu.
b | Nous ne sommes pas certains qu'il (changer) ...... d'idée.
c | Je vois que tu (acheter) ...... de nouveaux vêtements hier !
d | Ils sont persuadés que tout (se passer) ...... bien la semaine prochaine.
e | Crois-tu qu'ils (faire) ...... l'effort de venir ?
f | Il est probable que nous (envoyer) ...... le mail à la mauvaise personne hier.
g | J'ai l'impression que la tendance (évoluer) ...... l'année prochaine.
h | Nous doutons qu'ils (pouvoir) ...... révolutionner la production.
i | Elle a constaté que nous (être) ...... surpris par cette mode.

**4 Complétez chaque phrase avec un verbe aux modes et temps qui conviennent.**

a | Il est possible qu'il ...... l'avion plutôt que le train.
b | Je sais que tous les magasins ...... des collections intéressantes.
c | Elles ne pensent pas que Martin ...... le talent nécessaire.
d | Je ne suis pas sûre que cette robe ...... fabriquée en France.
e | Il croit que chaque achat ...... être réfléchi.
f | Il paraît que la nouvelle plateforme ...... disponible dans un an.
g | Vous n'êtes pas certain qu'il ...... à la conférence demain.

**5 Transformez ces certitudes en doutes.**

a | Je suis certaine qu'il va venir.
b | Tu penses que nous pouvons partir à 17 heures ?
c | Nous sommes sûrs qu'il fera beau cet après-midi.
d | Ma sœur croit que son équipe va gagner le match.
e | Il trouve que le film est intéressant.
f | Vous êtes persuadés que la réunion va finir à 18 heures.
g | Elle est sûre que la boutique pourra ouvrir le mois prochain.
h | Tu crois qu'elle est d'accord ?
i | Je suis certaine qu'elle aura le temps.

## PRODUCTION ORALE

**6 Cette femme vient de déménager de Paris pour vivre à la montagne. Exprimez vos doutes sur sa capacité d'adaptation à cette nouvelle vie (style vestimentaire, habitudes quotidiennes...).**

**Pour exprimer l'évidence**

- Bien sûr
- Évidemment
- Naturellement
- Il est évident/certain que... (+ indicatif)
- C'est certain que... (+ indicatif)
- C'est évident que... (+ indicatif)

Extrait de Mademoiselle Caroline, *Quitter Paris ? Vous en rêvez ? Je l'ai fait,* Delcourt, 2017

## PRODUCTION ÉCRITE >>> DELF

**7 Pensez-vous que la slow fashion soit une bonne alternative à l'industrie actuelle du vêtement ? Présentez votre opinion dans un court texte argumenté (160 mots).**

**Pour exprimer son point de vue**

- Pour moi,...
- À mon avis,...
- D'après moi,...
- Selon moi,...
- Personnellement,...
- En ce qui me concerne,...

# VOCABULAIRE > la mode et la consommation

Cahier unité 4 d'activités

## Les vêtements et accessoires

le bijou
la chaussure (à talon)
le gilet
l'habit *(m.)*
la jupe
les lunettes *(f.)* de soleil
le pantalon
le pull
la robe
le sac à main, le sac à dos

## Les matières

le coton (bio)
le cuir animal, végétal
le lin
la soie
le tissu végétal, synthétique
le vêtement biodégradable
le vêtement durable = écoresponsable

### PRODUCTION ÉCRITE

**1 Composez une tenue qui convient pour une opération de sensibilisation à la slow fashion.**

## L'achat

acheter en boutique, sur un site
commander par/sur internet
se faire livrer des vêtements
faire du shopping = faire les magasins
faire les soldes
louer des vêtements
la promotion

### PRODUCTION ORALE

**2 Comment achetez-vous vos vêtements ? Aimez-vous faire du shopping ?**

## La mode

la boutique de mode
la collection
la couleur
être à la mode, être tendance ≠ démodé
être chic
être en bon/mauvais état
la garde-robe
la grande marque
la haute couture
l'industrie du luxe
l'industrie *(f.)* textile
le magasin de luxe
le modèle
le prêt-à-porter
le style
la tendance
la tenue vestimentaire
le vêtement de seconde main/d'occasion

## Les métiers de la mode

le couturier/la couturière
le créateur/la créatrice de mode
le/la modiste
le/la styliste

**3 Complétez le texte avec les expressions des listes précédentes :**

Avant, quand on souhaitait renouveler sa ...... à petits prix, on pouvait aller dans les boutiques de ...... proposant beaucoup de ...... qui changent avec les saisons. L'autre option était les vêtements ...... mais le risque était d'avoir des habits en mauvais état. La nouvelle ...... c'est la location de vêtements qui permet, pour peu cher, d'avoir des vêtements dessinés par des ...... de mode.

## *Expressions*

de fil en aiguille
faire du lèche-vitrine
l'habit ne fait pas le moine

### PRODUCTION ORALE

**4 Que pensez-vous de l'expression « L'habit ne fait pas le moine » ?**

## Le comportement

l'achat raisonnable *(m.)*
l'achat réfléchi
donner ses vêtements
faire repriser ses vêtements
favoriser les créateurs locaux
recycler
réparer

**5 Trouvez le nom qui correspond au verbe :**

Exemple : *acheter* → ***l'achat***

a | donner b | recycler c | réparer

# PHONÉTIQUE

## « 111 ou 101 euros ? »

**1 Écoutez et notez dans quelles villes doit se rendre le père.** 23

### L'enchaînement vocalique

À l'intérieur du mot phonétique, deux voyelles qui se suivent, bien que distinctes, se prononcent de manière continue.

**2 Écoutez et distinguez entre deux temps de verbes : présent et passé composé / imparfait et passé composé .** 24

**3 Reprenez ces phrases à l'oral. Votre voisin(e) situe votre phrase dans le temps (présent, passé composé ou imparfait) et vous répond en utilisant un adverbe adéquat : *maintenant* = présent ; *hier* = passé composé ; *avant* = imparfait.**

Exemples : **A :** *– J'ai essuyé un tableau.* **B :** *– Hier, tu as essuyé un tableau.*

**A :** *– J'essuyais un tableau.* **B :** *– Avant, tu essuyais un tableau.*

# CIVILISATION

## D Quel consom'acteur êtes-vous ?

**1 Votre voiture tombe en panne ! Vous la changez pour :**
a | les voitures partagées de la ville
b | un vélo
c | la dernière grosse voiture du Salon de l'auto

**2 Pour vos courses, vous êtes plutôt :**
a | boutiques bio et producteurs locaux
b | économies et promotions
c | belles et grandes marques

**3 Votre grille-pain fonctionne, mais mal :**
a | vous l'apportez dans un Repair Café où vous apprenez à le réparer
b | vous le donnez, vous n'en avez plus besoin de toute façon
c | vous en achetez un nouveau et jetez l'autre à la poubelle

**4 Un ami vous parle d'un site internet de troc :**
a | vous adorez l'idée et demandez l'adresse du site
b | vous lui dites que vous pratiquez déjà depuis longtemps
c | vous préférez les sites de vente

**5 Quand vous achetez des vêtements :**
a | vous vérifiez que le tissu soit bio et équitable
b | vous achetez le minimum, en seconde main
c | vous en commandez beaucoup sur internet

### COMPRÉHENSION ÉCRITE

**1 Lisez le questionnaire et les profils. Trouvez quel profil correspond aux réponses a, b et c.**

**2 Lisez le titre et expliquez l'objectif de ce test de personnalité.**

**3 Lisez les questions. Quelles sont les 4 thématiques abordées ?**

### PRODUCTION ORALE

**4 Par deux, faites le test puis déterminez à quel profil vous correspondez. Commentez les résultats selon qu'ils correspondent ou non à ce que vous imaginiez.**

### PRODUCTION ÉCRITE

**5 Imaginez d'autres questions qui pourraient compléter ce test de personnalité.**

**Profil 1**

**Vous avez une majorité de ... :**
→ **Vous êtes un consommateur sobre et heureux !**
→ **Votre mode de vie** : vous semblez être un décroissant ! Vous préférez acheter le moins possible parce que pour vous, on trouve le bonheur si on possède moins.

**Vous avez une majorité de ... :**
→ **Vous êtes un consommateur bio et anticrise !**
→ **Votre mode de vie** : vous ne cherchez pas à consommer moins de produits, mais autrement et mieux. Vous favorisez les commerces locaux parce que le plus important pour vous, c'est une consommation juste pour tous.

**Vous avez une majorité de ... :**
→ **Vous êtes un cyber et hyper-consommateur !**
→ **Votre mode de vie** : vous pensez que vous vivez la meilleure époque, parce que vous pouvez consommer librement. Vous aimez autant la qualité que la quantité.

### Drôle d'expression !

« Jeter l'argent par les fenêtres. »

→ **Que signifie cette expression pour vous ?**

→ **Avez-vous une expression équivalente dans votre langue ? Existe-t-il d'autres expressions avec le mot « argent » dans votre langue ?**

## E Budget : les jeunes plébiscitent l'économie de partage

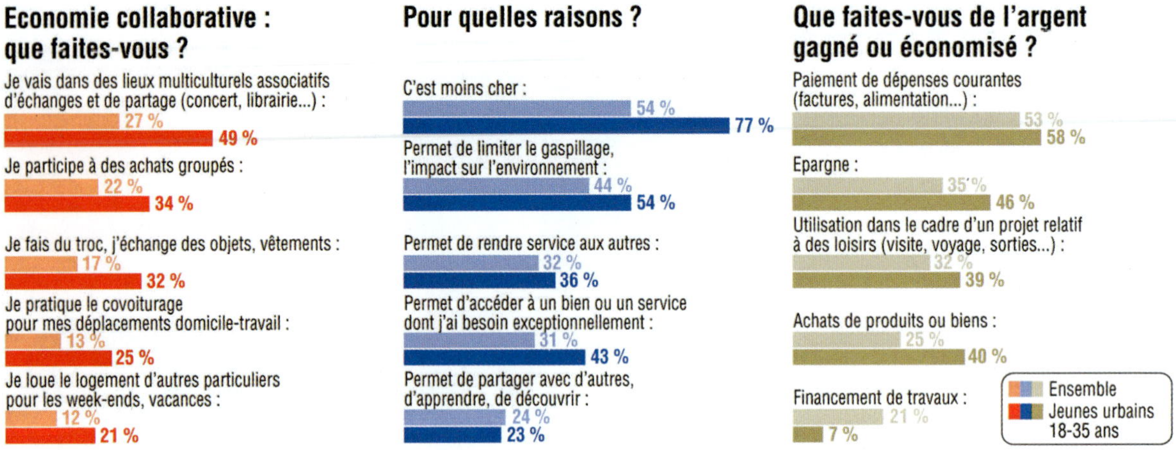


Source : étude "L'observatoire LCL en ville" réalisée par BVA du 27 mai au 2 juin 2014 par Internet sur un échantillon de 1 780 personnes (dont 500 jeunes vivant dans une agglomération[1] de plus de 30 000 habitants) représentatif de la population française âgée de 18 ans et plus.

1. *Un centre-ville et sa banlieue.*

### COMPRÉHENSION ÉCRITE

***Entrée en matière***

**1** Qu'est-ce que l'économie de partage pour vous ?

***Lecture***

**2** Quel échantillon de la population ce document présente-t-il ?

**3** Quel est l'objectif de cette étude ?

**4** Qui a le plus recours à l'économie collaborative ?

**5** Quelle est leur principale motivation ?

**6** Pour les jeunes, quelles sont les trois utilisations les plus importantes de l'argent gagné ?

### PRODUCTION ORALE

**7** Avez-vous déjà fait appel à l'économie collaborative ? Si oui, répondez aux trois questions de l'enquête et expliquez votre opinion sur cette expérience.

### PRODUCTION ORALE >>> DELF

**8** Certaines personnes pensent que l'économie collaborative est le futur de l'économie et de la consommation. Qu'en pensez-vous ?

## F Nous visons 10 millions d'utilisateurs

25

*« Ce service permet d'optimiser les places vides. »*

### COMPRÉHENSION ORALE

***Entrée en matière***

**1** Quels sont les moyens pour lutter contre les embouteillages en ville ?

***1re écoute (du début à « conducteur à bord. »)***

**2** Qu'est-ce que la société BlaBlaCar ?

**3** Combien de membres compte-t-elle dans le monde ?

**4** Quel nouveau service va-t-elle lancer ?

**5** Selon Frédéric Mazzella, quels sont les trois bénéfices de l'optimisation des places vides dans les voitures ?

**6** Quel est le taux d'occupation des voitures sur les trajets domicile-travail ?

***2e écoute (de « Donc deux lignes » à la fin)***

**7** Comment Frédéric Mazzella envisage-t-il le lancement de ce nouveau service ?

**8** Combien de Français sont-ils inscrits sur BlaBlaCar longue distance ?

**9** Quels objectifs en termes d'utilisateurs de BlaBlaLines courte distance Frédéric Mazzella pense-t-il atteindre ?

***Vocabulaire***

**10** De quoi est formé le mot « covoiturage » ? Connaissez-vous d'autres mots qui commencent par le même préfixe ?

### PRODUCTION ÉCRITE

**11** Imaginez une série de slogans pour faire la publicité d'un service de covoiturage, pour les trajets de vacances mais aussi pour les trajets courts.

**Pour écrire un slogan**

*Pensez à utiliser l'impératif. Jouez avec les rimes, les sonorités des différents mots, le rythme qu'ils donnent à votre slogan, et, pourquoi pas, les jeux de mots !*

# GRAMMAIRE > le comparatif et le superlatif

Cahier unité 4 d'activités

## ÉCHAUFFEMENT

**1 Observez ces phrases. Quelles phrases expriment le comparatif ? Lesquelles expriment le superlatif ?**

**a** | Vous préférez acheter **le moins possible.**

**b** | Vous vivez **la meilleure époque**.

**c** | Vous aimez **autant** la qualité **que** la quantité.

**d** | Le taux d'occupation des voitures est encore **plus faible que** sur les trajets longue distance.

**e** | On fait tous des trajets quotidiens, et de manière beaucoup **plus fréquente que** des trajets longue distance.

## FONCTIONNEMENT

### Le comparatif et le superlatif

- **Le comparatif et le superlatif se forment de la façon suivante :**

| Le comparatif | | |
|---|---|---|
| **Supériorité** | **plus** + adjectif/adverbe<br>**plus de** + nom<br>verbe + **plus** | (+ **que**) |
| **Égalité** | **aussi** + adjectif/adverbe<br>**autant de** + nom<br>verbe + **autant** | (+ **que**) |
| **Infériorité** | **moins** + adjectif/adverbe<br>**moins de** + nom<br>verbe + **moins** | (+ **que**) |

| Le superlatif | | |
|---|---|---|
| **Supériorité** | **le/la/les plus** + adjectif<br>**le plus** + adverbe<br>**le plus de** + nom<br>verbe + **le plus** | (+ **de**) |
| **Infériorité** | **le/la/les moins** + adjectif<br>**le moins** + adverbe<br>**le moins de** + nom<br>verbe + **le moins** | (+ **de**) |

***Attention !*** Il existe des exceptions :

| | **Le comparatif** | **Le superlatif** |
|---|---|---|
| • bon(ne)(s) | → meilleur(e)(s) | → le/la/les meilleur(e)(s) |
| • plus mauvais(e)(s) | → pire(s) | → le/la/les pire(s) |
| • bien | → mieux | → le mieux |
| • peu | → moins | → le moins |
| • beaucoup | → plus | → le plus |

## ENTRAÎNEMENT

**2 Complétez avec le comparatif qui convient. Faites les changements nécessaires.**

**a** | Il y a (=) ...... de personnes qui utilisent BlaBlaCar que de personnes qui utilisent le train.

**b** | J'ai rencontré (+) ...... souvent des étudiants que des salariés grâce à ce service.

**c** | Cette voiture roule (–) ...... vite que l'autre.

**d** | Ce mode de transport est (=) ...... intéressant que l'avion.

**e** | J'ai trouvé une (+) ...... offre sur internet.

**3 Complétez par *meilleur(e), mieux, pire, moins* ou *plus*, précédé si nécessaire de *le* ou *la*.**

– Tu sais, hier, je suis allée dans la nouvelle boutique de mode du centre-ville, c'est ...... de la ville. Elle est géniale ! Les vêtements sont originaux et les vendeurs sont ...... attentifs aux demandes des clients que dans les autres magasins.

– Ah, c'est bizarre, parce que l'autre jour, j'y suis allée et, au contraire, j'ai reçu ...... service de ma vie ! C'était la première fois qu'on me traitait aussi mal dans un magasin ! Je suis d'accord, ils ont ...... de modèles qu'ailleurs et ...... qualité de tissu de toute la ville, mais franchement, plus jamais ! Je trouve que c'est ...... de commander sur internet que d'aller dans cette boutique, même si on est ...... bien conseillé que par un vendeur.

### PRODUCTION ORALE

**4 Comparez la mode de votre enfance, ou d'une autre époque, avec la mode d'aujourd'hui.**

### PRODUCTION ÉCRITE

**5 Que pensez-vous de l'économie collaborative ? Comparez les avantages et les inconvénients du troc par rapport à l'achat et la vente de produits et/ou de services.**

## G Quand les gares font des affaires

4

### COMPRÉHENSION AUDIOVISUELLE

***Entrée en matière***

**1** Que faites-vous quand vous attendez votre train ou votre avion ?

***Visionnage***

**2** Combien de personnes passent dans la gare chaque jour ?

**3** Qu'est-ce qui caractérise ces clients et leurs achats ?

**4** Combien de boutiques sont présentes dans la gare ?

**5** À quand remonte l'idée d'intégrer des commerces dans une gare ?

**6** Comment sont considérés les magasins de la gare aujourd'hui ?

**7** Quel est l'avantage de faire ses courses dans ces magasins ?

**8** Comment comprend-on que le concept marche bien ?

***Vocabulaire***

**9** Retrouvez dans la transcription (p. 220) un équivalent des expressions suivantes :

a | un regard rapide
b | exprimé en peu de mots
c | cache

## H La désertification des centres-villes

26

### COMPRÉHENSION ORALE

***Entrée en matière***

**1** Selon vous, que signifie l'expression « désertification des centres-villes » ?

***1re écoute***

**2** Quels sont les types de commerces mentionnés dans ce reportage ?

***2e écoute***

**3** Quelle est l'atmosphère dans le centre-ville d'Annonay ?

**4** Que pensent globalement de cette situation les trois personnes interrogées ?

**5** Relevez les noms de commerces cités par la commerçante.

**6** Comment celle-ci explique-t-elle les fermetures de commerces ?

**7** Où la plupart des habitants vont-ils faire leurs courses ?

**8** Comment la municipalité réagit-elle ?

*« Les habitants ont changé leurs habitudes de consommation. »*

### PRODUCTION ÉCRITE

**9** Vous faites partie d'un collectif qui milite pour redynamiser le centre de votre ville. Écrivez un tract qui sera distribué aux habitants pour les inciter à favoriser le petit commerce plutôt que les centres commerciaux. Expliquez le but de votre action et les bénéfices apportés.

# I Le Grand A

## COMPRÉHENSION ÉCRITE

### *Entrée en matière*

**1** Regardez la bande dessinée. Quels lieux voyez-vous ?

Xavier BÉTAUCOURT, Jean-Luc LOYER, *Le Grand A*, Futuropolis, 2016.

### *Lecture*

**2** D'après vous, qui est cet homme ?

**3** Que semble-t-il regarder ?

**4** Pourquoi est-il heureux ?

**5** Quels sont ses projets ?

## PRODUCTION ÉCRITE

**6** Imaginez la suite de l'histoire.

# GRAMMAIRE > la place de l'adjectif

Cahier d'activités unité 4

## ÉCHAUFFEMENT

**1 Observez la place des adjectifs dans les phrases suivantes.**

a | Des clients pressés qui achètent rapidement.

b | Une petite commune touristique, en plein cœur de l'Ardèche.

c | C'est un déploiement progressif.

**2 Où se placent les différents types d'adjectifs ?**

a | Les adjectifs courts se placent *avant / après* le nom.

b | Les adjectifs longs se placent *avant / après* le nom.

## FONCTIONNEMENT

### La place de l'adjectif

| | |
|---|---|
| **L'adjectif qualificatif placé après le nom** | En général, les adjectifs se placent après le nom.<br>Ils expriment l'objectivité comme la couleur, la nationalité ou une description qui ne dépend pas de l'opinion de la personne qui parle. |
| **L'adjectif qualificatif placé avant le nom** | Quelques adjectifs, courts et courants, se placent avant le nom : *ancien, petit, grand, beau, joli, autre, même, jeune ≠ vieux, nouveau ≠ ancien* |
| **L'adjectif numéral** | Il se place toujours en première position.<br>***Deux*** *centres commerciaux,* ***deux*** *grands centres commerciaux, le* ***deuxième*** *centre commercial* |
| **L'adjectif de classement** | Il se place après le nom quand il indique une valeur temporelle mais avant le nom pour les séries.<br>*La semaine* ***prochaine****, le mois* ***dernier***<br>*Le* ***prochain*** *candidat, le* ***dernier*** *bus* |

• Certains adjectifs changent de signification selon qu'ils sont placés avant ou après le nom. Ils gardent leur sens premier après le nom, mais changent de signification placés avant le nom : ***grand, curieux, différent, drôle, pauvre, cher, seul***.
*Un homme* ***grand*** *(1,90 mètre) et un* ***grand*** *homme (qui a fait de grandes choses)*

• L'article **des** devient **de** lorsqu'il est placé directement devant un adjectif.
*La candidate a* ***des*** *connaissances en haute couture.*
*La candidate a* ***de*** *bonnes connaissances en haute couture.*

## ENTRAÎNEMENT

**3 Placez correctement les adjectifs proposés dans chaque phrase et accordez si nécessaire :**

a | Un supermarché est un lieu de vente. (grand)

b | On y vend principalement des produits. (alimentaire)

c | Il existe un service de garde d'enfant. (nouveau)

d | Tu as déjà entendu parler de l'économie ? (collaboratif)

e | C'est un système. (solidaire/nouveau)

**4 Complétez ce texte de présentation du Repair Café avec les adjectifs suivants : *grand, gratuit, petit, vieux, bon, convivial, autre, solidaire*. N'oubliez pas de faire tous les changements nécessaires.**

Le Repair Café est un lieu où on peut rapporter ses objets pour les faire réparer. Vous payez seulement une somme pour entrer : en effet, ce service ne cherche pas à faire des profits mais propose uniquement de mettre en valeur des initiatives. En général, ce service est à disposition dans une salle afin d'accueillir tous les bénévoles-réparateurs. Si un réparateur ne peut pas vous aider, il va vous envoyer vers des personnes qui pourront peut-être trouver une solution à votre problème.

## PRODUCTION ORALE

**5 Décrivez avec le plus de précisions possible votre quartier à votre voisin(e).**

**6 Décrivez avec le plus d'adjectifs possible ce Repair Café (personnes, objets, atmosphère...).**

# VOCABULAIRE > la consommation collaborative

## La consommation
acheter
comparer les prix
consommer local
dépenser
donner
économiser
faire des économies *(f.)*
lutter contre la crise
troquer
vendre

## L'économie collaborative
l'achat *(m.)* groupé
la communauté de partage
le covoiturage
la décroissance économique
l'échange *(m.)* de service
l'éco-consommateur, l'éco-consommatrice
l'économie *(f.)* de partage
le financement participatif
le geste anti-conso
l'initiative *(f.)* citoyenne
le/la locavore
le milieu associatif
la plateforme internet
le troc

**1 Observez les mots « locavore » et « anti-conso ». De quoi sont-ils composés ? Connaissez-vous d'autres mots similaires ?**

**2 Complétez ce texte avec les mots : *décroissance économique, covoiturage, communauté de partage, faire des économies, troquer.***
Internet nous permet de consulter différents sites afin de ...... et de trouver les meilleures offres. Économiser en payant moins mais aussi en pratiquant la ...... ; c'est ce qui caractérise le consommateur d'aujourd'hui qui veut payer et consommer moins. On peut faire partie d'une ......, partir en vacances en ...... et ...... ses vieux objets contre d'autres plutôt que d'en acheter de nouveaux.

## Les lieux de consommation
la boutique
le centre commercial
le centre-ville
le commerce de proximité
la consommation de masse
la droguerie
l'enseigne *(f.)*
la galerie commerciale
la grande distribution
le grand magasin
la grande surface
l'hypermarché *(m.)*
le marché
la mercerie
le petit commerce
la rue commerçante
la société de consommation
le supermarché
la vitrine
la zone commerciale

**3 Classez les mots de la liste précédente selon qu'ils font référence au petit commerce, au supermarché ou aux deux.**

## Les personnes
l'acheteur, l'acheteuse
l'artisan *(f. / m.)*
le chef de rayon
le client, la cliente
le consommateur, la consommatrice
le petit commerçant
le vendeur, la vendeuse

## Les moyens de paiement
le billet
le blé *(fam.)*
la carte bancaire
la carte de débit
la carte de crédit
la carte de fidélité
le chèque
le crédit à la consommation
le distributeur automatique
le fric *(fam.)*
la monnaie
le paiement sécurisé
payer en liquide, en espèces
la pièce
le portefeuille
la thune *(fam.)*

**PRODUCTION ORALE**

**4 Quel mode de paiement est le plus populaire dans votre pays ? Est-il courant de faire des chèques ?**

## *Expressions*
faire une bonne affaire
faire des courses
faire des emplettes
faire la queue
être fauché(e) *(fam.)*

## J Suisse : un magasin gratuit 27

*« Dans cette petite boutique, inutile de chercher le prix sur l'étiquette. »*

### COMPRÉHENSION ORALE

***Entrée en matière***

**1** À votre avis, qu'est-ce qu'un magasin gratuit ?

***1re écoute (en entier)***

**2** Décrivez le fonctionnement de la boutique.

***2e écoute (du début à « un peu d'argent. »)***

**3** Qui a lancé l'idée de cette boutique ?

**4** Pourquoi cette idée est-elle intéressante selon Catherine ?

**5** Qui est bienvenu dans cette boutique d'après Catherine ?

**6** D'après un des deux enfants, que fait-on quand on jette des objets à la poubelle ?

***3e écoute (de « Donner » à la fin)***

**7** Que propose l'atelier La Bonne Combine à Lausanne ?

**8** Contre quoi Christophe veut-il lutter ?

**9** Que se passe-t-il quand on va au service après-vente d'une marque avec un appareil en panne ?

### PRODUCTION ORALE

**10** Iriez-vous dans ce magasin ? Quels objets que vous n'utilisez plus pourriez-vous y laisser ?

**11** Y a-t-il des magasins gratuits dans votre pays ?

Une activité complémentaire sur **savoirs.rfi.fr**

## L'ESSENTIEL GRAMMAIRE

**1 L'expression de l'opinion. Complétez avec l'indicatif ou le subjonctif.**

**a |** Il paraît que la production de vêtements (être) ...... en augmentation constante.

**b |** Je ne suis pas sûre que les clients (comprendre) ...... bien le but de la slow fashion.

**c |** Crois-tu qu'il (pouvoir) ...... nous livrer notre commande ?

**d |** Il est évident que nous (avoir) ...... le temps de consulter le site internet.

**e |** Il est possible que vous (obtenir) ...... un financement grâce à la plateforme collaborative.

**f |** Elle est absolument certaine que la slow fashion (avoir) ...... beaucoup de succès dans les années à venir.

**g |** Il est évident que la boutique (pouvoir) ...... ouvrir l'année dernière grâce à son aide.

**h |** Je ne pense pas que tu (faire) ...... une bonne affaire.

**2 Le comparatif et le superlatif. Complétez avec les expressions du comparatif ou du superlatif qui conviennent.**

**a |** L'industrie du pétrole pollue ...... que celle de la mode.

**b |** Le site BlaBlacar est le site de covoiturage ...... populaire de tous les sites qui existent.

**c |** C'est ...... boutique que je connaisse dans tout le quartier : tout est très cher et les vendeurs sont vraiment désagréables.

**d |** On trouve ...... de produits dans les petites épiceries que dans les supermarchés.

**e |** Ivan, c'est l'étudiant qui parle ...... français de toute la classe : il a toujours d'excellentes notes !

**f |** Tu vas payer ...... cher ici, les prix sont les mêmes que dans les autres boutiques.

**g |** Acheter de manière raisonnable est selon moi ...... façon de diminuer notre impact environnemental.

**h |** Il dépense beaucoup ...... d'argent que moi dans les vêtements : chaque semaine il achète une nouvelle chemise !

# ATELIERS

## 1 METTRE EN PLACE UN PROJET DE LUTTE CONTRE LE GASPILLAGE

*Vous allez monter un projet de lutte contre le gaspillage et vous allez écrire un tract à distribuer dans le but de sensibiliser à votre projet et de rallier le public à votre cause.*

### *Démarche*

*Formez des groupes de deux ou trois.*

#### 1 Préparation

• Chaque groupe choisit un thème tel que le gaspillage alimentaire, le gaspillage énergétique, la surconsommation de vêtements, etc.

#### 2 Réalisation

• En fonction du thème choisi précédemment, vous imaginez en groupe quelles actions concrètes vous allez mener afin de sensibiliser à votre cause.
• Vous déterminez : quel public (clients de supermarchés, enfants…), quels lieux (dans les écoles, à la sortie des supermarchés, dans la rue), quel type d'action (récupérer les invendus, collecter des vieux vêtements) et dans quel but (redistribution alimentaire, vestimentaire).
• Vous écrivez un manifeste (déclaration écrite et publique) qui reprend le nom de votre projet, son but et les bénéfices apportés.

#### 3 Présentation

• Vous présentez devant la classe votre manifeste en étant les plus convaincants possible.

## 2 RÉALISER UNE SÉRIE DE PORTRAITS VIDÉO DE COMMERÇANTS

ATELIER TECH'

*Vous allez réaliser des portraits vidéo de petits commerçants de votre ville ou seulement de votre quartier, afin de valoriser l'importance des commerces de proximité pour la vie locale. Pour ce faire, vous allez mettre en avant l'implication de ces commerçants tant dans leur commerce que dans la vie locale, ainsi que la réalité de leur profession, notamment face à la concurrence des grandes surfaces.*

### *Démarche*

*Formez des groupes de deux ou trois.*

#### 1 Préparation

• Chaque groupe sélectionne un petit commerce dans son quartier ou dans le centre-ville.
• Chaque groupe rédige une série de questions à poser au/à la commerçant(e) choisi(e). Rédigez des questions pour en savoir plus sur son histoire, sa motivation à devenir commerçant(e), l'évolution de la profession, son rôle dans la vie du quartier, ses perspectives futures, etc.

#### 2 Réalisation

• Vous allez réaliser l'interview du/de la commerçant(e) en vous rendant dans sa boutique.
• Avec votre téléphone, vous filmez l'interview ainsi que le magasin et ses produits. Mettez en avant ce qui est le plus caractéristique de ce commerce, notamment par rapport à ce que proposent les grandes surfaces.
• Grâce à un logiciel ou une application de montage vidéo, vous pouvez ajouter des effets et des commentaires.

#### 3 Présentation

• Vous présentez à la classe votre portrait vidéo que vous posterez ensuite sur le blog de votre classe.

# Entraînement au DELF B1 Compréhension de l'oral

## Stratégies pour comprendre un document oral DELF B1

• Ces stratégies vous seront utiles pour réussir au mieux les exercices de compréhension orale du livre **et** pour préparer le DELF B1.

• L'épreuve de compréhension orale du DELF B1 dure 25 minutes et comporte trois parties. Vous aurez trois documents à écouter.

**Document 1**

Le 1er document (de 1 minute à 1 minute 30 secondes) est un dialogue de la vie quotidienne.

**Documents 2 et 3**

Les 2e et 3e documents (2 minutes à 3 minutes) sont des documents de type radiophonique : des extraits d'interviews ou encore des bulletins d'information.

L'objectif de cette épreuve est de tester votre compréhension globale et détaillée.

**Avant l'écoute**

• Afin de faciliter la compréhension, ayez toujours en tête les questions suivantes :

– Quelle est la nature du document que j'écoute ? (une interview, un débat, un reportage, une conférence…)

– Quel en est le sujet ?

– Qui et combien de personnes parlent ?

– Que font les intervenants ?

• Lisez bien les consignes et les questions, car cela orientera votre écoute. Les questions suivent toujours l'ordre du document.

**Pendant l'écoute**

• Lors de l'épreuve du DELF B1, vous aurez le droit à deux écoutes pour chaque document.

• Prenez des notes, car il vous sera impossible de mémoriser toutes les informations du document audio.

## EXERCICE 2 de l'épreuve > 8 points

**Lisez les questions, écoutez le document puis répondez.** 28

**1 Qu'est-ce que le Freegan Pony ?** *1,5 point*

……………………………………………………………………………………

……………………………………………………………………………………

**2 Quelle est sa particularité ?** *1 point*

❑ Il cuisine seulement avec les invendus.
❑ Il ne cuisine pas d'invendus.
❑ Il vend les invendus.

**3 Qu'est-ce que Rungis ?** *1,5 point*

……………………………………………………………………………………

……………………………………………………………………………………

**4 Le freeganisme consiste à…** *1 point*

❑ faire des distributions de produits jetés à la poubelle.
❑ revendre des produits.
❑ se nourrir exclusivement de produits qui auraient dû terminer à la poubelle.

**5 Quelle quantité d'aliments est jetée chaque année dans le monde et en France ? (2 réponses)** *1 point*

……………………………………………………………………………………

……………………………………………………………………………………

**6 Qu'est-ce que la mairie de Paris a accordé au Freegan Pony ?** *2 points*

……………………………………………………………………………………

……………………………………………………………………………………

# LE FRANÇAIS DANS LE MONDE

## Objectifs

- Parler de la diversité des cultures francophones
- Raconter deux événements passés antérieurs l'un à l'autre
- Situer dans le temps : exprimer la chronologie

*« La Francophonie sera subversive et imaginative ou ne sera pas ! »*
Boutros Boutros-Ghali (ancien secrétaire général de la Francophonie)

# A Fellag : « Je dois beaucoup à la langue française »

**L'écrivain et comédien joue *Bled Runner* au Rond-Point.**
**L'occasion de parler de son travail, de l'Algérie, de la France, du théâtre et de la vie.**

**Armelle Héliot : Un jour, vous avez quitté votre patrie. Pourquoi ?**

**Fellag** : Parce que j'ai choisi la langue française. De 1978 à 1981, j'ai vécu au Québec, avant un premier séjour de trois ans en France. J'avais fait mes études d'art dramatique à Alger à partir de 1968, puis appartenu à différentes troupes[1]. Je n'ai pas choisi de partir pour la France, car je craignais de ne pas y avoir de place. Le Québec était accueillant. Il recherchait les francophones. J'ai vécu en étant barman, cuisinier, mais j'ai découvert des poètes des planches[2], Sol et Yvon Deschamps, une institution[3] là-bas... Ils m'ont montré que l'on peut être seul en scène, et là, je pense que « Fellag » est né...

**A. H. : Le français n'est pourtant pas votre première langue. Comment l'avez-vous appris ?**

**F. :** À Aït Illoul, le village de Kabylie où je suis né, on ne parlait que berbère. Puis, j'ai été scolarisé à Tizi Ouzou et c'est là que j'ai rencontré une institutrice magnifique, Mme Brody. Un jour, après la classe, elle me demande de rester et me donne deux livres. « *Tu vas les lire et me faire des résumés.* » Chaque fois que je rendais deux livres, elle m'en donnait deux autres. Elle a été formidable. Je l'ai revue, des années plus tard. J'avais parlé d'elle à la radio et quelqu'un de sa famille le lui a dit. Elle vivait à Hyères. Cela a été une émotion extraordinaire. J'ai pu la remercier, lui dire tout ce que je lui dois. Elle est morte deux ou trois ans plus tard, à 97 ans.

**A. H. : Dans le spectacle, selon les scènes, vous parlez également un peu berbère, un peu arabe. Quelle place ont ces langues dans votre construction ?**

**F. :** Il y a la langue de l'enfance, des montagnes de Kabylie. Le berbère, c'est ma mère. Il y a l'arabe qui est une très belle langue. L'arabe, c'est ma langue d'adulte. Mais je pense en français... et je ne sais pas en quelle langue je rêve. La langue française, c'est ma veilleuse...

**A. H. : Avez-vous conscience d'être un écrivain de langue française ?**

**F. :** J'écris des livres, mais je ne sais pas si je suis un écrivain. J'ai toujours écrit. J'ai publié un peu, mais je n'ai pas le sentiment d'être un auteur important. Pourtant, dès que j'ai cinq minutes, j'écris... Et, effectivement, j'écris en français. J'aime les mots. J'aime physiquement la langue française. Elle a fière allure.

**A. H. : Préparez-vous un nouveau livre ?**

**F. :** J'écris un livre qui devrait paraître en janvier 2018. J'avais commencé, il y a quelque temps, frappé par ce qui s'était passé en Tunisie. Mais la situation a évolué de telle manière que cela n'était plus adéquat.

Armelle Héliot, *Le Figaro*, 5 mars 2017

*1. Groupe d'artistes qui jouent ensemble. 2. La scène de théâtre.*
*3. Ici, terme pour désigner une personne célèbre qui sert de référence à d'autres.*

## COMPRÉHENSION ÉCRITE

### *Entrée en matière*

**1** À votre avis, que veut dire le titre du document ? Et pour vous, que signifie l'apprentissage du français ?

### *1re lecture*

**2** Dans quel ordre Fellag a-t-il vécu dans ces lieux ?
a | Algérie, France, Québec
b | Algérie, Québec, France
c | France, Algérie, Québec

### *2e lecture*

**3** Quel parcours a-t-il suivi pour devenir artiste ?

**4** Vrai ou faux : Fellag a quitté l'Algérie pour étudier le français ?

**5** Quelle est sa langue maternelle ?

**6** Dans quelles circonstances a-t-il revu son premier professeur de français ?

**7** Quels sont les projets de l'artiste ?

### *Vocabulaire*

**8** Comment comprenez-vous cette phrase : « La langue française, c'est ma veilleuse » (l. 34) ?

**9** Retrouvez dans le texte un équivalent de l'expression « avoir une belle apparence, une élégance naturelle ».

## PRODUCTION ORALE

**10** En quoi parler plusieurs langues étrangères peut-il être utile ?

## PRODUCTION ÉCRITE >>> DELF

**11** Nous sommes au 28e siècle, tous les êtres humains parlent la même langue. Vous écrivez un article pour parler des avantages et des inconvénients de cette situation (160 à 180 mots).

| Pour parler des avantages | ... et des inconvénients |
| --- | --- |
| • L'avantage de cette situation, c'est que... | • L'inconvénient d'une langue unique, c'est que... |
| • Le point positif de... (+ nom), c'est que... | • Le point négatif de... (+ nom), c'est que... |
| • Cela permet de... (+ infinitif) | • L'ennui/Le problème, c'est que... |

## B Une Belge au Canada 29

### COMPRÉHENSION ORALE

***Entrée en matière***

**1** **Avez-vous déjà visité un pays d'où vous ne vouliez pas repartir ? Quelles sont les caractéristiques du pays de vos rêves ?**

***1^re^ écoute (en entier)***

**2** **Pour Sarah Milis, déménager au Canada était :**
a | difficile   b | surprenant   c | simple et étonnant

***2^e^ écoute (du début à « tout le monde. »)***

**3** **Quelle qualité attribue-t-on aux Québécois ?**

**4** **Selon Sarah, pourquoi les Belges s'adaptent-ils facilement à la vie au Canada ?**

**5** **Citez trois exemples de situations inattendues que Sarah a rencontrées au Québec.**

***3^e^ écoute (de « Même à l'univ » à la fin)***

**6** **Pour quelles raisons Sarah n'arrivait-elle pas à tutoyer ses professeurs ?**

**7** **Pourquoi trouve-t-elle étonnant d'être elle-même professeur ?**

***Vocabulaire***

**8** **Retrouvez dans la transcription (p. 208) un équivalent du verbe « arriver ».**

**9** **À votre avis, que signifie le mot « mentalité » ?**

*« En y allant, vous courez le risque de ne pas vouloir rentrer. »*

### PRODUCTION ORALE

**10** **En scène !** **Votre ami(e) vient de recevoir une proposition de travail intéressante mais qui l'obligerait à vivre dans un autre pays. Il/Elle hésite et vous l'encouragez.**

**Pour exprimer l'hésitation**
- Je me demande si…/Je ne sais pas trop si…
- J'ai du mal à me décider/J'hésite entre… et…
- J'hésite à… (+ infinitif)

**Pour exprimer la confiance, encourager**
- C'est normal de… (+ infinitif)
- Je crois/J'ai confiance en… (+ nom)
- Essaie de… (+ infinitif)
- Courage, tu vas y arriver !

## C La révolte des accents

« Depuis quelque temps, les accents grognaient. Ils se sentaient mal aimes. A l'ecole, les enfants ne les utilisaient presque plus. Les professeurs ne comptaient plus de fautes quand, dans les copies, ils etaient oublies. Chaque fois que j'en croisais un dans la rue, un aigu, un grave, un circonflexe, il me menaçait.
– Notre patience a des limites, Don Luis. Un jour, nous ferons la greve.
Je ne les prenais pas au serieux. Je me moquais :
– Une greve, allons donc ! Et qui ça derangerait, une greve des accents ? »

Nous avions moins écouté l'histoire de Don Luis que frissonné en entendant ses phrases auxquelles manquaient les accents : leur absence éteignait les mots. On aurait dit que notre langue française avait, soudain, perdu tout élan, tout éclat, toute lumière.

Erik Orsenna, *La Révolte des accents*, Stock, 2007.

### COMPRÉHENSION ÉCRITE

**1** **Lisez l'extrait du livre d'Erik Orsenna. Que manque-t-il au début du texte du point de vue de l'orthographe ?**

**2** **Vrai ou faux ?**
a | Les professeurs corrigent toujours les accents oubliés par leurs élèves.
b | Don Luis ne s'intéresse pas aux problèmes des accents du français.
c | Les personnes qui écoutent Don Luis sont inquiètes.

**3** **Pour vous, l'auteur est-il pour ou contre la nécessité des accents dans les mots français ? Justifiez votre réponse.**

**4** **Retrouvez dans le texte deux verbes équivalents à l'expression « exprimer son mécontentement ».**

**5** **Expliquez la signification du verbe « frissonner » (l. 8).**

**6** **Six accents aigus et trois accents graves ont décidé de ne plus faire la grève. Replacez-les dans le texte.**

### PRODUCTION ORALE

**7** **Que pensez-vous de l'orthographe française ?**

# GRAMMAIRE > le plus-que-parfait

Cahier unité 5 d'activités

## ÉCHAUFFEMENT

**1 Observez ces phrases. Quels sont les deux éléments utilisés pour former un verbe au plus-que-parfait ?**

**a** | J'avais fait mes études d'art dramatique à Alger à partir de 1968, puis j'ai appartenu à différentes troupes.

**b** | J'avais parlé d'elle à la radio et quelqu'un de sa famille le lui a dit.

**c** | J'avais commencé à écrire un livre, mais la situation a évolué.

**d** | J'arrivais d'un système où depuis toujours j'avais vouvoyé tout le monde.

**e** | Nous avions moins écouté l'histoire de Don Luis que frissonné en entendant ses phrases.

**f** | Notre langue française avait, soudain, perdu toute lumière.

**2 Quel autre temps est souvent utilisé dans ces phrases ? Quel lien voyez-vous entre ce temps et le plus-que-parfait ?**

## FONCTIONNEMENT

### Le plus-que-parfait

**3 Complétez.**

- Le plus-que-parfait indique une action qui a eu lieu avant une autre action passée, souvent exprimée au passé composé.

Exemple : *phrases* ..........

- Le plus-que-parfait se forme avec l'auxiliaire **être** ou **avoir** **à l'imparfait** + **le participe passé** du verbe conjugué.

| Faire | | Venir | | Se passer | |
|---|---|---|---|---|---|
| j'**avais** | | j'**étais** | | je m'**étais** | |
| tu **avais** | | tu **étais** | **venu(e)** | tu t'**étais** | **passé(e)** |
| il/elle/on **avait** | **fait** | il/elle/on **était** | | il/elle/on s'**était** | |
| nous **avions** | | nous **étions** | **venu(e)s** | nous nous **étions** | **passé(e)s** |
| vous **aviez** | | vous **étiez** | **venu(e)(s)** | vous vous **étiez** | **passé(e)s** |
| ils/elles **avaient** | | ils/elles **étaient** | **venu(e)s** | ils/elles s'**étaient** | **passé(e)s** |

***REMARQUE***

Le choix entre les auxiliaires **avoir** ou **être** se fait comme pour le passé composé.

## ENTRAÎNEMENT

**4 Conjuguez les verbes au plus-que-parfait.**

**a** | Quand je suis arrivé en France je (déjà prendre) ...... des cours de français.

**b** | Elle s'est facilement intégrée dans ce pays car elle (se renseigner) ...... sur la culture locale.

**c** | J'ai rencontré mon ancien prof de lycée à qui j'(écrire) ...... pour reprendre contact.

**d** | Nous avons fait une présentation sur le sujet que nous (étudier) ...... à l'université.

**e** | Il nous parlait du voyage qu'il (faire) ...... il y a un an.

**f** | Vous avez dit que vous (partir) ...... au Québec il y a longtemps.

**g** | Ils ont soudain compris qu'ils (se tromper) ...... : comme ils (descendre) ...... à l'arrêt de bus suivant, ils ont dû faire demi-tour.

**5 Combinez les événements du passé (colonne de gauche) et les actions qui les ont précédés (colonne de droite). Écrivez ensuite des phrases en utilisant le plus-que-parfait.**

Exemple : a-5 → *Il est arrivé en retard parce qu'il n'avait pas vérifié les horaires des bus.*

**a** | Arriver en retard
**b** | Faire ses études au Canada
**c** | Rater son avion
**d** | Ne pas acheter de bateau
**e** | Ne pas réussir à son examen
**f** | Apprendre le français

**1** | ne pas assez réviser pendant les vacances
**2** | ne pas gagner assez d'argent
**3** | décider de lire Erik Orsenna en version originale
**4** | oublier son passeport chez lui
**5** | ne pas vérifier les horaires des bus
**6** | entendre parler du sens de l'accueil dans ce pays

## PRODUCTION ORALE

**6 C'est votre premier cours de français. Vous racontez à votre voisin(e) quelles démarches vous avez faites avant de venir.**

Exemple : *Quand je me suis inscrit(e), j'avais déjà acheté le livre* Édito B1...

# VOCABULAIRE > les relations sociales et interculturelles

Cahier d'activités unité 5

### Les coutumes

s'adapter à
artisanal(e)
folklorique
habituel(le)
local(e)
original(e)
particulier, particulière
populaire
traditionnel(le)
l'usage (*m.*)
vivant(e)

**PRODUCTION ORALE**

**1 En scène ! Vous revenez d'un voyage où vous avez pu observer des traditions locales originales (danses, cuisine, artisanat, etc.). Vous partagez vos impressions avec un(e) ami(e). Il/elle vous pose des questions sur cette expérience. Jouez la scène avec votre voisin(e).**

### La protestation

l'adversaire (*m.*/*f.*)
l'échec (*m.*) ≠ la réussite
l'ennemi(e)
se fâcher
la grève
grogner
manifester
le mécontentement
menacer
se moquer de
protester
provoquer
réclamer
revendiquer
la révolte

**2 Complétez les phrases avec les mots suivants : *se moquer, grogner, adversaire, mécontentement, la grève.***

**a** | Je suis en retard au cours aujourd'hui à cause de ...... des transports.

**b** | C'est vraiment méchant de ...... de Sarah : si elle n'a pas réussi cette fois, elle y arrivera plus tard.

**c** | Souvent, les gens qui parlent une langue étrangère ne savent pas comment exprimer leur ...... .

**d** | Je t'explique le verbe ...... : c'est ce que fait le chien en montrant ses dents.

**e** | Mon ...... est très fort, il est étranger et il m'a battu au Scrabble.

### Les attitudes

l'allure (*f.*)
apercevoir
croiser
déranger
détourner les yeux
s'entendre bien/mal
faire partie (de)
la familiarité
fixer
la froideur
s'imposer
s'intégrer
la mentalité
suivre du regard
tutoyer
vouvoyer

**3 Associez les deux parties des phrases.**

**a** | Dans la culture de ce pays,
**b** | J'ai aperçu une fille de ma classe,
**c** | Nous avons croisé un célèbre humoriste français,
**d** | Elle suit des cours de français depuis trois mois,
**e** | Je suis étonné de leur familiarité,

**1** | mais à cause de sa timidité elle ne s'intègre pas facilement dans la classe.
**2** | ils tutoient tout le monde.
**3** | mais elle a détourné les yeux.
**4** | c'est impoli de fixer les gens.
**5** | mais nous ne voulions pas le déranger.

### Les appréciations

accueillant(e)
adéquat(e)
apprécier
courir le risque
déboussolé(e)
déstabilisant(e)
estimer
fier, fière
formidable
perdre son éclat
prendre au sérieux
terne
se tromper

### *Expressions*

avoir fière allure
être la cible de quelqu'un, quelque chose

**PRODUCTION ÉCRITE**

**4 Depuis quelque temps, vous vous êtes installé(e) dans un nouveau pays et vous découvrez la vie locale. Écrivez une lettre à un(e) ami(e) resté(e) dans votre pays et parlez de vos surprises et découvertes en utilisant le maximum de vocabulaire des listes précédentes.**

# PHONÉTIQUE

## « Ce n'est pas encore fait ! »

**1 Écoutez les paires de phrases. Quelle différence entendez-vous ?** 30

**Les liaisons facultatives**

À l'intérieur du mot phonétique, certaines liaisons (avec ***pas***, ***quand***, les verbes ***être*** et ***aller*** + infinitif, etc.) se font en fonction du niveau de la langue et de la situation de communication originale.

**2 Écoutez les questions suivantes et réagissez-y en répondant « *pas encore* ». En fonction du registre de la phrase entendue vous ferez la liaison facultative avec *pas*.** 31

Exemple : – *Il est‿arrivé ? – Pas‿encore.*
– *Il est arrivé ? – Pas encore.*

# DOCUMENTS

## D Des francophones en Océanie

32

*« Les Vanuatais arrivent en tête du classement des gens heureux. »*

### COMPRÉHENSION ORALE

***Entrée en matière***

**1** Regardez la photo. Que voyez-vous ?

***1^re^ écoute (en entier)***

**2** Quel est l'état d'esprit général des habitants du Vanuatu ?

***2^e^ écoute (du début à « de la musique quelque part. »)***

**3** Quelle est la place de la langue française au Vanuatu ?

**4** Comment est la nature de ce pays ?

**5** En quoi la vie en communauté est-elle importante pour les Vanuatais ?

***3^e^ écoute (de « Les Vanuatais disent » à la fin)***

**6** À quels dangers doivent-ils faire face ?

**7** Comment les habitants du Vanuatu réagissent-ils à ces dangers ?

***Vocabulaire***

**8** Retrouvez dans la transcription (p. 209) une expression qui signifie « le chiffre qui mesure la sensation du bonheur ».

**9** Retrouvez dans la transcription (p. 209) un équivalent des expressions suivantes :

**a** | riche, abondante

**b** | pure, très propre

**c** | qui ont conscience de leurs faiblesses, modestes

### PRODUCTION ORALE

**10** En groupe, vous avez décidé de créer un indice du bien-être des étudiants de français. Déterminez les critères et expliquez vos choix.

## E La parole des ancêtres

*« Raconte-moi une histoire. »* Il ne lui en faut pas plus pour commencer. De son doigt, qu'il ne lèvera plus avant d'avoir fini, le conteur commence à creuser des lignes en les accompagnant de son récit. Petit à petit, une harmonieuse figure géométrique naît sur le sable.
Ces dessins traditionnels sont à la fois l'expression artistique et la parole des ancêtres vanuatais. Sur cette île, j'en ai déjà vu beaucoup. Et surtout on m'en a tellement parlé ! Mais j'avoue que, jusqu'alors, je ne m'y suis pas trop intéressé. Cette fois, je reste fasciné. La voix du conteur est aussi mystérieuse que son dessin.

Nicolas H., *Mon séjour en Mélanésie*

### COMPRÉHENSION ÉCRITE

**1** Quelle technique le conteur utilise-t-il pour raconter son histoire ?

**2** Quelle est la particularité des dessins vanuatais ?

**3** Comment comprenez-vous l'expression « la parole des ancêtres » (l. 7) ?

**4** Vrai ou faux : le voyageur trouve les dessins vanuatais ennuyeux ?

**5** Retrouvez dans le texte un équivalent de « impressionné, émerveillé ».

### PRODUCTION ORALE >> DELF

**6** « Le voyage est un retour vers l'essentiel. » Êtes-vous d'accord avec cette affirmation ? Qu'est-ce que le voyage représente pour vous ? Argumentez et donnez quelques exemples.

## F La langue française évolue avec le temps

5

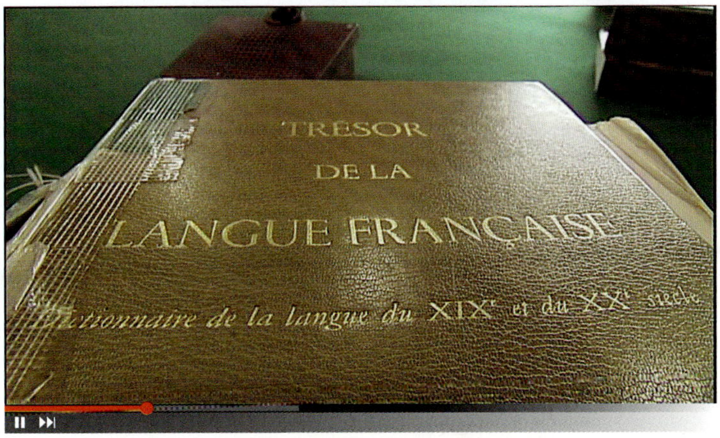


**Au fait !**

**L'Académie française** est une institution créée en 1635 qui fixe l'usage de la langue française. Ses membres, les académiciens, sont surnommés **les immortels.**

### COMPRÉHENSION AUDIOVISUELLE

***Entrée en matière***

**1** **Regardez l'image extraite de la vidéo. À votre avis, qu'est-ce que c'est ?**

***1<sup>er</sup> visionnage (sans le son, du début à 0'24")***

**2** **Décrivez le bâtiment que vous voyez.**

**3** **Imaginez la question posée aux trois personnes.**

***2<sup>e</sup> visionnage (avec le son, du début à « domaine des arts. »)***

**4** **Vérifiez vos hypothèses en regardant la vidéo avec le son.**

**5** **Que font les personnes assises dans la salle ?**

**6** **De quelle origine est le mot « coupole » ?**

***3<sup>e</sup> visionnage (avec le son, de « En français » à « refrancisation. »)***

**7** **Relevez l'origine de quelques mots français cités dans la vidéo.**

**8** **Comment appelle-t-on un mot emprunté à l'anglais ?**

**9** **Dans quel domaine utilise-t-on le plus de mots anglais ?**

***4<sup>e</sup> visionnage (avec le son, de « Le français » à la fin)***

**10** **Comment comprenez-vous cette affirmation : « De tout temps les mots ont voyagé » ?**

**11** **Que font les artistes des Franglaises ?**

### PRODUCTION ÉCRITE >>> DELF

**12** **À votre avis, faut-il « défendre » une langue contre des mots empruntés ? Vous écrirez un texte argumenté sur ce sujet (160 à 180 mots).**

## G Vous avez compris ?

### COMPRÉHENSION ÉCRITE

***Entrée en matière***

**1** **Observez les trois personnages du dessin. À votre avis, qui sont-ils ?**

***Lecture***

**2** **Pourquoi la femme a-t-elle du mal à comprendre ce que dit le premier homme ?**

**3** **Vrai ou faux : le deuxième homme n'est pas d'accord avec elle ?**

**4** **En quoi la réaction du deuxième homme est drôle ?**

***Vocabulaire***

**5** **L'expression « Je ne m'y ferai jamais » signifie :**

a | Je n'utiliserai jamais les anglicismes.
b | Je ne m'habituerai jamais aux anglicismes.
c | Je ne comprendrai jamais les anglicismes.

**6** **Pour vous, que signifie l'expression « en perdre son latin » ?**

### PRODUCTION ORALE

**7** **Y a-t-il des mots d'origine française dans votre langue ? Discutez avec votre voisin(e) et faites ensemble une liste que vous présenterez à la classe.**

**8** **Trouvez l'équivalent en français des mots d'origine étrangère dans le message et utilisez-les pour laisser un message sur la boite vocale d'un(e) ami(e).**

Salut Fred !
Tu connais le dernier scoop ? Lisa vient de trouver un job super cool : elle est maintenant conseillère shopping pour des stars qui viennent à Paris. Et pour ça, elle est payée cash. C'est vraiment top, dolce vita et fiesta tous les week-ends !
A +,
Sandrine

# GRAMMAIRE > les pronoms *en, y* et la double pronominalisation

Cahier unité 5 d'activités

## ÉCHAUFFEMENT

**1 Observez les phrases suivantes. Relevez les pronoms compléments utilisés.**

**a** | Chaque fois que je rendais deux livres, elle m'en donnait deux autres.

**b** | On y retrouve, entre autres, une végétation luxuriante et de l'eau immaculée.

**c** | Il ne lui en faut pas plus pour commencer.

**d** | Sur cette île, j'en ai déjà vu beaucoup.

**e** | Et surtout, on m'en a tellement parlé !

**f** | J'avoue que je ne m'y suis pas trop intéressé.

## FONCTIONNEMENT

### Les pronoms *en*, *y* et la double pronominalisation

**2 Complétez les affirmations suivantes. (Attention : certaines phrases correspondent à deux affirmations.)**

- Le pronom ...... remplace un complément de verbe ou un lieu introduit avec la préposition **à** : phrases **b**, ....
- Le pronom ...... remplace un complément de verbe qui exprime une quantité : phrases ...., ...., ....
- Le pronom ...... remplace un complément de verbe ou un lieu introduit avec la préposition **de** : phrase ....
- Dans une suite de deux pronoms, **y** se met à la ...... place : phrase ....
- Dans une suite de deux pronoms, **en** se met à la ...... place : phrases ...., ....

***RAPPEL***

- À la forme positive de l'impératif, **en** et **y** sont placés **après le verbe**. On ajoute un **trait d'union** et un **s** pour les verbes (du premier groupe et aller) qui ne l'ont pas à la 2e personne du singulier.

*Parle → Parles-en !*

*Va → Vas-y !*

- On n'ajoute **jamais de s** quand on utilise deux pronoms compléments à l'impératif :

***Donne**-m'**en** ! Va-t'**en** !*

- Quand l'impératif est à la forme négative, **en** et **y** sont placés **avant le verbe**.

*N'**en** **parle** pas/Ne m'**en** **donne** pas !*

*N'**y** **va** pas/Ne t'**en** **va** pas !*

## ENTRAÎNEMENT

**3 Réécrivez les phrases en remplaçant les pronoms compléments par des mots de votre choix.**

Exemple : *Je n'en veux plus. → Je ne veux plus de problèmes.*

**a** | Je n'en ai pas besoin.

**b** | Je m'y intéresse un peu.

**c** | Nous en sommes persuadés.

**d** | Tu t'en souviens.

**e** | Il en a très envie.

**f** | Nous y allons chaque été.

**g** | Vous n'en repartirez pas.

**4 Remettez les phrases dans l'ordre.**

**a** | pas / Je / du tout / m' / ne / moque / en

**b** | Vous / préparé / m' / avez / y

**c** | à / en / la télé / nous / On / parle

**d** | m' / il y a / un / Il / a / deux jours / acheté / en

**e** | montré / Le guide / en / plusieurs / a / nous

**f** | y / nous / demain / Il / conduira

## PRODUCTION ORALE

**5 Regardez ces objets insolites fabriqués avec des livres. À votre avis, à quoi servent-il ? Connaissez-vous d'autres objets fabriqués de cette façon ?**

Exemple : *On s'en sert pour… On y met…*

## H Faites voyager vos histoires dans l'espace

### COMPRÉHENSION ÉCRITE

**1** Observez l'affiche. Quel événement annonce-t-elle ?

**2** Quel est le thème de cet événement ?

**3** Combien de gagnants y aura-t-il ?

**4** Le prix est un voyage :

a | Vrai
b | Faux
c | On ne sait pas

### Drôle d'expression !

« Le chemin le plus court pour aller d'un point à un autre n'est pas la ligne droite, mais le rêve. »
(proverbe malien)

→ Lisez ce proverbe. Comment l'interprétez-vous ?
→ Qu'en pensez-vous ?

## I En direct de la Station spatiale 33

*« Il y a aussi une part de rêve et de poésie. »*

### COMPRÉHENSION ORALE

**1** Qui est Thomas Pesquet et où se trouve-t-il ?

**2** Pourquoi aime-t-il les livres d'Antoine de Saint-Exupéry ?

**3** À quel moment peut-il lire ?

**4** À qui s'adresse-t-il ?

**5** Quelle est la longueur des textes demandés ?

**6** Comment les résultats seront-ils annoncés ?

### PRODUCTION ORALE

**7** Quelle serait votre réaction si on vous proposait de faire un voyage dans l'espace ?

## J Le Petit Prince

**Extrait**

Si vous dites aux grandes personnes : « *La preuve que le petit prince a existé c'est qu'il était ravissant, qu'il riait* », elles hausseront les épaules et vous traiteront d'enfant ! Mais si vous leur dites : « *La planète d'où il venait est l'astéroïde B 612* », alors elles seront convaincues. Il ne faut pas leur en vouloir.

Antoine de Saint-Exupéry, *Le Petit Prince*, Éd. Gallimard.

Le petit prince sur l'astéroïde B 612.

### COMPRÉHENSION ÉCRITE

***Entrée en matière***

**1** Connaissez-vous *Le Petit Prince* ?

***Lecture***

**2** Qui sont les « grandes personnes » ?

**3** Comment l'auteur les présente-t-il ?

### PRODUCTION ÉCRITE

**4** Inspirez-vous du sujet du concours annoncé par Thomas Pesquet et décrivez la rencontre imaginaire que le Petit Prince fait avec une personnalité francophone.

DOCUMENTS

## K La miraculeuse survie des francophones de Louisiane

Il s'appelle Kirby Jambon. Un nom qui ne s'invente pas[1], et révèle à la fois ses racines françaises et son appartenance américaine. Le professeur Jambon attend patiemment ses élèves dans la cour de l'école La Prairie, à Lafayette. Nous sommes dans le sud de la Louisiane, petit morceau de francophonie qui continue de vivre sa vie dans l'océan culturel anglophone des États-Unis d'Amérique. Quelque 45 % des élèves ont leurs cours en français, des maths au sport. « Ici, on est fier de parler français », est-il écrit sur un papier collé au mur dans la classe de Jambon.

Cela fait vingt-cinq ans qu'il enseigne dans cette école élémentaire qui va jusqu'à la cinquième. Kirby est professeur à la ville et poète à la maison. La langue française que parlaient son grand-père et ses parents est devenue son univers, depuis qu'il l'a redécouverte, après l'avoir rejetée, enfant et adolescent. Un jour, il y a quelques années, il s'est même mis à écrire en vers, après avoir lu des poèmes d'un ami écrivain francophone de Louisiane, David Cheroumi. Il n'imaginait pas ce qui allait suivre. En décembre, Kirby a été invité à Paris pour recevoir le prix Henri de Régnier de poésie de l'Académie française. C'était la première fois qu'un Louisianais francophone était distingué. « *Voir notre français de Louisiane validé de cette manière, c'est beau. Pour moi, c'est une manière de rendre hommage à mon grand-père, qui ne savait ni lire ni écrire, mais qui parlait un français magnifique, plein de mots anciens* ». « *Chez nous, les crevettes s'appellent "chevrettes", la voiture est un "char" et l'accélérateur "la vavite"*», dit le poète…

Pour comprendre la merveilleuse « anomalie [2]» francophone de Louisiane, il faut remonter notamment au XVIIIe siècle, quand, en 1764, des populations venues d'Acadie en Nouvelle-Écosse abordent par bateau sur les côtes sud de la colonie française de Louisiane après leur expulsion forcée du Canada. Une tragédie qui restera connue sous le nom de « grand dérangement ». Une autre immigration importante venue de France, mais aussi des ex-colonies francophones des Caraïbes, comme Haïti, va ajouter de nouvelles strates[3] à ce melting-pot[4] au cours des siècles.

Kirby JAMBON

Le documentariste Robin Marck a passé des mois à se promener dans le pays cadien et créole. Robin a senti, comme tant d'autres visiteurs, le « frémissement culturel » francophone, qui semble saisir la Louisiane depuis quelques années, au hasard des festivals et des fêtes qu'il a filmés.

Le jeudi soir, au Blue Moon de Lafayette, l'ambiance est très française. Des musiciens s'installent sur scène et se mettent à chanter en français, tandis que les gens dansent ou discutent jusqu'au matin. Certains ont les tempes grises, d'autres ont à peine vingt ans.

Kirby Jambon se dit optimiste devant cette mobilisation des jeunes. « *Aujourd'hui, je suis l'un des plus vieux, cela montre qu'il y a une relève* », explique-t-il.

Laure MANDEVILLE, *Le Figaro*, 20 mars 2015

*1. Remarquable, surprenant. 2. Situation inhabituelle. 3. Couches. 4. Mélange.*

## COMPRÉHENSION ÉCRITE

### *Entrée en matière*

**1** Connaissez-vous des pays et/ou des régions du monde où le français est parlé couramment ?

### *1re lecture*

**2** Quelle est la particularité de la Louisiane ?

### *2e lecture*

**3** Expliquez le paradoxe du nom de Kirby Jambon.

**4** Quelle est la devise de sa classe ?

**5** Comment est-il devenu poète ?

**6** En quoi le prix qu'il a reçu est-il exceptionnel ?

**7** Quelles sont les origines de la communauté francophone de Louisiane ?

**8** Qu'est-ce qui montre que la tradition francophone est vivante en Louisiane ?

**9** Quel est l'espoir de Kirby Jambon ?

### *Vocabulaire*

**10** Pourquoi la survie de la communauté francophone de la Louisiane est-elle appelée « miraculeuse » ?

**11** Pourquoi en français de Louisiane l'accélérateur se dit « vavite » (l. 28) ?

**12** Quel est l'autre nom donné à la Louisiane ?

**13** Retrouvez dans le texte une expression imagée qui signifie « être âgé ».

## PRODUCTION ÉCRITE >>> DELF

**14** Les enfants doivent obligatoirement parler la langue de leurs parents. Êtes-vous d'accord avec cette affirmation ? Pourquoi ? Vous expliquez votre point de vue dans un texte argumenté et donnez quelques exemples (160 à 180 mots).

## L Retour de Chine 34

*« C'était facile même si je ne parlais pas chinois. »*

## COMPRÉHENSION ORALE

### *Entrée en matière*

**1** Que pensez-vous des séjours linguistiques ? Avez-vous vécu cette expérience ?

### *1re écoute*

**2** Pourquoi Aline est-elle partie en Chine ?

**3** Qu'a-t-elle pensé de son séjour ?

### *2e écoute*

**4** Comment Aline a-t-elle trouvé son poste ?

**5** A-t-elle accepté tout de suite ? Justifiez votre réponse.

**6** Aline avait-elle peur de voyager ?

**7** Comment a-t-elle été accueillie ?

### *Vocabulaire*

**8** Expliquez l'expression « travailler dur ».

## M Le français, 5e langue mondiale

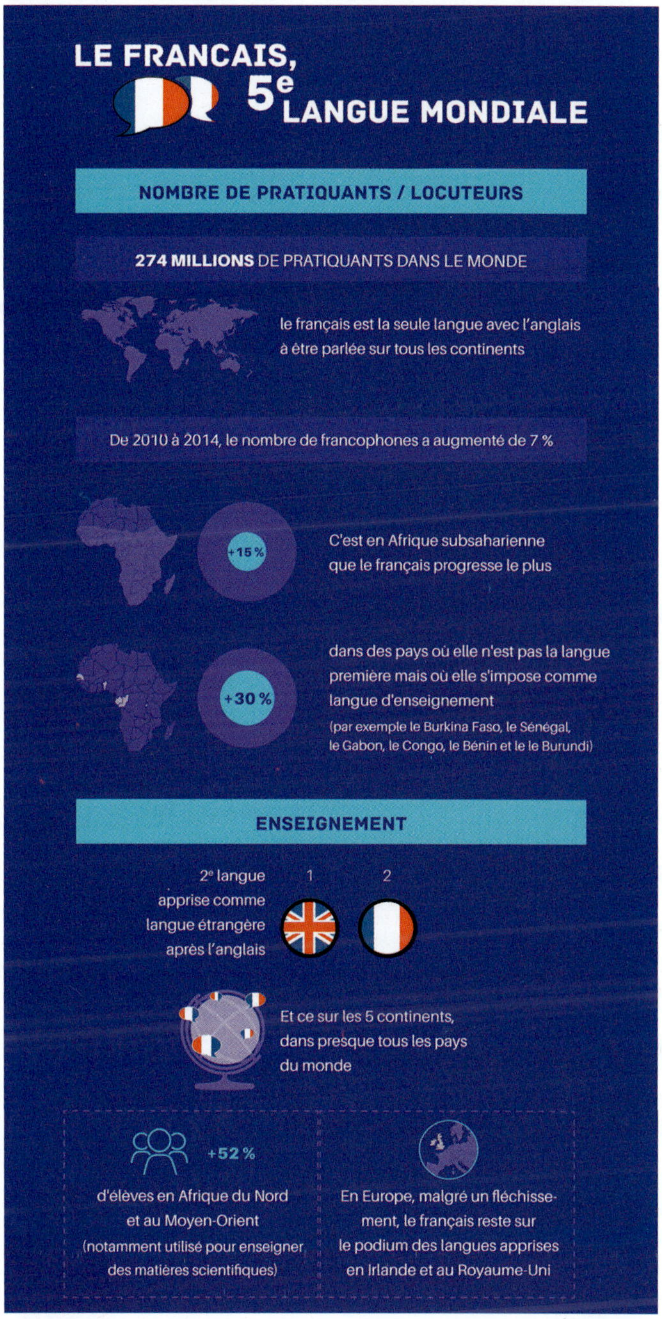


www.diplomatie.gouv.fr, 2017

## COMPRÉHENSION ÉCRITE

**1** Quelle est la place du français dans le monde ? Justifiez votre réponse.

**2** D'après l'infographie, le nombre de francophones dans le monde a augmenté de :

a | 30 %. b | 7 %. c | 15 %.

**3** Vrai ou faux : en Grande-Bretagne, les cours de français ne sont pas populaires ?

**4** En Afrique du Nord, quel type de cours est donné le plus souvent en français ?

## PRODUCTION ORALE >>> DELF

**5** Un(e) étudiant(e) qui apprend une autre langue que le français dans votre école affirme que le français est inutile. Vous n'êtes pas d'accord et vous en discutez avec lui/elle. Votre voisin(e) joue le rôle de l'étudiant(e).

# GRAMMAIRE > les indicateurs de temps (2)

Cahier d'activités unité 5

## ÉCHAUFFEMENT

**1 Observez les phrases suivantes et trouvez les indicateurs de temps. Quels indicateurs expriment la simultanéité (deux actions se passent en même temps) ? Lesquels indiquent l'antériorité ? Lesquels indiquent la postériorité ?**

a | Un jour, il y a quelques années, il s'est même mis à écrire en vers, après avoir lu des poèmes d'un ami écrivain.

b | C'était la première fois qu'un Louisianais francophone était distingué.

c | En 1764, des populations abordent sur les côtes de Louisiane après leur expulsion du Canada.

d | On ne s'est pas vues depuis que tu as fini ton master.

e | Après que j'ai eu mon master, j'ai postulé pour enseigner le français.

f | Je devais répondre très vite, avant la fin du mois.

g | Je ne te cache pas que j'ai hésité avant d'accepter.

h | Chaque fois que je dois prendre l'avion, je stresse.

i | Pendant que tu étais là-bas, on n'a pas tellement eu de tes nouvelles.

j | Avant que je sois à l'aise pour m'orienter dans la ville, il y avait toujours quelqu'un pour m'accompagner.

k | Une fois qu'ils m'ont montré comment faire, c'était facile.

l | Ils s'entraînent jusqu'à ce que ce soit absolument parfait.

## FONCTIONNEMENT

### L'antériorité, la simultanéité, la postériorité

**2 Complétez le tableau.**

| Antériorité | Simultanéité | Postériorité |
|---|---|---|
| • **Avant** + nom : *phrase …* | • **Chaque fois que** + indicatif : *phrase …* | • **Après** + nom : *phrase …* |
| • **Avant de** + infinitif : *phrase …* | • **La première fois que** + indicatif : *phrase …* | • **Après** + infinitif : *phrase …* |
| • **Avant que** + subjonctif : *phrase …* | • **Pendant que** + indicatif : *phrase …* | • **Après que** + indicatif : *phrase …* |
| • **Jusqu'à ce que** + subjonctif : *phrase …* | • **Une fois que** + indicatif : *phrase …* | • **Depuis que** + indicatif : *phrase …* |

***REMARQUE***

Les indicateurs d'antériorité **avant que** et **jusqu'à ce que** sont suivis du **subjonctif**.

## ENTRAÎNEMENT

**3 Complétez les phrases avec *pendant/pendant que, avant de/avant que, après/après que, jusqu'à ce que*. Utilisez chaque expression une seule fois.**

a | J'ai appris le français …… mon séjour en Suisse.

b | Le festival de la chanson francophone est devenu très populaire …… plusieurs médias en ont parlé.

c | …… devenir professeur il a fait des études de pédagogie.

d | Je suis parti à l'étranger …… avoir obtenu mon master.

e | Je continue les cours …… mon orthographe soit parfaite.

f | Il faut que tu arrives …… le spectacle commence.

g | Nous avons écrit des cartes postales chaque jour …… nous faisions le tour de l'Europe.

**4 Mettez les verbes à l'indicatif ou au subjonctif selon les indicateurs de temps utilisés.**

a | Les parents du petit Thomas lui ont beaucoup parlé de l'astronomie avant qu'il (grandir) …… .

b | Après qu'ils (s'inscrire) …… au concours d'orthographe, ils se sont entraînés tous les jours.

c | Je me suis mis à écrire des poésies pendant que j' (habiter) …… au Vanuatu.

d | Mon copain a lu et relu *Le Petit Prince* de Saint-Exupéry jusqu'à ce qu'il le (connaître) …… pratiquement par cœur.

e | Thomas Pesquet est devenu célèbre depuis qu'il (revenir) …… de la Station spatiale.

## PRODUCTION ÉCRITE

**5 Vous avez participé au Printemps de l'Europe. Vous écrivez à un(e) ami(e) pour lui raconter votre semaine. Utilisez le maximum d'indicateurs de temps.**

Ulfe, 2017

# VOCABULAIRE > la diversité

Cahier unité 5 d'activités

## La description

l'aspect (*m.*) extérieur
avoir les tempes grises
la bonne/mauvaise humeur
décrire
dur(e)
fasciné(e)
les figures géométriques
le carré
la courbe
la ligne
le rectangle
le rond
le triangle
le frémissement
harmonieux, harmonieuse
humble
immaculé(e)
luxuriant(e)
mystérieux, mystérieuse
ravissant(e)
traiter (de)

**1 Associez les définitions aux mots de la liste précédente.**

**a** | très pur(e)
**b** | qui forme un ensemble agréable
**c** | charmant(e), séduisant(e)
**d** | être âgé(e)
**e** | être attiré(e) par quelque chose
**f** | difficile
**g** | donner une caractéristique
**h** | modeste, très simple

## L'expression

anglophone, francophone…
la barrière de la langue
la communication
la compréhension
le conteur
le dialogue
l'interlocuteur, l'interlocutrice
l'interprète (*m./f.*)
interroger, questionner
le locuteur
parler couramment
la parole
le poète
le récit
rédiger
signifier
traduire

**2 Complétez les phrases avec les mots suivants : *locuteurs, signifie, interprète, anglophones, conteur, rédiger, couramment.***

**a** | Les enfants se tenaient en cercle pour écouter l'histoire du …… .
**b** | J'adore mon travail d' …… : je passe tout le temps d'une langue à une autre.
**c** | Cette fille est extraordinaire : elle parle …… plusieurs langues.
**d** | Notre devoir pour le cours suivant consiste à …… une lettre de 150 mots.
**e** | Je préfère pratiquer la langue avec les …… natifs, j'apprends beaucoup de nouvelles expressions.
**f** | Tous mes collègues au travail sont ……, je n'ai personne avec qui parler français.
**g** | Drôle d'expression ! Qu'est-ce qu'elle …… ?

## La place

la catégorie
le classement
le critère
distinguer
s'imposer
l'indice (*m.*)
ordonné(e)
l'ordre (*m.*)
organiser
le patrimoine
placer
le rang
rendre hommage
retenir
la sélection
la série
la valeur

**3 Choisissez le mot qui convient.**

**a** | Le *classement / patrimoine* culturel français est un des plus riches au monde.
**b** | La *sélection / valeur* des textes pour le concours d'écriture commence maintenant.
**c** | Il est nécessaire de *placer / distinguer* les coutumes locales pour ne pas paraître impoli.
**d** | Notre concours poétique a plusieurs *catégories / ordres* d'âge de participants.
**e** | Je vais vous *placer / donner* les critères d'examen.
**f** | Nous rendons *hommage / valeur* à ce grand écrivain francophone.

## Vivre à l'étranger

aller vers l'autre
le bien-être
la communauté
le comportement
la différence
durable
l'échange (*m.*)
l'étranger, l'étrangère
l'expérience (*f.*)
l'expulsion (*f.*)
idéal(e)
l'immigration (*f.*)
le préjugé
le progrès
la protection
protéger
réciproque
la relation
la relève
la rencontre
respecter
la responsabilité
solidaire
le statut
l'utopie (*f.*)

**PRODUCTION ÉCRITE**

**4 Si vous aviez la possibilité de construire une ville idéale, comment serait-elle ? Parlez des habitudes de ses habitants et de leur culture.**

# EN DIRECT SUR rfi SAVOIRS

## N L’atelier « Lingua libre » 35

### COMPRÉHENSION ORALE

***Entrée en matière***

**1** **À votre avis, d’où vient l’expression francophone extraite du document ? La comprenez-vous ?**

***1re écoute (en entier)***

**2** **Qu’est-ce que « Lingua libre » ?**

***2e écoute (du début à « et les projets frères. »)***

**3** **Où a lieu l’atelier « Lingua libre » ?**

**4** **Pourquoi Wikipédia peut-il être considéré comme un symbole de la francophonie ?**

**5** **Quel problème a été constaté sur Wikipédia ?**

*« C’est tiguidou, j’m’en va caller l’orignal à c’t’heure. »*

***3e écoute (de « Monsieur, est-ce que je peux » à la fin)***

**6** **Pourquoi le Belge dit-il qu’il fait des efforts pour parler un français de France ?**

**7** **Que signifie l’expression « Je ne sais plus ouvrir la porte » ? Selon le journaliste, quel est son équivalent en français de France ?**

**8** **Que signifie « C’est tiguidou » ?**

**9** **D’où vient l’expression « J’m’en va » ?**

**10** **Que signifie « à c’t’heure » ? Pouvez-vous prononcer cette expression avec l’accent québécois ou wallon ?**

Une activité complémentaire sur **savoirs.rfi.fr**

### PRODUCTION ORALE

**11** **À votre avis, que signifie « caller l’orignal » ?**

**12** **Cherchez des expressions francophones utilisées hors de France.**

## L’ESSENTIEL GRAMMAIRE

**1 Le plus-que-parfait. Mettez les verbes au plus-que-parfait.**

**a** | J’ai vu un reportage qui expliquait que des mots que nous croyons français (être emprunté) ...... à d’autres langues.

**b** | Il a dit que ce n’était pas étonnant que vous parliez bien français, puisque vous (prendre) ...... beaucoup de cours avant de venir.

**c** | Quand nous avons déménagé au Québec, nous (déjà trouver) ...... un nouveau travail dans ce pays.

**d** | Nous avons rendu hommage à cet écrivain qui (publier) ...... des livres de contes.

**e** | Il a bavardé avec son adversaire, qu’il (apercevoir) ...... à la manifestation.

**f** | Son projet était un échec parce qu’il (se tromper) ...... dans ses calculs.

**g** | J’ai choisi la Belgique pour mon stage linguistique car je (se renseigner) ...... sur ce pays.

**h** | Je (s’organiser) ......, donc j’ai pu partir étudier à l’étranger facilement.

**2 Les pronoms *en*, *y*. Complétez le texte suivant en utilisant les pronoms *en* et *y*.**

J’adore l’orthographe française. Je m’...... intéresse depuis que je suis tout petit. Bien écrire est important pour moi : j’...... ai besoin pour mon travail et donc je m’...... préoccupe souvent. C’est simple : je ne peux pas m’...... moquer comme certains de mes collègues ! Quand j’écris, je me rappelle toutes les règles de grammaire, je m’...... souviens comme si c’était le jour de l’examen de français : je m’...... suis préparé pendant un an ! Des amis qui préparent cet examen maintenant m’...... ont parlé récemment : ils sont vraiment stressés. Alors, puisque je m’...... connais un peu, je les ai rassurés comme je pouvais. Hier, un de mes amis a voulu ...... discuter en privé. Il me disait qu’il détestait l’orthographe en général. Il ...... a été dégoûté à l’école, et depuis c’est toujours un problème pour lui. Il essaie d’...... faire attention mais il n’...... comprend rien et, quand il réussit, il ...... est vraiment fier.

# ATELIERS

## 1 CRÉER UN TEST DE VOCABULAIRE FRANÇAIS

*Vous allez réaliser un questionnaire à choix multiples sur des mots difficiles de la langue française.*

### *Démarche*

*Formez des groupes de quatre.*

#### 1 Préparation

- En groupe, choisissez une douzaine de mots ou d'expressions français qui vous ont marqué(e)s ou que vous avez appris récemment.
- Assurez-vous ensemble d'avoir la bonne définition pour chacun d'entre eux.
- Pensez à varier les catégories des mots (verbes, adjectifs, noms). N'oubliez pas les expressions idiomatiques, les proverbes et les dictons.

#### 2 Réalisation

- Écrivez entre deux et quatre « mauvaises » définitions pour chaque mot ou expression.
- Variez vos définitions en utilisant différentes stratégies d'explication : donner la catégorie du mot recherché, dire dans quel contexte il peut être utilisé, donner un exemple, proposer des synonymes ou des antonymes…
- Veillez à ce que toutes les réponses soient assez probables. Cela augmentera l'intérêt du test.
- Rassemblez vos textes et créez un questionnaire.

#### 3 Présentation

- Présentez votre test au groupe. À la fin, la classe vote pour le meilleur questionnaire.

## 2 RÉALISER UN REPORTAGE SUR LES MUSIQUES FRANCOPHONES

ATELIER TECH'

*Vous allez réaliser une vidéo pour parler de la musique.*

### *Démarche*

*Formez des groupes de trois ou quatre.*

#### 1 Préparation

- En groupe, choisissez le style de musique que vous allez présenter (musique folklorique, chansons populaires, hymnes nationaux, etc.).
- Pensez à expliquer vos choix. Par exemple, en quoi la musique que vous présentez est représentative de la culture francophone ? Est-ce traditionnel ou, au contraire, très moderne ?
- Déterminez le ou les pays francophone(s) dont la culture musicale vous intéresse.
- Vous pouvez présenter plusieurs styles de musique d'un pays ou « faire un voyage musical » à travers plusieurs pays à partir d'un thème musical choisi.

#### 2 Réalisation

- Cherchez et sélectionnez des musiques et/ou des vidéos de chansons.
- Écrivez les textes de présentation qui accompagneront les documents sonores.
- Enregistrez vos textes grâce à la fonction dictaphone sur smartphone.
- À l'aide d'un logiciel de montage vidéo, réalisez votre reportage avec les musiques et les commentaires lus.

#### 3 Présentation

- Montrez votre reportage à la classe, qui vote pour la meilleure vidéo.

# QUIZ :
# Quels anglicismes remplacent ces mots francophones ?

**Lisez les phrases et choisissez la bonne réponse.**

**1 « Je chatte tous les soirs avec mon meilleur copain qui est parti vivre en Espagne », expliquerait un Français. Et au Québec ?**

a | Je clavarde tous les soirs avec mon meilleur copain qui est parti vivre en Espagne.

b | Je clavierde tous les soirs avec mon meilleur copain qui est parti vivre en Espagne.

**2 « Si je pouvais, je m'achèterais une nouvelle paire de baskets tous les mois ! » s'écrirait un Français. Au Burkina, ce serait plutôt :**

a | Si je pouvais, je m'achèterais une nouvelle paire de running tous les mois !

b | Si je pouvais, je m'achèterais une nouvelle paire de chaussures sportives tous les mois !

## Au fait !

Selon une étude réalisée par Mediaprism pour le journal *Le Parisien*, 90 % des Français disent utiliser des **anglicismes**. Ils sont 12 % à le faire « très souvent », 48 % « de temps en temps » et 31 % « très rarement ».

**3 « Tu as vu mon nouveau smartphone ? » s'enthousiasmerait un Français. En Belgique, on dit :**

a | Tu as vu mon nouveau terminal de poche ?

b | Tu as vu mon nouveau GSM ?

**4 « Qu'est-ce que c'est bon, un frappé quand il fait chaud ! », affirmerait un Suisse. En France, on dirait :**

a | Qu'est-ce que c'est bon, une glace quand il fait chaud !

b | Qu'est-ce que c'est bon, un milk-shake quand il fait chaud !

**5 « J'en ai assez de tous ces flyers dans ma boîte aux lettres ! », s'exclamerait un Français. Au Togo, on entendrait :**

a | J'en ai assez de tous ces pamphlets* dans ma boîte aux lettres !

b | J'en ai assez de toutes ces feuilles volantes dans ma boîte aux lettres !

* *Petit texte critique au ton agressif (en français de France).*

**6 « Désolé, j'ai fini les chips en regardant le match », avouerait un Français. Mais que dirait un Québécois ?**

a | Désolé, j'ai fini les pétales croustillantes en regardant le match.

b | Désolé, j'ai fini les croustilles en regardant le match.

**7 « Les gens sont vraiment cool dans ce café », raconterait un Français. Pour un Suisse, ce serait :**

a | Les gens sont vraiment bonnards dans ce café.

b | Les gens sont vraiment agrébels dans ce café.

Source : www.francetvinfo.fr

# MÉDIAS EN MASSE

**Objectifs**

- Parler de son rapport aux médias et à l'information
- Raconter et réagir à un fait-divers
- Rapporter un événement
- Débattre sur l'indépendance des journaux

*« Le journalisme,*
*c'est le contact et la distance »*
Hubert Beuve-Méry
(fondateur du journal *Le Monde*)

# A Une réorganisation totale à l'ère du numérique

Le monde change, plus rapidement et en profondeur qu'on ne le croit.

La génération des *digital natives* (15-34 ans) est bien entrée et ancrée dans la vie active. Depuis quelques années, internet a complètement remis en cause les schémas de communication. Le fonctionnement traditionnel des médias est devenu obsolète. De nouveaux *business models* s'imposent.

**Tous journalistes ?**

Les réseaux sociaux ont transformé la relation de l'internaute à l'information. Cette information n'est plus l'exclusivité des journalistes ; même si les journalistes sont très suivis sur ces réseaux.

Internet a absorbé tous les médias anciens, c'est devenu un métamédia, qui génère lui-même du contenu. En contrepartie, tous les médias sont devenus multisupports. Mais pour diffuser quel contenu et comment ? Sur ces points, peu de réponses. Les médias ont réduit leurs coûts de fonctionnement et se sont lancés massivement dans le numérique. Mais cette réduction des coûts est loin d'être satisfaisante. Leur challenge : se réinventer.

**Des expériences**

Certains l'ont fait. *La Presse* est un journal québécois qui a opéré une mutation radicale. « *Après plus de trois ans de recherche et développement, 40 millions de dollars investis, le journal a pris un virage très important vers le numérique : il a défini la façon d'informer les lecteurs et exploite pleinement les capacités multifonctionnelles de l'iPad, tout en conservant l'ADN de* La Presse *dans la qualité de ses contenus et de sa présentation*[1]. » L'application « La Presse » a été téléchargée plus de 490 000 fois en moins d'un an. L'édition numérique est gratuite et propose un mélange de médias imprimés, de web, d'applications mobiles et de vidéo. Les journalistes travaillent en équipe avec un développeur et un designer. Des médias traditionnels sont ainsi adaptés à ce nouveau contexte. *Le Monde* propose « La matinale du *Monde* », une application qui diffuse un contenu spécifique à 7 heures du matin. France Télévision a fait le choix de « France TV zoom », une application personnalisée et adaptée aux goûts de chacun qui propose des vidéos. « *À l'heure où l'information est surabondante, la production de contenus de qualité constitue une source important de différenciation et de création de valeur*[1]. »

Jean-Pierre Borloo, *Journalistes*, juin 2016.

*1. Citation du livre de Selma Fradin,* Les Nouveaux Business Models des médias, *FYP éditions, 2016.*

## COMPRÉHENSION ÉCRITE

### *Entrée en matière*

**1 Comment vous informez-vous ?**

### *1re lecture*

**2 Qu'est-ce qui a transformé le journalisme ?**

**3 Aujourd'hui, qui participe à la diffusion de l'information ?**

**4 Que proposent les journaux pour s'adapter à l'ère numérique ?**

### *2e lecture*

**5 Vrai ou faux ? Justifiez votre réponse.**

**a** | Internet est un média comme les autres.

**b** | Les médias traditionnels survivent en baissant leur coût.

**c** | Les médias traditionnels se préoccupent moins de la qualité de l'information qu'avant.

**d** | Les applications permettent aux médias de se renouveler.

**6 Expliquez ce que l'auteur a voulu dire par « l'ADN de *La Presse* » (l. 28).**

### *Vocabulaire*

**7 Trouvez l'équivalent des expressions suivantes :**

- remettre en cause (l. 5) : **a** | remettre en question **b** | complexifier
- obsolète (l. 7) : **a** | à la mode **b** | démodé
- prendre un virage (l. 25) : **a** | changer radicalement **b** | avancer
- exploiter (l. 26) : **a** | développer **b** | utiliser
- la matinale (l. 35) : **a** | programme diffusé tôt le matin **b** | flash d'information

## PRODUCTION ORALE

**8 Quelle est votre activité sur le net ? Vous considérez-vous comme des mini-reporters ?**

## PRODUCTION ÉCRITE >>> DELF

**9 Avant, les nouvelles de l'actualité étaient données essentiellement par les journalistes. Actuellement, les contenus « amateurs » sont de plus en plus présents dans les pages des quotidiens, dans les journaux télévisés ou sur les sites d'information. Sont-ils en train de révolutionner le métier de journaliste ? Vous écrirez une tribune pour le journal de votre choix afin de donner votre opinion sur la question (160 à 180 mots).**

# B L'infobésité : le nouveau mal du siècle ? 36

## COMPRÉHENSION ORALE

*« Trop d'information tue l'information. »*

### *Entrée en matière*

**1** **Regardez l'image, décrivez-la. Que représente-t-elle ?**

### *1re écoute (du début à « hyperconnectée. »)*

**2** **De quel type de document s'agit-il ?**

a | un documentaire
b | un éditorial politique
c | une rubrique spécialisée
d | un flash d'information

**3** **Proposez une définition de l' « infobésité ».**

**4** **Qu'est-ce qui a changé avec l'accès généralisé à internet ?**

**Pour exprimer une difficulté à faire quelque chose**

- J'ai des difficultés à… (+ verbe)
- J'ai du mal à… (+ verbe)
- Je n'arrive pas à… (+ verbe)
- Je suis incapable de… (+ verbe)

### *2e écoute (de « Et du coup » à la fin)*

**5** **Vrai, faux, on ne sait pas ?**

a | On ne sait plus quelle information choisir.
b | On n'a plus le temps de répondre à ses courriels.
c | On traite les informations de manière superficielle.
d | On devient dépendant des médias sociaux.

**6** **Actuellement, l'information circule de manière :**

a | continue. b | contrôlée. c | excessive. d | confidentielle.

**7** **Expliquez la phrase : « Cette information […] contribue à abolir la hiérarchisation des informations. »**

## PRODUCTION ORALE

**8** **Quels sont les médias les plus utilisés dans votre pays ?**

**9** **Êtes-vous d'accord avec l'expression : « Trop d'information tue l'information » ?**

**10** **En scène !** **Imaginez un dialogue entre deux ami(e)s. L'un(e) a tous les symptômes de l'infobèse mais ignore son problème. Il/Elle parle de ses difficultés à un(e) ami(e) pour mieux comprendre ce qui lui arrive. L'ami(e) l'aide par ses questions à clarifier sa situation et lui suggère de changer certaines habitudes.**



# C Journalistes français et médias sociaux

## COMPRÉHENSION ÉCRITE

**1** **Que présente ce document ? Qui concerne-t-il ?**

**2** **Associez chacun des quatre cercles de couleur à la définition qui lui correspond :**

a | échanger avec les internautes
b | chercher des renseignements
c | se tenir informé(e) en continu
d | contribuer à faire connaître

**3** **Vrai ou faux ?**

a | Les médias sociaux sont devenus des outils nécessaires au travail de journaliste.
b | La majorité des journalistes y passent plus de deux heures par jour pour leur travail.
c | Le temps passé par les journalistes sur les réseaux sociaux diminue.
d | Twitter et Facebook sont autant utilisés par les hommes que par les femmes.

**4** **Que veut dire « actualité chaude » (2 réponses) ?**

a | une info scandaleuse
b | une info qui provoque des réactions passionnelles
c | une info inédite
d | une info récente

## PRODUCTION ORALE

**5** **Réalisez un sondage dans la classe sur le sujet de l'utilisation des médias sociaux (ou réseaux sociaux) : Quels médias sociaux utilisez-vous ? Pour quelles activités ? Quel est votre média social préféré ? Pourquoi ? Pourriez-vous vous passer des médias sociaux ? etc.**

# GRAMMAIRE > la nominalisation de la phrase verbale

Cahier unité 6 d'activités

## ÉCHAUFFEMENT

**1 Observez les deux phrases suivantes et soulignez la partie de la phrase b qui reprend l'idée exprimée dans la phrase a.**

**a** | Les médias ont réduit leurs coûts de fonctionnement.

**b** | Mais cette réduction des coûts est loin d'être satisfaisante.

**2 Quel est le but de cette reformulation ?**

## FONCTIONNEMENT

### La nominalisation de la phrase verbale

- La phrase **b** reprend l'idée exprimée dans la phrase **a** sous la forme d'une **unité nominale.**

**a** *Les médias ont réduit leurs coûts de fonctionnement* → **b** *Cette réduction des coûts…*

- Ce procédé porte le nom de **nominalisation**. Il permet de relier les phrases d'un même paragraphe ou les paragraphes d'un même article. Il est aussi fréquemment utilisé pour la formulation ou la reprise des titres de presse.

***REMARQUE***

**Ce/cette** précède l'unité nominale, comme dans la phrase **b**, mais il est aussi possible de trouver **le/la** ou **son/sa**.

***RAPPEL***

- Les noms terminés en -ure, -ation, -son, -tion, -aison, -ance, -ence, -erie, -ise, -ade, -ée, -ité, -esse sont **féminins**.
- Les noms terminés en -ement, -age, -ail, -at, -isme sont **masculins**.

## ENTRAÎNEMENT

**3 Retrouvez les noms dérivés des verbes suivants.**

Exemple : *informer* → *une information*

**a** | comprendre
**b** | présenter
**c** | publier
**d** | développer
**e** | remercier
**f** | sentir
**g** | sortir
**h** | entrer
**i** | arriver
**j** | partir
**k** | ouvrir
**l** | couvrir
**m** | connaître
**n** | croire
**o** | promettre
**p** | entreprendre
**q** | voir
**r** | venir

**4 Transformez les titres de la première colonne en une forme nominalisée équivalente.**

Exemple : *L'information se démocratise grâce à internet.*
→ *Démocratisation de l'information.*

**a** | Les médias manipulent les informations.
**b** | Ils se marient et divorcent le lendemain.
**c** | Les vacanciers débarquent sur les plages espagnoles.
**d** | Deux petits pandas sont nés au zoo de Beauval.
**e** | Les journalistes préfèrent Twitter.
**f** | Les pratiques des consommateurs ont changé.
**g** | Avec la crise, des journaux doivent fermer.
**h** | Une icône du cinéma français disparaît.

## PRODUCTION ÉCRITE

**5 Dans un premier temps, composez des titres de presse et mettez-les en commun. Ensuite, choisissez un des titres et rédigez un court article contenant des nominalisations.**

Exemples de titres : « *Enlèvement de Mickey au Parc EuroDisney* » ; « *Les étudiants commencent leur cinquième semaine de grève* », etc.

# VOCABULAIRE > le journalisme et les médias sociaux

Cahier unité 6 d'activités

## Les genres journalistiques

la chronique
le compte rendu sportif
la critique de films, de livres
la dépêche
l'éditorial *(m.)*
l'entretien *(m.)*/l'interview *(f./m.)*
le portrait
le reportage
la revue de presse
la tribune libre

**1 Associez chaque définition à un genre journalistique figurant dans la liste précédente.**

**a** | Ensemble des informations écrites, enregistrées, photographiées ou filmées, recueillies par un journaliste sur le lieu même de l'événement.

**b** | Information brève émanant d'une agence de presse ou d'un correspondant, transmise aux organes de presse.

**c** | Synthèse des titres de la presse généraliste ou spécialisée.

**d** | Article d'opinion publié dans une rubrique ouverte au public.

**e** | Article qui reflète le point de vue d'une rédaction sur un thème d'actualité.

## L'infobésité

le canal d'information
la chaîne d'information en continu
être débordée de (+ nom)/par (+ article + nom)
digérer l'information
le direct ≠ le différé
être envahi(e)
être hyperconnecté(e)
être submergé(e) de (+ nom)/par (+ article + nom)
le fil d'information Twitter
le flot continu
l'indigestion *(f.)*
l'information surabondante
l'invasion
les réseaux sociaux
la surinformation

### PRODUCTION ÉCRITE

**2 Écrivez un éditorial sur l'infobésité en utilisant le vocabulaire de la liste précédente.**

## Les activités du journaliste

| | |
|---|---|
| aborder un sujet | publier |
| faire une étude | réaliser un sondage |
| faire une veille | suivre l'actualité |
| mettre en ligne | surveiller |
| mettre en une | se tenir au courant |
| montrer en couverture | traiter d'une information |

**3 Associez les mots de la liste précédente qui ont le même sens.**

## *Expressions*

l'actualité chaude
faire les gros titres
faire la une
se lancer dans le numérique
prendre un virage

### PRODUCTION ORALE

**4 Connaissez-vous des exemples de personnes ou d'informations qui ont fait la une récemment ? Pourquoi en a-t-on parlé ?**

# PHONÉTIQUE

## « Je ne sais pas si ce qui se dit sur le ski est sûr. »

37

**1 Écoutez et notez les phrases.**
Combien de fois dans chaque phrase le **e** n'est-il pas prononcé ?

**L'élision**

[ə] est la seule voyelle « instable » du français. Dans le langage familier, on a tendance à ne pas la prononcer, en particulier dans les monosyllabes (je, me, ne, le, etc.).

*Attention !* Le [ə] se maintient lorsqu'il est précédé de deux consonnes ou plus et suivi d'au moins une consonne. Exemples : *centre-ville ; journal de dimanche.*

**2 Tunapapul et Vounalaipal.** Préparez une liste de courtes phrases commençant par « Vous n'allez pas le… » ou « Tu n'as pas pu le… ». Entraînez-vous à les prononcer en deux parties.

Exemple : *Vous n'allez pas le croire = [vunalepal-krwar]*
*Tu n'as pas pu le dire avant ? = [tynapapyl-diravɑ̃]*

**3 Cadavre exquis**

- Choisissez un thème et une contrainte phonétique (par exemple, écrire un fait divers avec le maximum de « eu »).
- Écrivez en haut de votre feuille une première phrase (par exemple : *Monsieur le maire faisait le discours d'adieu quand soudain…* ).
- Repliez la feuille de façon à cacher votre phrase avant de passer le papier à un(e) voisin(e), qui écrira à son tour une nouvelle phrase et la cachera en repliant la feuille.
- À la fin du jeu, découvrez toutes les phrases. Lisez votre histoire dans un style familier en faisant attention de ne pas prononcer les [ə].

**4 Reprenez les phrases créées lors des deux activités précédentes et interprétez-les sous forme de dialogue. Veillez à ne pas prononcer les [ə] !**

Exemple : ***A*** : – *Monsieur le maire faisait le discours d'adieu quand soudain…* ***B*** : – *Tu n'as pas pu le dire avant ?*

# DOCUMENTS

## D Le fait-divers captive

Les faits-divers font vendre, c'est certain. Les gens en raffolent[1]. Le sensationnel suscite[2] depuis bien longtemps l'intérêt des lecteurs. Tout ceci est ancré[3] dans une logique économique de facilité et de conquête d'audience. L'objectif pour les médias est d'attiser la curiosité d'un maximum de personnes. Pour cela les journalistes ne lésinent pas[4] sur les mots crus et accrocheurs. *Il est devenu impératif – pour obéir aux canons[5] de ce style d'écriture – de décrire dans les détails les plus scabreux, comment le crime a été commis, le temps que l'assaillant y a mis et chaque mot qu'il a pu prononcer.*

Pauline MICHAUD, *Horizons médiatiques*, 18 avril 2017.

*1. Aiment beaucoup. 2. Excite, attise. 3. Est basé sur. 4. Utilisent beaucoup. 5. Modèles.*

Christian MAUCLER, *jda*

### COMPRÉHENSION ÉCRITE

**1** **Observez le dessin et lisez les informations affichées sur le kiosque. Qu'ont-elles en commun ?**

**2** **Qu'est-ce que le dessinateur a voulu dénoncer ?**

**3** **D'après le texte, pourquoi les journaux publient-ils autant de faits-divers ?**

**4** **Qu'est-ce qui caractérise un article sur un fait-divers (3 éléments) ?**

***Vocabulaire***

**5** **Que signifient les mots suivants ?**

- attiser (l. 5) : **a** | exciter **b** | calmer
- accrocheurs (l. 7) : **a** | captivants **b** | durs
- scabreux (l. 9) : **a** | choquant **b** | précis

### PRODUCTION ORALE

**6** **Que pensez-vous de ce type de lecture ? Pourquoi ?**

## E Un vol de bijoux défraie la chronique

38

### COMPRÉHENSION ORALE

***Entrée en matière***

**1** **D'après l'image et la phrase entre guillemets, quel va être l'objet de ce document audio ?**

*« C'est pas vrai ! Qu'est-ce qui s'est passé ? »*

Pier GAJEWSKI

***1re écoute***

**2** **Quel est le sujet qui préoccupe les personnes qui parlent ?**

**3** **Quand est-ce que l'événement a eu lieu ?**

**4** **La victime de l'histoire a-t-elle été blessée ?**

***2e écoute***

**5** **Pourquoi le veilleur de nuit a-t-il ouvert la porte ?**

**6** **Qu'est-ce qui a été pris par les voleurs ?**

**7** **Les malfaiteurs ont-ils été arrêtés ?**

**8** **Que veut dire « ils n'ont pas fini de défrayer la chronique » ?**

**a** | Tout le monde va parler d'eux dans les médias.

**b** | Cette histoire va mal se terminer pour eux.

### PRODUCTION ORALE

**9** **Avez-vous entendu ou lu des faits-divers récemment ? Par groupe de deux, échangez sur les faits divers qui vous ont le plus marqués ; racontez-les et réagissez.**

**Pour attiser la curiosité**

- Tu as vu ce qui s'est passé ?
- Une histoire incroyable…
- Si tu savais…
- Et c'est pas tout…

**Pour exprimer son impatience**

- Raconte !
- Vas-y, continue !
- Et alors ?
- Et ensuite ?
- Et après ?
- Et donc ?

**Pour exprimer sa surprise**

- C'est pas possible !
- C'est pas vrai !
- Je n'y crois pas !
- J'hallucine !
- Oh, là là !
- Ben dis donc !
- Ça alors !
- Ah bon !
- Non, tu plaisantes ?
- Tu es sérieux ?
- Non, tu rigoles ?

F

4. PARIS flash - 16 septembre 2008

à la une

# L'HOMME QUI VALAIT 5 MILLIARDS

**La SCG enregistre une perte record et accuse Éric Magoni, un de ses meilleurs traders. Placé en garde à vue, il s'évade pendant son transfert.**

AVIS DE RECHERCHE

ERIC MAGONI

Individu en fuite responsable de la perte de 5 190 600 000 € de la seconde banque du pays. Si vous l'apercevez, merci de contacter le commissariat le plus proche

Hier soir, la SCG a annoncé une perte de 5,1 milliards d'euros. Éric Magoni, un trader de la banque, a été placé en garde à vue[1]

*"La SCG coopérera entièrement avec la justice afin de prouver l'abus[2] dont elle a fait l'objet de la part de son employé."*

Lorsqu'il a prononcé ces mots sur le parvis[3] de la brigade financière, Jérémy Brajan — supérieur hiérarchique d'Éric Magoni — ne se doutait pas qu'au même moment, Magoni disparaissait mystérieusement pendant son transfert.

Impossible cependant d'obtenir des détails sur les circonstances de l'évasion, les services de police s'étant refusés à toute explication.

*« Nous ne savons pas comment il s'est enfui. »*

Éric Magoni est donc en cavale, et un important dispositif policier a été déployé pour le retrouver. Beaucoup craignent en effet que l'homme ne tente de quitter le pays.

*1. Mesure qui permet à la police de garder une personne pendant une durée limitée.*
*2. Injustice.*
*3. Place située devant un monument.*

Émilie et Simon, *MediaEntity*, Delcourt, 2013

## COMPRÉHENSION ÉCRITE

**1** Qui est Éric Magoni ?

**2** Pourquoi est-il recherché ?

**3** Dans quelles circonstances s'est-il enfui ?

**4** Quelles mesures ont été prises par la police ?

### *Vocabulaire*

**5** Retrouvez dans le texte un équivalent de :

a | s'enfuit
b | est recherché par la police

## PRODUCTION ÉCRITE >>> DELF

**6** Vous êtes journaliste et vous avez obtenu la confession d'un policier qui vous a révélé les circonstances de l'évasion d'Éric Magoni. Vous rédigez un article pour la presse à sensation dans lequel vous racontez les faits. Choisissez un vocabulaire accrocheur et décrivez la scène en détail (160 à 180 mots).

# G C'est quoi une information ? 6

## COMPRÉHENSION AUDIOVISUELLE

### *Entrée en matière*

**1** Pour vous, qu'est-ce qui caractérise une information ?

### *Visionnage*

**2** Qui sont Romain, Léonard, Léa et Fama ?

**3** Sur quoi a porté leur conversation ? Quelles sont les « super infos » révélées par chacun ?

a | Romain : ......
b | Léa : ......
c | Fama : ......
d | Léonard : ......

**4** Comment Léonard a-t-il entendu parler de cette information ? (2 réponses)

a | Il a recueilli un témoignage sur le terrain.
b | Il a lu l'information dans la presse locale.
c | Il s'est renseigné auprès d'un employé de mairie.
d | Il a vu les plans du futur bâtiment sur internet.

**5** Pourquoi peut-on dire que seul Léonard a une véritable information ?

### *Vocabulaire*

**6** Associez les mots à leur définition.

a | une anecdote
b | une impression
c | un scoop
d | un potin
e | une information

1 | nouveauté qui a des conséquences pour un nombre important de personnes et qui a été vérifiée
2 | fait marginal, relatif à une ou des personnes, susceptible de divertir
3 | propos non vérifié rapporté de bouche en bouche, relatif à la vie privée d'une personne
4 | nouvelle exclusive vérifiée, qu'aucune personne n'a encore rapportée
5 | sentiment, opinion superficielle antérieure à toute réflexion

# GRAMMAIRE > le passif

Cahier d'activités unité 6

## ÉCHAUFFEMENT

**1 Observez les phrases suivantes.**

**a** | Il a ouvert car il était menacé.
**b** | Elle a dû être sacrément choquée quand même ?
**c** | Elle s'est fait attaquer cette nuit dans sa chambre d'hôtel.
**d** | Le gardien s'est fait agresser.

**2 Comment sont construits les verbes de ces phrases ?**

**a** | Être + participe passé du verbe : phrases ……
**b** | Se faire + infinitif du verbe : phrases ……

**3 Ces phrases permettent-elles d'identifier les auteurs des actions soulignées ?**

## FONCTIONNEMENT

### Le passif

→ **La forme passive avec « être »** permet d'insister sur le **résultat** de l'action. Cette forme n'est possible qu'avec les verbes ayant un objet direct.

À la forme passive, « être » est conjugué au temps du verbe à la forme active et il est suivi du participe passé de ce verbe, qui s'accorde avec le sujet. L'objet direct de la forme active devient le sujet du verbe à la forme passive.

L'auteur de l'action devient le complément d'agent. Il est introduit par **par** (ou par **de** après les verbes de sentiment, de description et les verbes employés au sens figuré mais il n'est pas nécessaire de le mentionner, il est facultatif).

| | Sujet | verbe | objet direct | objet indirect |
|---|---|---|---|---|
| • Forme active : | **Le gardien** | **ouvre** | **la porte** | **aux voleurs.** |

| | | | | |
|---|---|---|---|---|
| • Forme passive : | **La porte** | **est ouverte** | **par le gardien** | **aux voleurs.** |
| | Sujet | « être » + participe passé du verbe | par + agent | objet indirect |

→ **La forme passive avec « se faire » + infinitif** permet d'insister sur le **déroulement** de l'action. Elle est possible avec les verbes ayant un objet direct et un objet indirect.

| | Sujet | verbe | (objet direct) | objet indirect |
|---|---|---|---|---|
| • Forme active : | **Le gardien** | **a ouvert** | **(la porte)** | **aux voleurs.** |

| | | | | |
|---|---|---|---|---|
| • Forme passive : | **Les voleurs** | **se sont fait ouvrir** | **(la porte)** | **par le gardien.** |
| | Sujet | « se faire » + infinitif | (objet direct) | par + agent |

Dans cette construction, le sujet du verbe est le plus souvent **animé** (c'est-à-dire un être vivant). Dans le cas où le sujet est **inanimé** et le complément d'agent non exprimé, on utilise une **forme réflexive**.
Exemple : *La porte s'ouvre.*

***REMARQUE***
À la place d'une transformation passive, on utilise très fréquemment le pronom « on » + une phrase active pour masquer le sujet d'une action. La phrase prend alors un sens passif.
Exemple : *Le gardien a ouvert la porte.* → *On a ouvert la porte.*

## ENTRAÎNEMENT

**4 Transformez les phrases suivantes à la forme passive.**

**a** | Les médias influencent les jeunes.
**b** | Le chauffeur inexpérimenté a provoqué un accident.
**c** | Nous devons trouver des remèdes à l'infobésité.
**d** | La police a arrêté les voleurs.

### PRODUCTION ORALE

**5 En scène ! On vous a volé une chose précieuse alors que vous aviez pris toutes les précautions pour éviter le drame. Vous faites une déclaration à la police. À deux, jouez la scène en utilisant des formes passives.**

**6 Comment répondriez-vous à la situation suivante ? De manière directe (par une forme active : phrases a et c) ou de manière plus détournée (par une forme passive : phrases b et d) ? Expliquez votre choix.**

Vous êtes rédacteur en chef d'un journal. Un jour au bureau, un ordinateur portable disparaît. Paul, un ami journaliste, vous dit qu'il a vu Marie, infographiste, le voler. Vous convoquez le personnel pour faire la lumière sur cette affaire et déclarez :

**a** | « Marie a volé un ordinateur. »
**b** | « Un ordinateur a été volé. »
… *puis :*
**c** | « Paul m'a dit qu'il s'agissait d'un membre de l'équipe. »
**d** | « J'ai entendu dire qu'il s'agissait d'un membre de notre équipe. »

# H Le grand bouleversement des médias ?

L'avènement[1] des blogs (2003), de Facebook ou YouTube (2005) puis de l'iPhone (2007) : voilà qui va profondément et pour longtemps bouleverser[2] la façon dont on diffuse l'info. Cette décennie a vu naître les premiers *pure player*[3] d'information, comme *Rue89* en 2007, elle a aussi vu disparaître deux grands titres de la presse quotidienne, *France Soir* et *La Tribune*, pendant que beaucoup d'autres titres entraient dans le giron[4] de grands groupes industriels. Aux antipodes[5] de *Rue89*, Patrick de St-Exupéry est venu raconter l'aventure de la revue *XXI*, sa singularité en tant que magazine imprimé et payant dans un monde dématérialisé où règne la gratuité. *« Internet s'est essentiellement construit sur la promesse de la gratuité,* a-t-il rappelé. *Or, si tout est gratuit, quelle est la valeur de l'information ? On arrive aujourd'hui à la fin de cette promesse-là, promesse qui dès le début nous a paru folle à XXI, car l'info, c'est du travail, c'est des compétences. »*

Julien Kostreche, Ouestmedialab.fr, 23 mars 2017.

*1. L'arrivée. 2. Changer. 3. Uniquement disponibles sur internet. 4. À l'intérieur. 5. À l'opposé.*

## COMPRÉHENSION ÉCRITE

**1** **Quels sont les canaux privilégiés pour la diffusion de l'information aujourd'hui ?**

**2** **Comment évolue la presse papier ?**

**3** **Pourquoi la revue *XXI* est-elle une exception dans le monde de la presse d'aujourd'hui ?**

**4** **Expliquez la phrase : « Internet s'est construit sur la promesse de la gratuité » (l. 12-13).**

### *Vocabulaire*

**5** **Que signifie l'expression « un monde dématérialisé » ?**

**a** | un monde virtuel
**b** | un monde spirituel
**c** | un monde abstrait
**d** | un monde imaginaire

### Drôle d'expression !

**« Avoir bonne presse »**

**→ Dans votre pays, quels sont les personnes ou les médias sociaux qui ont bonne presse ?**

**→ Quels sont ceux qui ont mauvaise presse ?**

## PRODUCTION ORALE

**6** **Pensez-vous que les journaux de presse devraient être gratuits ? Préparez un débat en faisant la liste des idées « pour » et des idées « contre ». Puis confrontez vos arguments.**

### Pour expliquer, nuancer

- En effet
- De fait
- Par exemple
- Cela dit
- Cependant
- Pourtant
- Néanmoins

### Pour exprimer son accord

- Je suis (entièrement/tout à fait) d'accord (avec)…
- C'est vrai (que)…
- Effectivement
- Ce n'est pas faux
- Tu as (bien) raison… (*sur* + nom/*de* + verbe)
- Vous avez raison concernant…

### … et son désaccord

- Je ne suis pas d'accord (avec)…
- Ce n'est pas mon avis.
- Ce n'est pas tout à fait vrai.
- C'est (archi) faux.
- C'est vraiment n'importe quoi ! (*fam.*)

# DOCUMENTS

## 1 Pourquoi et comment j'ai créé un canular sur Wikipédia

L'idée m'est venue à l'automne dernier, lors de la campagne présidentielle américaine, marquée du sceau[1] de la « post-vérité » et des « *fake news* ». Alors que l'on s'interrogeait sur la meilleure manière de mettre en garde les utilisateurs des réseaux sociaux sur la diffusion de ces canulars aux intentions politiques souvent très claires, je me suis demandé ce qu'il en était[2] sur l'un des sites les plus fréquentés du monde : Wikipédia. J'ai donc décidé de faire moi-même l'expérience et c'est alors que je me suis souvenu de Léophane. Léophane est un très obscur savant grec de l'Antiquité, qui a vécu au v<sup>e</sup> siècle av. J.-C. On ne sait pratiquement rien de lui et aucun de ses éventuels écrits n'est parvenu jusqu'à nous.

L'entrée Léophane n'existait pas sur Wikipédia. J'ai donc décidé de créer cette entrée en écrivant le peu que l'on connaissait sur ce savant et en inventant le reste.

Contrairement à ce que certains pensent depuis que le pot aux roses[3] a été dévoilé hier, mon intention n'a jamais été de me moquer de l'encyclopédie en ligne ni de la critiquer vertement. Mon objectif était double. Premièrement, tester la réaction du « système immunitaire » de Wikipédia, voir si, depuis la grande époque des canulars, l'encyclopédie avait su renforcer ses défenses. Plus de cinq semaines ont passé, au cours desquelles plusieurs dizaines de personnes sont venues lire l'histoire de Léophane. Estimant que l'expérience avait assez duré, je suis passé à la seconde partie de mon objectif : rencontrer un administrateur Wikipédia pour lui révéler l'histoire et discuter des solutions à apporter pour améliorer Wikipédia.

SCHOT

À tous les wikipédiens qui se sont offusqués[4] hier de mon initiative, je présente des excuses parce que j'ai en effet dégradé volontairement, ne serait-ce que de manière infime et très temporaire, l'encyclopédie en ligne. Néanmoins, je dois aussi leur rappeler plusieurs choses. Primo, que ce n'est qu'en se plaçant par surprise aux conditions extrêmes que l'on teste la robustesse d'un système. Secundo, Loin de moi l'idée de me prendre pour[5] un grand journaliste, mais il est parfois nécessaire de rappeler ce très bel ordre de mission : nous ne sommes pas là pour faire plaisir mais pour explorer les failles, les zones d'ombre. Enfin, un troisième et dernier point : à toute chose malheur est bon. Grâce à cette histoire, il existe aujourd'hui une entrée Léophane, purgée de ses erreurs, dans Wikipédia…

Pierre BARTHÉLÉMY, *Le Monde*, 12 février 2017.

*1. Sous le signe de. 2. Quelle était la situation. 3. Secret révélé. 4. Se sont offensés. 5. Me considérer comme.*

### COMPRÉHENSION ÉCRITE

#### *Entrée en matière*

**1** **Reconnaissez-vous le personnage sur le dessin de Schot ?**

#### *1<sup>re</sup> lecture*

**2** **Qu'est-ce qu'un canular ?**

**3** **Pourquoi Pierre Barthélémy a-t-il eu l'idée de ce canular ?**

#### *2<sup>e</sup> lecture*

**4** **En quoi a consisté le canular de Pierre Barthélémy ?**

**5** **Est-ce que ce canular a bien fonctionné ? Justifiez votre réponse.**

**6** **Quels étaient les objectifs de Pierre Barthélémy ?**

**7** **Quelles ont été les conséquences de son action ?**

#### *Vocabulaire*

**8** **À l'aide du contexte, trouvez ce que signifient les mots suivants :**
- vertement (l. 20) : a | gentiment  b | violemment
- purgée (l. 49) : a | remplie  b | débarrassée

**9** **Que signifie le proverbe « À toute chose malheur est bon » (l. 47) ?**

a | On bénéficie aussi des mauvaises expériences.

b | Dans toute chose, il y a du mal et du bien.

**Au fait !**

Pour hiérarchiser des arguments en français, on utilise généralement les adverbes : **premièrement**, **deuxièmement**, **troisièmement**. On peut également utiliser les adverbes latins : **primo**, **secundo**, **tertio**.

### PRODUCTION ORALE

**10** **Avez-vous déjà trouvé de fausses informations sur internet ? Racontez.**

### PRODUCTION ÉCRITE >>> DELF

**11** **Vous écrivez une lettre au courrier des lecteurs du *Monde* afin de leur donner votre opinion sur le canular de Pierre Barthélémy (160 à 180 mots).**

# J D'où viennent les fausses informations et comment les reconnaître ?

39

*« La presse relaierait de fausses informations ? »*

## COMPRÉHENSION ORALE

### *Entrée en matière*

**1** **Regardez la photo. À votre avis, qui sont ces personnes ? Que font-elles ?**

### *1^re^ écoute (du début à « le premier. »)*

**2** **Quel est le sujet traité dans ce document ?**

**3** **Qui sont Valentin, Romain et Raphaël ?**

**4** **Quel est le métier d'Erik Kervellec à France Info ?**

### *2^e^ écoute (de « Comment » à « son feu vert. »)*

**5** **Selon Erik Kervellec, quelle est la base du travail de journaliste ?**

**a** | trouver les infos **b** | vérifier les infos **c** | relayer les infos

**6** **Qui autorise la diffusion d'une information à France info ?**

### *3^e^ écoute (de « Est-ce que » à la fin)*

**7** **Les journalistes font-ils souvent des erreurs ?**

**a** | Non, rarement : l'erreur est humaine.

**b** | Oui, mais c'est volontaire : ils manipulent l'information.

**c** | Oui, mais c'est involontaire.

**8** **Quelles sont les deux manières de limiter les risques d'erreurs pour les journalistes ?**

**9** **L'erreur est-elle facile à éviter ?**

# K Info ou intox ?

Agathe Dahyot, *Le Monde*, 01/02/2017

## COMPRÉHENSION ÉCRITE

**1** **Quel est l'objectif de ce document ?**

**2** **D'après l'illustration, quel est le meilleur comportement à adopter sur internet ?**

**a** | Être vigilant. **b** | Être réactif. **c** | Être confiant.

**3** **Que signifie l'expression « éviter de tomber dans les pièges » ?**

**a** | éviter les excès **b** | éviter les impostures

**4** **Donnez des exemples de pièges évidents.**

**5** **Que signifie l'expression « répandre de fausses informations » ?**

**a** | diffuser **b** | consulter

## PRODUCTION ORALE

**6** **Avez-vous confiance dans les informations qui circulent sur les réseaux sociaux ? Vérifiez-vous les informations que vous recevez ? Par groupe de deux, faites la liste de toutes les manières possibles de vérifier une information.**

## PRODUCTION ÉCRITE

**7** **Choisissez un article dans la presse et imaginez que vous en êtes l'auteur. Racontez l'investigation que vous avez menée pour écrire votre article.**

# GRAMMAIRE > les adverbes de manière en *-ment*

Cahier unité 6 d'activités

## ÉCHAUFFEMENT

**1 Lisez les phrases et relevez les adverbes.**

**a** | On ne sait pratiquement rien de lui.

**b** | Le pot aux roses a été dévoilé récemment.

**c** | Mon intention n'a jamais été de me moquer de l'encyclopédie en ligne ni de la critiquer vertement.

**d** | J'ai en effet dégradé joliment l'encyclopédie en ligne.

**2 Comment sont-ils formés ?**

**a** | Le masculin de l'adjectif + -ment : phrase...

**b** | Le féminin de l'adjectif + -ment : phrases...

**c** | L'adverbe se termine en *-emment* : phrase...

## FONCTIONNEMENT

### Les adverbes de manière en *-ment*

La plupart des adverbes de manière sont formés sur des **adjectifs** suivis du **suffixe -ment**, selon les règles suivantes :

- si l'adjectif se termine par une consonne, l'adverbe est formé sur la forme du féminin de l'adjectif + le suffixe **-ment** :
  *clair* → *clair**e*** → *clair**ement***
  *grand* → *grand**e*** → *grand**ement***
- si l'adjectif se termine par une voyelle, on ajoute simplement le suffixe **-ment**
  *vrai* → *vrai**ment***
  *utile* → *utile**ment***
- si l'adjectif se termine en -ant ou -ent, l'adverbe se forme en **-amment** ou **-emment**,
  *fréquent* → *fréqu**emment***
  *méchant* → *méch**amment***

***REMARQUES***

- Les suffixes **-amment** ou **-emment** se prononcent de la même manière : « ament ».

**Cas particuliers**

| | |
|---|---|
| intense → intens**é**ment | confus → confus**é**ment |
| énorme → énorm**é**ment | immense → immens**é**ment |
| précis → précis**é**ment | profond → profond**é**ment |
| bref → brièvement | gentil → gentiment |

- L'adverbe de manière peut modifier le sens d'un verbe, d'un adjectif ou d'un autre adverbe.

→ Quand il modifie un verbe, il est placé après le verbe : *Il mange **bien**, il lit **rapidement**.*

→ Aux temps composés, il est généralement placé après l'auxiliaire : *Il a **bien** mangé.*

→ Quand il modifie un adjectif ou un adverbe, il est placé avant l'adjectif ou l'adverbe en question : *Il est **drôlement** gentil, il parle **vraiment** bien.*

## ENTRAÎNEMENT

**3 Formez des adverbes à partir des adjectifs suivants, puis faites une phrase.**

**a** | facile
**b** | poli
**c** | pratique
**d** | long
**e** | clair
**f** | brillant
**g** | particulier
**h** | évident
**i** | courant
**j** | doux
**k** | courageux
**l** | sacré

## PRODUCTION ÉCRITE

**4 Écrivez un bref article sur une actualité de votre choix.
Utilisez des adverbes pour dramatiser les faits.**

Exemple : « *Depuis 2006, **non seulement** l'utilisation des réseaux sociaux a **considérablement** augmenté dans notre quotidien, mais il est très inquiétant de constater que nombre d'informations délivrées se révèlent fausses », déclarent les journalistes, qui jugent **particulièrement** alarmants ces nouveaux usages de l'information, **potentiellement** dangereux pour la crédibilité de leur métier.*

# VOCABULAIRE > la presse

Cahier unité 6 d'activités

## Les types de presse et fréquence

le canard *(fam.)*
l'hebdomadaire *(m.)*
le journal
le magazine télé, sportif
le mensuel
la presse locale, régionale, nationale, internationale
la presse papier
la presse à scandale, la presse people
la presse spécialisée, féminine, masculine
le quotidien
la revue littéraire, la revue d'art
le support papier/numérique

**1 Trouvez le terme de la liste précédente correspondant à ces définitions.**

**a** | C'est un journal qui paraît une fois par mois : ......
**b** | *Le Monde* fait partie de ce type de presse : ......
**c** | C'est une revue qui paraît une fois par semaine : ......
**d** | C'est un type de presse qui défraie la chronique : ......
**e** | C'est un synonyme de journal : ......

## Le travail de journaliste

attiser la curiosité
conquérir de l'audience
diffuser l'info
explorer les failles
fournir des données
hiérarchiser l'information
interroger des protagonistes, des témoins
rapporter des faits
recouper les sources
recueillir des témoignages
relayer des informations
susciter l'intérêt
traiter, couvrir l'information
vérifier l'info

**2 Trouvez les noms correspondant aux verbes de la liste précédente (sauf *susciter*). Aidez-vous du dictionnaire si besoin.**

## Rapporter une infraction

l'abus *(m.)*
agresser
l'avis *(m.)* de recherche
blesser
bouleverser
le butin
craindre
le dispositif policier
s'enfuir/ s'évader
être en cavale
faire l'objet *(m.)* de poursuites (judiciaires)
la garde à vue
le malfaiteur
s'offusquer
raffoler de
la valeur

**3 Complétez le texte suivant à l'aide des mots de la liste précédente.**

Une ..... inattendue
Un homme de 30 ans a répondu à une convocation au commissariat mercredi à Lyon. En effet, il devait être placé en ....., mais au dernier moment, il a ....... un policier et s'est ....... en escaladant le portail du commissariat. Le policier, .... au genou, a été conduit à l'hôpital. Depuis, l'homme est ..... . Les policiers ont lancé un .... et promis une récompense d'une .... de 5 000 euros.

## Les vraies et fausses informations

accrocheur
l'actualité/l'actu *(f.)*
l'anecdote *(f.)*
la bêtise
le canular
commettre une erreur
crédible
déformer la réalité, falsifier
dégrader
être de bonne foi
indépendant(e)/soumis(e)
l'intox *(f.)*
mentir
mettre en garde
le pot aux roses
le potin
prétendre
purger de ses erreurs
répandre une fausse nouvelle
le sensationnel
la source fiable
tomber dans un piège
se tromper
la véracité

**PRODUCTION ÉCRITE**

**4 Vous êtes administrateur d'un réseau social et vous écrivez un code de bonne conduite à destination des internautes et donnez les conseils à suivre en cas de problème.**

## *Expressions*

ça ne regarde que lui
c'est du scoop !
créer le buzz
défrayer la chronique
être aux antipodes
une sacrée nouvelle

**5 Proposez des dialogues dans lesquels vous intégrerez une des expressions de la liste ci-contre.**

## L Le mot de la semaine : la presse 40

*« On utilise le mot pour des appareils divers : un presse-citron ou un pressoir à raisin. »*

### COMPRÉHENSION ORALE

***Entrée en matière***

**1** **Donnez une définition du mot « presse ».**

***1re écoute (en entier)***

**2** **Que fait Yvan Amar dans sa chronique ?**

***2e écoute (du début à « qu'on a utilisé. »)***

**3** **Quelle bonne nouvelle annonce Yvan Amar ?**

**4** **Quel est le premier sens du mot « presser » ?**

**5** **Pourquoi parle-t-on de presse à imprimer ?**

***3e écoute (de « Alors le mot » à la fin)***

**6** **Pourquoi le mot « presse » n'est plus lié à la fabrication des livres au début du XVIIIe siècle ?**

**7** **À quelle idée est très lié le mot « presse » à partir de cette époque ?**

**8** **Quelles autres formes de presse sont apparues ?**

### PRODUCTION ÉCRITE

**9** **Sur le modèle de la chronique, expliquez le sens premier du mot « média » et son évolution.**

Une activité complémentaire sur **savoirs.rfi.fr**

## L'ESSENTIEL GRAMMAIRE

**1 Le passif. Réécrivez ce fait divers en remplaçant les passages soulignés par des structures passives.**

Le 23 mai dernier, un homme a fracturé la porte d'une galerie d'art, rue La Montagne. Il a décroché une peinture et l'a placée sous son manteau avant de quitter les lieux. Une caméra de surveillance a repéré le suspect sortant de la galerie.

La peinture est un tableau de Marc-Aurèle Fortin. On estime cette œuvre d'art à 18 000 dollars. Il y a un numéro d'inventaire collé au dos du tableau. La police recherche un homme mesurant 1,63 m (5'5") et ayant les cheveux gris et courts. Si vous possédez des informations, contactez Info-Crime Montréal par téléphone au 514 393-1133. Cet organisme traitera votre information de manière anonyme et confidentielle.

**2 La nominalisation. Complétez les phrases à l'aide d'un nom dérivé du verbe de la phrase qui précède.**

**a** | Une femme s'est fait agresser en sortant de la banque postale. Arrêtés par la police, les malfaiteurs ont reconnu l' ……

**b** | Mon fils est hyperconnecté. Cette …… m'énerve !

**c** | Le policier a témoigné au procès de Magoni. Grâce à ce …… , Magoni a été reconnu coupable.

**d** | Pierre Barthélémy avait menti. L'histoire de Léophane était un pur ……

**e** | Il découvre que sa meilleure amie est en fait sa sœur. Cette …… a fait le tour de la presse britannique.

**f** | Les fausses informations ont envahi le net. Cette …… a changé notre relation à l'information.

# ATELIERS

## 1 ÉCRIRE UN CANULAR

*Vous allez écrire une fausse information.*

### *Démarche*

*Formez des groupes de deux ou trois.*

#### 1 Préparation

- Par groupe de deux ou trois, parcourez la presse et sélectionnez un court article qui suscite votre intérêt par son caractère particulier (banal, rare, originale, incroyable, suspect).

#### 2 Réalisation

- À votre tour, écrivez un court article impliquant les mêmes personnes/protagonistes mais en inventant les faits qui les accompagnent. Ajoutez des détails réalistes.
- N'oubliez pas de donner un titre et un sous-titre à l'article, et d'ajouter une image si cela vous paraît intéressant.

#### 3 Présentation

- Chaque groupe fait circuler ses articles auprès des autres apprenants, qui doivent déterminer les informations mensongères.
- On pourra enfin voter pour le canular le plus réussi.

## 2 RÉALISER UN REPORTAGE VIDÉO

ATELIER TECH'

*Vous allez réaliser un reportage vidéo sur le thème de votre choix.*

### *Démarche*

*Formez des groupes de deux ou trois.*

#### 1 Préparation

- Choisissez un lieu, une personne ou un événement que vous avez envie de faire découvrir.
- Imaginez un titre puis trois séquences qui vont structurer votre reportage.
- Pour chaque séquence, décidez du contenu visuel et sonore.
- Vous pouvez consacrer une des séquences à une interview en français d'une personne pour témoigner sur le thème que vous avez sélectionné.
- N'oubliez pas de préparer les questions que vous allez lui poser et pensez à bien adapter vos questions au thème choisi.

#### 2 Réalisation

- Utilisez vos téléphones portables pour filmer les séquences.
- Filmez votre titre et répétez les séquences si nécessaire avant de vous lancer dans la phase de tournage.
- Pensez à faire des phrases de transition entre les séquences.

#### 3 Présentation

- Présentez votre reportage à la classe.
- Organisez une remise de prix pour le meilleur reportage.

# Stratégies

## Construire un plan

Les Français sont habitués à construire des plans en préparation de leurs essais écrits ou de leurs exposés oraux. Il s'agit en général de démontrer sa capacité à défendre une idée à l'aide d'arguments « pour », et sa capacité à s'y opposer à l'aide d'arguments « contre ».
Un plan est constitué de trois parties (une introduction, une démonstration et une conclusion) qui s'enchaînent logiquement à l'aide de connecteurs (par exemple : *d'un côté, en effet, c'est pourquoi, cependant,* etc.).
Avant toute chose, lisez bien le sujet de manière à en identifier les mots-clés.

**Conseils pour élaborer une introduction**

**a** Situez le sujet dans le contexte actuel.
**b** Proposez-en une définition ou tirez un constat de cette situation.
**c** Mettez en évidence le paradoxe/la contradiction que suscite la relation entre a) et b). Souvent le paradoxe est introduit par le connecteur ***or***.
**d** Formulez la question que soulève ce paradoxe.
Exemple d'introduction (extrait du doc H, p. 99) : « *Internet s'est construit sur la promesse de la gratuité. Or, si tout est gratuit, quelle est la valeur de l'information ? Car l'info, c'est du travail, c'est des compétences. N'arrive-t-on pas aujourd'hui à la fin de cette folle promesse ?* »

**Conseils pour élaborer une démonstration en deux parties :**

**a Répondez d'abord positivement à la question posée sans vous impliquer personnellement.**
**b Illustrez votre argument « pour » à l'aide d'un exemple.**
**c Écrivez une phrase de transition qui introduit un changement de position.**
**d Répondez ensuite négativement à cette même question.**
**e Et illustrez votre argument « contre » à l'aide d'un exemple.**

**Conseils pour élaborer une conclusion**

**Exposez ce que vous concluez de cette démonstration et donnez votre opinion personnelle sur la question.**

### Application

**Objectif :** Construire un plan à partir du sujet suivant : *Dans un monde hyperconnecté où l'information circule en abondance, les journalistes sont-ils encore utiles ?*
**Mots-clés :** monde, hyperconnecté, information, abondance, journalistes, utiles.

**1 Lisez l'introduction ci-dessous puis essayez d'élaborer un plan pour répondre à la question posée.**
**Introduction :** *De nos jours, tout un chacun participe activement à la diffusion de l'information sur les réseaux sociaux, dans les pages des quotidiens et dans les journaux télévisés. Ainsi, les contenus « amateurs » sont de plus en plus présents dans les médias aux côtés des articles publiés par de vrais journalistes. Or il apparaît parallèlement que de plus en plus de fausses informations circulent sur le net. On peut donc se demander dans quelle mesure notre activité d'internaute-reporter relève du journalisme.*

| PLAN | → | RÉDACTION |
|---|---|---|
| Argument positif | → | D'un côté.... |
| Exemple | → | Par exemple... |
| Autre argument | → | Par ailleurs... |
| Exemple | → | En effet... |
| Phrase de transition | → | Cependant... |
| Argument négatif | → | D'un autre côté... / par contre... |
| Exemple | → | En effet... |
| Conclusion | → | En conclusion... |

**2 Maintenant, rédigez les différentes parties de votre plan et une conclusion.**

**3 À votre tour, essayez de construire une introduction et une démonstration répondant à la question : Attaques anti-médias, fausses informations, répressions de journalistes : pensez-vous que la liberté de la presse soit menacée ?**

# ET SI ON PARTAIT ?

## Objectifs

- Organiser un voyage
- Faire des hypothèses
- Imaginer un passé différent

> *« Le plus beau voyage, c'est celui qu'on n'a pas encore fait. »*
> Loïck Peyron (navigateur)

# A L'art de bien voyager

Vous vous êtes demandé : *« Où est-ce que je vais aller cette année ? »* Vous avez réfléchi longtemps, très longtemps. Et tout à coup, cette idée : vous allez passer vos vacances en Bretagne ! Peu de touristes, des prix modérés, une cuisine délicieuse, et surtout une nature magnifique, intacte, sauvage, carrément poétique. La Bretagne, c'est une pure promesse.

**Le voyage**

Brest se trouve à environ 1 000 kilomètres de Francfort. Soit onze heures de voiture par l'autoroute et environ 65 euros de péage, pour l'aller seulement. Auxquels il faut ajouter l'essence et l'usure du véhicule.

Peut-être vaut-il mieux y aller en train alors ? Vous prendrez le TGV de Francfort à Paris, et de là un autre pour Brest, après un changement de train et de gare. Vous avez bien lu : vous devez changer non seulement de train mais aussi de gare.

Bon, l'avion alors ? Malheureusement, il n'existe, à partir de l'Allemagne, aucune liaison directe pour Brest et Lorient, les deux plus grands aéroports bretons.

**L'hébergement**

Vous avez fini par arriver, vous avez respiré quelques bonnes bouffées[1] d'air marin et vous vous dirigez vers votre hébergement.

Nous espérons que vous avez soigneusement choisi votre hébergement parce que vous allez y passer beaucoup de temps. Pourquoi ? À cause de la météo.

**La météo**

Commençons par la bonne nouvelle : en Bretagne, il ne neige que très rarement. L'air de l'Atlantique est beaucoup trop doux pour cela, même en plein hiver. D'ailleurs, la Bretagne oublie souvent qu'il existe des saisons. Vous y rencontrerez toutes les facettes de la météo en une journée. Vous transpirerez dans votre parka, ouvrirez la fermeture Éclair, vous gèlerez, refermerez la fermeture Éclair et ainsi de suite…

**Le problème avec ces problèmes**

La Bretagne est sauvage et encore largement épargnée par le tourisme de masse. On peut s'y perdre, c'est là qu'on réapprend ce que signifient de vraies vacances. Bien entendu, vous devrez renoncer à une bonne réception pour votre portable, mais aussi aux complexes hôteliers grands comme un terrain de football, aux plages branchées[2] et aux énormes discothèques. Bien entendu, vous jouirez du soleil pour vous retrouver trempé jusqu'aux os[3] quelques instants plus tard, vous vous livrerez à des monologues offensants en direction du ciel et vous jurerez : *« L'année prochaine, on retourne dans le sud de l'Espagne ! »*

Mais cette phase ne durera au maximum que quelques jours, parfois une semaine. Puis vous dormirez d'un sommeil profond la nuit, les jours défileront sans que vous regardiez votre montre, votre portable ou votre messagerie. Vous percevrez à nouveau les couleurs, vous vous promènerez dans la ville close du port de Concarneau, qui a été construite au xe siècle. Si vous donnez assez de temps à la Bretagne, vous rentrerez chez vous enchanté et vous vous mettrez immédiatement à organiser discrètement vos prochaines vacances là-bas.

Benjamin LAUTERBACH, *Courrier international*, n° 1343-1344-1345, 28 juillet-17 août 2016

1. *Souffle aspiré ou rejeté par la bouche ou par le nez.* 2. *À la mode.* 3. *Complètement.*

REGARDS CROISÉS

## COMPRÉHENSION ÉCRITE

### *Entrée en matière*

**1** **Selon vous, quelles sont les conditions nécessaires pour « réussir ses vacances » ?**

### *1re lecture*

**2** **De quel pays l'auteur de l'article vient-il ? Dans quel pays arrive-t-il ?**

### *2e lecture*

**3** **De quelle région parle-t-on dans le texte ?**

**4** **Quels sont les avantages de cette destination ?**

**5** **Comment peut-on y aller ?**

**6** **L'auteur a-t-il l'intention de revenir dans cette région l'année prochaine ? Justifiez votre réponse.**

### *Vocabulaire*

**7** **Associez les mots et leur définition.**

| | |
|---|---|
| a \| soit (l. 9) | 1 \| dire « non » à |
| b \| renoncer à (l. 39) | 2 \| c'est-à-dire |
| c \| percevoir (l. 50) | 3 \| fermé(e) |
| d \| clos(e) (l. 52) | 4 \| sentir, distinguer |

## PRODUCTION ORALE

**8** **Y a-t-il une région que vous aimeriez visiter tout particulièrement ? Laquelle ? Expliquez pourquoi.**

**9** **Présentez un pays ou une région qui ne sont pas envahis par les touristes.**

## PRODUCTION ÉCRITE >>> DELF

**10** **Vous publiez, sur le forum « Vacances idéales », un petit article sur un voyage que vous avez fait. Vous parlez des transports que vous avez utilisés, de l'hébergement sur place, de la météo, des activités pratiquées. Vous donnez votre avis et vos impressions sur les vacances passées dans cet endroit (160 à 180 mots).**

## B Le voyage aérien du futur

41

« *Air France dévoile sa vision du transport aérien à l'heure du numérique.* »

**Au fait !**

Le **chatbot** est un robot logiciel pouvant dialoguer avec une personne.

### COMPRÉHENSION ORALE

***Entrée en matière***

**1** À quoi ressemblera, selon vous, le voyage aérien dans le futur ?

***1re écoute (du début à « Au revoir ! »)***

**2** Quels problèmes les passagers rencontrent-ils lors d'un voyage aérien ?

**3** Ces problèmes vont-ils disparaître dans le futur ?

***2e écoute (de « Voilà » à « pas encore là. »)***

**4** Quelles innovations la compagnie Air France-KLM va-t-elle proposer ?

**5** Quelles possibilités ce nouveau service offrira-t-il ?

**6** Quels problèmes pourra-t-on gérer grâce aux chatbots ?

***3e écoute (de « Et dans le futur » à la fin)***

**7** Grâce à quoi pourra-t-on voyager sans passeport ?

**8** Qu'est-ce qu'un selfie ID ?

### PRODUCTION ORALE

**9** Que pensez-vous des innovations évoquées dans l'interview ?

## C À quoi ressemblera le voyageur de demain ?

**AMADEUS**

**Quelles sont les 6 « tribus de voyageurs » qui émergeront dans les 15 prochaines années ?**

**Les voyageurs éthiques**
Ils planifieront leurs voyages en fonction de considérations[1] morales, par exemple en réduisant leur empreinte[2] énergétique ou en améliorant la vie des autres.

**Les voyageurs privilégiant la simplicité**
Ils se sentent heureux lorsqu'ils dénichent un forfait comprenant tout ce dont ils auront besoin pour voyager sans le moindre souci.

**Les voyageurs par obligation**
Ils voyageront d'abord par obligation professionnelle ou familiale, avec une date et une destination imposées.

**Les chercheurs de capital social[3]**
Ils structureront leurs vacances en pensant à leur audience en ligne. Ils se fieront à l'avis des autres voyageurs.

**Les puristes culturels**
Ils considéreront les vacances comme une opportunité d'immersion[4] dans une culture étrangère, même si elle doit être inconfortable.

**Les chasseurs de récompense**
Ils seront à la recherche de luxe et d'exclusivité. Ils aspireront à une expérience hors pair. Un retour sur investissement[5] que représentent leurs longues heures passées au bureau.

www.amadeus.com/tribes2030

*1. Réflexion. 2. Trace. 3. Ressources liées à la possession d'un réseau de relations. 4. Occasion de plonger dans la culture locale. 5. Rapport entre la somme d'argent gagnée et la somme investie.*

### COMPRÉHENSION ÉCRITE

**1** Pour quelles raisons voyagez-vous, le plus souvent ?

**2** Lisez le document. Associez ces phrases à chaque type de voyageur.

**a** | Ils confient l'organisation de leurs vacances à un agent de voyages.

**b** | Le voyage prend tout son sens lorsqu'ils s'immergent dans une nouvelle culture.

**c** | Ils accordent beaucoup d'importance à leur présence sur les médias sociaux.

**d** | Ce sont des voyageurs d'affaires.

**e** | Ils accordent beaucoup d'importance à l'impact qu'aura leur voyage sur l'environnement.

**f** | Ils partent pour se reposer après une année difficile.

**3** Associez les mots à leur définition.

| | |
|---|---|
| **a** \| imposé(e) | **1** \| prix fixé |
| **b** \| dénicher | **2** \| problème |
| **c** \| forfait | **3** \| obligatoire |
| **d** \| souci | **4** \| trouver |

**4** Pour vous, est-ce qu'il manque un groupe de voyageurs dans ce classement ?

### PRODUCTION ORALE

**5** On dit que le voyageur est une personne qui voyage dans un but de découverte et le touriste est une personne qui se déplace, voyage pour son plaisir. Êtes-vous d'accord ?

# GRAMMAIRE > l'expression du futur

Cahier d'activités unité 7

## ÉCHAUFFEMENT

**1 Observez ces phrases. À quels temps les verbes sont-ils conjugués ?**

a | Vous allez y passer beaucoup de temps.
b | C'est décidé, l'année prochaine, on retourne dans le sud de l'Espagne.
c | À quoi ressemblera le voyage aérien dans le futur ?
d | On va aller vers plus de dématérialisation.
e | On pourra bientôt recevoir sa carte d'embarquement.

## FONCTIONNEMENT

### Rappel : le futur simple

**2 Qu'exprime chacun de ces temps ?**

a | un futur proche : phrases …
b | une prévision éloignée : phrases …
c | une décision ferme : phrase …

**Les verbes forment leur futur simple à partir de l'infinitif + terminaisons.**

#### *Verbes irréguliers au futur simple*

- Les verbes du troisième groupe en **-re** perdent le **e** final : *tu **répondr**as.*
- Les verbes du troisième groupe qui ont une base particulière + le verbe *envoyer* : *il **ir**a, il **enverr**a.*
- Les verbes du premier groupe qui ont un **e** à l'avant-dernière syllabe (**e** + consonne + **er**) forment leur futur simple à partir de la première ou troisième personne du singulier présent + **r** + les terminaisons : *il **gèler**a*. C'est aussi le cas des verbes en **-yer** et des verbes comme ***accueillir*** : *nous **nettoier**ons, vous **accueiller**ez.*

**Terminaisons du futur simple :**

je partir**ai**
tu partir**as**
il/elle/on partir**a**
nous partir**ons**
vous partir**ez**
ils/elles partir**ont**

accueiller- payer- ir- acquerr- appeller- paier- courr- aur- prévoir- fer- verr- devr- promèner- jetter- enverr- recevr- saur- mourr- ser- faudr- pourr- pleuvr- vaudr- emploier- voudr- viendr- tiendr-

## ENTRAÎNEMENT

**3 Conjuguez les verbes au temps qui convient.**

a | Regarde le ciel. Il (pleuvoir) ……, c'est sûr.
b | Ma décision est prise, l'an prochain, je (revenir) …… ici.
c | Quand je (être) …… riche, j'achèterai une maison en Bretagne.
d | Dépêche-toi, le train (partir) …… .
e | Dimanche, le ciel (être) …… nuageux.
f | Attends, je (revenir) …… , j'en ai pour deux minutes !
g | Un jour, j' (aller) …… au Japon, j'espère !

**4 Observez ces phrases. Classez les verbes conjugués au futur simple selon leur formation.**

a | Vous **prendrez** le TGV de Francfort à Paris.
b | Vous **devrez** renoncer à une bonne réception pour votre portable.
c | Vous vous **promènerez** dans la ville.
d | Cette phase ne **durera** que quelques jours.

**5 Conjuguez les verbes au futur simple.**

**Les 10 commandements du parfait voyageur**

**1.** Quelques mots de la langue locale tu (apprendre) …… .
**2.** La nature tu (protéger) …… .
**3.** Tes déchets à la poubelle tu (jeter) …… .
**4.** Des produis locaux tu (acheter) …… .
**5.** Vers les autres tu (aller) …… .
**6.** À d'autres loisirs tu (s'essayer) …… .
**7.** Des choses nouvelles tu (accueillir) …… .
**8.** À ta famille, de tes nouvelles tu (envoyer) …… .
**9.** Avec des souvenirs tu (revenir) …… .
**10.** Ta prochaine destination tu (projeter) …… .

## PRODUCTION ORALE

**6 Parlez à votre voisin(e) d'un projet de vacances (lieu, durée, activités, compagnons de voyage…). Vous lui posez des questions sur la façon dont il/elle pense passer ses vacances. Utilisez les verbes au présent, au futur proche et au futur simple.**

**Pour demander des informations sur un voyage**

- Où est-ce que vous allez passer vos vacances cette année ?
- Quand partirez-vous ?
- Quel(s) moyen(s) de transport utiliserez-vous ?
- Combien de temps resterez-vous là-bas ?
- Qu'est-ce que vous allez y faire ?

# VOCABULAIRE > le voyage (1)

Cahier unité 7 d'activités

## Le trajet et les transports

l'autoroute (*f.*)
le compartiment
l'essence (*f.*)
le guichet
parcourir *x* kilomètres
le péage
le quai de gare
le temps d'arrêt
le terminus
le train à destination de… ≠ en provenance de…
le trajet
le transport aérien/automobile/ferroviaire/fluvial/maritime
la voie
le wagon-restaurant

### PRODUCTION ORALE >>> DELF

**1 Vous partez en vacances avec un(e) ami(e), mais vous n'êtes pas d'accord sur le moyen de transport à utiliser. Vous en discutez avec lui/elle.**

## Se loger

le complexe hôtelier
dormir dans une chambre d'hôtel/une auberge de jeunesse/un gîte/une chambre d'hôte/chez l'habitant
faire du camping
louer une maison
passer une semaine dans un club/un village de vacances
planter la tente
prendre une pension complète/une demi-pension

**2 Reliez chaque type d'hébergement à sa définition.**

a | un gîte
b | une auberge de jeunesse
c | un camping
d | une chambre d'hôte
e | un village de vacances

1 | Un hébergement composé de plusieurs bâtiments avec des zones de loisirs.
2 | Un lieu d'hébergement situé à la campagne.
3 | Une chambre meublée chez l'habitant.
4 | Un endroit où l'on peut louer un lit dans une chambre.
5 | Un terrain où l'on peut vivre sous une tente.

## Voyager

acheter, payer un forfait
l'aller-retour (*m.*)
l'aller (*m.*) simple
annuler/confirmer une réservation, un vol
avoir un passeport en cours de validité
le bagage
la carte d'embarquement
le changement de train/de gare
composter/valider son billet
le contrôle de sécurité
la correspondance
enregistrer ses bagages
faire une escale
la liaison directe
passer la douane
la première/la deuxième classe
un prix modéré
remplir un formulaire de demande de visa
réserver
le visa entrée unique ≠ entrées multiples
le vol direct ≠ avec escale
le voyage organisé
voyager en classe économique ≠ en classe affaires
voyager en 1re ≠ 2e classe

**3 Retrouvez l'intrus.**

a | remplir-réserver-confirmer-annuler
b | escale-correspondance-forfait-changement
c | passeport-classe-visa-douane

## La météo

la prévision
le temps est…
doux ≠ frais
ensoleillé
humide ≠ sec
neigeux
nuageux
orageux
pluvieux

le temps…
s'améliore
se couvre
se gâte
se met à la pluie/à l'orage

### PRODUCTION ÉCRITE

**4 Votre ami(e) souhaite visiter votre pays et vous demande quelle est la meilleure saison pour venir et quelle est la saison à éviter. Décrivez ces deux saisons.**

# PHONÉTIQUE « Le homard hongrois visite la Hollande »

**1 Écoutez et écrivez 3 séries de mots et de courtes phrases que vous rangerez en deux colonnes.** 42

| *le/la/les + h* | *le/la/les ≠ h** |
|---|---|
| ….. | ….. |

**2 Écoutez et répondez selon le modèle.** 43
Exemple : ***A*** *Les haricots sont-ils en haut ?* ***B*** *Les haricots ? Ils sont dehors.*

**3 Écoutez le début d'un conte. À l'aide des mots de l'exercice 1, continuez l'histoire.** 44
*Il était une fois…*

**Les liaisons interdites : le « h »**

En français, il existe deux types de h : le h muet et le h aspiré (qui est précédé d'un astérisque (*) dans le dictionnaire). Aucun ne se prononce mais quand le h est dit « aspiré », on ne peut pas faire de liaison ni d'élision.

DOCUMENTS

## D Le voyage de Monsieur Ibrahim

**À treize ans, Momo se retrouve livré à lui-même et n'a qu'un seul ami : Monsieur Ibrahim, l'épicier de la rue Bleue. Monsieur Ibrahim adopte l'enfant et tous les deux partent pour l'Anatolie, terre natale d'Ibrahim.**

– Ah non, pas l'autoroute, Momo, pas l'autoroute. Les autoroutes, ça dit : passez, y a rien à voir. C'est pour les imbéciles qui veulent aller le plus vite d'un point à un autre. Nous, on fait pas de la géométrie, on voyage. Trouve-moi de jolis petits chemins qui montrent bien tout ce qu'il y a à voir.

– On voit que c'est pas vous qui conduisez, m'sieur Ibrahim.

– Écoute, Momo, si tu ne veux rien voir, tu prends l'avion, comme tout le monde.

Éric-Emmanuel SCHMITT, *Monsieur Ibrahim et les fleurs du Coran*, Albin Michel, 2001.

Omar Sharif dans le film tiré du livre

### COMPRÉHENSION ÉCRITE

**1** Quel moyen de transport les personnages utilisent-ils ? Relevez deux mots pour justifier votre réponse.

**2** Selon vous, que signifie « passez, y a rien à voir » ?

**3** Trouvez dans cet extrait le contraire de « faire de la géométrie ».

**4** Cet extrait vous donne-t-il envie de lire ce livre ? Pourquoi ?

### PRODUCTION ÉCRITE

**5** Imaginez la suite du voyage de Monsieur Ibrahim et de Momo.

## E Quelques bons plans pour préparer ses vacances 45

### COMPRÉHENSION ORALE

***Entrée en matière***

**1** Comment préparez-vous vos vacances ?

***1re écoute (du début à « premier bon plan. »)***

**2** Quel est le thème de l'émission ?

**3** De quelle période de l'année s'agit-il ?

***2e écoute (de « C'est un site » à « en bourse. »)***

**4** Vrai ou faux ? Justifiez votre réponse.

a | Option Way est une agence en ligne qui permet de profiter de la baisse des prix sur tous les moyens de transport.

b | Il faut laisser ses coordonnées bancaires pour être sûr de réserver sa place.

c | Le créateur de ce site est quelqu'un qui a beaucoup voyagé.

***3e écoute (de « Deuxième bon plan » à la fin)***

**5** Quels bons plans proposent les sites Hellotrip et Opitrip ?

### PRODUCTION ORALE

**6** Avez-vous déjà préparé vos vacances sur internet ? Pensez-vous que cela rend les voyageurs plus exigeants ?

*« Derniers bons plans du Net en matière de tourisme. »*

**Au fait !**

Un **bon plan** est une offre avantageuse ou une proposition d'activité intéressante.

## F Dessin dans le ciel

Si vous voulez savoir où je suis
Comment me trouver, où j'habite
C'est pas compliqué
J'ai qu'à vous faire un dessin

Vous n'pouvez pas vous tromper
Quand vous entrez dans la galaxie[1]
Vous prenez tout droit entre Vénus et Mars
Vous évitez Saturne, vous contournez Pluton
Vous laissez la Lune à votre droite
Vous n'pouvez pas vous tromper
Quand vous verrez tourner dans les grands
Terrains vagues d'espace
Des spoutniks, des machins
Des trucs satellisés
Des orbites abandonnées
La fourrière[2] d'en haut
La ferraille[3] du ciel
C'est déjà la banlieue
La banlieue de la planète
Où je passe le temps
Vous continuez tout droit
Là, vous verrez tourner une boule
Pleine de plaies, pleine de bosses
C'est la Terre, j'y habite
Vous n'pouvez pas vous tromper

Claude Roy

*1. Ensemble d'étoiles. 2. Lieu où on garde les animaux perdus ou abandonnés ou lieu où la police met les véhicules stationnés à des endroits interdits. 3. Déchets de morceaux de fer inutilisables.*

Vincent Van Gogh, *La Nuit étoilée*, 1889.

### COMPRÉHENSION ÉCRITE

**1** Lisez le titre. À votre avis, quel est le sujet de ce poème ?

**2** Qu'est-ce que le poète propose de faire pour expliquer le chemin vers sa maison ?

**3** À quoi sont comparés les objets qui tournent dans l'espace ?

**4** Comment la Terre est-elle décrite ?

**5** Proposez un autre titre pour ce poème.

### PRODUCTION ÉCRITE

**6** Imaginez un itinéraire dans un autre espace insolite en vous inspirant du poème.

**Pour indiquer un itinéraire**

- En sortant de…, vous irez tout droit.
- Continuez dans la même direction sur 200 mètres.
- Tournez à droite au troisième feu.
- Vous vous trouverez dans la rue Bleue.
- Il y a une boulangerie qui fait l'angle.
- Continuez jusqu'au bout de cette rue.
- Là, vous apercevrez une sorte de boule en verre. Vous y êtes.

**Au fait !**

On utilise **machin** et **truc** pour remplacer un mot oublié ou inconnu.

## G Tour de France 46

### COMPRÉHENSION ORALE

***Entrée en matière***

**1** À votre avis, de quoi va-t-on parler ?

***1re écoute (du début jusqu'à « Une semaine. »)***

**2** Écoutez et résumez la situation en une phrase.

**3** Que pense Gilles de ses vacances dans les Pyrénées ?

***2e écoute (de « À ta place » à « en une semaine. »)***

**4** Pourquoi faut-il éviter le début du mois de mai pour visiter la France ?

**5** Quel programme de visite Gilles propose-t-il ?

**6** Pourquoi le Mont-Saint-Michel ne fera-t-il pas partie de l'itinéraire ?

*« Il y a tellement de choses à voir qu'il faudrait faire un choix. »*

***3e écoute (de « Et pour l'hébergement » à la fin)***

**7** Quels sont les avantages de loger chez l'habitant ?

**8** Que signifie l'expression « ce n'est pas la porte à côté » ? Comment le dit-on dans votre langue ?

**9** Quel souhait Marc exprime-t-il à la fin de la conversation ?

# GRAMMAIRE > la condition, l'hypothèse

Cahier unité 7 d'activités

## ÉCHAUFFEMENT

**1 Observez les phrases suivantes. À quels temps les verbes sont-ils conjugués dans la première et la deuxième partie de la phrase ?**

a | Si vous donnez assez de temps à la Bretagne, vous rentrerez chez vous enchanté.

b | Si tu ne veux rien voir, tu prends l'avion.

c | Si j'étais toi, je commencerais par Strasbourg.

d | Si on avait un peu plus de temps, je les emmènerais voir le Mont-Saint-Michel.

## FONCTIONNEMENT

### La condition et l'hypothèse

**2 Quelles sont les phrases qui expriment la condition ? Quelles sont celles qui expriment l'hypothèse ?**

a | Une condition : phrases …

b | Une hypothèse: phrases …

- **La condition** exprime un fait réalisable au présent ou dans le futur.
  - **Si + présent + présent**
    *Si vous **voulez** découvrir le pays, vous **faites** du stop.*
  - **Si + présent + futur**
    *Si vous **êtes** d'accord, nous **irons** en Corse.*
  - **Si + présent + impératif**
    *Si c'**est** possible, **prenez** l'avion.*
- **L'hypothèse** exprime un fait difficilement réalisable ou irréalisable au présent ou dans le futur.
  - **Si + imparfait + conditionnel présent**
    *Si vous **aviez** moins de 25 ans, votre billet **coûterait** moins cher.*

***REMARQUES***

- On n'emploie jamais le futur ni le conditionnel après **si**.
- si + il(s) = **s'**il(s)

***RAPPEL***

pour former le conditionnel présent, on prend la **base du futur simple** + **les terminaisons de l'imparfait**.

J'**irais**
Tu **irais**
Il **irait**
Nous **irions**
Vous **iriez**
Ils **iraient**

**Le conditionnel présent peut exprimer :**

- **un souhait :** J'aimerais (bien) venir avec vous.
- **une demande polie :** Vous pourriez me renseigner ?
- **un reproche :** Tu pourrais faire attention !
- **une suggestion :** On pourrait partir ensemble.
- **un conseil :** Vous devriez aller à Paris.
- **un fait imaginaire :** Je quitterais mon travail, je m'installerais en Espagne.
- **une information non vérifiée :** Selon sa femme, il se reposerait du stress de son travail.

## ENTRAÎNEMENT

**3 Conjuguez les verbes.**

Si je pouvais faire le voyage de mes rêves, j'(aller) …… au Japon. Je (partir) …… à l'aventure au pied du mont Fuji. Je (se baigner) …… dans les eaux transparentes qui bordent les plages de sable fin d'Okinawa. Je (faire) …… du ski sur les territoires enneigés d'Hokkaido et (passer) …… la soirée dans une source d'eau chaude pour me reposer.

**4 Écoutez et reformulez les phrases pour exprimer la condition.** 47

Exemple : *Pour éviter les embouteillages, partez très tôt !*
→ *Si vous partez très tôt, vous éviterez les embouteillages.*

**5 Écoutez et reformulez les phrases pour exprimer l'hypothèse.** 48

Exemple : *Je ne suis pas en vacances. Je ne vais pas à la montagne.* → *Si j'étais en vacances, j'irais à la montagne.*

### PRODUCTION ORALE

**6 Quel voyage feriez-vous si vous disposiez d'un temps et d'un budget suffisants pour réaliser votre rêve ?**

**Pour faire des hypothèses**

- Si j'avais le choix, j'irais…
- Si je disposais d'un budget confortable, je partirais…
- Si je pouvais, je ferais bien…
- Si c'était possible, je pourrais…
- Au cas où j'aurais beaucoup de temps, j'irais…
- À choisir, je préférerais…

### PRODUCTION ÉCRITE

**7 Imaginez des vacances idéales en utilisant un maximum de verbes au conditionnel présent.**

Exemple : *Ce serait des vacances à la montagne. J'y irais en été…*

## H Typique (mais pas trop)

### COMPRÉHENSION ÉCRITE

**1** Regardez les deux premières vignettes. Où se trouvent les personnages ? Que font-ils ?

**2** Lisez la suite de la BD. Quel est le plat au menu ?

**3** Quel est le plat finalement servi ?

### PRODUCTION ORALE

**4** Présentez un plat typique de votre pays qui pourrait satisfaire les goûts de la plupart des touristes étrangers.

#### Drôle d'expression !

« Loin des yeux, loin du cœur. »

→ Êtes-vous d'accord avec ce proverbe ?

→ Avez-vous un proverbe équivalent dans votre langue ?

# 1 Et si je pouvais remonter le temps ?

Et si je pouvais remonter le temps, est-ce que je ferais les choses différemment ?

C'est une question que je me suis souvent posée, mais que je me pose bien plus depuis quelque temps, alors que tout va bien.

Mais il y a des jours où je me dis que j'aimerais changer juste une chose pour voir.

Je me demande ce que ma vie aurait pu être si j'avais changé juste un tout petit détail de rien du tout. Si j'avais pris d'autres décisions.

Est-ce qu'il suffit de changer une toute petite chose, même la plus insignifiante à nos yeux, pour que tout se transforme ? Est-ce que si un jour j'avais tourné à droite au lieu de tourner à gauche, mon avenir aurait été grandement modifié ? Est-ce que si je n'étais pas allée à cette soirée d'Halloween organisée par ma promo de l'IFSI[1], je serais quand même en couple avec l'homme qui partage ma vie aujourd'hui ? Est-ce que si on était allés à Montréal plutôt qu'ici, à Québec, on aurait aussi bien réussi nos stages ? Est-ce que si je n'avais pas été sur les forums, j'aurais fait la connaissance de ces gens extraordinaires qui vivent actuellement à Montréal ? Est-ce que si je n'avais pas été à Québec, j'aurais rencontré ces gens merveilleux que je côtoie aujourd'hui à Québec ? Est-ce que si j'avais fait un autre métier qu'infirmière, je serais partie à l'autre bout de la Terre ? Et si j'avais croisé d'autres personnes sur ma route ? Des questions comme ça, j'en aurais des tas…

Certaines réponses, je les connais déjà, elles sont évidentes. Si ça ne s'était pas déroulé comme ça, les choses auraient été grandement différentes, Chéri ne serait sans doute pas devenu mon chéri, je ne serais probablement jamais partie m'installer à Québec. Si je n'avais pas été infirmière, je n'aurais pas fait la connaissance de toutes ces personnes super…

Et là, quand je regarde autour de moi, que je regarde par la fenêtre et que je vois les feuilles au sol, annonçant l'arrivée très proche de l'hiver, le froid qui s'installe tout doucement, les journées qui sont grandement raccourcies, et quand je repense aux magnifiques couleurs qu'il m'a été permis de voir cet automne (même si ça a été bien trop court à mon goût), à toutes les choses que j'ai faites depuis que je suis ici. Quand je pense au travail, ou à tout ce qu'il m'est permis de faire dans ce pays, je me dis que j'ai quand même une belle vie, que je ne changerais rien, rien du tout… Et que ce serait malvenu de ma part de me plaindre. Clairement oui, j'ai de la chance d'être là où je suis.

Et là, maintenant, j'ai vraiment envie d'arrêter de réfléchir et de me dire : « *Ainsi va la vie…* » Parce que vous savez ce qu'on dit : « *Avec des si, on mettrait Paris en bouteille.* » Avec des si, on pourrait refaire le monde… Mais le monde, ça ne se refait pas. Ce qui est fait est fait. C'est l'avenir qui se construit, reste à faire, pas le passé.

Élodie Poggi, 2corsesauquebec.

1. *Institut de formation en soins infirmiers.*

## COMPRÉHENSION ÉCRITE

### *Entrée en matière*

**1** **Lisez le titre. Avez-vous déjà eu cette envie-là ?**

### *Lecture*

**2** **De quel type de document s'agit-il ?**

**3** **Élodie regrette-t-elle d'avoir changé de pays ?**

**4** **Trouvez le maximum d'informations sur Élodie : origine, profession, situation de famille, lieu de vie actuel.**

**5** **Vrai ou faux ? Justifiez votre réponse.**

**a** | Élodie aimerait changer beaucoup de choses dans sa vie.
**b** | Elle a rencontré beaucoup de gens extraordinaires.
**c** | Sans tous ces changements, la vie d'Élodie serait très différente.
**d** | Au moment où elle écrit, c'est l'hiver.

### *Vocabulaire*

**6** **Relevez les mots en relation avec le changement.**

**7** **Retrouvez dans le dernier paragraphe l'équivalent de l'expression « avec des suppositions tout est possible ». Quelle expression utilise-t-on dans votre langue pour exprimer cela ?**

## PRODUCTION ORALE

**8 En scène ! Vous avez raté vos vacances et vous en parlez à votre ami(e). Vous dites ce que vous auriez pu faire pour mieux les réussir.**

**Pour exprimer le regret**

- J'aurais dû… (+ infinitif)
- Si seulement j'avais… (+ plus-que-parfait)
- J'aurais mieux fait de… (+ infinitif)
- Quand je pense que j'aurais pu… (+ infinitif)
- Si j'avais su, je… (+ conditionnel passé)

## PRODUCTION ÉCRITE

**9 Sur un forum de discussion, on vous invite à répondre à la question : « À quelle époque auriez-vous aimé vivre et pour quelles raisons ? » Écrivez votre réponse.**

## J Le voyage au Groenland 7

### COMPRÉHENSION AUDIOVISUELLE

***Entrée en matière***

**1** Regardez l'affiche du film et l'image extraite de la vidéo. Cela ressemble-t-il à votre pays ?

***1^er^ visionnage***

**2** Relevez les informations sur les personnages du film.

**3** Quelles difficultés les deux Thomas rencontrent-ils au début de leur séjour ?

***2^e^ visionnage***

**4** Quelles activités peut-on pratiquer au Groenland ? Choisissez dans cette liste : *football, chasse, raquettes à neige, ski, tir à la corde, escalade, pêche, plongée sous la glace, bateau, traîneau à chiens.*

**5** Qu'apprend-on sur les habitudes « à table » des habitants du village ?

**6** Que signifie l'adjectif « flasque » ?

a | dur    b | mou    c | tendre

**7** Qu'est-ce qui surprend les deux habitants lorsqu'ils voient courir les jeunes Français ?

**8** Relevez dans la bande-annonce les phrases qui expriment la surprise.

### PRODUCTION ORALE

**9** En arrivant dans un autre pays, une autre région, avez-vous déjà été surpris(e) par la nourriture, l'habillement, le rythme de vie, les activités pratiquées par la population ? Racontez cette expérience. Quels sentiments avez-vous éprouvés ?

## K

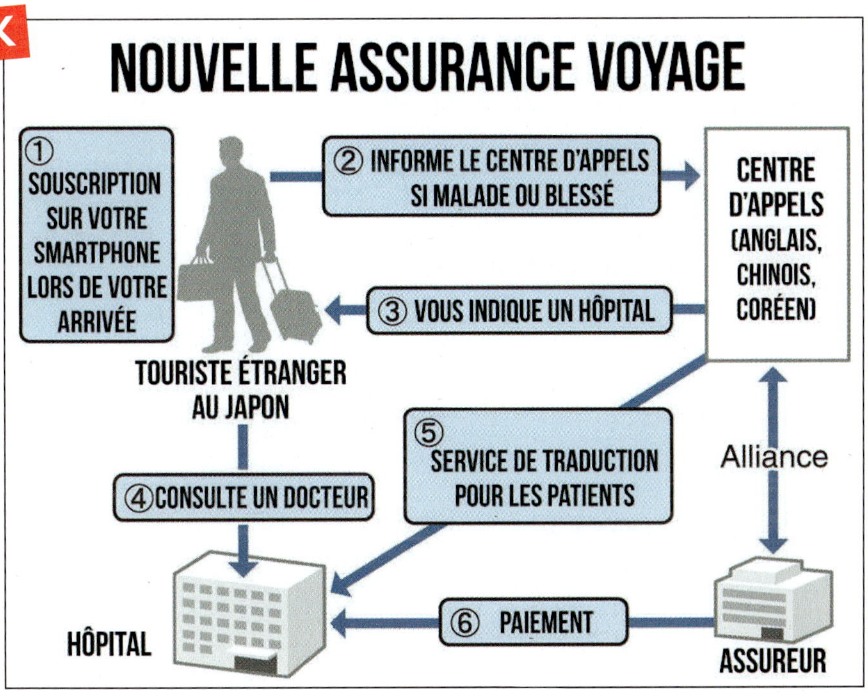


Nippon Connection

### COMPRÉHENSION ÉCRITE

**1** De quoi parle ce document ?

**2** À qui cette assurance est-elle destinée ?

**3** Comment peut-on prendre cette assurance ? Quelles sont les étapes à suivre si l'assuré(e) tombe malade ou est blessé(e) ?

### PRODUCTION ÉCRITE

**4** Vous envisagez un voyage au Japon. Cette assurance vous intéresse. Vous demandez par mail des renseignements supplémentaires sur le nom de cette assurance, les tarifs, les modalités de paiement en cas de maladie ou de blessure.

# GRAMMAIRE > le conditionnel passé

Cahier unité 7 d'activités

## ÉCHAUFFEMENT

**1 Observez les phrases suivantes. Quels sont les temps utilisés dans la proposition principale et dans la proposition subordonnée introduite par « si » ?**

a | Je me demande ce que ma vie aurait pu être, si j'avais pris d'autres décisions.

b | Est-ce que si je n'étais pas allée à cette soirée, je serais quand même en couple avec l'homme qui partage ma vie aujourd'hui ?

c | Est-ce que, si je n'avais pas été sur les forums, j'aurais fait la connaissance de ces gens extraordinaires ?

d | Si j'avais fait un autre métier qu'infirmière, est-ce que je serais partie à l'autre bout de la Terre ?

## FONCTIONNEMENT

### Le conditionnel passé

**2 Classez les phrases.**

| Proposition subordonnée | | Proposition principale |
|---|---|---|
| a \| **Si** + plus-que-parfait pour faire une hypothèse qui concerne le passé<br>Phrases : … | → | **conditionnel passé** pour imaginer une conséquence passée |
| b \| **Si** + plus-que-parfait pour faire une hypothèse qui concerne le passé<br>Phrase : … | → | **conditionnel présent** pour imaginer une conséquence actuelle |

• On forme le conditionnel passé avec l'auxiliaire **avoir** ou **être** au conditionnel présent + le participe passé qui s'accorde comme au passé composé.

| | |
|---|---|
| j'**aurais pu** | je **serais parti(e)** |
| tu **aurais pu** | tu **serais parti(e)** |
| il/elle/on **aurait pu** | il/elle/on **serait parti(e)** |
| nous **aurions pu** | nous **serions parti(e)s** |
| vous **auriez pu** | vous **seriez parti(e)(s)** |
| ils/elles **auraient pu** | il/elles **seraient parti(e)s** |

**Le conditionnel passé peut exprimer :**
- **un reproche :** Tu aurais dû partir plus tôt.
- **un regret :** J'aurais dû partir plus tôt.
- **une demande atténuée :** Vous n'auriez pas vu mes clés ?
- **une information non vérifiée :** Plusieurs personnes auraient été sérieusement intoxiquées.

***REMARQUES***

• **Si + imparfait + conditionnel passé** est plus rare et n'est possible que si le verbe à l'imparfait exprime une hypothèse vraie au moment où l'on parle :

• ***Si*** *je ne le* ***connaissais*** *pas bien, je* ***ne serais pas parti*** *avec lui.*

## ENTRAÎNEMENT

**3 Conjuguez les verbes au conditionnel passé.**

La première fusée capable de transporter à très grande vitesse jusqu'à 80 passagers (décoller) …… hier depuis le désert du Texas et (atteindre) …… l'altitude de 325 km. Elle (faire) …… le tour de la Terre en 1 h 30 et (se poser) …… intacte sur son aire d'envol. Aucun incident technique ne (survenir) …… à bord de l'appareil. Ce projet (coûter) …… 100 millions d'euros et son concepteur (annoncer) …… le premier vol commercial dans les cinq prochaines années.

**4 Conjuguez les verbes. Faites les élisions et l'accord du participe passé si nécessaire.**

a | Si nous (réserver) …… à l'avance, nous (avoir) …… une chambre avec vue sur la mer.

b | Si tu (suivre) …… les indications, tu (trouver) …… plus facilement ton chemin.

c | Si je (savoir) …… , je (prévoir) …… plus de temps pour cette ville.

d | Si nous (apprendre) …… que le restaurant gastronomique de l'hôtel n'était pas disponible, nous (ne pas faire) …… cette réservation.

e | Si on …… (écouter) la météo, on …… (ne pas être) surpris par la tempête et on (être) …… au chaud maintenant à la maison.

f | Si elle (savoir) …… qu'il serait tout le temps de mauvaise humeur, elle (partir) …… avec vous.

g | On était trop nombreux. Si je (pouvoir) …… faire ce voyage seul, cela (être) …… encore mieux.

h | Tout le monde a fait du cheval. Moi aussi, j'en (faire) …… , si je (ne pas avoir) …… peur des animaux.

## PRODUCTION ORALE

**5 Vous avez atterri à l'aéroport d'un pays dont vous ne parlez pas la langue. Qu'est-ce que vous auriez fait si la personne qui devait venir vous chercher ne s'était pas présentée ?**

# VOCABULAIRE > le voyage (2)

Cahier unité 7 d'activités

## La localisation/le mouvement

à l'angle de
à l'avant de ≠ à l'arrière de la voiture
au bout de
circuler
continuer tout droit
dans le bon sens ≠ dans le mauvais sens
se déplacer
en direction de
en haut de ≠ en bas de la rue
éviter
se garer
laisser à sa droite/à sa gauche
passer
suivre

## *Expressions*

ce n'est pas la porte à côté
partir à l'autre bout de la Terre

### PRODUCTION ORALE

**1 Décrivez, avec le maximum de mots de la liste précédente, le chemin pour venir chez vous à partir d'un point de la ville où habite votre ami(e).**

## Le paysage

la baie
la banquise
le bord de mer
le col
la côte
le désert
le lac
la plaine
la steppe
la vallée

**2 Classez ces mots dans deux catégories, l'eau et la terre : *un désert, une vallée, une banquise, une steppe, un lac, un col.***

**a** | L'eau : …
**b** | La terre : …

## La réservation *via* internet

les bons plans du Net
choisir un guide local
le comparateur de prix/de vol/d'hébergement
le covoiturage entre particuliers
indiquer le prix
laisser ses coordonnées (*f.*) bancaires
l'offre (*f.*) de dernière minute
poser une option
le site de promo(tion)/
de réservation de billets d'avion
le tarif aérien
le tourisme numérique
les vacances (*f.*) collaboratives

**3 Complétez le texte avec les mots suivants : *bons plans, site, guides locaux, particuliers, vacances collaboratives, covoiturage, comparateur.***

L'objectif de « Vacances au pluriel » : simplifier la recherche des internautes en comparant les services de …… .
Grâce à notre …… de prix, vous découvrirez tous les …… d'un simple clic. Sur notre …… , vous pouvez comparer plus de 2 millions de locations, 1 million d'offres de …… , 20 000 locations de voitures entre ……, 60 000 activités : …… , repas chez l'habitant sur les cinq continents !

## L'assurance voyage

l'assurance (*f.*) auto
l'assureur (*m.*)
blessé(e)
consulter un médecin
couvrir les frais
se faire rembourser
se faire vacciner
les frais (*m.*) médicaux/pharmaceutiques/de vaccins
l'hospitalisation (*f.*)
être hospitalisé(e)
le/la malade
la police d'assurance
prendre en charge
le rapatriement/être rapatrié(e)
souscrire/prendre une assurance

**4 Associez. Plusieurs réponses sont possibles.**

| | |
|---|---|
| **a** \| être | **1** \| rembourser |
| **b** \| prendre | **2** \| rapatrié |
| **c** \| consulter | **3** \| hospitalisé |
| **d** \| se faire | **4** \| un médecin |
| **e** \| couvrir | **5** \| vacciner |
| **f** \| souscrire | **6** \| une assurance |
| | **7** \| les frais |

### PRODUCTION ORALE >>> DELF

**5 Vous entrez dans l'agence d'une compagnie d'assurance. Posez toutes les questions nécessaires pour pouvoir souscrire une assurance voyage. Vous interrogez votre assureur sur les risques couverts par l'assurance et sur les démarches à suivre en cas d'urgence.**

EN DIRECT SUR rfi SAVOIRS

« *Il a passé seize ans de sa vie à voyager sur son vélo.* »

# L Le voyage à vélo 49

Claude Marthaler

## COMPRÉHENSION ORALE

### *Entrée en matière*

**1 Quels sont les avantages et les inconvénients de voyager à vélo selon vous ?**

### *1re écoute (en entier)*

**2 Cet extrait sonore est :**
**a** | une interview. **b** | une chronique. **c** | un reportage.

### *2e écoute (du début à « de temps en temps. »)*

**3 Combien de temps a duré le tour du monde de Claude Marthaler ?**

**4 Comment le journaliste décrit-il Claude Marthaler ?**

**5 Quelle impression a-t-il parfois quand il voyage à vélo ?**

**6 Comment se sent-il face à la nature ?**

**7 Quelle magnifique illusion donne la route selon Claude Marthaler ? Pourquoi ?**

### *3e écoute (de « Voyager à vélo » à la fin)*

**8 Pour Claude Marthaler, voyager à vélo, c'est s'ouvrir à quoi ?**

**9 Pourquoi est-il plus attentif aux rencontres quand il voyage à vélo ?**

## PRODUCTION ORALE

**10 En scène ! Vous avez voyagé dans le monde entier pendant plusieurs années et un(e) journaliste vous interroge sur vos voyages, vos sensations, vos impressions. Un(e) étudiant(e) joue le rôle du/de la voyageur/se, et l'autre celui du/de la journaliste.**

Une activité complémentaire sur **savoirs.rfi.fr**

## L'ESSENTIEL GRAMMAIRE

**1 La condition et l'hypothèse. Conjuguez les verbes pour exprimer la condition ou l'hypothèse.**

**a** | Si vous aviez un an de congé, où (aller) ...... -vous ?
**b** | Si vous partez en vacances, où (aller) ...... -vous ?
**c** | Si j'étais plus jeune, je (faire) ...... le tour du monde et je (dormir) ...... chez l'habitant.
**d** | S'ils ne viennent pas me chercher en voiture, je (prendre) ...... un taxi.
**e** | Si vous (avoir) ...... beaucoup de fièvre, consultez un médecin.
**f** | Si je quittais la Belgique, je (s'installer) ...... en Australie avec toute ma famille.
**g** | Si les enfants étaient plus grands, nous (pouvoir) ...... y aller ensemble.
**h** | Si vous me donniez la photo de votre sœur, je la (reconnaître) ...... plus facilement.
**i** | Si tu pars au Brésil, (prévenir) ......-moi, j'ai des amis là-bas.

**2 Le futur et le conditionnel présent/passé. Écrivez les verbes à la forme qui convient.**

**a** | Si tu m'avais prévenue de ton arrivée, je t' (attendre) ...... à la gare.
**b** | – Qu'est-ce que vous ferez si vous (gagner) ...... une telle somme ?
– J' (acheter) ...... une maison au bord de la mer.
**c** | Si je (trouver) ...... un travail en ville, je partirais tout de suite. Et le week-end, je (faire) ...... du vélo.
**d** | Si on avait apporté des sandwichs, on (pouvoir) ...... pique-niquer ici.
**e** | Si jamais il vous (arriver) ...... un problème, appelez l'assurance.
**f** | S'il (ne pas y avoir) ...... trop de vent, je serais allé à la plage.
**g** | Si nous (partir) ...... plus tôt, nous aurions pu éviter les embouteillages.
**h** | S'ils étaient déjà arrivés, ils m' (appeler) ...... .
**i** | Si l'avion de Londres (ne pas avoir) ...... de retard, mon ami arrivera à 15 heures.

# ATELIERS

## 1 FAIRE LE PROGRAMME D'UN SÉJOUR DE CINQ JOURS

*Vous allez proposer un programme pour un séjour de cinq jours pour faire aimer un lieu !*

***Démarche***

*Formez des groupes de trois ou quatre.*

### 1 Préparation

- Chaque groupe choisit sa destination (pays, région, ville). Renseignez-vous sur cette destination. Faites une sélection de photos.
- Vous définissez un programme de séjour de 5 jours.
- Vous choisissez un moyen de transport pour vous y rendre et les moyens de transport à utiliser sur place.
- Vous proposez un programme jour par jour : lieux incontournables à visiter, plats à découvrir, la meilleure façon de rencontrer la population locale et de découvrir sa culture, règles de savoir vivre, principales activités, conseils aux voyageurs, hébergement pour la nuit. Votre but est de faire tomber les touristes amoureux de la destination choisie.

### 2 Réalisation

- Vous réalisez votre présentation à l'aide d'un logiciel de type Powerpoint ou sous forme d'un simple dépliant touristique. La présentation ne doit pas dépasser 5 minutes.

### 3 Présentation

- Vous présentez votre programme devant la classe. Le groupe pose des questions et les étudiants procèdent au vote du meilleur projet.

## 2 ORGANISER UN WEEK-END AVEC DEUX BUDGETS

ATELIER TECH'

*Vous allez organiser un week-end à partir de deux budgets différents.*

***Démarche***

*Faites deux groupes : « Budget routard » et « Budget plus confortable ».*

### 1 Préparation

- Déterminez votre budget.
- Réunissez les informations nécessaires sur votre ville : informations sur son passé, sur son présent, ses habitants, les photos, les vidéos, les bruits, les odeurs caractéristiques de votre ville.
- Mettez-vous d'accord sur les choses à découvrir le temps d'un week-end : curiosités, lieux insolites, plats typiques, meilleure façon de se déplacer, souvenirs à rapporter. Votre but est d'inciter les voyageurs francophones aux budgets différents à visiter votre ville en deux jours.

### 2 Réalisation

- Imaginez un itinéraire en fonction de chaque budget.
- Proposez des bons plans pour correspondre à chaque budget (restauration, déplacements, hébergement).
- Renseignez-vous également sur les formalités pour le visa. Informez les voyageurs sur les précautions à prendre, les comportements à éviter.
- Rassemblez toutes ces informations et créez votre présentation sous forme numérique en choisissant une application appropriée.

### 3 Présentation

- Mettez votre réalisation en ligne et présentez-la à la classe. Chaque groupe expliquera le choix de l'itinéraire pour chaque budget.

## Voyageurs célèbres

**1 Associez chaque voyageur célèbre à son image et à son auteur.**

**Voyageurs célèbres**

- **Tintin** Il a voyagé au Tibet, au Congo, en Amérique, et il a marché sur la Lune avec son fidèle compagnon Milou.
- **Don Quichotte** Il voyage pour vérifier ce qu'il a lu dans les livres et ressembler à un chevalier errant.
- **Robinson Crusoé** Il a vécu sur une île pendant plusieurs années.
- **Phileas Fogg** Il a fait le tour du monde en quatre-vingts jours.
- **Tartarin de Tarascon** Il a été chasseur de lion en Algérie, alpiniste en Suisse et gouverneur d'une île en Polynésie.
- **Ulysse** Il a mis dix ans à revenir chez lui après la guerre de Troie.

**Auteurs**

a | Alphonse Daudet
b | Daniel Defoe
c | Hergé
d | Homère
e | Jules Verne
f | Miguel de Cervantès

1

2

3

4

5

6

**2 Vous souvenez-vous de films, récits, poèmes, tableaux sur le thème du voyage ?**

# LA PLANÈTE EN HÉRITAGE

### Objectifs

- Informer sur la manière
- Exprimer deux actions simultanées
- Structurer son discours

*« Pour ce qui est de l'avenir, il ne s'agit pas de le prévoir mais de le rendre possible. »*

Antoine de Saint-Exupéry
(écrivain et aviateur)

# DOCUMENTS

## A Bookcrossing : un inconnu vous offre des livres

Au café parisien Le Petit Châtelet, chaque deuxième mardi du mois, des piles de livres envahissent la salle du sous-sol. Et une drôle de rumeur emplit l'espace : des femmes et des hommes de tous âges et de tous horizons professionnels parlent littérature en s'échangeant des ouvrages. Il est aussi question de « libération » et de « chasse », des termes qui semblent incongrus[1] dans la bouche des membres d'un club de lecture... Il s'agit en réalité d'une rencontre de bookcrosseurs.

Le bookcrossing (de *book* : livre et *crossing* : passage), système d'échange de livres, a été inventé par Ron Hornbaker, un Américain amoureux des livres et expert en sites internet communautaires. En 2001, il a l'idée de concevoir une plateforme Web sur laquelle il sera possible d'attribuer un numéro à un livre pour suivre son périple[2]. Car, pour un bookcrosseur, un livre a bien mieux à faire que de prendre la poussière sur une étagère. Au contraire, les livres doivent avant tout voyager pour rencontrer le plus de lecteurs possibles. Ces derniers pourront ensuite partager leurs impressions sur le site et libérer à leur tour l'ouvrage qu'ils avaient attrapé.

Pour continuer à faire de nouvelles rencontres, des Méga Bookcrossings – les « MBC » – sont organisés dans plusieurs villes, à Bordeaux, Lyon ou Saint-Malo. Là, des bookcrosseurs de la France entière se retrouvent pour libérer et traquer[3] des livres, mais surtout pour se rencontrer et échanger !

Cependant, le bookcrossing peine à trouver son élan en France. L'Allemagne est souvent citée comme l'exemple idéal dans la communauté : elle compte quatre fois plus de bookcrosseurs que l'Hexagone, et c'est le deuxième pays où le phénomène est le plus fort après les États-Unis. Pour expliquer ce phénomène, les bookcrosseurs font l'hypothèse d'une certaine méfiance des Français vis-à-vis de la gratuité : nous oserions moins nous saisir de ce qui est offert.

Mais cela n'entame pas la volonté des bookcrosseurs : « *Ce qui compte, c'est le processus, pas le résultat* », confie Dave Way. Canadien installé à Paris depuis quelques années, il a libéré des centaines de livres des deux côtés de l'Atlantique. Sensible aux idées écologiques, Dave Way envisage le bookcrossing comme la possibilité d'une nouvelle vie pour les livres, un circuit leur permettant d'éviter le pilonnage[4]. Certaines écoles parisiennes où il enseigne lui procurent les ouvrages dont elles veulent se débarrasser.

Grâce au bookcrossing, les livres colonisent l'espace public ; ils s'offrent aux passants, y compris à ceux qui n'oseraient pas entrer dans une librairie ou dans une bibliothèque. Entièrement gratuit, il crée une relation sociale qui n'est pas d'ordre marchand.

Claire Teysserre-Orion, *Kaizen*, 27 septembre 2016.

1. *Étranges, déplacés.* 2. *Trajet, voyage.* 3. *Suivre la piste.* 4. *Destruction de livres.*

REGARDS CROISÉS

## COMPRÉHENSION ÉCRITE

### *Entrée en matière*

**1** Que pensez-vous de l'idée de laisser dans la rue votre livre préféré pour que d'autres le lisent ?

### *1re lecture*

**2** Vrai ou faux : le bookcrossing est une librairie sur internet ?

### *2e lecture*

**3** Qui participe aux échanges de bookcrossing ?

**4** Comment ces échanges s'organisent-ils ?

**5** Comment un bookcrosseur peut-il suivre le voyage de son livre ?

**6** Expliquez quelle différence il y a entre le bookcrossing et un club de lecture traditionnel.

**7** Cet événement est-il populaire en France ? Pourquoi ?

**8** Qui est Dave Way ? Que pense-t-il du bookcrossing ?

### *Vocabulaire*

**9** Que signifie l'expression « attraper un ouvrage » (l. 21) ?

**10** Retrouvez dans le texte un équivalent de l'expression « avoir le courage ».

## PRODUCTION ORALE

**11** Voudriez-vous participer à « une chasse aux livres » ? Pourquoi ?

## PRODUCTION ÉCRITE >>> DELF

**12** « Un livre a bien mieux à faire que de prendre la poussière sur une étagère ». Êtes-vous d'accord avec cette affirmation ? Expliquez votre point de vue de façon argumentée et donnez quelques exemples (160 à 180 mots).

## B Pour la première fois, un papier témoigne sur ses nombreuses vies ! 50

*« Finir en lettre d'amour, oui, ça me plairait bien. »*

### COMPRÉHENSION ORALE

***Entrée en matière***

**1** Regardez l'image : comment comprenez-vous le texte de l'affiche publicitaire ?

***1re écoute (en entier)***

**2** De quel type de document audio s'agit-il ?

**3** Qui parle ?

***2e écoute (du début à « simple et pratique, quoi. »)***

**4** Comment le personnage qui parle a-t-il commencé sa vie ? Qu'en a-t-il pensé ?

**5** Qu'a fait ce personnage pendant deux ans ?

**6** A-t-il aimé être un roman ?

***3e écoute (de « Non, bien sûr » à la fin)***

**7** Que pense-t-il des papiers brûlés ?

**8** Quel est son rêve ?

**9** Pourquoi dit-il merci ?

### PRODUCTION ORALE

**10 En scène !** Reconstituez les questions auxquelles répond le personnage du document audio. Réalisez une nouvelle interview avec un autre personnage recyclé (une bouteille en verre, une peau de banane, une canette en aluminium, etc.). Votre voisin(e) joue le rôle de l'interviewé(e).

## C Le parcours d'un emballage

### COMPRÉHENSION ÉCRITE

***Entrée en matière***

**1** Que faites-vous de l'emballage des produits que vous achetez ?

***Lecture***

**2** Observez le schéma. Qu'explique-t-il ?

**3** Comment obtient-on de nouveaux objets en métal ?

**4** Quelle matière entre dans la fabrication d'un tee-shirt ?

### PRODUCTION ÉCRITE

**5** Persuadé(e) de la nécessité du recyclage, vous écrivez un court article dans le journal local pour sensibiliser les habitants de votre ville au tri des matériaux comme le verre, le plastique ou le papier.

# GRAMMAIRE > les verbes et adjectifs suivis de prépositions

Cahier unité 8 d'activités

## ÉCHAUFFEMENT

**1 Observez ces phrases. Quelles sont les prépositions qui accompagnent les verbes et les adjectifs en gras ?**

a | Ron Hornbaker, un Américain **amoureux** des livres.
b | Une plateforme Web sur laquelle il sera **possible** d'**attribuer** un numéro à un livre pour suivre son périple.
c | Pour **continuer** à faire de nouvelles rencontres, des Méga Bookcrossings sont organisés dans plusieurs villes.
d | Nous oserions moins nous **saisir** de ce qui est offert.
e | **Sensible** aux idées écologiques, Dave Way envisage le bookcrossing comme une nouvelle vie pour les livres.
f | Un circuit leur **permettant** d'éviter le pilonnage.
g | Grâce au bookcrossing, les livres **s'offrent** aux passants.
h | Il **s'agit** d'une rencontre de bookcrosseurs.
i | On **mérite** tous de vivre plusieurs vies.

## FONCTIONNEMENT

### Les verbes et adjectifs avec prépositions

**2 Complétez.**

- Le verbe est suivi de la préposition **à** puis d'un complément (nom/pronom) : phrases ***b*** et .....
- Le verbe est suivi de la préposition **à** puis d'un infinitif : phrase .....
- L'adjectif est suivi de la préposition **à** puis d'un complément (nom/pronom) : phrase .....
- Le verbe est suivi de la préposition **de** puis d'un complément (nom/pronom) : phrases ..... et .....
- L'adjectif est suivi de la préposition **de** puis d'un complément (nom/pronom) : phrase .....
- Le verbe est suivi de la préposition **de** puis d'un infinitif : phrases ..... et .....
- L'adjectif est suivi de la préposition **de** puis d'un infinitif : phrase .....

**Plusieurs verbes et adjectifs en français nécessitent l'emploi d'une préposition dans une construction avec un autre verbe à l'infinitif ou un complément d'objet. Il s'agit le plus souvent des prépositions à ou de.**

***RAPPEL***

N'oubliez pas la contraction entre la préposition et l'article défini :

à + *le* = ***au***    *de* + *le* = ***du***    à + *les* = ***aux***    *de* + *les* = ***des***

## ENTRAÎNEMENT

**3 Associez.**

a | Cette usine s'occupe
b | Je suis heureux
c | Pour partager sa passion de la lecture, il s'intéresse
d | Nous avons installé chez nous plusieurs poubelles car nous sommes sensibles
e | Personne ne mérite
f | Pour l'avenir de notre planète, il est nécessaire
g | J'aimerais offrir une seconde vie
h | Certains gestes écologiques sont plus faciles
i | Je continue

1 | à penser que vous devez réagir.
2 | de finir comme lui.
3 | de partager mes idées avec vous.
4 | d'agir ensemble pour changer nos habitudes de consommation.
5 | aux réunions de bookcrossing.
6 | de recyclage du papier.
7 | à l'aspirateur que je n'utilise plus.
8 | au tri sélectif des déchets.
9 | à faire que d'autres.

***On a repéré***

**LES BOÎTES À PARTAGE**

Pour échanger ou partager vêtements/livres/petit électroménager entre voisins, il n'y a pas plus simple. On dépose dans la boîte les objets dont on n'a plus besoin et on y récupère ceux qui nous intéressent. C'est gratuit et accessible 24 h/24.

## PRODUCTION ÉCRITE

**4 Inspiré(e) par cette publicité dans un magazine, vous écrivez à la mairie de votre ville pour proposer d'installer une boîte à partage dans votre quartier. Utilisez :**
**– les verbes *s'intéresser, continuer, s'occuper, offrir***
**– ainsi que les constructions avec les adjectifs : *il est important, il est possible.***

# VOCABULAIRE > le recyclage

Cahier unité 8 d'activités

## Les matériaux recyclés

l'aluminium *(m.)*
le bois
le caoutchouc
le carton
le déchet, le déchet vert
le liège
le métal
le papier
le plastique
le textile
le verre

**1 Trouvez les mots de la liste précédente qui correspondent aux définitions suivantes :**

**a** | produit naturel issu d'un arbre, utilisé notamment pour fabriquer les bouchons des bouteilles de vin
**b** | restes végétaux suite aux travaux de jardinage
**c** | métal de couleur blanche, connu pour sa légèreté
**d** | matière dérivée du pétrole
**e** | matériau fait de fibres utilisé pour fabriquer des vêtements
**f** | matière dérivée du sable

## Les produits recyclés

l'aérosol *(m.)*
le bocal
la boîte
la boîte de conserve
la bouteille
la brique (de lait)
la canette
la capsule de café
l'emballage *(m.)*
le flacon
le gobelet
le paquet
la pile
le pot
le prospectus
le sac
le sachet

**2 Classez les objets de la liste précédente en fonction du matériau de fabrication (certains objets peuvent faire partie de plusieurs catégories) :**

**a** | en verre
**b** | en plastique
**c** | en métal
**d** | en papier/en carton

## Les actions de recyclage

abandonner (ne pas)
le bac à compost
broyer
brûler
chauffer
le circuit
collecter/le point de collecte
compacter
compresser
le conteneur
couler
se débarrasser
la déchetterie
fondre
jeter (ne pas)
presser
le processus
le ramassage
ramasser
ramollir
récupérer
recycler
réutiliser
séparer
transformer
le tri (sélectif)
trier

**3 Complétez les phrases avec : *transforme, tri sélectif, brûlent, ramassage, récupérées, abandonnons, circuit, broyer, fondre.***

**a** | Le ...... de recyclage s'organise en plusieurs étapes.
**b** | Les piles sont ...... pour en extraire des métaux comme le fer ou le zinc.
**c** | Certaines matières produisent une fumée dangereuse quand elles ...... .
**d** | Le verre peut ...... à de hautes températures.
**e** | Cette usine ...... plusieurs types d'emballage.
**f** | Le ...... est un geste nécessaire pour protéger l'environnement.
**g** | Je vais installer une machine pour ...... les végétaux de mon jardin.
**h** | Grâce aux initiatives écologiques, nous n'...... pas nos efforts pour sauver la planète.
**i** | Le ...... des poubelles dans notre ville a lieu tous les mardis.

# PHONÉTIQUE

## « Douze douches douces »

**1 Écoutez et classez les phrases en deux colonnes en fonction de l'intonation avec laquelle elles sont prononcées : montante ou descendante.** 51

**L'intonation montante ou descendante dans une phrase interrogative**

Les questions directes se distinguent des affirmations par l'intonation montante. Cependant, quand la question est construite avec un mot interrogatif ou une inversion, on peut utiliser, comme pour l'affirmation, l'intonation descendante. La question avec une intonation descendante est souvent plus efficace !

**2 Écoutez le poème de Jean Tardieu et notez toutes les questions qu'il contient.** 52
**Entraînez-vous à les prononcer en variant l'intonation montante et descendante.**
**Pour vous aider, jouez « au chef d'orchestre » : utilisez les gestes vers le haut ou vers le bas.**

**3 À vous ! Choisissez 4 ou 5 verbes autour d'un thème que vous allez développer à la manière de Jean Tardieu.**

Exemple : *Nature (admirer, protéger, cultiver, aider…).*
*Je protégerai je ne protégerai pas*
*J'admirerai, est-ce que j'admirerai ?*

## DOCUMENTS

# D Givrés !

Scénario Amalric, dessin et couleur Madaule, *Givrés !*, 2016.

## COMPRÉHENSION ÉCRITE

### *Entrée en matière*

**1** **Observez les images. Qui sont les personnages ? Où sont-ils ?**

**2** **Vignettes 1 à 5. Quelle est l'attitude du personnage avec les lunettes roses ?**

### *Lecture*

**3** **Quelle est la raison du réveil matinal des deux personnages au début de la BD ?**

**4** **Vrai ou faux : le troisième personnage trouve inutile leur intervention ?**

**5** **Quels sont les deux arguments qu'il donne ?**

**6** **Pourquoi Gwendy se retrouve-t-elle au lit ?**

### *Vocabulaire*

**7** **Que signifie l'expression « effet de serre » ?**

**8** **L'expression « faire des dégâts » signifie :**

**a** | faire des déchets **b** | faire de la publicité **c** | provoquer des destructions

## PRODUCTION ORALE >>> DELF

**9** **Militant(e), vous êtes persuadé(e) de l'importance de lutter contre le réchauffement climatique. Vous discutez avec un(e) ami(e) plutôt sceptique sur le sujet. Vous insistez. Votre voisin(e) joue le rôle de l'ami(e).**

### Pour insister, convaincre

- Je vous/t'assure !
- Puisque je vous/te dis que…
- J'insiste sur… (+ nom)
- Je suis convaincu(e)/persuadé(e) que…
- Sans aucun doute
- Assurément
- Réellement

# E Quand le brouillard devient eau 53

## COMPRÉHENSION ORALE

*« C'est étonnant mais c'est possible. »*

### Entrée en matière

**1** **Pour vous, quels gestes de notre quotidien peuvent contribuer à l'économie de l'eau ?**

### 1re écoute

**2** **Le reportage présente un projet en cours de réalisation :**

a | en Afrique du Sud
b | au Maroc
c | au Chili

**3** **Comment est-il possible de transformer le brouillard en eau potable ?**

### 2e écoute

**4** **Près de quel endroit le projet est-il réalisé ?**

**5** **Vrai ou faux : les filets sont installés sur un terrain de volley-ball ?**

**6** **Comment est l'eau obtenue grâce à ce système ?**

**7** **Combien de villages profitent de l'installation ?**

### Vocabulaire

**8** **Expliquez avec vos propres mots l'expression « relever un pari ».**

## PRODUCTION ÉCRITE

**9** **Membre du comité d'organisation de la Journée mondiale de l'eau dans votre ville, vous écrivez un texte de présentation de cet événement sur la page d'accueil de votre site internet.**



# F Jean de Florette

La famille vivait donc dans une petite aisance, et les femmes n'avaient aucun souci. Aimée, toujours bien coiffée et soigneusement vêtue, vaquait[1] aux travaux du ménage. Le grand air l'avait embellie, et elle chantait en s'éveillant. La petite Manon, qui allait sur ses dix ans[2], était toute dorée. Un soir, son père, tout en faisant glisser de la broche un rang d'ortolans[3] déclara gravement : La Mère Nature, disait-il, nourrit toujours ses enfants : je n'ai jamais eu autant de plaisir à manger. Notre pauvreté passagère nous force depuis quelque temps à ne consommer que les produits de la saison. De plus, il est heureux que j'aie renoncé à mes trois tasses de café quotidiennes. C'est à ce nouveau régime que je dois ma parfaite santé.

Marcel Pagnol, *Jean de Florette,* Éditions de Fallois, 2004.

*1. S'occupait de. 2. Avait presque dix ans. 3. Petits oiseaux.*

## COMPRÉHENSION ÉCRITE

### Entrée en matière

**1** **Quel style de vie préférez-vous ?**

### Lecture

**2** **Lisez l'extrait du roman de Marcel Pagnol. Cette famille a une vie :**

a | difficile mais heureuse.
b | simple mais heureuse.
c | simple et difficile.

**3** **Quelle attitude a Aimée, la mère de famille ? Justifiez votre réponse.**

**4** **Que pense le père de la vie à la campagne ?**

**5** **Vrai ou faux : la famille est obligée de manger seulement des aliments saisonniers ?**

**6** **Que fait le père pour garder la forme ?**

## PRODUCTION ÉCRITE

**7** **Vous avez lu sur un forum de discussion ce message de Daniel. Répondez-y et donnez votre point de vue.**

**FRUITS ET LÉGUMES** 1 2 3 >>

*Par* **Daniel** - *05 Sept 2016, 20 h 01*

Je me rends régulièrement au supermarché pour acheter des produits de base : le lait, le sucre, les sacs-poubelle…
Mais je n'achète jamais l'alimentation fraîche telle que les fruits et légumes ou la viande. Non pas à cause du prix, mais surtout à cause d'un manque de qualité.

Répondre

# GRAMMAIRE > le gérondif

Cahier unité 8 d'activités

## ÉCHAUFFEMENT

**1 Observez les phrases. Le sujet du verbe conjugué et du gérondif est-il identique ou différent dans chaque phrase ? Est-ce que le gérondif exprime toujours deux actions qui se déroulent au même moment ?**

**a** | En éditant vos brochures et vos tracts, vous détruisez les forêts.

**b** | En restant chez moi, je fais beaucoup moins de dégâts que vous.

**c** | En retournant dans le village de mes parents, j'ai entendu dire qu'au-dessus de notre village, il y a une montagne.

**d** | On minéralise l'eau en rajoutant de l'eau d'un puits.

**e** | Elle chantait en s'éveillant.

## FONCTIONNEMENT

### Le gérondif

**2 Complétez la règle.**

Le gérondif permet d'exprimer :

- la **simultanéité** de deux actions (le gérondif peut être remplacé par *en même temps que*) : phrases **e** et .....
- la **manière** dont une action se passe (le gérondif répond à la question *comment* ?) : phrases ..... et .....
- la **condition** à laquelle une action se passe (le gérondif peut être remplacé par *si*) : phrase .....

***RAPPEL***

Le gérondif est une forme invariable composée de la préposition ***en*** + radical de la 1re personne du pluriel du présent + **ant**.
Faites attention aux exceptions : ***ayant***, ***étant***, ***sachant***.

## ENTRAÎNEMENT

**3 Reformulez les phrases en utilisant le gérondif.**

**a** | En même temps qu'il organisait des stages de survie dans la nature il a adhéré à l'association de protection de l'environnement.

**b** | Je milite pour une nourriture écologique et je refuse d'acheter des fruits exotiques.

**c** | En même temps que nous montrons l'exemple nous essayons de transmettre nos idées.

**d** | Si vous militez pour le développement durable, vous assurez l'avenir de la planète.

**e** | On assure le futur de notre planète si on respecte la nature.

**f** | Nous devenons acteurs du changement positif quand nous investissons notre temps pour faire la promotion de l'écologie.

**g** | Quand on installe des systèmes de récupération d'eau de pluie on peut lutter contre le manque d'eau.

**4 Voici quelques instructions pour recycler divers objets. Reformulez-les en utilisant le gérondif.**

Exemple : *Restes de nourriture → Déposer dans un bac à compost*
*Recyclez les restes de nourriture en les déposant dans un bac à compost.*

**a** | Piles → Laisser dans les points de collecte en magasin

**b** | Bouteilles de lait en plastique → Jeter dans un conteneur pour PET (plastique)

**c** | Meubles → Faire un don à une association

**d** | Pots de plantes cassés → S'en débarrasser à la déchetterie

**e** | Journaux → Déposer dans un conteneur pour papier

**f** | Vieux téléphone portable → Rendre dans un commerce spécialisé

**g** | Médicaments périmés → Rapporter à la pharmacie

**h** | Sachets de thé → Mettre dans un bac à compost

**5 Terminez les phrases en utilisant le gérondif.**

**a** | Les gaz à effet de serre détruisent notre planète en .....

**b** | Nous faisons des économies d'eau en .....

**c** | Les citoyens se mobilisent pour l'écologie en .....

## PRODUCTION ORALE

**6 Comment lutter contre le réchauffement climatique ? Faites plusieurs propositions en utilisant un gérondif par phrase.**

# G Demain (8)

## COMPRÉHENSION AUDIOVISUELLE

***Entrée en matière***

**1** **À votre avis, pourquoi le film documentaire de Cyril Dion et Mélanie Laurent est-il intitulé *Demain* ?**

***1$^{er}$ visionnage (sans le son)***

**2** **Comment sont les personnes que vous voyez dans la vidéo ?**

a | plutôt sérieuses
b | plutôt souriantes
c | ni l'un ni l'autre

**3** **Nommez quelques endroits filmés.**

***2$^{e}$ visionnage (du début à « plus intelligents. »)***

**4** **Notez la citation de Gandhi. Que signifie-t-elle selon vous ?**

**5** **Comment est « l'autre monde » que les personnes filmées veulent construire ?**

**6** **Quels sont les domaines d'activité mentionnés comme exemples ?**

***3$^{e}$ visionnage (de « Nous allons prendre la route » à la fin)***

**7** **Pourquoi les auteurs du film ont-ils particulièrement envie de raconter ces histoires ?**

**8** **D'après vous, quel est leur objectif : encourager ou alerter ?**

## PRODUCTION ORALE

**9** **Connaissez-vous des exemples d'initiatives écologiques dans votre pays ?**

# H Demain Genève

Suite à la sortie du documentaire *Demain*, de Mélanie Laurent et Cyril Dion, en 2015, nous avons voulu savoir si des solutions locales existent dans notre région. Nous sommes alors partis rencontrer des personnes qui investissent leurs temps et énergie pour faire de Genève un bassin de vie qui respecte les enjeux écologiques, sociaux et citoyens actuels. Plutôt que de se plaindre des problèmes du monde, ces gens s'engagent, parfois depuis longtemps, pour construire un monde meilleur. Ils ont lancé des projets très divers pour produire, échanger et partager autrement. Nous avons été touchés par les moments passés en leur compagnie, leur enthousiasme et leur motivation. Nous voulons à présent que leurs expériences vous inspirent. Les images ont plus d'impact que les mots. Un film nous semble être le meilleur moyen d'atteindre ce but. Depuis juin 2016, nous sommes en train de produire un long-métrage qui donne la parole à ces femmes et ces hommes pour qu'ils parlent de leurs projets.

wemakeit.com

## COMPRÉHENSION ÉCRITE

***Lecture***

**1** **Qu'est-ce qui a motivé les auteurs de *Demain Genève* à produire leur film ?**

**2** **Pourquoi les gens qu'ils ont rencontrés prennent des initiatives écologiques ? (plusieurs réponses)**

**3** **Qu'est-ce que les auteurs du film ont particulièrement apprécié pendant ces rencontres ?**

**4** **Trouvez dans le texte des mots qui correspondent aux définitions suivantes :**

a | ce que l'on peut perdre ou gagner
b | entreprendre

## PRODUCTION ÉCRITE >>> DELF

**5** **Pourquoi un film documentaire a plus d'influence sur le public qu'un livre ou une recherche scientifique ? Justifiez votre réponse en donnant quelques exemples (160 à 180 mots).**

### Drôle d'expression !

**« La terre est trop vieille pour qu'on se moque d'elle. »**
(proverbe breton)

→ **D'après vous, que signifie ce proverbe ?**
→ **Y a-t-il des expressions équivalentes dans votre langue ?**

# DOCUMENTS

## 1 Road trip écolo en Suisse romande : végétalisons nos toits !

Dans l'émission *Aujourd'hui*, le journaliste Jonas Schneiter part à la rencontre de projets positifs pour le développement durable, accompagné de l'écologiste Marc Muller. Ils sillonnent[1] la Suisse romande à bord de leur bus solaire. Chaque semaine, Jonas Schneiter revient pour *GHI* sur un projet qui l'a particulièrement marqué.

Diane, Nathalie et Léonore sont trois copines qui végétalisent les toits de Genève sur le principe de la permaculture[2]. Les avantages sont aussi nombreux que pragmatiques. La couverture végétale renforce, par exemple, l'isolation thermique de la toiture, un effet qui s'apprécie surtout en été au dernier étage de l'immeuble (- 2 °C en moyenne) et qui induit[3] des économies d'énergie de climatisation. De plus, en cas de forte pluie, l'eau ne vient pas surcharger l'écoulement et créer des risques d'inondations. Enfin, la vapeur produite par les plantes et le substrat rafraîchit l'air ambiant. Végétaliser les toits permet donc d'atténuer la surchauffe des villes induite par le rayonnement des bâtiments et des surfaces goudronnées. Bref, la simple idée de verdir nos toitures permet de répondre à quelques défis essentiels de ces prochaines années. Tout cela en créant un nouvel espace de bien-être au sommet des bâtiments et en promulguant[4] la biodiversité.

Dans le canton de Bâle-Ville, la végétation est obligatoire sur tous les nouveaux toits plats ! En 2013, 25 % de ses toits ont été végétalisés, aujourd'hui 30 % le sont, ce qui constitue un record mondial. À Genève, la situation est moins verte, d'où le combat de ces trois jeunes femmes au sein de leur association Terrasses Sans Frontières. Surmotivées, elles prennent part à de nombreux événements et suscitent, il faut bien l'avouer, un enthousiasme évident auprès du grand public. Elles s'osent même à citer Gandhi : « Soyons le changement que nous voulons voir dans le monde. » Trois entrepreneuses en herbe qui lancent leurs idées comme autant de précieuses graines.

Jonas Schneiter, *GHI*, 5 juillet 2017.

*1. Voyagent à travers. 2. Culture écologiquement responsable. 3. Réalise. 4 En faisant la promotion.*

### COMPRÉHENSION ÉCRITE

#### *Entrée en matière*

**1** Pensez-vous qu'il soit possible de conserver en ville les avantages de la vie à la campagne ?

#### *1re lecture*

**2** En quoi consiste le projet de l'association Terrasses Sans Frontières ?

**3** Vrai ou faux : Diane, Nathalie et Léonore habitent à Bâle ?

#### *2e lecture*

**4** Quelle est la particularité du véhicule des animateurs de l'émission ?

**5** Quels sont les avantages des toits végétalisés ?

**6** Pourquoi fait-il plus chaud en ville en été ?

**7** Un toit végétalisé présente-t-il uniquement des avantages économiques ? Justifiez votre réponse.

**8** Le nombre de toits végétalisés en 2017 à Bâle est de :
a | 13 %  b | 25 %  c | 30 %

**9** Comment les gens réagissent-ils aux idées des jeunes femmes ? Justifiez votre réponse.

#### *Vocabulaire*

**10** Retrouvez dans le texte un équivalent de l'expression « débutant ».

**11** Expliquez cette comparaison : « (Elles) lancent leurs idées comme autant de précieuses graines. »

### PRODUCTION ORALE >> DELF

**12** Ce soir au cinéma, il y a un film documentaire écologique et un film de science-fiction. Vous décidez d'y aller avec un(e) ami(e) mais vous n'êtes pas d'accord sur le choix du film. Discutez en essayant de le/la convaincre de choisir votre proposition. Votre voisin(e) joue le rôle de l'ami(e).

# J Copropriété de rêve 54

*« Tu sais où j'étais ce week-end ? »*

## COMPRÉHENSION ORALE

***Entrée en matière***

**1** **Regardez la photo. Est-ce un logement idéal pour vous ?**

***1re écoute (en entier)***

**2** **Quel titre correspond le mieux au document ?**
a | Un jardin en ville.
b | Destination de rêve : Monaco.
c | Un habitat durable.

***2e écoute (du début à « à portée de main. »)***

**3** **Pourquoi Monaco est une destination inhabituelle pour quelqu'un qui aime la nature ?**

**4** **Où habitent les amis du couple invité ?**

**5** **Vrai ou faux : les habitants ont installé une ruche sur le toit ?**

**6** **Pourquoi le deuxième homme trouve les toits végétalisés pratiques ?**

***3e écoute (de « C'est ça » à la fin)***

**7** **Comment chauffe-t-on l'eau dans cet immeuble ?**

**8** **Combien peut-on économiser grâce à ce système ?**

**9** **D'après le deuxième homme, quels sont les deux avantages des immeubles modernes ?**

## PRODUCTION ORALE

**10** **Existe-t-il dans votre pays des habitations durables qui utilisent l'énergie solaire ?**

**11** **Que pensez-vous des espaces partagés par tous les habitants de l'immeuble comme les toits végétalisés ou les jardins communs ?**



# K

## COMPRÉHENSION ÉCRITE

**1** **Observez l'image. Où cette scène a-t-elle lieu ?**

**2** **Quel est cet objet présent dans la pièce et quel est son principe de fonctionnement ?**

**3** **Lisez le texte et expliquez en quoi c'est drôle.**

**4** **Expliquez avec vos propres mots l'adjectif « alternatif ».**

## PRODUCTION ORALE

**5** **En groupes, cherchez de nouvelles propositions pour économiser l'énergie (électricité, chauffage) ou l'eau, dans un appartement, en combinant plusieurs appareils ménagers. Présentez votre projet à l'ensemble de la classe.**

Exemple : *un lessivélo.* Amis de la Terre

# GRAMMAIRE > l'ordre du discours

Cahier d'activités unité 8

## ÉCHAUFFEMENT

**1 Observez les phrases. Quel rôle jouent les mots en gras ?**

a | **Tout d'abord**, les copropriétaires ont végétalisé le toit avec des bacs à légumes et des jardinières.

b | **Ensuite**, ils ont planté des arbustes.

c | **Et puis**, ils ont installé des panneaux solaires sur le toit pour produire de l'eau chaude.

d | **En plus**, on peut y organiser des apéros hyper sympas.

e | **De plus**, en cas de forte pluie, l'eau ne vient pas surcharger l'écoulement.

f | **D'une part**, tu habites en ville, **d'autre part**, tu as tes propres légumes bio à portée de main.

g | **D'ailleurs**, les habitants pensent même y installer une ruche pour avoir du miel fait maison.

h | **Par exemple**, les salades qui ont besoin d'ombre sont plantées sous les concombres qui aiment le soleil.

i | **Enfin**, la vapeur produite par les plantes rafraîchit l'air ambiant.

j | Végétaliser les toits permet **donc** d'atténuer la surchauffe des villes.

k | **Bref**, la simple idée de verdir nos toitures permet de répondre à quelques défis essentiels de ces prochaines années.

l | **En résumé**, tu protèges l'environnement et tu économises tes sous en même temps.

## FONCTIONNEMENT

### L'ordre du discours

**2 Reliez chaque connecteur à sa fonction (une fonction peut correspondre à plusieurs connecteurs).**

a | **Par exemple**
b | **Puis**
c | **En/de plus**
d | **D'abord**
e | **Bref**
f | **D'une part – d'autre part**
g | **Ensuite**
h | **D'ailleurs**
i | **En résumé**
j | **Enfin**
k | **Donc**

1 | Classer, mettre en ordre
2 | Ajouter une nouvelle idée
3 | Ajouter deux idées
4 | Illustrer
5 | Exprimer une conséquence
6 | Faire une conclusion

**Les connecteurs créent des relations logiques entre les phrases et permettent d'organiser ses idées dans un discours clair et structuré.**

## ENTRAÎNEMENT

**3 Complétez le texte avec les connecteurs suivants : *de plus, d'une part … d'autre part, d'abord, ensuite, bref, enfin, par exemple, donc.* Chaque connecteur doit être utilisé une seule fois.**

*La Belgique aura aussi son Pacte écologique !*

Tout ….., c'était une initiative personnelle de Daniel, un des nouveaux membres de l'association Amis de la Terre belge. Inspiré par le Pacte écologique français, il s'est demandé comment ….. l'importer dans son pays et ….. convaincre le maximum de gens de l'intérêt du projet. Il a ….. contacté plusieurs personnes en leur proposant d'y participer. ….. il a formé un petit groupe de réflexion, envoyé des centaines de messages, échangé des milliers de coups de téléphone. ….., il a tout donné pour faire connaître son initiative. ….., plusieurs associations environnementales belges, comme ….. Terr'Eveille, s'y sont intéressées. ….., les médias ont commencé à en parler.

La morale de cette petite histoire belge ? L'action individuelle soutenue par une grande motivation personnelle est une excellente méthode pour arriver à une large action collective.

### PRODUCTION ÉCRITE

**4 Vous participez à un débat intitulé « Pour une Terre vivante ». Choisissez le thème de votre intervention et écrivez le texte de votre discours en utilisant le maximum de connecteurs.**

### Pour exprimer son désaccord, rejeter une idée

- C'est inacceptable.
- C'est ridicule.
- Je suis contre l'idée de…
- On a tort de penser/croire que…
- C'est (tout à fait/absolument) faux de dire que…
- C'est inexact d'affirmer que…

# VOCABULAIRE > l'écologie et les solutions pour l'environnement

Cahier unité 8 d'activités

## Les enjeux écologiques

la banquise
la biodiversité
climatique
la consommation
le déchet
durable
l'eau *(f.)* de pluie
l'eau *(f.)* (non) potable
l'empreinte *(f.)* carbone
le gaspillage
gaspiller
le gaz à effet de serre
l'impact *(m.)*
la nature
le niveau des océans
polluant
la pollution
le produit chimique
radioactif
le réchauffement climatique
renouvelable
la surchauffe
toxique

### PRODUCTION ORALE

**1 Quels sont les problèmes de l'environnement qui vous touchent le plus ? Pourquoi ?**

## La protection de l'environnement

défendre
développement durable
s'engager
être sensibilisé(e) à
s'investir
lutter contre
militant(e)
militer
préserver
la ressource

**2 Associez chaque verbe au complément qui convient.**

| | |
|---|---|
| **a** \| lutter | **1** \| au réchauffement climatique |
| **b** \| s'investir | **2** \| contre la pollution |
| **c** \| préserver | **3** \| dans l'écologie |
| **d** \| être sensibilisé | **4** \| une cause |
| **e** \| défendre | **5** \| la nature |

## Les technologies et solutions écologiques

la canalisation
la centrale électrique
le circuit de traitement
la citerne à eau
la climatisation
l'économie *(f.)* d'énergie
l'écoquartier *(m.)*
écoresponsable
l'énergie *(f.)* alternative
l'énergie *(f.)* verte
l'éolienne *(f.)*
filtrer
l'isolation *(f.)* thermique
isoler
le panneau solaire
la permaculture
le produit bio
le produit de saison
le puits
le système de chauffage
le toit végétalisé
végétaliser
le vélo
la voiture électrique

**3 Classez des mots de la liste précédente selon qu'ils font référence aux nouvelles solutions technologiques ou aux solutions écologiques simples.**

## Les gestes écologiques du quotidien

consommer peu de viande
débrancher les appareils électriques non utilisés
se déplacer à vélo
faire des achats en vrac
faire du compost
fermer les robinets
limiter les emballages
préférer les éco-recharges
prendre des douches plutôt que des bains
prendre des sacs réutilisables
réparer les appareils usagés
trier les déchets

**4 Associez pour formuler des gestes écologiques.**

| | |
|---|---|
| **a** \| Consommer | **1** \| la lumière |
| **b** \| Ne pas laisser couler | **2** \| des sachets en papier |
| **c** \| Limiter les déplacements | **3** \| des aliments locaux |
| **d** \| Acheter son riz et ses pâtes | **4** \| en voiture |
| **e** \| Éteindre | **5** \| l'eau |
| **f** \| Utiliser | **6** \| au poids |

# EN DIRECT SUR rfi SAVOIRS

## L Une déchetterie transformée en supermarché inversé 55

### COMPRÉHENSION ORALE

***Entrée en matière***

**1 À votre avis, qu'est-ce qu'une déchetterie ?**

***1re écoute***

**2 Dans cet extrait, il est question d'une initiative qui consiste à :**

a | donner une nouvelle vie à des objets mis à la poubelle.
b | pousser les gens à acheter moins d'objets inutiles.
c | aider ceux qui veulent réparer leurs objets en panne.

***2e écoute***

**3 Pourquoi les matières recyclées ne concurrencent plus les matières premières ?**

**4 Que veulent limiter les collectivités grâce à l'innovation ?**

**5 Quels codes du supermarché a repris le SIMCVAL Market ?**

**6 Pourquoi un chef de rayon a-t-il été embauché ?**

**7 Quel est le résultat de cette initiative ?**

***Vocabulaire***

**8 Retrouvez dans la transcription (p. 213) un équivalent des expressions suivantes :**

a | produit à partir du
b | cher
c | sans précédent
d | complètement

### PRODUCTION ORALE

**9 Que pensez-vous de cette initiative ? Quels objets pourriez-vous aller chercher dans une déchetterie de ce type ?**

*« Nous n'avons pas de problème de ressources, nous avons un problème de poubelles. »*

Une activité complémentaire sur **savoirs.rfi.fr**

## L'ESSENTIEL GRAMMAIRE

**1 Les verbes et adjectifs suivis de prépositions. Complétez avec *à* ou *de*. Faites les modifications nécessaires.**

a | Je suis sensible ..... propositions écoresponsables.
b | Ces idées sont faciles ..... réaliser.
c | Il se saisit ..... cette opportunité pour présenter son projet.
d | Je continue ..... penser qu'il est urgent d'agir.
e | Il ne supporte pas la ville car il est véritablement amoureux ..... la nature.
f | Ce système permet ..... capter l'eau de pluie.
g | Pour lutter contre le réchauffement climatique il faut commencer ..... économiser l'énergie.
h | La Terre mérite ..... être protégée.
i | Nous devons offrir une meilleure qualité de vie ..... futures générations.

**2 L'ordre du discours. Après avoir vu le documentaire *Demain*, vous expliquez à un(e) ami(e) en quoi ce film est intéressant. Remettez votre discours dans l'ordre en utilisant les paires de connecteurs :**
***1 d'abord, d'une part, d'autre part ; 2 puis, par exemple ; 3 bref, enfin.***

a | ....., au lieu de culpabiliser les gens, il propose des solutions. ....., c'est une vraie bonne idée !
b | ....., j'ai aussi remarqué que beaucoup de gens sourient dans le public en approuvant les initiatives qu'on montre dans le film. ....., j'ai entendu une personne dire : « Ah, ça c'est une bonne idée, nous devrions faire pareil. »
c | ....., je dois dire que j'ai adoré le film. ....., il milite pour le développement durable, ..... il est très positif.

# ATELIERS

## 1 RÉALISER UNE AFFICHE SUR LES ALTERNATIVES ÉCOLOGIQUES

*Vous allez organiser une action de sensibilisation aux idées du développement durable.*

### *Démarche*

*Formez des groupes de deux ou trois.*

**1 Préparation**

- Mettez-vous d'accord sur la cause écologique que vous allez défendre (économies d'eau ou d'énergie, énergies alternatives, recyclage, permaculture, jardins participatifs en ville, etc.).
- Réunissez le maximum d'informations sur votre sujet. Cherchez également des images et des photos pour illustrer votre thème.

**2 Réalisation**

- Trouvez un titre ou un slogan qui résume bien le sujet choisi.
- Réalisez votre affiche pour informer sur la situation actuelle et proposer des solutions.
- Combinez le texte et les illustrations pour attirer le regard.

**3 Présentation**

- Présentez votre sujet à la classe et exposez votre affiche.

## 2 ORGANISER UNE CHASSE AUX LIVRES

ATELIER TECH'

*Vous allez organiser une chasse aux livres avec les étudiants de votre classe.*

### *Démarche*

*Formez des groupes de deux ou trois.*

**1 Préparation**

- Ensemble, déterminez la date et le lieu de votre chasse (l'école, le parc à côté, etc.).
- Choisissez le(s) livre(s) à cacher.
- À l'aide d'un smartphone, prenez une photo de la couverture du livre.

**2 Réalisation**

- Le jour même, cachez votre livre et réalisez quelques photos qui serviront d'indices.
- Partagez les photos sur un réseau social commun à tous les étudiants de votre classe.
- Essayez de trouver le maximum de livres cachés.

**3 Présentation**

- Chaque groupe présente son « trésor ».

# Entraînement au DELF B1 Production orale

## Stratégies pour s'exprimer à l'oral

Cette épreuve d'expression orale comporte 3 parties qui s'enchaînent et dure entre 10 et 15 minutes. Pour la 3e partie, le candidat tire au sort deux sujets et en choisit un. Il dispose de 10 minutes de préparation qui ont lieu avant le déroulement de l'ensemble de l'épreuve.

## 1 Entretien dirigé sans préparation (entre 2 et 3 minutes)

Interaction sur le mode informel dont le but est de mettre le candidat à l'aise.
Se présenter, parler de soi, de ses activités, de ses centres d'intérêts. Parler de son présent, de son passé et de ses projets.
Exemples de questions posées par l'examinateur :

- *Où avez-vous passé vos dernières vacances ?*
- *Qu'est-ce que vous êtes en train d'étudier ?*
- *Que voulez-vous faire plus tard ?*
- *Parlez-moi de vos passe-temps préférés.*

## 2 Exercice en interaction sans préparation (entre 3 et 4 minutes)

Résoudre un problème ou réagir dans une situation conflictuelle.
→ Vous tirez au sort deux sujets et en choisissez un.

### Sujet 1

**Vous êtes en France et vous proposez à votre ami(e) français(e) de faire ensemble un stage de jardinage écologique. Il/Elle n'a pas envie et vous propose un autre stage à la place. Vous essayez de le/la convaincre et lui expliquez en quoi c'est important pour vous.**
**L'examinateur joue le rôle de l'ami(e) français(e).**

### Sujet 2

**Pendant votre séjour en France vous proposez d'organiser, dans la résidence pour étudiants étrangers où vous habitez, une semaine « Zéro déchet ». Vous allez voir le responsable de la résidence pour lui en parler, mais il trouve ce projet difficile à réaliser. Vous insistez.**
**L'examinateur joue le rôle du responsable de la résidence.**

## 3 Monologue suivi avec préparation (entre 5 et 7 minutes)

- Identifier un sujet de discussion à partir d'un texte déclencheur.
- Donner son opinion et en discuter avec l'examinateur.

→ Vous tirez au sort deux sujets et en choisissez un.
**Vous dégagerez le thème soulevé par le document ci-dessous. Vous présenterez ensuite votre opinion sous la forme d'un court exposé de 3 minutes environ. L'examinateur pourra vous poser quelques questions*.**

### Sujet 1

**Promouvoir le « fait maison »**

*« Je travaille dans une association qui promeut l'innovation dans les sciences de la vie. Pour moi, la citoyenneté c'est avant tout la responsabilité de chacun vis-à-vis de l'environnement »*, dit Charlotte.
Depuis le mois de décembre, elle diffuse des vidéos de trucs et astuces, de bons réflexes que l'on peut appliquer au quotidien pour réduire son empreinte écologique. En fabriquant son propre dentifrice, ses crèmes ou ses lessives, en recyclant des habits usagers en chiffons de nettoyage, on gagne du temps et de l'argent. C'est l'esprit *do it yourself* très présent dans cette démarche, mais il y a aussi toutes sortes de produits innovants : gourdes écologiques, bières artisanales ou capsules de café biodégradables.
En partageant des gestes simples mais concrets, on s'engage tout autant qu'en votant. Un petit acte écocitoyen peut avoir un impact à grande échelle.

letemps.ch

***Et vous, que pensez-vous des gestes écocitoyens ? Pensez-vous qu'ils soient obligatoires ? En faites-vous ?**

### Sujet 2

**La plante verte, nouvel animal de compagnie ?**

En êtes-vous encore à poster sur Instagram des photos de votre chat ? Arrêtez tout ! Depuis quelques mois, sur les réseaux sociaux c'est la plante verte, la star du moment ! Mais soyons clairs, on ne parle pas là de bêtes plantes en pot. Ce sont bel et bien de nouveaux membres à part entière de la famille !
Quand on mène une vie très digitale dominée par l'urgence, il y a un besoin impérieux de se reconnecter à la nature et à son rythme. Mais sans y passer trop de temps. On importe donc à la maison un peu de jungle, c'est plus simple. Pour une population de jeunes urbains qui vit souvent en colocation, travaille tard et voyage beaucoup, donner son affection à une plante qui ne gêne pas les autres en aboyant, ne doit pas être sortie le soir, présente quelques avantages évidents.

madame.lefigaro.fr

***Comprenez-vous cette mode ? Cela vous tente-t-il ? Donnez votre avis.**

# UN TOUR EN VILLE

## Objectifs

- Rapporter des paroles
- Écrire un mail de réclamation
- Interroger de manière soutenue
- Indiquer une quantité

> *« La ville est le seul être vivant capable de rajeunir vraiment. »*
> Jacques Attali (écrivain)

# A À Paris, les Green Bird se retroussent les manches

Initié par des expatriés japonais en 2007, le collectif Green Bird se réunit une fois par mois dans un quartier de la capitale pour nettoyer ses rues…

« Ville propre, esprit léger », dit leur dicton. Vous les avez peut-être croisés un jour dans un quartier de Paris. Les Green Bird sont aisément reconnaissables. Affublés d'une chasuble verte, ils ont toujours les yeux rivés au sol, à l'affût du moindre déchet à attraper avec leur longue pince et à glisser aussi vite dans le sac plastique qui ne les quitte jamais.

**Un mouvement né au Japon**

Un jour par mois, les Green Bird se réunissent ainsi dans un quartier de Paris pour nettoyer ses rues de fond en comble pendant une heure. Ce dimanche encore, ils étaient un tout petit peu moins d'une cinquantaine de volontaires à s'attaquer aux abords des Galeries Lafayette. Des retraités, des étudiants, des familles avec enfants. Et dans le lot, un contingent non négligeable d'expatriés japonais.

Pas étonnant. Ce sont eux qui ont initié le mouvement. Yoshiko Inaï, qui chapeaute aujourd'hui l'antenne parisienne lancée en 2007, nous a précisé que Green Bird était né en 2003 dans le quartier d'Omotésando, à Tokyo, par des habitants soucieux de rendre leurs rues plus propres.

Un peu plus loin, Yuma, étudiant japonais de 25 ans, entre deux mégots de cigarette ramassés boulevard Haussmann, nous glissait que la propreté était quelque chose de presque culturel chez eux, qu'ils y étaient sensibilisés dès l'école primaire et que des heures de nettoyage étaient même incluses dans les emplois du temps.

**Toujours autant de mégots ramassés**

À Paris, c'est vite devenu une évidence : Green Bird ne pouvait pas faire de mal. Yoshiko Inaï, arrivée en France en 2003, se dit surprise par la fâcheuse habitude des Parisiens à jeter tout par terre.

Elle nous a pourtant assuré que nous avions bien plus de poubelles de rue que dans n'importe quelle ville japonaise. Mais rien n'y fait, pas même encore l'instauration d'amendes, en octobre dernier, pour sanctionner les mégots jetés par terre. *« Cela n'a rien changé »*, constate Thierry, 25 ans, qui participe à toutes les opérations Green Bird depuis septembre. Les mégots représentent toujours 90 % des déchets ramassés. C'était encore le cas ce dimanche, aux abords des Galeries Lafayette, même si dans leurs sacs, les Green Bird ont aussi ramassé un lot de canettes, de boîtes à pizza, des papiers en tout genre, des écorces de châtaignes et même une bouteille de vin.

**Changer les mentalités**

Comme à chaque fois, en une heure, il y avait de quoi remplir une cinquantaine de sacs à ras bord. Mais les Green Bird ne sont pas tant là pour battre un record. *« L'idée est bien plus de marquer les esprits, de susciter la curiosité des passants »*, a expliqué Yoshiko Inaï. Parfois, ça marche.

Fabrice Pouliquen, *20 minutes*, 22 février 2016.

## COMPRÉHENSION ÉCRITE

### *Entrée en matière*

**1** Observez la photo. Que signifie l'expression « se retrousser les manches » ?

### *1re lecture (du début à la ligne 9)*

**2** D'où vient le mouvement Green Bird et quel est son but ?

**3** À quoi reconnaît-on ses membres ?

### *2e lecture (en entier)*

**4** À quelle fréquence se réunit ce collectif ?

**5** Qui sont les membres du Green Bird ?

**6** Pourquoi Yuma pense-t-il que la propreté est « presque culturelle » au Japon ?

**7** Quelle habitude a surpris Yoshiko Inaï à son arrivée en France ?

**8** Quelle contradiction est mise en avant ?

**9** De quoi sont majoritairement constitués les déchets ramassés ?

**10** Quel est, selon Yoshiko Inaï, le but de Green Bird ?

### *Vocabulaire*

**11** Trouvez les deux sens possibles du verbe « glisser » (l. 8 et l. 25).

**12** Associez l'expression à sa définition.

| | |
|---|---|
| a \| être à l'affût (l.7) | 1 \| totalement, dans la totalité |
| b \| de fond en comble (l.12) | 2 \| jusqu'à ne plus pouvoir en mettre |
| c \| ne pas faire de mal (l. 33) | 3 \| avoir un impact positif |
| d \| remplir à ras bord (l. 53) | 4 \| faire prendre conscience |
| e \| marquer les esprits (l.55) | 5 \| être attentif aux moindres détails |

## PRODUCTION ORALE

**13** Auriez-vous envie de faire partie du collectif Green Bird ? Pourquoi ?

## PRODUCTION ÉCRITE

**14** Quelle est selon vous la meilleure solution pour inciter les gens à garder l'espace public propre ?

## B Verbalisée pour avoir voulu donner un livre

56

### COMPRÉHENSION ORALE

***Entrée en matière***

**1** Que fait le policier sur la photo et pour quelle raison selon vous ?

***1<sup>re</sup> écoute***

**2** Quel est le sujet de l'interview de Gwenaëlle ?

**3** Quelle a été sa première réaction ?

***2<sup>e</sup> écoute***

**4** Est-ce la première fois que Gwenaëlle laisse un livre sur le trottoir ? Justifiez.

**5** Pourquoi a-t-elle laissé ce livre sur le trottoir ?

**6** Comment considère-t-elle cet acte ?

**7** Qui était présent au même moment dans le quartier et pourquoi ?

**8** Pour quel motif légal Gwenaëlle a-t-elle reçu une amende ?

*« J'ai déposé ce livre sur le trottoir en espérant que quelqu'un l'adopte. »*

### PRODUCTION ORALE >>> DELF

**9** D'après l'histoire de Gwenaëlle, pensez-vous qu'il soit normal de traiter un livre au même titre qu'une ordure ou doit-il être considéré comme un objet à partager et mis à disposition de tous ? Pourquoi ?

## C Gardons la ville propre !

### COMPRÉHENSION ÉCRITE

***Entrée en matière***

**1** Regardez les affiches. À votre avis, pourquoi ces deux personnes sont-elles « recherchées » ?

**2** Lisez les noms de ces personnes. Que remarquez-vous ?

***1<sup>re</sup> lecture***

**3** Selon vous, qui a fait réaliser ces affiches et dans quel but ?

***2<sup>e</sup> lecture***

**4** Quelles conséquences chiffrées ces deux pratiques entraînent-elles ?

**5** Quelles sont les bonnes pratiques à observer dans ces deux cas ?

***Vocabulaire***

**6** Relevez les mots en relation avec les déchets et la dégradation.

### PRODUCTION ORALE >>> DELF

**7** Pensez-vous qu'une amende soit la solution au problème de l'incivilité et de la pollution en ville ?

**8** Vous êtes témoin d'une incivilité en ville. Vous faites part de votre désapprobation.

### PRODUCTION ÉCRITE

**9** Réalisez à votre tour une affiche « avis de recherche » concernant une autre incivilité.

**Pour manifester son dégoût**
- C'est dégoûtant !
- C'est répugnant !
- Beurk !
- C'est nul ! *(fam.)*
- C'est scandaleux !
- C'est honteux !

**Insulter**
- Espèce de malpoli(e)/d'abruti(e) !
- Idiot(e) !

Affiches de la Ville de Nancy et de la Métropole du Grand Nancy

# GRAMMAIRE > le discours rapporté au présent et au passé

Cahier unité 9 d'activités

## ÉCHAUFFEMENT

**1 Lisez les phrases suivantes.**

**a** | Yoshiko Inaï nous a précisé que Green Bird était né en 2003 dans le quartier d'Omotésando.

**b** | Yuma nous glissait que la propreté était quelque chose de presque culturel chez eux.

**c** | Il nous disait qu'ils y étaient sensibilisés dès l'école primaire et que des heures de nettoyage étaient même incluses dans les emplois du temps.

**d** | « Cela n'a rien changé », constate Thierry.

**e** | « L'idée est bien plus de marquer les esprits, de susciter la curiosité des passants », explique Yoshiko Inaï.

**f** | L'un d'entre eux m'a interpellée en me demandant si c'était moi qui venais de poser le livre.

**g** | C'est là qu'il m'a expliqué que c'était interdit, que c'était un dépôt illégal et que donc j'allais être verbalisée.

**2 Quelles sont celles :**

**a** | au discours direct ?

**b** | au discours rapporté ?

**3 Pour chaque phrase au discours rapporté, relevez les verbes utilisés.**

## FONCTIONNEMENT

### Le discours rapporté

**Quelle est la construction des phrases au discours rapporté ?**

- Pour rapporter les paroles de quelqu'un, **on utilise un verbe dit « introducteur ».**

La phrase au discours rapporté se compose toujours comme suit :

**Verbe introducteur + mot introducteur + phrase**

*Elle **dit que** ça marque les esprits.*

| Le discours rapporté : les transformations | | |
|---|---|---|
| **Discours direct** | | **Discours indirect** |
| • **Les phrases affirmatives :** phrases **d**, **e** | → | • **Verbe introducteur** + **que** : phrases **a, b, c, g** |
| • **Les questions fermées :** réponse oui/non | → | • **Demander + si :** phrase **f** |
| • **Les questions ouvertes : où, quand, comment...** *Où mets-tu les déchets ?* | → | • **Demander + mot interrogatif** *Il m'**a demandé où** je mettais les déchets.* |
| • **Les questions avec : que, quoi, qu'est-ce que** *Qu'est-ce que tu en penses ?* | → | • **Demander + ce que** *Elle m'**a demandé ce que** j'en pensais.* |
| • **L'impératif** *Ramassez les sacs !* | → | • **Verbe introducteur + de + verbe à l'infinitif** *Vous **avez dit de ramasser** les sacs.* |

- **Quelques verbes introducteurs courants : dire, ajouter, affirmer, confirmer, annoncer, déclarer, constater, préciser, avouer, souligner, rapporter**... + **que**

***REMARQUE***

Les verbes **demander** et **vouloir savoir** rapportent **toujours** une question :

- **demander/vouloir savoir** + **si**...
- **demander/vouloir savoir** + **qui/où/comment/pourquoi**...
- **demander/vouloir savoir** + **ce que**...

***Attention !***

N'oubliez pas de faire les changements quand vous passez du discours direct au discours rapporté :

- **La ponctuation :** les points d'interrogation, d'exclamation et les guillemets sont supprimés au discours rapporté.

*Je lui ai dit **: «** Ne viens pas **! »** → Je lui ai dit de ne pas venir.*

- **Les pronoms sujet et complément, et les adjectifs possessifs changent.**

*Il m'a confirmé : « **Je** serai présent à **ton** exposé. » → Il m'a confirmé qu'**il** serait présent à **mon** exposé.*

## La concordance des temps au discours rapporté

**Quand le verbe introducteur est à un temps du passé (passé composé, imparfait ou plus-que-parfait), les transformations suivantes s'opèrent :**

| | | |
|---|---|---|
| **Présent**<br>*Ils **se réunissent** chaque mois.* | → | **Imparfait**<br>*Ils m'**ont dit** qu'ils **se réunissaient** chaque mois.* |
| **Passé composé**<br>*J'**ai ramassé** trois sacs.* | → | **Plus-que-parfait**<br>*J'**ai précisé** que j'**avais ramassé** trois sacs.* |
| **Futur simple**<br>*Elle **ira** à la collecte demain.* | → | **Conditionnel présent**<br>*Elle m'**a dit** qu'elle **irait** à la collecte demain.* |
| **Imparfait**<br>*Il y **avait** des poubelles ?* | reste | **Imparfait**<br>*Ils m'**ont demandé** s'il y **avait** des poubelles.* |
| **Conditionnel présent**<br>*Les affiches **seraient** efficaces.* | reste | **Conditionnel présent**<br>*Il nous **a affirmé** que les affiches **seraient** efficaces.* |

## ENTRAÎNEMENT

**4 Choisissez la forme correcte du verbe.**

a | La mairie a annoncé qu'elle *sanctionne / allait sanctionner / sanctionnera* tous les contrevenants.

b | Ils ont voulu savoir avec qui le collectif *avait collaboré / collabore / collaborera* à la rénovation.

c | Le comité a demandé s'il y *avoir / avait / a eu* de nouvelles dégradations.

d | Alex m'a dit qu'il y *aurait / aura / a eu* une nouvelle séance la semaine prochaine.

e | Jeanne lui a répondu qu'ils d*evront / devraient / devaient* faire des efforts.

f | L'école a demandé à tout le monde de *participer / participerait / participait* à la collecte.

**5 Complétez avec le verbe introducteur qui convient. Plusieurs réponses sont possibles.**

a | Il ...... à la presse qu'il allait effacer toutes les fresques de la ville.

b | Elle ...... si je voulais participer à la campagne de sensibilisation.

c | Je ...... par mail que je participerais à la séance d'information sur la propreté dans la ville.

d | Elle ...... par lettre qu'elle ne voulait pas payer l'amende pour dépôt sauvage de ses sacs-poubelle.

e | Ils ...... que vous aviez dégradé la façade et que vous regrettiez.

f | Gabrielle ...... comment ils avaient réussi à mobiliser tout le monde.

**6 Réécrivez ces phrases au discours rapporté.**

a | Il a dit : « Ramasse ton mégot de cigarette et tes papiers, et jette tout à la poubelle. »

b | Tu lui as annoncé : « Nous devrons faire une campagne de sensibilisation auprès des enfants. »

c | Vous m'avez demandé : « À quelle heure peut-on sortir les poubelles ? »

d | Elle m'a demandé : « Tu as vu les affiches de prévention contre les dépôts illégaux de déchets ? »

e | J'ai promis : « Je vais installer trois poubelles pour faire le tri de mes déchets. »

f | Le maire avait affirmé : « La ville deviendra un espace propre pour tous ! »

## PRODUCTION ORALE

**7 Vous rapportez à un(e) ami(e) cette conversation que vous avez eue avec Maelle.**

– Hier, Maelle m'a envoyé un message. Elle ...

# VOCABULAIRE > la propreté en ville

Cahier unité 9 d'activités

## Les incivilités

bousculer
cracher
le débris de verre
le déchet
la déchetterie
dégrader
le dépôt sauvage
le détritus
les égouts *(m.)*
le graffiti
les immondices *(f. pl.)*
jeter un chewing-gum par terre
le mégot de cigarette
les ordures *(f.)*
le plastique
la pollution visuelle, sonore
la publicité
la saleté
le tag, taguer

## PRODUCTION ORALE

**1 Quelles sont les incivilités que vous supportez le moins ? Pourquoi ?**

## Les sanctions

l'amende *(f.)*
la contravention
être verbalisé(e)/verbaliser
mettre/recevoir une amende
sanctionner
le travail d'intérêt général

## Les initiatives

l'affiche *(f.)*
la bonne/la mauvaise pratique
la collecte des poubelles
le collectif citoyen
déposer
éduquer
faire une campagne de sensibilisation
initier, lancer un projet
marquer les esprits
le mouvement
l'opération *(f.)* de nettoyage *(m.)*
se retrousser les manches

**2 Complétez le texte avec les mots de la liste précédente.**

Le ...... du quartier nord veut proposer de ...... pour éduquer les enfants. On a collé une ...... pour inviter tout le monde, parents, enfants et professeurs, à une grande ...... samedi prochain, à 10 heures du matin, dans le quartier de l'école.

## Les personnes

l'agent *(m.)* de nettoyage *(m.)*
le/la contrevenant(e)
l'éboueur *(m.)*
la municipalité
le policier/la policière municipal(e)
le/la volontaire

**3 Associez au moins deux actions aux personnes suivantes.**

**a** | Le contrevenant
**b** | Le policier municipal
**c** | Le volontaire

## Les objets

le balai
la pince
la poubelle
le sac plastique
le sac-poubelle

## *Expressions*

le nettoyage de printemps
à ras bord

**4 Quels verbes correspondent aux mots suivants ?**

**a** | balai
**b** | collecte
**c** | nettoyage

# PHONÉTIQUE

## « Le centre-ville est là ? »

**1 Écoutez. Quelle réaction associez-vous à chaque phrase ?** 57

surprise ; affirmation ; incrédulité ; insistance ; interrogation

### Les courbes intonatives

En plus des deux intonations de base (montante et descendante), il existe en français plusieurs autres intonations qui permettent de nuancer le sens de ce que l'on dit et d'exprimer ses émotions.

**2 Interprétation. À tour de rôle, prononcez les phrases suivantes en variant les intonations. Vérifiez en écoutant l'enregistrement.** 58

**a** | Il a réussi.
**b** | Elle est malade.
**c** | On ferme le centre commercial.
**d** | Tu y arrives.
**e** | Il passera nous voir.

**3 Écrivez et interprétez un court dialogue en respectant le modèle suivant. Variez les bonnes et les mauvaises nouvelles.** 59

A : *(annonce une nouvelle)* – J'ai eu mon permis.
B : *(répète, incrédule)* – Tu as eu ton permis ?
A : *(insiste)* – Si, si, j'ai eu mon permis !

# CIVILISATION

## D Le neuvième art à ciel ouvert

La genèse du Parcours BD remonte au début des années 90. La Ville de Bruxelles a mené une lutte ferme contre les grandes affiches publicitaires enlaidissant le centre-ville. Ces affiches, une fois retirées, donnaient à voir des façades délabrées qu'il fallait restaurer. C'est dans ce contexte qu'a été réalisée la première fresque BD. Il s'agit du personnage Broussaille, du Bruxellois Frank Pé, dans le quartier Plattesteen. L'initiative était belle : croiser l'art et la rénovation urbaine, et a permis de consacrer dans un premier temps quelques auteurs bruxellois sur les murs de la capitale. Au fil des années, le Parcours s'est développé, des auteurs non bruxellois mais belges ont collaboré... Et puis des auteurs étrangers – Hugo Pratt, Zep, Dupuy-Berberian, Uderzo, Mezzo, pour ne citer qu'eux – s'inscrivant dans le vaste héritage de la bande dessinée franco-belge. De Tintin à Spirou en passant par Corto Maltese, Lucky Luke, Yoko Tsuno, Natacha, Astérix... Ce sont aujourd'hui quelque soixantaine de personnages que vous pourrez admirer au détour d'une promenade qui vous fera sortir des sentiers touristiques et découvrir les petites rues authentiques et pleines de charme de Bruxelles.

Afin de refléter plus justement le monde de la bande dessinée actuelle, le Parcours BD se modernise, mettant également à l'honneur la bande dessinée d'auteur avec des artistes comme Nix, Dominique Goblet, Brecht Evens.

www.bruxelles.be/parcours-be

### COMPRÉHENSION ÉCRITE

***Entrée en matière***

**1** Comment est-il possible d'embellir une ville ?

***Lecture***

**2** Pour quelle raison la ville de Bruxelles a-t-elle décidé de faire réaliser la première fresque BD ?

**3** Qui est le personnage choisi pour la première grande peinture murale ?

**4** Quel double objectif cette fresque a-t-elle atteint ?

**5** Quels auteurs sont maintenant représentés ?

**6** Quel est l'intérêt touristique du parcours BD ?

**7** Comment ce parcours est-il sorti de la BD traditionnelle ?

### PRODUCTION ORALE

**8** Que pensez-vous de l'initiative de la ville de Bruxelles ?

## E Déplacez les musées dans votre rue !

Coup de cœur pour Outings project ! Un projet initié par Julien de Casabianca qui a pour objectif de mettre en lumière et de sortir de l'anonymat les œuvres oubliées de nos musées.

Coordinateur du Laboratoire de la Création (un réseau international de résidences d'artistes et de lieux de création), mais aussi artiste visuel, auteur, réalisateur, directeur de la photographie, monteur et producteur, Julien de Casabianca a lancé fin août 2014 le projet mondial participatif Outings.

Il suffit de photographier avec votre téléphone une œuvre oubliée dans un musée, de l'imprimer, puis de la coller dans la rue de manière anonyme. Aujourd'hui Paris, Londres, Madrid, Barcelone, Dijon... Demain toutes les grandes métropoles, et votre ville si vous le décidez.

www.street-art-avenue.com

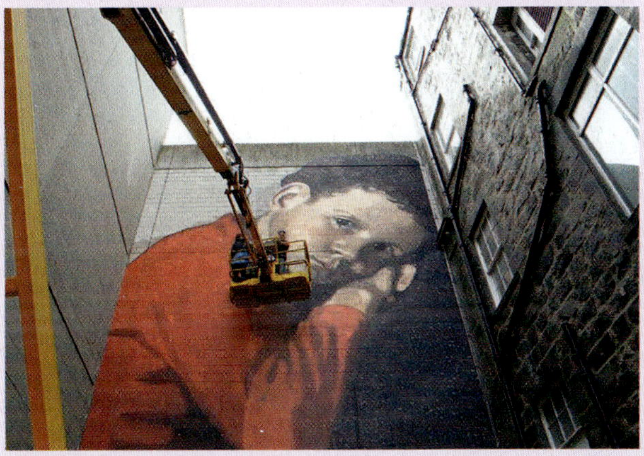

### COMPRÉHENSION ÉCRITE

**1** Quel est le but du projet de Julien de Casabianca ?

**2** Quelles sont ses professions ?

**3** Quel est le principe de ce projet ?

### PRODUCTION ÉCRITE >>> DELF

**4** Vous avez lu sur un blog le commentaire suivant : « L'art devrait uniquement être admiré dans des musées ou des galeries ! » Vous réagissez en exprimant votre opinion (180 mots).

### Drôle d'expression !

**« Un village ne se différencie de la ville que parce que celle-ci a des remparts. »** (proverbe alsacien)

→ Comment vous représentez-vous un village ? Et une ville ?

→ Pourquoi construit-on des remparts ?

→ Que signifie cette expression? En existe-t-il une similaire dans votre langue ?

# DOCUMENTS

## F La ville pour tous

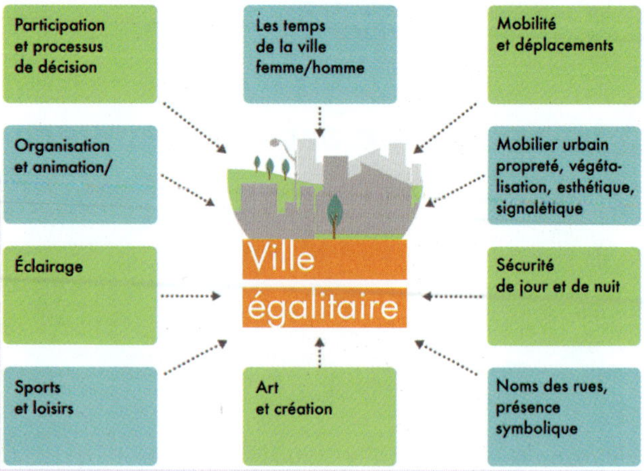


**Pour une ville plus égalitaire, à l'attention de tous !**
Quelques pistes de réflexion pour les urbanistes et les personnes en charge de l'aménagement de l'espace public, mais aussi pour les habitants, concernant :
- l'architecture et les constructions urbaines,
- le vivre-ensemble.

**Pourquoi les municipalités devraient-elles se poser ces questions ?**
Les utilisateurs de l'espace public font partie de catégories de population différentes (liées au sexe, à l'âge…). Ce qui signifie que chacun :
- se déplace de manière différente ;
- fréquente des lieux différents ;
- est confronté à des difficultés différentes.

**Dans quel but ?**
Rendre la ville attractive, égalitaire et accessible à toutes et à tous.

**Quelles questions les municipalités doivent-elles se poser ?**
- Tous les citoyens participent-ils au processus décisionnel de leur ville ?
- Les déplacements sont-ils facilités pour toutes les catégories de citoyens ?
- Comment l'équipement urbain est-il pensé pour apporter un bien-être à toutes et à tous ?

https://api-site.paris.fr

### COMPRÉHENSION ÉCRITE

***Entrée en matière***

**1** À quoi le concept de « ville égalitaire » vous fait-il penser ?

***Lecture***

**2** Quel est l'objectif de ce document ? À quel public s'adresse-t-il ?

**3** Quels sont les catégories d'habitants mentionnées ? Complétez la liste.

**4** Quelles conséquences cela a-t-il dans la gestion de l'espace urbain ?

**5** Quel est l'objectif pour les municipalités ?

### PRODUCTION ORALE

**6** À partir des domaines cités dans l'image, quelles propositions feriez-vous pour rendre la ville plus égalitaire et attractive ?

## G Bien-être des citoyens en ville

60

### COMPRÉHENSION ORALE

***Entrée en matière***

**1** Vous sentez-vous concerné(e) par le bien-être des citoyens ?

*« Trouver sa place dans l'espace public. »*

***1re écoute***

**2** Qui parle et de quoi ?

***2e écoute***

**3** Pour qui et dans quel but la brochure a-t-elle été écrite ?

**4** Quel questionnement se pose concernant les hommes et les femmes dans les villes ?

**5** Quels problèmes les personnes âgées peuvent-elles rencontrer dans l'espace public ?

**6** Quelle est la troisième catégorie de citoyens mentionnée ?

### PRODUCTION ÉCRITE >>> DELF

**7** En tant que citoyen(ne), vous n'êtes pas satisfait(e) de l'éclairage public dans votre quartier. Vous écrivez un mail de réclamation à la mairie (180 mots).

**Pour écrire un mail de réclamation**

**Commencer un mail formel**
- (Bonjour,) Madame/Monsieur,
- Depuis quelques mois, j'ai constaté que…
- Pourtant rien n'a été fait.

**Demander**
- Nous réclamons/demandons que…

**Terminer le mail**
- Cordialement/Bien à vous

# GRAMMAIRE > l'interrogation

Cahier unité 9 d'activités

## ÉCHAUFFEMENT

**1 Observez les questions suivantes. Comment sont-elles construites ?**

**a** | À qui ce guide s'adresse-t-il ?

**b** | Pourquoi les municipalités devraient-elles utiliser ce guide ?

**c** | De quoi est-ce que tu parles ?

**d** | Tous les citoyens participent-ils au processus décisionnel de leur ville ?

**e** | Est-ce qu'elles ont comme nous, les plus jeunes, un accès égalitaire à l'espace public ?

**f** | Tu vois souvent des rampes d'accès à côté des escaliers pour entrer dans des mairies ?

**g** | Les déplacements sont-ils facilités pour toutes les catégories de citoyens ?

**h** | Comment le mobilier urbain est-il pensé pour apporter un bien-être à toutes et à tous ?

## FONCTIONNEMENT

### L'interrogation

| Les questions fermées : réponse oui/non | | |
|---|---|---|
| • **Avec intonation montante**<br>**Sujet + verbe** (+ complément) + IM ?<br>***Tu prends*** *les transports publics ?* | • **Est-ce que** … ?<br>**Est-ce que + sujet + verbe** (+ complément) + ?<br>***Est-ce que tu prends*** *les transports publics ?* | • **Avec inversion du sujet et du verbe**<br>**Verbe + sujet** (+ complément) + ?<br>***Prends-tu*** *les transports publics ?* |

| Les questions avec mot interrogatif : où, pourquoi, avec qui, comment, combien… | | |
|---|---|---|
| • **Avec intonation montante**<br>**Sujet + verbe** (+ complément) + **mot interrogatif** + IM ?<br>***Elles feront*** *des transformations* ***quand*** *?* | • **Est-ce que** … ?<br>**Mot interrogatif + est-ce que** + sujet + verbe + mot interrogatif (+ complément) + ?<br>***Quand est-ce qu'****elles feront des transformations ?* | • **Avec inversion du sujet et du verbe**<br>**Mot interrogatif + verbe** + sujet (+ complément) + ?<br>***Quand feront-elles*** *des transformations ?* |

***RAPPEL***

• Dans une question avec inversion du sujet et du verbe, on ajoute un **-t** quand le verbe finit par une voyelle et le sujet commence par une voyelle.
*Où **fera-t-elle** des aménagements ?*

• Dans une question avec inversion du sujet et du verbe, le nom est repris sous forme de pronom après le verbe.
*Comment la ville prend-**elle** ses responsabilités ?*

***REMARQUES***

• Les questions avec intonation montante et les questions « est-ce que » sont plutôt d'un registre familier/standard et orales.

• Les questions avec inversion du sujet sont d'un registre soutenu.

## ENTRAÎNEMENT

**2 Transformez ces questions en questions avec inversion du sujet.**

**a** | Est-ce que tu vas répondre à l'enquête sur la notion d'égalité urbaine ?

**b** | Qu'est-ce que vous pensez de cette brochure informative ?

**c** | Où est-ce qu'on peut trouver des informations complémentaires sur cette initiative ?

**d** | Avec qui est-ce que vous avez créé cette affiche ?

**3 Transformez ces questions en questions avec inversion et reprise du sujet.**

**a** | Comment est-ce que la ville réagira après la publication ?

**b** | Avec qui est-ce que la brochure a été réalisée ?

**c** | Est-ce que la municipalité va installer des infrastructures adaptées aux handicapés ?

**d** | Quelles sanctions est-ce que les habitants risquent ?

**e** | Est-ce que le conseiller communal avait pris sa décision ?

**4 Trouvez les questions dans un registre soutenu qui correspondent aux réponses de cette interview.**

**a** | Je pense que ce projet redonnera du bien-être dans l'espace public.

**b** | Parce que je suis convaincue que cela va changer la vision que les citoyens ont de ce quartier.

**c** | Nous allons non seulement repeindre les façades, mais aussi planter des fleurs et des arbres, ainsi que changer le mobilier urbain.

### PRODUCTION ORALE

**5 Vous participez à une conférence sur le bien-être dans votre ville. Vous posez 3 questions pour connaître l'opinion :**

- de votre meilleur(e) ami(e), qui vous accompagne ;
- de votre nouveau/nouvelle voisin(e), qui est par hasard assis(e) à côté de vous ;
- du maire, qui anime une partie de la conférence.

Veillez à respecter le niveau de langue.

# H Illuminer la ville 9

**Au fait !**

Au Québec, ***video mapping*** se dit « projection illusionniste », ou encore « fresque lumineuse ».

## COMPRÉHENSION AUDIOVISUELLE

***Entrée en matière***

**1** Décrivez les effets que vous voyez sur l'image extraite de la vidéo.

***Visionnage***

**2** Qu'est-ce que B71 ?

**3** Quelle définition du *video mapping* Xavier Boeur donne-t-il ?

**4** Dans quels contextes peut-on faire appel au *video mapping* ?

**5** Dans quelle mesure le *video mapping* peut-il être comparé à la réalité augmentée ?

**6** Selon Xavier Boeur, comment le *video mapping* va-t-il évoluer vers le *video mapping* augmenté ?

**7** Quels exemples donne-t-il ?

**8** À quelles autres disciplines le *video mapping* emprunte-t-il des codes ?

## PRODUCTION ORALE

**9** Pensez-vous que ce type de spectacles de lumières soit une bonne manière de mettre en valeur le patrimoine d'une ville ?

## PRODUCTION ÉCRITE >>> DELF

**10** Vous avez assisté à un spectacle son et lumière. Vous écrivez un article pour le présenter. Vous décrivez le spectacle mais aussi les émotions ressenties (180 mots).

# I JR fait entrer le street art au musée 61

*« Ce que vous voyez là, c'est un collage. »*

## COMPRÉHENSION ORALE

***Entrée en matière***

**1** Comment peut-on rendre l'art accessible à tous ?

***1re écoute (du début à « la Cité des bosquets de Clichy-Montfermeil. »)***

**2** Comment l'artiste invité s'est-il fait connaître ? Dans quels lieux ?

**3** Quelles sont les caractéristiques principales de son travail artistique ?

**4** Quelles sont les dimensions de l'œuvre ? Combien de personnes ont été photographiées pour la réaliser ?

***2e écoute (de « JR, bonjour » à la fin)***

**5** Qu'a cherché à représenter l'artiste ?

**6** De quel autre artiste JR s'est-il inspiré ?

**7** Comment a-t-il convaincu les habitants ?

***Vocabulaire***

**8** Retrouvez dans la transcription (p. 214) les adjectifs qui décrivent la notion de « grandeur ».

## PRODUCTION ORALE

**9** Certains pensent que le street art n'a pas sa place dans les musées. Et vous, qu'en pensez-vous ?

# J Street art à Paris, suivez le guide !

**Némo, Seth, Miss Tic, Pejac… Vous ne connaissez peut-être pas ces artistes, et pourtant, si vous êtes Parisiens, vous êtes probablement passés devant leurs œuvres. À Belleville, dans le 13e arrondissement, ou encore à Montmartre, places phares de l'art de rue, des excursions spécialisées dans le street art se sont développées depuis le début des années 2010. Le phénomène prend de l'ampleur : une vingtaine d'associations organisent des visites chaque semaine, à Paris comme en banlieue. Peintures, collages, pochoirs, mosaïques : lors de ces promenades, les guides révèlent une multitude de pratiques et de styles au détour des ruelles, panneaux de signalisation, trottoirs…**

Parmi ces œuvres, certaines sont spontanées, réalisées sans l'accord des mairies, art clandestin ludique ou revendicatif qui s'épanouit la nuit à l'abri des regards. D'autres, aux vertus plus décoratives, sont des commandes de la ville ou des copropriétés. Les monumentales fresques du 13e arrondissement en sont l'exemple parfait. Toutes se sont multipliées depuis 2012 à l'initiative de la galerie Itinerrance, en coordination avec la mairie, à travers tout l'arrondissement. Depuis l'été 2016, un périmètre, sur le boulevard Vincent-Auriol, concentre une vingtaine de fresques, visibles le long de la partie aérienne de la ligne 6 du métro. Le parcours a été équipé d'un éclairage spécifique pour être visible la nuit.

**« Nouvelle attractivité »**

Obey, Invader, C215, Faile, Inti : ces grands noms du street art attirent un nouveau type de tourisme. « *Les visites se sont créées par elles-mêmes car il y a une proposition. Aujourd'hui, aucune ville ne rassemble autant d'œuvres. Ça va dynamiser tout le quartier, les commerces vont se nourrir de cette nouvelle attractivité* », s'enflamme Jérôme Coumet, maire du 13e arrondissement.

L'argument, dans cet arrondissement doté de peu de musées, est l'accessibilité. « *Il y a beaucoup plus de personnes dans le métro que dans les musées. Aujourd'hui, tous ces gens traversent une expo et non une succession de barres HLM. On dit que Paris est vieillissante, figée, là on démontre le contraire. C'est un nouveau Paris, jeune, dynamique et créatif* », résume Mehdi Ben Cheikh, fondateur de la galerie Itinerrance.

Théo Abramowitz, guide conférencier de 29 ans, travaille à son tout premier parcours sur le street art. S'il s'investit aujourd'hui dans ce nouvel exercice, après avoir œuvré au Louvre et au musée d'Orsay, puis s'être spécialisé dans les visites insolites de quartier, c'est parce qu'il sent que le public en est friand. « *Depuis quelques mois, il y a une grosse demande. Les Français prennent conscience du fait que le street art est un vrai courant artistique, qu'il y a des choses à voir et à comprendre, autant que dans un musée* », affirme le Parisien. Le public est majoritairement jeune – mais pas uniquement – et se compose de personnes venant de province, de région parisienne, et quelques-unes sont même des Parisiens qui veulent redécouvrir leur ville.

Alexis Perché, *Le Monde*, 23 mars 2017.

## COMPRÉHENSION ÉCRITE

### *Entrée en matière*

**1** Pensez-vous que les municipalités doivent financer des œuvres de street art ?

### *1re lecture (du début à la ligne 13)*

**2** Quel est le sujet de l'article ?

### *2e lecture (en entier)*

**3** Quelles sont les deux catégories d'œuvres présentées dans l'article ?

**4** Qui a eu l'idée de demander à des artistes de réaliser des fresques ?

**5** Grâce à quel système peut-on admirer les fresques pendant la nuit ?

**6** Quels bénéfices les œuvres et les visites vont-elles avoir ?

**7** Quelle image de la ville ces œuvres donnent-elles ?

**8** Pourquoi Théo Abramowitz s'est-il spécialisé dans les visites insolites de quartier ?

**9** Quel type de public est attiré par le street art ?

### *Vocabulaire*

**10** Relevez les mots relatifs à l'art.

**11** Retrouvez dans le chapeau de l'article les mots ou expressions correspondant aux définitions suivantes :

a | des lieux très connus, très importants, qui attirent

b | se développe

c | des petites rues

## PRODUCTION ÉCRITE >>> DELF

**12** Vous avez fait la visite guidée proposée par Théo Abramowitz. Vous décrivez vos impressions sur le forum du site de la mairie du 13e arrondissement de Paris et expliquez pourquoi vous pensez que c'est une bonne initiative (180 mots).

# GRAMMAIRE > les indéfinis (la quantité)

Cahier d'activités unité 9

## ÉCHAUFFEMENT

**1 Observez les mots en gras. Lesquels expriment :**
- **une quantité nulle ?**
- **une quantité individuelle ?**
- **une quantité indéterminée ?**
- **la totalité ?**

a | Parmi ces œuvres, **certaines** sont spontanées.
b | **Tous** ces gens traversent une expo et non une succession de barres HLM.
c | Toutes se sont développées à travers **tout** l'arrondissement.
d | **Chacun** a dû décider de ce qu'il était.
e | **Aucune** ville ne rassemble autant d'œuvres.
f | Ça va dynamiser **tout** le quartier.
g | Depuis **quelques** mois, il y a une grosse demande.
h | Juste de représenter **toute** cette diversité.
i | **Quelques-unes** sont même des Parisiens qui veulent redécouvrir leur ville.
j | On retrouve l'unité de **chacun** dedans.
k | Après **quelques** semaines passées dans le très tendance Palais de Tokyo…

## FONCTIONNEMENT

### Les indéfinis

**2 Classez les phrases précédentes dans le tableau.**

| Quantité | Adjectifs indéfinis | Pronoms indéfinis |
|---|---|---|
| Nulle → | Phrase(s) **e**, …… | Phrase(s) …… |
| Individuelle → | Phrase(s) …… | Phrase(s) …… |
| Indéterminée → | Phrase(s) …… | Phrase(s) …… |
| Totalité → | Phrase(s) …… | Phrase(s) …… |

**3 Complétez les règles grâce au tableau suivant.**

| Adjectif + nom | Pronom |
|---|---|
| aucun/aucune | aucun/aucune |
| chaque | chacun/chacune |
| certains/certaines | certains/certaines |
| quelques | quelques-uns/quelques-unes |
| tout le/toute la | tout/toute |
| tous les/toutes les | tous/toutes |

Les indéfinis **aucun(e)** et …… s'emploient uniquement au singulier.
Les indéfinis …… et …… s'emploient uniquement au pluriel.
Les indéfinis **tout**, ……, …… et …… s'accordent avec le nom et varient en genre et en nombre.

***RAPPEL***
Avec l'utilisation d'**aucun**, n'oubliez pas le **ne** de la négation.
*Je **n'**ai vu **aucune** œuvre intéressante.*

***Attention à la prononciation !***
- On ne prononce pas le **-s** final de **tous** quand il est adjectif.
*__Tous__ les habitants sont impliqués dans cette campagne.*
- On prononce le **-s** final de **tous** quand il est pronom.
*Ils sont __tous__ impliqués.*

## ENTRAÎNEMENT

**4 Complétez avec *tout*, *toute*, *tous* ou *toutes*.**
a | …… les fresques sont vraiment monumentales.
b | Ils ont fini de peindre …… la façade hier.
c | Tu as vu les derniers spectacles son et lumière de la ville ? Ils sont …… grandioses.
d | …… va bien avec la réalisation de l'installation artistique ?
e | J'ai vu les œuvres de mon cousin hier. Elles étaient …… présentées au centre artistique.

**5 Choisissez l'indéfini qui convient.**
a | J'ai vu *certaines / toutes* œuvres intéressantes mais *aucune / quelques-unes* n'étaient pas à mon goût.
b | L'artiste n'a utilisé *toute / aucune* technique moderne pour cette murale.
c | La mairie a décidé de mettre en valeur *aucune / chaque* fresque de l'arrondissement.
d | *Quelques / Aucun* artistes ont été conviés pour le festival qui va se dérouler *chaque / tout* le week-end prochain.
e | *Aucun / Chaque* photographe n'était encore allé dans cette banlieue pour faire leurs portraits.

## PRODUCTION ORALE

**6 Votre municipalité a mis en place différentes initiatives pour améliorer le bien-être dans votre ville. Vous les commentez sur le modèle suivant :**
- projections lumineuses : *J'ai trouvé certaines projections sympas mais quelques-unes manquaient totalement d'intérêt.*
- bancs colorés dans les parcs
- boîtes à livres
- skatepark

# VOCABULAIRE > le bien-être en ville, l'art urbain

Cahier d'activités unité 9

## La ville

l'arrondissement *(m.)*
la banlieue
les barres *(f.)* HLM
le bâtiment
le centre-ville
l'espace *(m.)* urbain
la façade
l'immeuble *(m.)*
la mairie
le monument
la périphérie
le quartier
la ruelle
le trottoir
la zone résidentielle

**1 Retrouvez dans la liste précédente :**
**a** | les constructions
**b** | les zones à l'extérieur de la ville

## L'équipement

le banc
l'éclairage *(m.)* public
l'infrastructure *(f.)*
le lampadaire
le mobilier urbain
le panneau de signalisation
la rampe d'accès
le transport public

## L'organisation

l'architecture *(f.)*
le bien-être
le déplacement
embellir la ville
le handicap
la mobilité
la sécurité
le trajet
l'urbanisme *(m.)*
la végétalisation

**PRODUCTION ORALE**

**2 Décrivez votre quartier en reprenant des éléments des listes précédentes.**

## Les décisions

le débat public
la participation citoyenne
le processus de décision
le référendum

**PRODUCTION ORALE**

**3 Sur quels sujets importants pensez-vous que les habitants d'une ville devraient être consultés ?**

## L'art urbain

la bombe de peinture
le collage
l'exposition *(f.)*
la fresque
la galerie d'art
le graffiti
l'installation *(f.)* artistique
la mosaïque
la murale
le parcours
le pinceau
le pochoir
la projection vidéo
la réalité augmentée
le rouleau à peinture
le spectacle de rue
le spectacle son et lumière

**4 Classez les mots de la liste précédente selon les catégories suivantes :**
**a** | lieux
**b** | matériel
**c** | œuvres
**d** | techniques

## Les personnes

l'architecte *(f. / m.)*
l'artiste *(f. / m.)* de rue
le citoyen, la citoyenne
le conseiller municipal, la conseillère municipale
le graffeur
le/la graphiste
l'habitant(e)
le maire, la mairesse
l'urbaniste *(f. / m.)*

**5 Complétez ce texte avec des mots des listes précédentes.**
Le conseil municipal a fait appel à un artiste connu dans le monde de la peinture urbaine. Muni de son ......, il a réalisé de grandes ...... murales afin d'embellir les façades tristes du centre. Pour mettre encore plus en valeur son travail, des ...... très colorées seront réalisées par des graphistes. Au final, le ...... sera enchanté par le spectacle.

## La description

accessible
clandestin(e)
décoratif, décorative
égalitaire
éphémère
esthétique
gigantesque
illusionniste
ludique
lumineux, lumineuse
monumental(e)
poétique

**6 Retrouvez de quels noms viennent les adjectifs de la liste précédente.**
Exemple : *accessible* → *l'accès*

# EN DIRECT SUR rfi SAVOIRS

## K Street art ou graffitis : vandalisme ou expression artistique ? 62

### COMPRÉHENSION ORALE

***Entrée en matière***

**1 Qu'est-ce qu'un graffiti ?**

***1re écoute (en entier)***

**2 Dans ce document, on entend la journaliste qui :**
a | présente le thème de l'émission.
b | fait le portrait d'un invité.
c | donne la parole à un artiste.
d | rapporte des témoignages d'auditeurs.

*« Longtemps les graffitis sur les murs ont été considérés comme du vandalisme. »*

***2e écoute (du début à « ont transformé nos villes. »)***

**3 Comment la journaliste appelle-t-elle ses auditeurs ?**

**4 À part des graffitis, que peut-on voir sur les murs de nos villes ?**

**5 À quoi voit-on que le street art est devenu un art comme un autre ?**

Une activité complémentaire sur **savoirs.rfi.fr**

***3e écoute (de « Alors beaucoup de messages » à la fin)***

**6 Retrouvez l'opinion des personnes qui témoignent.**

| | |
|---|---|
| a \| Ti Diane | 1 \| Le street art n'est pas toujours politiquement correct. |
| b \| Jackys | 2 \| Un artiste doit exposer dans une galerie et pas dans la rue. |
| c \| Joseph | 3 \| Le street art rend les villes plus belles. |
| d \| Anne | 4 \| Le street art est acceptable quand ça donne une bonne image d'un quartier. |

***Vocabulaire***

**7 Retrouvez dans la transcription (p. 214) un équivalent des expressions suivantes :**
a | terminée
b | la gloire
c | très cher
d | la frontière de l'interdit
e | durement puni

### PRODUCTION ÉCRITE

**8 Présentez un artiste de street art dans un petit texte.**

## L'ESSENTIEL GRAMMAIRE

**1 Le discours direct et le discours indirect. Transformez ces phrases au discours rapporté.**
a | Elle voulait savoir : « Tu veux m'accompagner voir l'installation artistique ? »
b | Nous avons répondu : « Il est indispensable d'améliorer l'accès à l'immeuble. »
c | Ils ont annoncé : « Les contraventions seront revues à la hausse. »
d | Tu m'as demandé : « Aide-moi à ramasser les mégots dans le parc près de la maison. »
e | Il lui a demandé : « Qu'est-ce que tu as pensé de cette brochure d'infos ? »
f | Je lui avais recommandé : « Fais le parcours BD dans le centre. »
g | Vous aviez demandé : « Pourquoi la brochure sera-t-elle disponible seulement en juin ? »
h | Elles t'ont affirmé : « Nous devrions faire plus de séances d'information. »
i | On m'a conseillé : « Mets plus de propositions sur la table. »

**2 L'interrogation. Transformez ces questions en questions avec inversion et, si besoin, reprise du sujet.**
a | Vous avez visité le nouveau musée d'art moderne ?
b | Quand est-ce que nous devons sortir les poubelles de l'immeuble ?
c | Avec quelle galerie est-ce que cet artiste célèbre va collaborer ?
d | Est-ce que la municipalité va développer le réseau de transport en commun ?
e | Qu'est-ce que le maire pense de ce parcours de street art ?
f | Est-ce que l'installation artistique a plu au public ?
g | Où est-ce que la nouvelle fresque sera réalisée ?
h | Pourquoi est-ce que les éboueurs passent seulement deux fois par semaine ?
i | Depuis combien de temps est-ce que ce musée est ouvert ?

# ATELIERS

## 1 CRÉER UN DÉPLIANT POUR LA SEMAINE DE LA PROPRETÉ

*Vous allez créer un dépliant pour la semaine de la propreté.*

### *Démarche*

*Formez des groupes de trois ou quatre.*

#### 1 Préparation

- Vous listez toutes les actions que vous pourriez mener pour attirer l'attention du public sur l'importance de garder sa ville propre (par exemple : distribution de sacs réutilisables, peindre les poubelles de couleurs attractives, visite des égouts de la ville, etc.).
- Vous ciblez les différents publics que vous voulez toucher.

#### 2 Réalisation

- Vous allez prendre une feuille de format A3 et créer un dépliant.
- Vous donnez un nom à cette initiative et vous imaginez un slogan. Essayez de faire un jeu de mots.
- Chaque page reprend une action spécifique à mener. Pour chacune, vous indiquez les lieux et heures des activités ainsi que le public visé et pourquoi.
- Enfin, vous détaillez tous les bénéfices qu'apporte chaque action et son impact positif potentiel sur la ville.

#### 3 Présentation

- Vous présentez votre dépliant au reste du groupe et détaillez chaque activité que vous proposez.

## 2 CRÉER UN PARCOURS DE *VIDEO MAPPING*

ATELIER TECH'

*Vous allez créer un parcours de* video mapping *afin de mettre en avant des œuvres de street art de votre ville et d'embellir les couloirs de votre école.*

### *Démarche*

*Formez des groupes de deux ou trois.*

#### 1 Préparation

- Chaque groupe fait un travail de recherche sur les œuvres de street art de la ville en faisant des recherches sur internet et des repérages sur le terrain.
- Vous pouvez décider d'un thème commun pour vos œuvres choisies.

#### 2 Réalisation

- Vous allez prendre en photo et/ou filmer plusieurs œuvres avec votre téléphone : graffitis, tags, collages, installations artistiques…
- Vous pouvez aussi filmer ou photographier les bâtiments alentour.
- Grâce à un logiciel ou à une application de montage vidéo, vous pouvez ajouter des commentaires, et réaliser des effets (fondus entre chaque photo, par exemple…).

#### 3 Présentation

- Vous connectez votre téléphone à un vidéoprojecteur, et vous projetez votre *video mapping* sur les murs de votre école.

# DÉTENTE

## A Les mots croisés de la ville

**Placez dans la grille les mots qui correspondent aux définitions.**

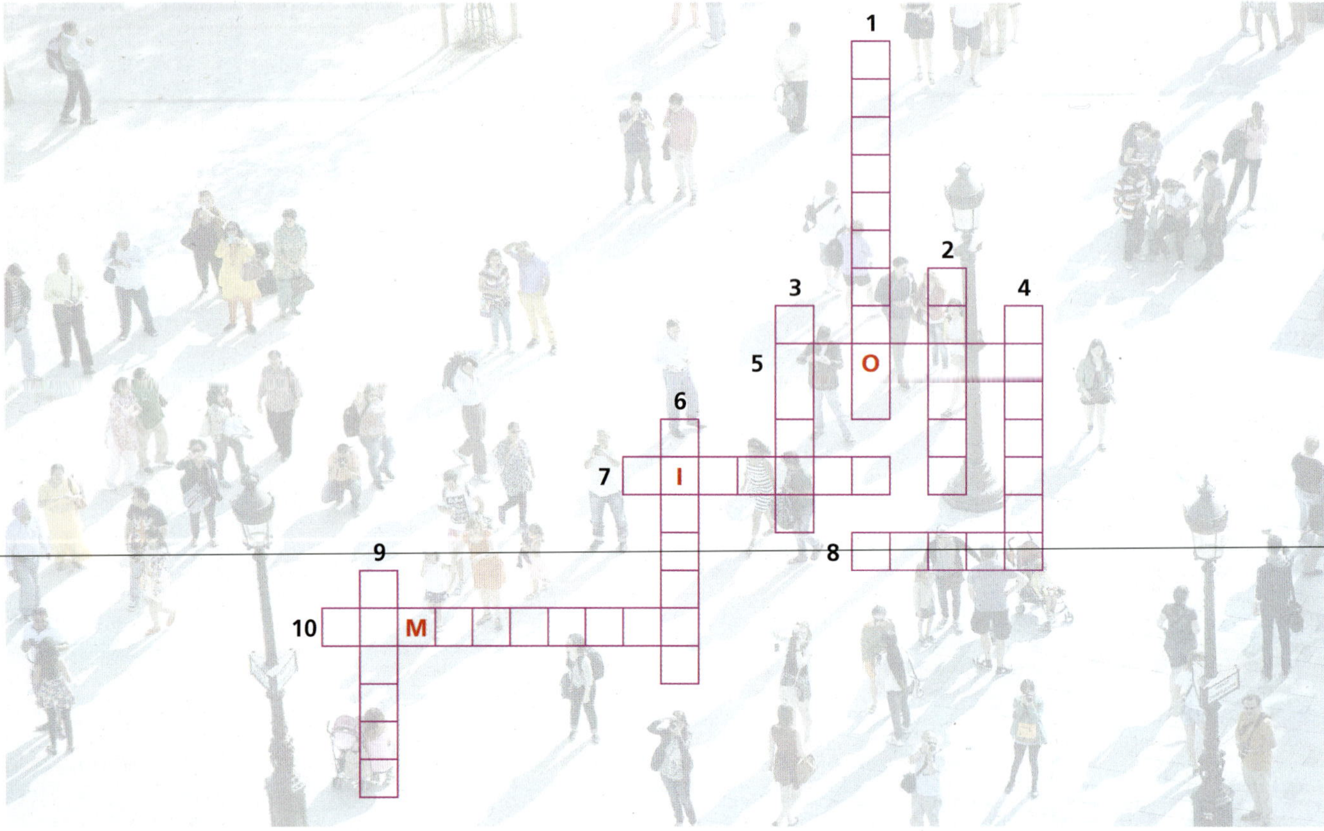


### Horizontal

**5.** Il ramasse les poubelles.
**7.** Un objet utilisé pour peindre.
**8.** Le chef de la ville.
**10.** Il éclaire les rues.

### Vertical

**1.** Un événement où on peut voir des œuvres d'art.
**2.** Une sanction financière.
**3.** Ce qu'on ne garde pas après utilisation.
**4.** Une grande œuvre picturale.
**6.** Il participe à la vie du pays, de la ville.
**9.** Le contraire de la propreté.

## B Imaginez votre ville idéale !

- Organisation de la ville
- Transports privilégiés
- Espaces verts
- Services à la population
- Culture

# SOIF D'APPRENDRE

### Objectifs

- Parler de ses études
- Exprimer son inquiétude, ses souhaits
- Exprimer la cause et la conséquence
- Exprimer la confiance et la méfiance

> *« Étudie, non pour savoir plus, mais pour savoir mieux. »*
> Sénèque (philosophe du Ier siècle)

# A Mes études en France

**Loredana Hoza, étudiante roumaine en philosophie de l'Universitatea Tehnica din Cluj-Napoca, a passé un semestre de sa licence à l'université de Bourgogne (uB) dans le cadre du programme Erasmus. Retour sur son expérience.**

« J'ai décidé de partir à l'étranger car je voulais connaître un autre système universitaire. Je voulais également découvrir un nouveau pays et voir si j'étais capable de me débrouiller toute seule loin de ma ville où je menais une vie ordinaire au quotidien.
La France était un choix spontané qui m'a permis d'améliorer mon niveau de langue et valoriser ainsi mon CV. En arrivant j'avais un niveau débutant, ce qui fait que j'étais capable de comprendre mais je ne pouvais pas beaucoup m'exprimer. Une fois sur place j'ai été obligée de parler français et j'ai donc fait beaucoup de progrès. Là je comprends quasiment tout et je n'ai plus peur de m'exprimer à l'oral ! »

**Intégration dans une nouvelle université**
« Je ne savais pas si j'allais m'habituer à ma nouvelle vie étudiante et j'ai eu peur de me sentir rejetée par mes collègues ou par les étudiants dans ma résidence. Et j'avais surtout peur de ne pas réussir mes examens à cause de mon faible niveau de français car je les passais comme une étudiante normale. La majorité des professeurs étaient gentils et ouverts d'esprit mais il y en avait aussi d'autres qui n'étaient pas très compréhensifs avec les étudiants Erasmus. Étant donné que je suis perfectionniste, les examens avaient rendu ma vie stressante et difficile. Mais je les ai tous réussis et parfois avec de très bonnes notes. J'ai réussi à surmonter la barrière de la langue et, en conséquence, j'ai pu m'intégrer dans mon nouvel environnement. Les cours à l'UB m'ont beaucoup aidée à m'améliorer en français. Mon cours préféré était « Éthique, sciences et société » (bioéthique) car nous abordions des thèmes d'actualité qui nous permettaient de réfléchir et de débattre sur des questions complexes.

**Tes projets pour le futur ?**
« Je voudrais finir mes études et travailler en tant que professeur. Actuellement je travaille en tant qu'enseignante de langue et littérature, et j'étudie en même temps.
Mon séjour Erasmus m'a beaucoup aidée à intégrer mon master 1, sans parler de la valeur ajoutée dans mon CV. Je conseille vivement aux étudiants de partir durant leurs études à l'étranger, il s'agit d'une expérience unique qu'on n'aura pas l'occasion de vivre plus tard ! »

ub-link.u-bourgogne.fr

## COMPRÉHENSION ÉCRITE

### *Entrée en matière*

**1** Aimeriez-vous étudier à l'étranger ? Où ?

### *1re lecture*

**2** Quelle discipline Loredana étudie-t-elle ?

**3** Pourquoi a-t-elle décidé d'étudier à l'étranger ?

**4** Quel était son niveau de français quand elle est arrivée en France ?

### *2e lecture*

**5** De quoi avait-elle peur à son arrivée ?

**6** Pourquoi le cours de bioéthique était-il son préféré ?

**7** Que lui a apporté son séjour Erasmus ?

### *Vocabulaire*

**8** Retrouvez dans le texte un équivalent des expressions suivantes :

a | non réfléchi
b | qui cherche à être parfait
c | franchir l'obstacle

## PRODUCTION ORALE

**9** Imaginez que vous allez passer un an en France. Quels seraient vos inquiétudes et vos espoirs ?

**Pour exprimer son inquiétude**
- Ça m'inquiète de ne pas trouver de logement.
- Je m'inquiète pour la rentrée universitaire.
- J'ai peur de ne pas savoir me débrouiller.
- Je me fais du souci pour mon emploi du temps.

**Pour exprimer ses souhaits**
- J'espère me faire des amis.
- J'espère que les Français me comprendront.
- Je souhaite que cette année soit exceptionnelle.

## PRODUCTION ÉCRITE >>> DELF

**10** Vous êtes en France dans le cadre d'un séjour Erasmus depuis trois mois. Vous écrivez à un(e) ami(e) pour lui décrire votre expérience. Vous parlez de votre vie quotidienne, des changements dans vos habitudes (180 mots).

## B Choisir son orientation 63

*« J'ai éprouvé le besoin de réactualiser mes connaissances. »*

### COMPRÉHENSION ORALE

***Entrée en matière***

**1** **Lisez la phrase extraite du document. Dans quel domaine auriez-vous besoin de réactualiser vos connaissances ?**

***1re écoute***

**2** **Dans ce document, Cathy parle de :**
a | son enfance.
b | son parcours universitaire.
c | la préparation de son concours.

***2e écoute***

**3** **Quel diplôme a-t-elle obtenu à l'âge de 23 ans ?**

**4** **Pourquoi n'a-t-elle pas travaillé ensuite ?**

**5** **Pourquoi a-t-elle choisi la voie de la fonction publique ?**

**6** **Qu'est-ce que l'école Ideo lui a permis de faire ?**

***Vocabulaire***

**7** **Expliquez les expressions suivantes :**
a | « Je suis titulaire d'un DEUG. »
b | « Je suis sortie du cursus scolaire. »
c | « Je suis lauréate du concours d'adjoint. »

### PRODUCTION ORALE

**8** **Vous avez décidé de changer d'orientation universitaire ou professionnelle. Qu'allez-vous faire ?**

**Pour exprimer son intention de faire quelque chose**
- Je pense apprendre le japonais.
- J'ai décidé d'étudier le grec ancien.
- C'est décidé, je me mets au sport.
- J'envisage de m'inscrire en médecine.
- J'ai l'intention de prendre un congé formation.



## C ÉTUDIER À L'ÉTRANGER

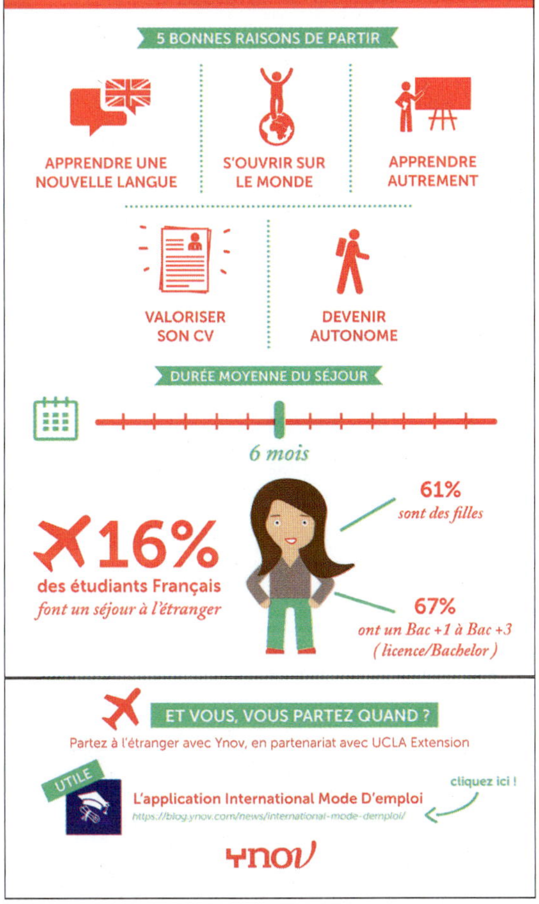


### COMPRÉHENSION ÉCRITE

**1** **Quel est l'objectif de ce document ?**

**2** **Quelle langue étrangère veulent apprendre la plupart des étudiants français ?**

**3** **Décrivez l'étudiant type qui part étudier à l'étranger.**

### PRODUCTION ORALE >>> DELF

**4** **Selon vous, quelle est la durée idéale d'un séjour d'études à l'étranger ? Pourquoi ?**

### PRODUCTION ORALE

**5** **En scène ! Un(e) de vos ami(e)s doit partir étudier à l'étranger pour son cursus universitaire mais il/elle n'est pas très motivé(e). Vous lui expliquez quels sont les avantages d'une telle expérience.**

# GRAMMAIRE > la cause et la conséquence

Cahier unité 10 d'activités

## ÉCHAUFFEMENT

**1 Dans les phrases suivantes, la partie soulignée est-elle une cause ou une conséquence ?**

**a** | J'ai décidé de partir à l'étranger car je voulais connaître un autre système universitaire.

**b** | J'avais un niveau débutant, ce qui fait que j'étais capable de comprendre les conversations simples.

**c** | J'avais peur de ne pas réussir mes examens à cause de mon niveau de français.

**d** | Étant donné que je suis perfectionniste, les examens avaient rendu ma vie stressante.

**e** | J'ai réussi à surmonter la barrière de la langue et, en conséquence, j'ai pu m'intégrer dans mon nouvel environnement.

**f** | La voie de la fonction publique est pour moi une opportunité, puisqu'elle ne demande pas d'expérience professionnelle.

**g** | J'ai éprouvé le besoin de réactualiser mes connaissances, donc j'ai cherché une école.

**h** | Grâce à la préparation, je suis aujourd'hui lauréate d'un concours.

**2 Quelles expressions expriment la cause ? Lesquelles expriment la conséquence ?**

## FONCTIONNEMENT

### L'expression de la cause et de la conséquence

**3 Complétez le tableau.**

**La cause**

| | | | |
|---|---|---|---|
| **Après les articulateurs :** | **Comme**<br>**Parce que**<br>……<br>…… | **on utilise** | **une phrase avec un verbe conjugué.**<br><br>**Exemples :**<br>***Comme*** *il était en cours, il avait éteint son téléphone.*<br>***Puisqu'****il pleut, nous devons annuler le cours de sport.* |
| | **En raison de**<br>**Étant donné**<br>……<br>…… | **on utilise** | **un nom.**<br><br>**Exemples :**<br>***Étant donné*** *mes résultats, je ne passerai pas en 2e année.*<br>*J'ai du mal à m'exprimer* ***à cause de*** *mon faible niveau de langue.* |

*REMARQUES*
- **À cause de** introduit une cause négative, et **grâce à**, une cause positive.
- **Comme** se place toujours en début de phrase.
- **Puisque** indique une cause évidente et/ou connue de l'interlocuteur.
- **Car** est plus soutenu que **parce que**.
- **Étant donné** est invariable.

**4 Complétez le tableau.**

**La conséquence**

| | | |
|---|---|---|
| **Après** | **De sorte que** + indicatif<br>**Par conséquent**<br>**Du coup**<br>**Alors**<br>**Tellement …. que**<br>……<br>…… | **on utilise une phrase avec un verbe conjugué.**<br><br>**Exemples :**<br>*Je voudrais devenir traducteur,* ***donc*** *je me suis inscrit en fac de langues.*<br>*Je suis arrivé en retard,* ***du coup*** *j'ai raté le début de l'épreuve.*<br>*Il a* ***tellement*** *étudié pour son examen* ***qu'****il est sûr de réussir.* |

*REMARQUE*
- **Du coup**, **alors** et **ce qui fait que** s'utilisent surtout à l'oral.

## ENTRAÎNEMENT

**5 Associez les éléments (plusieurs réponses possibles).**

a | Comme il n'avait pas révisé,
b | L'université est fermée
c | Grâce au e-learning,
d | Nous n'avons pas pu profiter du week-end
e | Le cours n'a pas commencé
f | Étant donné que tous les étudiants sont là,
g | Je me suis inscrite à ce cours
h | Le match interuniversitaire a été annulé
i | Je suis arrivé tellement en retard

1 | l'apprentissage est plus flexible.
2 | nous pouvons distribuer les sujets.
3 | en raison du mauvais temps.
4 | que je n'ai pas pu participer à l'épreuve.
5 | il a eu une mauvaise note.
6 | à cause de l'examen de maths.
7 | car j'ai besoin d'une remise à niveau en anglais.
8 | étant donné le faible nombre d'inscrits.
9 | puisque ce sont les vacances.

**6 Complétez le texte suivant avec des expressions de cause et de conséquence (plusieurs solutions possibles).**

...... du grand nombre d'abandons en première année, les universités vont faciliter la réorientation en cours d'année. Jusqu'ici, on ne pouvait changer de filière qu'en septembre, ...... , beaucoup d'étudiants perdaient une année et souvent ne se réinscrivaient pas l'année suivante. L'échec à l'université était ...... important ...... il fallait rendre les cursus plus flexibles. Le ministère a ...... mis en place un système de tutorat à la fin du premier trimestre. ...... cette réforme, ceux qui veulent changer d'orientation pourront demander conseil à des étudiants de 3e ou 4e année, ...... ce sont eux les mieux placés pour partager leur expérience avec les nouveaux.

**7 Complétez les phrases suivantes avec les verbes de l'encadré (plusieurs solutions possibles).**

a | L'université de Rennes en Bretagne ...... un nouveau projet éducatif.
b | Le e-learning ...... une baisse des coûts de l'enseignement.
c | Une bonne alimentation ...... les résultats universitaires.
d | Ses mauvais résultats ...... ses problèmes de concentration.
e | L'alarme à incendie ...... l'arrêt des cours.

**Pour exprimer une cause ou une conséquence avec un verbe**

| Les verbes qui expriment la cause : | Les verbes qui expriment la conséquence : |
|---|---|
| • venir de (+ nom)<br>• être à l'origine de (+ nom)<br>• s'expliquer par (+ nom) | • entraîner<br>• avoir un effet sur<br>• provoquer<br>• causer |

## PRODUCTION ÉCRITE

**8 Terminez les dialogues suivants.**

a | Le père : Il faut absolument que tu aies ton bac car ......
Le fils : Mais si je vais étudier à l'université, alors ......
b | Sarah : Nous devrions aller au cinéma étant donné que ......
Myriam : Je préférerais qu'on aille au restaurant, comme ça ......
c | Arthur : Je voudrais changer de travail puisque ......
Martha : Tu dis ça à cause ......
d | Armelle : J'ai enfin trouvé la discipline qui m'intéresse grâce à ......
Philippe : Je suis content pour toi, pour être sincère je m'inquiétais parce que ......

**9 Vous n'avez pas pu être présent(e) à l'examen de français.**
**Vous écrivez à votre professeur pour lui expliquer les raisons de votre absence.**
**Vous lui demandez s'il a une solution pour que vous puissiez repasser cet examen.**
**Vous utiliserez au moins deux expressions de cause et deux de conséquence.**

# VOCABULAIRE > les études

Cahier d'activités unité 10

## Se former

s'améliorer
être étudiant(e)
faire des études
progresser
se réorienter
suivre un cursus

**1 Compléter avec des mots de la liste précédente. Faites les modifications nécessaires.**

a | L'année dernière j'étais étudiante en sciences, mais j'ai voulu …… vers les lettres.

b | Je voulais voyager, alors j'ai décidé de …… en langues étrangères.

c | Je n'ai pas fait d'études, je …… sur le tas.

d | J'ai pris ce cours très au sérieux, c'est ce qui m'a permis de …… .

## Les qualités pour étudier

appliqué(e)
autonome
capable de s'adapter
concentré(e)
consciencieux, consciencieuse
perfectionniste
rigoureux, rigoureuse
scolaire

**2 Quelles autres qualités sont nécessaires pour réussir ses études ?**

## *Expressions*

bachoter *(fam.)*
bûcher *(fam.)*
la fac *(fam.)*
potasser *(fam.)*
sécher les cours *(fam.)*

**3 Quelles expressions sont synonymes. Expliquez-les.**

## L'université

l'amphithéâtre, l'amphi *(m.)*
la cité U
le cours magistral
la faculté, la fac
la réforme
le restaurant universitaire, le restau U
les travaux *(m.)* dirigés, les TD
les travaux pratiques, les TP

**4 À quel mot de la liste précédente correspond chaque définition ?**

a | C'est un bâtiment avec des chambres pour les étudiants.

b | C'est une cantine pour les étudiants.

c | C'est une grande salle de cours avec des gradins.

d | C'est le contraire des travaux pratiques ou dirigés.

## Les filières

l'architecture *(f.)*
l'astrophysique *(f.)*
les beaux-arts *(m.)*
la biologie
le droit
la géographie
l'histoire *(f.)*
les lettres modernes/classiques
les langues vivantes
la littérature et civilisation étrangères
la médecine
la philosophie
la physique
la psychologie
la sociologie

**5 Parmi les disciplines de la liste précédente, citez-en trois qui relèvent des sciences humaines et trois des matières scientifiques.**

## Passer des diplômes

échouer à un examen
être candidat(e) à un concours
être lauréat(e) d'un concours
être titulaire d'un master
obtenir le baccalauréat
rédiger un mémoire
réussir/rater un examen
soutenir une thèse

## Le corps enseignant

le correcteur, la correctrice
le directeur, la directrice de thèse
le formateur, la formatrice
le/la maître de conférences
le tuteur, la tutrice

**PRODUCTION ORALE >>> DELF**

**6 Racontez votre parcours scolaire et universitaire.**

# PHONÉTIQUE

## « À l'université, Ursule étudie une multitude d'inutilités »

**1 Écoutez les phrases suivantes. N'écrivez pas ! Combien de fois entendez-vous [y] dans chaque phrase ?** 64

**La prononciation de [y]**

La voyelle [y], comme dans le mot *sur*, se trouve « entre » [i] de *cire* et [u] de *sourd*. Pour vous entraîner, commencez par dire [i]. Sans vous interrompre, arrondissez progressivement les lèvres. Gardez la langue collée aux dents inférieures : Super ! Chut ! Zut !

**2 Dialogue théâtralisé. Reprenez les mots de l'encadré ainsi que le vocabulaire des phrases de l'exercice 1 et créez un mini-dialogue pour illustrer une des émotions proposées.**

Exemple : *Inquiétude.* ***A*** *: – Alors, cet examen, c'était dur ?* ***B*** *: – Ah, oui, je t'assure que ça devient de plus en plus dur !*

- Énervement
- Enthousiasme
- Déception

**3 Écoutez les questions. Notez l'élément de réponse proposé et répondez comme dans l'exemple. Travaillez par deux.** 65

Exemple : *Où cours-tu ? (cours de cuisine)*

***A*** *: – Je cours au cours de cuisine. Et toi ?* ***B*** *: – Moi, j'ai couru au cours de cuisine hier.*

## D La philo au bac, fantasmes et réalité

**Comme chaque année, le baccalauréat démarrera par l'épreuve de philosophie pour les élèves des terminales générales et technologiques. Redoutée par beaucoup, elle alimente tous les fantasmes.**

*« Dans toute la scolarité, on accumule des connaissances à restituer le jour de l'examen. En philo, c'est un peu différent car il ne faut pas seulement connaître, mais aussi penser »*, déclare Michel Eltchaninoff, rédacteur en chef de *Philosophie Magazine* et ancien enseignant. Nouveauté de cette discipline pour les lycéens (elle n'est enseignée qu'en terminale), subjectivité supposée de la notation, peur de tomber dans le hors-sujet ou de mécontenter le correcteur par des opinions qui seraient contraires aux siennes... Voilà pour les inquiétudes les plus fréquemment exprimées par les jeunes.

**La philo pour devenir citoyen**

Pas d'auteurs incontournables[1], puisque le programme de terminale précise uniquement les notions à étudier (le désir, l'art, la vérité, la société et l'État, etc.).

La réflexion de Hegel sur le travail permet ainsi de nourrir une dissertation répondant à la question : « Peut-on être heureux sans travailler ? »

La philo est certes enseignée aux adolescents ailleurs que dans l'Hexagone, mais elle occupe une place à part dans l'histoire de l'école française. *« C'est la dernière année du lycée. L'élève va devenir un citoyen et voter. L'idée est de le former à réfléchir par lui-même selon l'idéal des Lumières[2] »*, explique le responsable de *Philosophie Magazine*.

*« On a en France la conviction qu'un citoyen ne doit pas voter ou obéir aux lois sans savoir pourquoi. Il doit se poser des questions, être actif »*, ajoute-t-il. *« Le citoyen a besoin de philo pour devenir une personne autonome. »*

*Le Point*, AFP, 8/06/2016

*1. Qu'il faut absolument avoir lu ou fait. 2. Mouvement intellectuel et philosophique du XVIIIe siècle en Europe.*

### Drôle d'expression !

**« Vaut mieux apprendre sa leçon que de perdre la raison. »** (proverbe québécois)

→ **Que signifie ce proverbe d'après vous ?**

→ **Quelle est l'expression dans votre langue pour dire la même chose ?**

### Au fait !

Le **baccalauréat**, ou **bac**, est en France le diplôme passé à la fin du lycée pour pouvoir entrer à l'université.

## COMPRÉHENSION ÉCRITE

### *Entrée en matière*

**1** **Quel est l'équivalent du bac dans votre pays ? Comment se passe l'examen ?**

### *1re lecture (du début à la ligne 5)*

**2** **Lisez le titre et le chapeau. À votre avis, pourquoi l'épreuve de philosophie fait-elle peur aux élèves de terminale ?**

### *2e lecture (en entier)*

**3** **D'après Michel Eltchaninoff, quelle est la particularité de l'épreuve de philo ?**

**4** **Pourquoi les élèves connaissent-ils mal la philosophie ?**

**5** **Que dit le programme de philosophie en terminale ?**

**6** **Quel est le rôle de l'enseignement de la philosophie en France, selon Michel Eltchaninoff ?**

**7** **Pourquoi la philosophie est-elle une nécessité pour les citoyens ?**

### *Vocabulaire*

**8** **Retrouvez dans le texte un équivalent des expressions suivantes :**

a | le côté injuste
b | sortir de la thématique de la question posée
c | la France

## PRODUCTION ORALE

**9** **Dans la liste, choisissez l'un des sujets de philosophie du bac et discutez-en en groupe.**

a | L'art peut-il se passer de règles ?
b | Peut-on être sûr d'avoir raison ?
c | Le langage ne sert-il qu'à communiquer ?
d | Qu'attendons-nous de la technique ?

# E Qu'est-ce qu'un MOOC ? 66

*« Dans un MOOC, on a vraiment du travail à faire. »*

## COMPRÉHENSION ORALE

***Entrée en matière***

**1** **Savez-vous ce qu'est un MOOC ?**

***1re écoute***

**2** **Quel outil est présenté dans ce document ?**
a | un annuaire
b | un moteur de recherche
c | une plateforme d'apprentissage

***2e écoute***

**3** **Comment la chroniqueuse traduit-elle « MOOC » ?**
**4** **Quelle est la différence entre un cours en e-learning et un MOOC ?**
**5** **À quoi sert l'outil que présente la chroniqueuse ?**

***Vocabulaire***

**6** **Reformulez les phrases suivantes.**
a | Un sujet qui fait couler beaucoup d'encre.
b | On est sur des budgets plancher à 250 euros.
c | Il existe des MOOC certifiants.

## PRODUCTION ORALE

**7** **Dans quel domaine aimeriez-vous suivre un MOOC ?**

## PRODUCTION ÉCRITE

**8** **L'université de votre ville propose un MOOC pour apprendre les échecs. Vous écrivez au département d'enseignement à distance pour demander des renseignements.**

# F L'entonnoir du e-learning

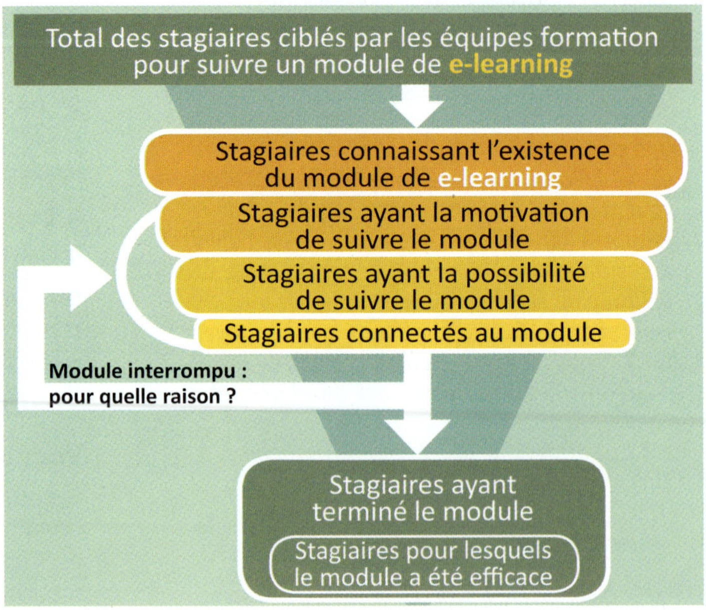


ForMetris

## COMPRÉHENSION ÉCRITE

***Entrée en matière***

**1** **Observez la forme du schéma et expliquez ce qu'est un entonnoir.**

***Lecture***

**2** **Quel est l'objectif de ce document ?**

**3** **Pour quelles raisons des stagiaires ont-ils interrompu le module ?**

## PRODUCTION ORALE

**4** **Est-ce que pour vous, le e-learning serait une méthode d'apprentissage efficace ?**

## PRODUCTION ÉCRITE >>> DELF

**5** **Vous avez participé à un MOOC organisé par l'École des beaux-arts. Vous écrivez un message sur le forum de l'école pour donner votre avis sur ce MOOC (180 mots).**

**Pour exprimer son insatisfaction**
- Je suis déçu(e) de ma note à l'évaluation.
- Le niveau de ce module est insuffisant.
- Les étudiants se sont plaints des horaires du cours.

**Pour exprimer sa satisfaction**
- Je suis (très) content(e) des MOOC de l'université de Marseille.
- Je suis (très) satisfait(e) de cet annuaire de MOOC.
- J'ai particulièrement apprécié les travaux pratiques.

# GRAMMAIRE > le participe présent

Cahier unité 10 d'activités

## ÉCHAUFFEMENT

**1 Retrouvez l'infinitif des verbes en gras.**

**a** | Un organisme qui vous donne donc une certification **attestant** que vous avez participé activement au MOOC.

**b** | La réflexion de Hegel sur le travail permet ainsi de nourrir une dissertation **répondant** à la question : « Peut-on être heureux sans travailler ? »

**c** | Les stagiaires **ayant** la motivation, ils ont pu terminer le module.

**2 Comment pourrait-on reformuler les phrases a, b et c ?**

**a** | Avec *comme* : phrase .....

**b** | Avec *qui* : phrases ...... et ......

## FONCTIONNEMENT

### Le participe présent

***Formation***

On forme le participe présent avec le radical de la 1re personne du pluriel du présent + **-ant**.

*Nous appren**ons** → **apprenant***

**Exceptions :**

- avoir → **ayant**
- être → **étant**
- savoir → **sachant**

***Emploi***

Le participe présent permet :

- de **donner un renseignement** sur quelque chose ou sur quelqu'un.

Exemple : *Sur ce site, tu trouveras les formations en ligne **donnant** un diplôme.*
(= *Sur ce site, tu trouveras les formations en ligne **qui donnent** un diplôme.*)

- d'**exprimer une cause**.

Exemple : *Le prof **étant** absent, le contrôle a été annulé.*
(= ***Comme** le prof **était** absent, le contrôle a été annulé*)

***REMARQUE***

On exprime qu'une action est antérieure à une autre avec la forme composée : **auxiliaire *être* ou *avoir* au participe présent + verbe au participe passé.**

Exemples :

*Les cours **étant finis**, nous avons fait une grande fête.*

***Ayant obtenu** un diplôme, je ne m'inquiète plus pour mon avenir.*

## ENTRAÎNEMENT

**3 Mettez les verbes suivants au participe présent.**

**a** | étudier
**b** | boire
**c** | prendre
**d** | voir
**e** | jeter
**f** | dire
**g** | réfléchir

**4 Réécrivez les parties soulignées avec un participe présent.**

Le master de géologie de l'université de Grenoble est ouvert aux étudiants <u>qui sont</u> titulaires d'une licence 3 en biologie, <u>qui veulent</u> s'orienter vers la recherche, <u>qui ont fait</u> un stage dans un laboratoire, <u>qui ont reçu</u> une lettre de recommandation d'un enseignant, <u>qui sont partis</u> étudier à l'étranger, <u>qui n'ont pas étudié</u> à l'université de Grenoble.

**5 Écrivez une seule phrase avec un participe présent.**

Exemple : *Le prof de maths est très disponible. Nous pouvons lui poser beaucoup de questions.* → *Le prof de maths étant très disponible, nous pouvons lui poser beaucoup de questions.*

**a** | Je sais parler français. Je suis à l'aise pour m'exprimer.

**b** | Delphine va à l'université en voiture. Delphine a pu m'emmener.

**c** | Le temps s'éclaircit. Nous pouvons commencer le cours de sport.

**d** | Les vacances sont arrivées. Je suis beaucoup moins stressée.

**e** | Elle n'a pas eu son bac. Elle n'a pas pu s'inscrire à l'université.

**f** | Le nombre d'étudiants grandit. L'université est devenue trop petite.

**g** | J'ai oublié mes affaires de sport. Je n'irai pas au cours de gym.

# DOCUMENTS

## G Certains jouent de la guitare, moi je contribue à Wikipédia

Le fromage, il « *n'aime pas particulièrement ça* ». Et pourtant, Pierre-Yves Beaudouin est à l'initiative de la liste des fromages français la plus complète disponible en ligne. « Pyb », son pseudo Wikipédia, contribue bénévolement à l'encyclopédie en ligne depuis plus de douze ans.
Aujourd'hui responsable mécénat[1] dans le domaine de l'enseignement supérieur et de la recherche, Pyb a commencé à contribuer en 2004 pendant ses études. « *Je m'ennuyais lors de la rédaction de mon mémoire de DEA en économie. J'ai commencé à laisser des remarques sur les fiches Wikipédia traitant de cette thématique. J'ai créé un compte pour corriger quelques virgules. Et je me suis aperçu que j'étais plus compétent sur le sujet que la plupart des autres contributeurs !* »
Depuis, Pyb, cheveux courts, chemisette violette et regard curieux derrière ses lunettes, est devenu un mordu. « *Certains jouent de la guitare ou pratiquent un sport. Moi je contribue, c'est une vraie passion.* » Une passion à laquelle il consacre beaucoup de son temps libre.

**Cinquième site le plus consulté du monde**

À l'époque où il se lance, Wikipédia souffre d'une mauvaise image d'inexactitude, notamment dans le milieu universitaire. « *Je cachais moi-même à mon directeur de thèse mon investissement personnel. Il était important à cette époque de lever les fantasmes provoqués par le site* », témoigne Pyb, en ajustant ses lunettes carrées.
Ce passionné de photo prend la présidence de la fondation Wikimedia France, chargée de faire la promotion de l'encyclopédie en ligne. Depuis, l'image du site collaboratif s'est améliorée. L'encyclopédie, qui est devenue le cinquième site le plus consulté dans le monde, a fêté ses quinze ans en début d'année. Elle compile près de 36,9 millions d'articles, parmi lesquels 1,7 million en français.
« *Ceux qui consultaient Wikipédia à ses débuts sont aujourd'hui en poste, cela nous ouvre beaucoup de portes,* indique Pyb. *Aujourd'hui, certains universitaires se mettent à contribuer, conscients de l'importance du Web pour transmettre le savoir.* »

**Une quinzaine d'heures par week-end sur Wikipédia**

Pyb a passé la main de la présidence de Wikimedia France, devenue une structure importante, qui emploie aujourd'hui dix personnes. Il a laissé de côté les sujets traitant d'économie, pour se concentrer sur les entrées[2] concernant la photo de sport, auxquelles il peut consacrer jusqu'à une quinzaine d'heures par week-end. « *Certains ne corrigent que la forme à raison de quelques minutes par mois, d'autres écrivent des fiches entières. Vraiment, tout le monde peut contribuer, il ne faut pas hésiter à sauter le pas* », insiste-t-il.

*1. Sponsor. 2. Articles.*

Julien DURIEZ, *La Croix*, 14 juillet 2016.

### COMPRÉHENSION ÉCRITE

#### *Entrée en matière*

**1** Utilisez-vous souvent le site Wikipédia ? Quels types d'informations y cherchez-vous ?

#### *1re lecture*

**2** Qu'est-ce qu'un contributeur Wikipédia ?

#### *2e lecture*

**3** Comment Pierre-Yves a-t-il débuté comme contributeur sur Wikipédia ?

**4** Pourquoi cachait-il son activité de contributeur au début ?

**5** Pourquoi les universitaires commencent à contribuer à Wikipédia ?

**6** À quoi s'intéresse maintenant Pierre-Yves ?

#### *Vocabulaire*

**7** Retrouvez dans le texte un équivalent des expressions suivantes :

a | à l'origine
b | gratuitement
c | se lancer dans l'aventure

### PRODUCTION ORALE

**8** Sur quels thèmes aimeriez-vous rédiger un article Wikipédia ?

### PRODUCTION ÉCRITE >>> DELF

**9** À votre avis, quels sont les avantages et les inconvénients du projet Wikipédia ? Vous écrirez un texte construit et cohérent sur ce sujet (180 mots).

# H Quand et comment utiliser Wikipédia ? 10

## COMPRÉHENSION AUDIOVISUELLE

***Entrée en matière***

**1** Lisez le titre et observez l'image extraite du document. Quel est l'objectif de ce document et à qui s'adresse-t-il ?

***1er visionnage***

**2** Notez toutes les questions posées dans la vidéo.

***2e visionnage***

**3** D'où vient le mot « Wikipédia » ?

**4** Qui sont les contributeurs de Wikipédia ?

**5** Que peut-on trouver dans les articles de Wikipédia ?

**6** Que faut-il faire pour s'assurer de la fiabilité des informations ?

**7** Quel était l'objectif de Jimmy Wales quand il a créé Wikipédia ?

**8** Que peut-on trouver sur le site internet d'une bibliothèque universitaire ?

***Vocabulaire***

**9** Expliquez les expressions suivantes :

a | « C'est une question de bon sens. »

b | « Se faire une tête » (expression québécoise).

## PRODUCTION ORALE

**10** Quelles sources d'informations sur internet vous semblent fiables ?

**Pour exprimer la confiance**

- Je suis sûr(e) de cette source.
- J'ai confiance dans la presse.
- Je fais confiance à ces contributeurs.

**Pour exprimer la méfiance**

- Je me méfie des réseaux sociaux.
- J'ai des doutes sur la fiabilité de Wikipédia.
- Je ne suis pas convaincu(e) par cet argument.

# I Les jeux sérieux 67

« *C'est le futur de l'apprentissage.* »

## COMPRÉHENSION ORALE

***Entrée en matière***

**1** Aimez-vous jouer aux jeux vidéo ? Si oui, à quels types de jeux ? Si non, pourquoi ?

***1re écoute***

**2** Qu'est-ce qu'un « jeu sérieux » ?

***2e écoute***

**3** Qu'a fait Marco ce week-end ?

**4** Quel est l'intérêt du jeu sur le Moyen Âge ?

**5** Qu'apportent les jeux sérieux aux étudiants en médecine ?

**6** De quel matériel a-t-on besoin ?

## PRODUCTION ORALE

**7** Pensez-vous qu'on apprend mieux en s'amusant ?

# GRAMMAIRE > les pronoms relatifs composés

Cahier unité 10 d'activités

## ÉCHAUFFEMENT

**1 Observez les phrases suivantes. Quel est le point commun entre les pronoms relatifs en gras ?**

a | Les MOOC sont des cours de date à date, **auxquels** il est nécessaire de s'inscrire.

b | Il se concentre sur les entrées concernant la photo de sport, **auxquelles** il peut consacrer une quinzaine d'heures par week-end.

c | Elle compile près de 36,9 millions d'articles, **parmi lesquels** 1,7 million en français.

d | C'est un jeu **dans lequel** les étudiants plongent dans le Moyen Âge.

## FONCTIONNEMENT

### Les pronoms relatifs composés

**2 Que se passe-t-il quand le pronom relatif composé remplace une personne ?**

a | Les stagiaires **pour lesquels** le module d'enseignement a été efficace.

b | En fait j'ai accompagné mon neveu **avec qui** j'organise des jeux de rôle.

c | Un jeu sérieux, c'est un jeu vidéo **grâce auquel** on peut apprendre des choses.

| | Personne | Chose |
|---|---|---|
| Préposition **à** + **lequel** | **auquel/à laquelle/auxquels/auxquelles**<br>*Les tuteurs **auxquels/à qui** j'ai écrit ont tous répondu.* | **auquel/à laquelle/auxquels/auxquelles**<br>*Les MOOC **auxquels** j'ai participé étaient très intéressants.* |
| Prépositions avec **de** (***au lieu de, au cours de, à côté de, à cause de…***) + **lequel** | **duquel/de laquelle/desquels/desquelles**<br>*C'est le professeur **à côté duquel/à côté de qui** je travaille.* | **duquel/de laquelle/desquels/desquelles**<br>*Les maths, c'est la matière **à cause de laquelle** j'ai raté mon bac.* |
| Autres prépositions : **avec, sur, dans, devant, derrière, parmi, pour**… + **lequel** | **prép.** + **lequel/laquelle/lesquels/lesquelles**<br>*J'ai discuté avec l'étudiant **devant lequel/ devant qui** j'étais assis.* | **prép.** + **lequel/laquelle/lesquels/lesquelles**<br>*C'est le stylo **avec lequel** j'ai écrit ma dissertation.* |

***REMARQUES***

- Quand le pronom désigne une ou plusieurs personnes, on **peut** utiliser **qui** à la place du relatif composé.
- Le pronom relatif composé s'accorde avec le nom qu'il **reprend**.

*Elle adore **les jeux sérieux** dans **lesquels** on s'amuse vraiment.*

## ENTRAÎNEMENT

**3 Complétez avec *lequel, laquelle, lesquels, lesquelles, duquel, de laquelle, desquels* ou *desquelles*.**

a | J'ai enfin choisi le thème sur …… je vais écrire mon mémoire.

b | La personne avec …… tu parlais, c'est ma prof de philo.

c | Le bâtiment à côté …… nous avons pris un café, c'est l'université.

d | Tu sais où se trouve la bibliothèque dans …… on peut étudier le soir ?

e | Les contributeurs Wikipédia à propos …… j'ai écrit un article étaient très contents.

f | Le stage au cours …… j'ai appris mon métier était dans une administration.

g | L'étudiant derrière …… tu te trouvais dans la queue est le président du syndicat étudiant.

**4 Quelles phrases de l'activité 3 peuvent être reformulées avec *qui* ?**

**5 Inventez des devinettes comme dans l'exemple.**

Exemple : *C'est un objet avec lequel on peut écrire.* → *Un stylo.*

**6 Reformulez les phrases suivantes en utilisant des pronoms relatifs comme dans l'exemple.**

Exemple : *Nous sommes passés devant un grand bâtiment. Ce bâtiment est le ministère de l'Éducation nationale.*
→ *Le grand bâtiment devant lequel nous sommes passés est le ministère de l'Éducation nationale.*

a | J'ai réussi à terminer ma thèse grâce à une personne. C'est ma mère.

b | Dans ce cours, les portables sont interdits. C'est un cours de philosophie.

c | Nous avons assisté à un séminaire passionnant. C'était un séminaire sur le droit du travail.

d | Je fais régulièrement les courses pour mes voisins. Ce sont mes voisins du dessus.

e | J'ai rencontré mon mari pendant les vacances. C'étaient des vacances d'été.

f | Nous avons fait notre choix parmi un grand nombre de candidats au master. Les candidats étaient tous très bons.

# VOCABULAIRE > les connaissances

Cahier d'activités unité 10

### S'instruire
aborder une notion
apprendre par cœur
approfondir des connaissances
consulter un ouvrage
se cultiver
se documenter
s'informer
s'initier à
mémoriser
se renseigner

**1 Reliez les expressions synonymes et expliquez-les.**

a | consulter un ouvrage
b | aborder une notion
c | s'informer

1 | se renseigner
2 | se documenter
3 | s'initier

### Reprendre ses études
s'inscrire à une formation
obtenir une certification
prendre des cours du soir
suivre un module

### Savoir/connaître
analyser des données
être expert/experte
faire des recherches *(f.)*
mener une réflexion
nourrir un questionnement
se poser des questions *(f.)*
traiter un sujet
transmettre un savoir

**2 À quelles expressions de la liste précédente correspondent ces définitions ?**

a | Enseigner.
b | Alimenter une réflexion.
c | Être spécialiste dans un domaine.
d | Étudier des informations pour en tirer une conclusion.
e | Examiner tous les aspects d'une problématique.

### *Expressions*
aller au cœur du sujet
être incollable sur le sujet
faire le tour du sujet
se faire une idée du sujet
tomber dans le hors-sujet

### Les données
le contexte
la fiabilité
la mise à jour
la neutralité
la pertinence
la précision
la validation

**3 Retrouvez les adjectifs correspondants aux noms de la liste précédente.**

### Les sources
l'article *(m.)*
la bibliographie
la carte
l'encyclopédie *(f.)*
le graphique
l'ouvrage *(m.)*
la référence

**4 Complétez les phrases avec des mots de la liste précédente.**

a | Pour en savoir plus sur le sujet, tu devrais consulter cette ...... .
b | Ce livre est un ...... de référence.
c | Sur cette ...... , on voit bien l'évolution géopolitique de la région.
d | Regarde à la fin du manuel d'histoire, il y a une ...... intéressante à explorer.

### L'enseignement et les nouvelles technologies
le casque
le cours collectif en ligne
le e-learning/la formation en ligne
le MOOC
la réalité augmentée
la réalité virtuelle
le simulateur

**5 Associez les mots de la liste précédente aux images :**

**PRODUCTION ORALE**

**6 Selon vous, est-il utile d'apprendre par cœur ?**

## J 50 bougies pour le BELC 68

### COMPRÉHENSION ORALE

***Entrée en matière***

**1** **Dans votre profession, se forme-t-on tout au long de sa carrière ?**

***1re écoute***

**2** **Qu'est-ce que le BELC ?**

***2e écoute***

**3** **De quel pays viennent Ana et Victor ?**

**4** **Depuis combien d'années Ana assiste-t-elle aux sessions du BELC ?**

**5** **Combien de pays sont représentés au BELC ?**

*« Nantes qui accueille les sessions du BELC. »*

**6** **Qu'est-ce que les professeurs échangent ?**

**7** **D'après Victor, quel est le point commun entre les professeurs qui viennent au BELC ?**

**8** **Pour Ana, pourquoi le français du tourisme est intéressant ?**

**9** **En quoi consistent les simulations proposées aux élèves ?**

***Vocabulaire***

**10** **Retrouvez dans la transcritpion (p. 216) un équivalent des expressions suivantes :**

**a** | à la frontière **b** | des trucs **c** | un cours

### PRODUCTION ÉCRITE

**11** **Vous êtes professeur(e) de français et vous avez participé aux sessions du BELC, vous écrivez un courriel aux professeurs de français de votre école pour leur raconter votre expérience.**

Une activité complémentaire sur **savoirs.rfi.fr**

## L'ESSENTIEL GRAMMAIRE

**1 Expression de la cause et de la conséquence. Choisissez la bonne réponse.**

**a** | C'est *grâce à / à cause de* ton aide que j'ai pu réussir mes examens.

**b** | Il a *tellement / du coup* joué au jeu vidéo sérieux sur le Moyen Âge, qu'il est incollable sur le sujet.

**c** | *Étant donné / Comme* il pleut, on ne peut pas aller réviser au parc.

**d** | J'irai toute seule à la fac, *puisque / car* tu ne peux pas venir.

**e** | Le professeur n'est pas là, *par conséquent / étant donné* l'examen est reporté.

**f** | J'ai fini de rédiger mon mémoire, *tellement / du coup* je peux me reposer un peu.

**g** | La bibliothèque était fermée, *ce qui fait / étant donné* que je n'ai pas pu emprunter ce livre.

**h** | Il n'y avait plus de place dans l'amphi, *comme / de sorte que* je n'ai pas pu assister au cours.

**i** | *Étant donné que / En raison de* j'ai réussi mes examens, je peux m'inscrire en master.

**2 Les pronoms relatifs composés. Reformulez les phrases suivantes en utilisant des pronoms relatifs composés.**

**a** | J'ai découvert une librairie. Dans cette librairie, il y a des livres d'histoire.

**b** | Cet étudiant est un très bon ami. J'ai révisé tous mes examens avec cet étudiant.

**c** | Vous avez assisté à des cours de psychologie. Ces cours de psychologie vous seront très utiles.

**d** | Ce professeur est à la retraite. J'ai tout appris auprès de ce professeur.

**e** | J'ai fait des stages en entreprise. J'ai trouvé un emploi grâce à mes stages en entreprise.

**f** | Ce jardin est magnifique. La cité U se trouve au milieu de ce grand jardin.

**g** | J'ai passé une semaine sur ce jeu sérieux. Ce jeu sérieux a gagné un prix.

**h** | Le département de biologie de cette université est très réputé. J'ai travaillé pour ce département.

**i** | J'ai suivi un MOOC sur la pâtisserie. J'ai rencontré d'autres cuisiniers amateurs au cours du MOOC.

# ATELIERS

## 1 ORGANISER UN SALON DE L'ÉTUDIANT

*Vous allez présenter une filière, une formation dans un salon de l'étudiant.*

### *Démarche*

*Formez des groupes de deux ou trois.*

#### 1 Préparation

• En groupes, vous choisissez une discipline sur laquelle vous allez vous informer.
Vous pouvez partir du domaine (l'économie, la physique…) ou d'un métier. Vous vous demanderez alors quelles études il faut faire pour exercer cette profession.
Vous pouvez choisir un domaine que vous avez étudié ou non. N'hésitez pas à explorer un domaine insolite.
• Vérifiez que les autres groupes n'ont pas choisi le même sujet.

#### 2 Réalisation

• Vous menez des recherches sur la discipline que vous avez choisie. Renseignez-vous sur les cursus universitaires, les écoles spécialisées, les diplômes, les débouchés professionnels.
• Cherchez d'éventuelles formations en ligne qui pourraient compléter le cursus universitaire.
• Réalisez une petite brochure pour faire la promotion de cette discipline.

#### 3 Présentation

• Installez un petit stand et informez les étudiants sur cette formation.

## 2 CRÉER UN COURS EN LIGNE

ATELIER TECH'

*Vous allez créer un cours en vidéo pour enseigner un savoir-faire.*

### *Démarche*

*Formez des groupes de deux.*

#### 1 Préparation

• Faites le point sur vos compétences et vos connaissances.
• Sélectionnez un savoir-faire ou un domaine que vous maîtrisez et que vous pouvez enseigner dans un tutoriel vidéo de 3 à 4 minutes maximum (un cours de cuisine, des trucs de bricolage…).
• Pensez au matériel dont vous allez avoir besoin et à l'endroit où vous allez réaliser votre vidéo.
• Si besoin, faites des recherches sur ce que vous allez enseigner.

#### 2 Réalisation

• Rédigez le cours que vous allez donner et entraînez-vous à le lire ou à le réciter de manière naturelle.
• Entraînez-vous également à montrer les objets dont vous aurez besoin.
• Enregistrez-vous avec une webcam.

#### 3 Présentation

• Présentez votre cours aux autres étudiants et mettez-le en ligne sur un réseau social.

# Entraînement au DELF B1 Compréhension de l'oral

## Exercice 1 (69)

**Lisez les questions, écoutez le document puis répondez.**

**1 Dans quelle ville Aude va-t-elle faire son stage ?**

.........................................................................

**2 Aude va faire son stage dans :**
❏ une école.
❏ une agence de publicité.
❏ une banque.

**3 Elle a trouvé son stage grâce :**
❏ à ses contacts sur un réseau social.
❏ au réseau des anciens étudiants de son école.
❏ Les deux.

**4 Combien de temps va durer son stage ?**
❏ 15 jours.
❏ 1 mois.
❏ 3 mois.

**5 Pour chercher un logement, Aude :**
❏ attend d'être sur place.
❏ a demandé de l'aide à ses contacts.
❏ passera par une agence.

**6 Aude dit qu'elle :**
❏ a un très bon niveau d'anglais.
❏ n'est pas très sûre de son niveau d'anglais.
❏ ne comprend pas très bien l'anglais.

## Exercice 2 (70)

**Lisez les questions, écoutez le document puis répondez.**

**1 De quel type de document s'agit-il ?** ...............................................................

**2 Élodie donne des conseils pour :**
❏ enseigner le français à des étrangers.
❏ apprendre et pratiquer une langue étrangère.
❏ rencontrer des personnes d'une autre culture.

**3 Pour quelles raisons certaines personnes ne s'inscrivent pas à un cours de langue ?**
a) .......................................................................
b) .......................................................................

**4 Les cours sur-mesure représentent une bonne solution pour les personnes qui :**
❏ n'ont pas d'horaires fixes dans leur travail.
❏ n'ont jamais suivi de cours en ligne.
❏ n'ont pas de diplômes.

**5 Dans un cours sur-mesure, que font l'élève et son professeur au début de la semaine ?**
❏ Ils décident ensemble des contenus du cours.
❏ Ils prennent rendez-vous pour les cours.
❏ Ils font une session d'évaluation.

**6 Les activités de loisirs en langue étrangère sont :**
❏ très appréciées.
❏ assez chères.
❏ encore trop rares.

**7 Pour suivre une activité de loisirs en langue étrangère :**
❏ il vaut mieux ne pas être débutant dans la langue en question.
❏ il suffit de passer un test de niveau dans la langue en question.
❏ il faut avoir déjà pratiqué l'activité en question.

**8 Comment peut-on rencontrer quelqu'un pour faire un échange linguistique ?**

# IL VA Y AVOIR DU SPORT !

**Objectifs**

- Mettre en valeur
- Parler de ses loisirs
- Parler du futur

*« Le sport va chercher la peur pour la dominer,*
*la fatigue pour en triompher,*
*la difficulté pour la vaincre. »*
Pierre de Coubertin (historien et pédagogue)

# A Un café pour apprendre la paresse

**Un café qui propose des massages, de la nourriture bio en *food art* et des manifestations artistiques, c'est le projet de Paresse Café, à San Francisco. Un cliché de la paresse française pour les Américains ? Le but est justement de le leur faire découvrir.**

Vous êtes confortablement installé dans un hamac et vous dégustez de magnifiques œuvres d'art en fruits et légumes… Envie d'un massage ? Quelqu'un vous le propose et vous masse pendant une vingtaine de minutes pendant que vous sirotez un jus de fruit frais, et les poissons exotiques qui dansent sous vos yeux n'en finissent pas de vous hypnotiser. Non ce n'est pas un rêve, vous êtes bien à San Francisco, dans un café tenu par deux Françaises, Paresse Café. Peut-être allez-vous à l'instant sortir dans le patio et vous allonger dans un hamac, entouré de palmiers et de sable fin !

Ces femmes ont fait le pari d'apprendre la paresse aux Américains, *« qui ne connaissent même pas ce mot »*, explique, au Figaro, Babette Auvray-Pagnozzi, l'une des deux cofondatrices de Paresse Café. La France est souvent raillée ou désignée comme le pays de la paresse : les 35 heures, les congés payés, le droit à la déconnexion, les grèves… tous les moyens sont bons pour justifier ce cliché à l'international. Et pourquoi ne pas être fier de cette paresse ? C'est l'idée qu'ont eue Babette et Ingrid dans cette région des États-Unis qui génère 13 % du PIB des États-Unis : *« La paresse est le nouveau cool »*, déclare de son côté Ingrid Vierne, l'autre cofondatrice du projet.

Le Paresse Café a deux facettes. Celle paradisiaque qui offre des vacances en restant chez soi, un véritable moment de laisser-aller, enfoncé dans un hamac. Ainsi vos assiettes seront-elles posées sur des tables-aquariums remplies de poissons exotiques, le va-et-vient aquatique étant réputé pour être apaisant. Rien n'est laissé au hasard, la nourriture est elle-même destinée à être aussi agréable à regarder qu'à manger en y invitant le *food art*, concept qui vise à faire des assiettes une œuvre d'art. *« Nous voulions un café qui justement ait la French Touch, alors nous ne pouvions pas offrir des choses laides et mauvaises »*, déclare Babette. En partenariat avec l'école de massage de San Francisco, les clients tendus vont se voir proposer de vrais moments de détente. Pour parfaire le tout, des concerts, des expositions et des ateliers d'art et de cuisine française se tiendront dans ce petit coin de paradis. Les deux « paresseuses » avaient pensé à y ajouter un lancer de papillons une fois par mois et de la luminothérapie, mais restant tout de même réalistes, ont abandonné l'idée.

La deuxième facette est celle d'un café « solidaire, transparent et humain ». Tenant à connaître leurs produits bios et équitables, Ingrid (sur place) a rencontré leurs fournisseurs, des agriculteurs locaux. Elles se définissent en opposition avec les *« Big Mac des Américains qui mangent en courant »*, dit Babette. Tout semble pensé dans le même esprit et elles nous l'ont promis : leurs comptes seront publiés sur le site et le surplus de bénéfice reversé à des associations locales.

Marine Masson, *Le Figaro*, 30 juillet 2014.

## COMPRÉHENSION ÉCRITE

### *Entrée en matière*

**1** Pour vous, qu'est-ce que la paresse ?

### *1re lecture (du début à la ligne 27)*

**2** Quel est le concept du Paresse Café ?

**3** Quel est son objectif ?

**4** Relevez les éléments concernant :

a | la notion de bien-être

b | la nourriture

**5** Trouvez dans le texte un synonyme d'« être moquée ».

**6** Quels sont les clichés sur la France ?

**7** Quel sentiment provoquent-ils chez les deux Françaises ?

**8** Pourquoi proposent-elles des massages dans le café ?

**9** Pourquoi ont-elles choisi la région de San Francisco ?

### *2e lecture (de la ligne 28 à la fin)*

**10** Quel type de nourriture sera servi ?

**11** Quelles animations seront proposées ?

**12** Comment les patronnes rendent réellement le café « solidaire, transparent et humain » ?

## PRODUCTION ORALE >>> DELF

**13** La paresse est habituellement perçue comme un défaut. Que pensez-vous de l'idée de la valoriser comme dans ce café ?

## PRODUCTION ÉCRITE

**14** Vous avez testé le bar et vous écrivez une chronique dans un magazine pour décrire votre expérience.

# B Les Français, champions des loisirs ? 71

## COMPRÉHENSION ORALE

***Entrée en matière***

**1** Quelle part de votre temps consacrez-vous à vos loisirs ?

« *On pense les Français un peu cossards…* »

***1re écoute (du début à « Élisabeth ? »)***

**2** Quel est le sujet de cette chronique radio ?

**3** Quels sont les stéréotypes sur les Français ?

**4** Quel est le résultat de l'étude concernant les Français ?

**5** Pourquoi le Danemark et la Bolivie sont-ils mentionnés ?

***2e écoute (de « Deux choses » à la fin)***

**6** Quelles observations (positive et négative) sont faites concernant les Français ?

**7** Quel exemple de l'impact sur la vie personnelle est donné ?

**8** Qui consacre le moins de temps aux loisirs ? Pourquoi ?

***Vocabulaire***

**9** Associez les mots suivants à leur définition.

a | porter atteinte
b | sérénité
c | présentéisme
d | assumer ses choix
e | rogner sur son temps

1 | calme, tranquillité
2 | diminuer son temps
3 | faire du mal
4 | fait d'être souvent présent
5 | prendre la responsabilité de

## PRODUCTION ORALE

**10** Quels sont les loisirs les plus appréciés dans votre pays ?

## PRODUCTION ÉCRITE >>> DELF

**11** Pensez-vous que les loisirs soient essentiels à l'équilibre personnel et pourquoi ? (180 mots)

# C Une sieste à écouter

maison de la poésie scène littéraire

Lettre Info | Billetterie

ACCUEIL | PROGRAMMES | INFOS PRATIQUES | LA MAISON | SONS/VIDÉOS | ACTIONS CULTURELLES

Accueil > Programmes > Siestes acoustiques et littéraires

**Sieste littéraire**

Dans la continuité des Siestes acoustiques et littéraires, Bastien Lallemant revient à la Maison de la Poésie, accompagné de ses complices musiciens et des auteurs. Pour ces six siestes classiques, les artistes construisent ensemble un concert en acoustique mêlant des lectures et les répertoires de chacun.
Afin de vous les faire apprécier, la Maison de la Poésie vous propose de les découvrir allongé confortablement, dans la pénombre, et de vous laisser bercer… Une expérience d'écoute inédite pour laquelle il n'est pas interdit de… vous endormir.

Retrouvez les siestes acoustiques et itinérantes :
- le dimanche à 15 h et à 17 h
- le samedi à 15 h
- le dimanche à 17 h

## COMPRÉHENSION ÉCRITE

***Entrée en matière***

**1** Quelle est pour vous la meilleure manière de vous détendre ?

***Lecture***

**2** Que propose la Maison de la Poésie ?

**3** Quel genre d'artistes participent à cet événement ?

**4** Comment fonctionnent ces siestes ?

**5** Dans quelles conditions le public est-il installé ?

**6** Qu'est-il permis au public de faire ?

## PRODUCTION ORALE

**7** Quel genre de musique et d'œuvres d'art pourrait accompagner les Siestes acoustiques et littéraires, selon vous ?

**8** À votre avis, quels sont les bienfaits de ce type d'activité mêlant bien-être et art ? En connaissez-vous d'autres ?

# GRAMMAIRE > les doubles pronoms

Cahier unité 11 d'activités

## ÉCHAUFFEMENT

**1 Observez les pronoms dans les phrases suivantes. Que constatez-vous sur la place des doubles pronoms ?**

a | Afin de **vous les** faire apprécier…
b | Le but est justement de **le leur** faire découvrir.
c | Elles **nous l'**ont promis.
d | Envie d'un massage ? Quelqu'un **vous le** propose…
e | On pense les Français aptes à **se la** couler douce.

## FONCTIONNEMENT

### L'ordre des doubles pronoms

**2 Quand il y a deux pronoms compléments :**
a | Quelle catégorie de pronom se place après *vous* ou *se* ?
b | Quelle catégorie de pronom se place après *le* ?

***RAPPEL***
- **Le**, **la**, **l'**, **les** sont des pronoms **COD**. Ils remplacent des noms de personne ou de chose : *La propriétaire, tu **la** connais ? Ce bar, tu **le** connais ?*
- **Lui**, **leur** sont des pronoms **COI**. Ils remplacent des noms de personne : *La journaliste, tu **lui** parles ?*
- **Me**, **te**, **se**, **nous**, **vous** peuvent être des pronoms **COD ou COI** : *Elle **me** connaît. Il **me** parle.*

**Dans la phrase, le pronom complément se place :**
- devant le verbe conjugué dans un temps simple : *Il **l'**écoute.*
- devant l'auxiliaire dans un temps composé : *Il **l'**a écouté(e).*
- devant l'infinitif avec deux verbes, dont l'un à l'infinitif : *Il doit **le** lire.*
- à la négation, on retrouve **ne + pronom et verbe conjugué + pas** : *Il **ne l'**écoute **pas**/Il **ne l'**a **pas** écouté(e)/Il **ne** doit **pas le** lire.*

| Pronoms | Exemples |
|---|---|
| **me / te / se / nous / vous** + **le / la / les / l'** | *– Il a oublié l'adresse ?*<br>*– Au contraire, il **se la** rappelle très bien !*<br>*– Elle t'a donné les coordonnées du bar ?*<br>*– Oui, elle **me les** a données.* |
| **le / la / les / l'** + **lui / leur** | *– Ils savent qu'il y a le concert demain ?*<br>*– Oui, nous **le leur** avons redit hier.*<br>*– Et ta nouvelle maison ?*<br>*– Je **la lui** ai montrée, il a adoré !* |

***REMARQUE***
Au passé composé, on accorde le participe passé avec le pronom COD.

## ENTRAÎNEMENT

**3 Mettez les phrases dans l'ordre.**
a | l' / offerte / Elle / me / a
b | leur / allons / les / montrer / Nous
c | Ils / les / offerts / ont / vous
d | ne / ai / pas / la / lui / donnée / Je
e | rediras / me / le / Tu
f | l' / plus / ne / te / peux / expliquer / Je
g | Vous / souhaitez / le / lui

**4 Répondez en remplaçant les mots soulignés par un pronom complément.**
Exemple : ***A :*** *– Vous avez communiqué les résultats au conseiller ?* ***B :*** *– Oui, je **les lui** ai communiqués.*
a | Elle va te donner le nom ?
b | Tu as présenté les bienfaits de ce loisir à tes collègues ?
c | Vous avez remis les résultats de l'enquête au directeur ?
d | Je dois vous rappeler la date de la prochaine sieste acoustique ?
e | Il vous a expliqué le but de cette recherche ?
f | Nous devons donner le deuxième exemplaire à la directrice ?

## PRODUCTION ORALE

**5 Sur le modèle suivant, créez des devinettes que vous proposerez ensuite à la classe.**
Exemple : *Les étudiants de l'école de massage de l'école de San Francisco les leur offrent → les massages aux clients du Paresse Café.*

# VOCABULAIRE > le temps libre

Cahier unité 11 d'activités

## Le rythme de vie

l'absentéisme *(m.)* ≠ le présentéisme
accorder du temps à quelqu'un/quelque chose
la détente
flâner
la flemme *(fam.)*
le laisser-aller
le loisir
le massage
la nonchalance
la paresse
prendre son temps
la relaxation
le repos
la sérénité

## Les loisirs

assister à un concert
le divertissement
fréquenter une association
ludique
l'occupation *(f.)*
participer à un atelier
le passe-temps
suivre des cours de cuisine
visiter des expositions

**1 Quels sont les verbes associés aux mots suivants ?**
**a** | la détente
**b** | la relaxation
**c** | le repos
**d** | le divertissement

**PRODUCTION ORALE**

**2 Quels sont vos loisirs préférés ? Quels sont ceux que vous pratiquez régulièrement et ceux que vous voudriez pratiquer ?**

## S'activer

assumer ses choix
avoir un impact sur
bosseur, bosseuse *(fam.)*
cossard(e) *(fam.)*
se démener
en faire deux fois plus
être accaparé(e) par
être à la hauteur de
être débordé(e) de travail
être hyperactif, hyperactive
être tendu(e) ≠ détendu(e)
fainéant(e)
flemmard(e) *(fam.)*
laborieux, laborieuse
paresseux, paresseuse
porter atteinte à
travailleur, travailleuse

**3 Classez les adjectifs de la liste précédente selon qu'ils qualifient une personne :**
**a** | active
**b** | inactive

## Le repos

agenouillé(e)
allongé(e)
assis(e)
la berceuse
le bien-être
le confort
couché(e)
debout
s'endormir
faire la sieste
le hamac
se laisser bercer
la musique d'ambiance
se reposer

**PRODUCTION ORALE**

**4 À l'aide de la liste précédente, donnez quelques conseils pour faire une sieste efficace.**

## *Expressions*

avoir un poil dans la main
ne pas rechigner à la tâche
prendre du temps pour soi
rogner sur son temps

# PHONÉTIQUE

## « Les généreux généraux jouent au jeu de chaises jaunes »

**1 Écoutez le dialogue. D'où viennent les malentendus ?**
Le /Œ/ comme dans le mot *jeune* se trouve « entre » le /E/ de *gêne* et le /O/ de *jaune*. 72

**La prononciation de /Œ/**

Comme pour le « o », les lèvres doivent rester bien arrondies. Ensuite, pour vous entraîner, imaginez votre réaction face à un objet qui vous dégoûte : prononcez avec force et en sortant la langue de la bouche : « Beurk ! »

**2 Dialogue théâtralisé.** Reprenez le dialogue de l'activité 1 et interprétez-le.

**3 Jeu.** Tracez au sol une ligne pour diviser l'espace en deux zones : « singulier » et « pluriel ». 73
Vous allez entendre de courtes phrases. Si vous pensez qu'il s'agit d'un seul objet, vous vous mettez devant la ligne tracée, s'il y en a plusieurs, derrière.
Exemple : *je le lui adresse* = singulier ; *il les lui adresse* = pluriel

## D Des tee-shirts connectés au service de la santé

L'Université de Liège a officiellement lancé un programme de recherche qui devrait révolutionner la vie à l'hôpital, avec des scientifiques belges, hollandais et allemands. Ce sont eux qui sont en train de mettre au point un tee-shirt connecté. Ce vêtement est capable, en temps réel, de transmettre aux médecins les paramètres vitaux des patients.

C'est un vêtement intelligent qui est capable de prendre le pouls, la tension artérielle, la température d'un malade et, sans fil, d'inscrire ces données dans un dossier médical. Voilà qui soulagerait le travail des infirmières. Valérie Rossignol, chef de service à l'hôpital du Sart Tilman : *« C'est vraiment très inconfortable, quand on est dans un lit à l'hôpital, de se retrouver attaché à des monitorings. C'est inconfortable pour se déplacer, c'est inconfortable pour dormir. La prise de paramètres et surtout leur encodage dans le dossier informatisé… Forcément, le temps qu'on passe à faire ça, c'est du temps qu'on ne peut pas passer à s'occuper réellement du patient. »*

Mais cette camisole du futur suppose d'intégrer des senseurs[1] miniatures, flexibles, à basse énergie. Il faut parvenir à tricoter de l'électronique fiable[2], étanche[3]. Dans ce domaine, Virginie Canard de la société Centexbel nous explique, car c'est elle qui gère la question textile : *« La partie textile, ce sont à la fois certains capteurs dont on se sert comme des fils conducteurs qui sont placés de manière à mesurer eux-mêmes les paramètres vitaux, et c'est aussi le substrat[4], qui sera une ceinture, un tee-shirt, un bracelet, qui contiendra tous les capteurs et qui les maintiendra à leur bonne position sur le corps humain. Ce à quoi il faut penser, c'est d'avoir quelque chose qui est à la fois facile à manipuler, qui ne va pas rétrécir au lavage, et ça, c'est vraiment crucial dans le projet. »*

Ce qu'il faut améliorer, ce sont les divers composants existants et les intégrer dans un prototype. Quatre millions et demi, c'est le budget de la recherche. Avec, dans trois ans, les essais cliniques.

Michel Gretry, RTBF, 24 avril 2017.

1. *Capteurs.*
2. *En qui on peut avoir confiance.*
3. *Qui ne laisse pas passer l'eau.*
4. *Support.*

### COMPRÉHENSION ÉCRITE

***Entrée en matière***

**1** **Quels objets connectés connaissez-vous ou avez-vous ?**

***1re lecture (du début à la ligne 19)***

**2** **Quel est l'objet du programme de recherche de l'Université de Liège ?**

**3** **Quels sont les bénéfices :**

**a** | pour l'organisation de l'hôpital ?

**b** | pour les patients ?

***2e lecture (de la ligne 20 à la fin)***

**4** **Quels sont les défis techniques à relever pour fabriquer ce tee-shirt connecté ?**

**5** **Excepté le tee-shirt, quels sont les autres supports développés ?**

**6** **Selon Virginie Canard, quelles sont les difficultés liées à la fabrication de ce type de textile ?**

***Vocabulaire***

**7** **Relevez le lexique relatif à :**

**a** | la santé

**b** | la technologie

### PRODUCTION ÉCRITE

**8** **Vous rédigez une brochure explicative afin d'informer les patients sur les bénéfices de l'utilisation du tee-shirt connecté.**

**Pour présenter l'utilité et les qualités d'un objet**

- Cet objet sert à… (+ infinitif)
- Il permet de… (+ infinitif)
- Il est facile/aisé d'utilisation.
- Grâce à cet objet, vous pourrez…
- En raison de ces qualités…
- Il améliore/facilite/augmente/renforce…

# E L'appli qui facilite l'accès aux médecins 74

*« On va parler santé avec vous. »*

## COMPRÉHENSION ORALE

***Entrée en matière***

**1** Comment faites-vous pour trouver un médecin lorsque vous en avez besoin ?

***1re écoute***

**2** Quel est l'objectif de l'application Concilio ?

**3** Quelle était l'observation initiale de George Aoun ?

**4** Comment réagit un médecin généraliste lorsqu'il est appelé par un patient pour un problème de santé très précis ?

**5** Quelle est l'objection apportée par le journaliste et confirmée par George Aoun ?

**6** Quel est le but de l'application Concilio ?

***2e écoute***

**7** Quelles sont les deux manières classiques de prendre un rendez-vous médical ?

**8** Qu'apporte Concilio par rapport à ces deux outils ?

**9** Comment justifier la crédibilité de l'application ?

## PRODUCTION ORALE

**10** Pensez-vous que cette application soit intéressante pour faciliter l'accès à la médecine de spécialité ? Pourquoi ?

## PRODUCTION ÉCRITE

**11** Vous avez écouté l'émission de radio et vous décidez d'intervenir sur son forum. Vous expliquez que cette application n'est pas une bonne idée et vous mettez en garde les potentiels utilisateurs contre les inconvénients d'une telle application.

**Pour mettre en garde**

- Attention, …
- Faites attention à… (+ nom)
- Je voudrais attirer votre attention sur… (+ nom)
- Je voudrais vous mettre en garde contre… (+ nom)
- Méfiez-vous de… (+ nom)
- N'utilisez pas cette application sinon…

# F Autodiagnostic

## COMPRÉHENSION ÉCRITE

***Entrée en matière***

**1** Avez-vous déjà consulté un site internet de conseils médicaux ? Si oui, pourquoi et comment s'est passée cette consultation ?

***Lecture***

**2** Où se passe la scène et qui sont les deux personnages ?

**3** Comment décririez-vous l'attitude de chacun ?

**4** Pour quels types de problèmes le patient semble-t-il être venu consulter ?

**5** Pourquoi le médecin est-il en colère ?

## PRODUCTION ORALE

**6** Certaines personnes pensent que les sites de conseils médicaux permettent de démocratiser l'accès aux soins et en même temps de laisser la place en consultations à des patients en ayant vraiment besoin. D'autres, au contraire, pensent que ces sites sont dangereux à cause de risque de mauvais diagnostic et donc de traitements inadaptés. Qu'en pensez-vous ?

# GRAMMAIRE > la mise en relief

Cahier unité 11 d'activités

## ÉCHAUFFEMENT

**1 Observez ces phrases. Quelle information est mise en valeur ?**

a | **Ce qu'**il faut améliorer, **ce sont** les divers composants existants.

b | **Ce à quoi** il faut penser, **c'est** d'avoir quelque chose qui est facile à manipuler.

## FONCTIONNEMENT

### La mise en relief

***RAPPEL***

- **Mettre en valeur le sujet**

**C'est/Ce sont** + **nom** + **qui** : ***C'est*** ***un vêtement*** ***qui*** *est capable de prendre le pouls.*

**C'est/Ce sont** + **pronom tonique** + **qui** : ***C'est elle qui*** *gère la question textile.* ***Ce sont eux qui*** *sont en train de mettre au point un tee-shirt connecté.*

- **Mettre en valeur le complément d'objet direct**

**C'est/Ce sont** + **nom** + **que/qu'** : ***C'est un document que*** *je dois étudier.* ***C'est du temps qu'****on ne peut pas passer à s'occuper du patient.*

**C'est/Ce sont** + **pronom tonique** + **que/qu'** : ***C'est lui que*** *je te recommande.*

***REMARQUE***

Si le nom à mettre en valeur est pluriel, on utilise **ce sont** à la place de **c'est** :

Exemples : ***Ce sont*** *des innovations qui sont performantes.* ***Ce sont*** *des dossiers que je dois transmettre au plus vite.*

**2 Quelle est la fonction des mots soulignés dans la colonne de gauche ? Complétez les phrases de la colonne de droite avec : *que, dont, à quoi* et *qui*.**

| Sans mise en relief | Avec mise en relief |
| --- | --- |
| a \| <u>La science</u> m'intéresse. | • C'est la science …… m'intéresse.<br>• Ce …… m'intéresse, c'est la science.<br>• La science, c'est ce …… m'intéresse |
| b \| J'aime <u>la science</u>. | • C'est la science …… j'aime.<br>• Ce …… j'aime, c'est la science.<br>• La science, c'est ce …… j'aime. |
| c \| Il a besoin <u>d'un portable</u>. | • C'est un portable …… il a besoin.<br>• Ce …… il a besoin, c'est un portable.<br>• Un portable, c'est ce …… il a besoin. |
| d \| Elle pense <u>à son avenir</u>. | • Ce …… elle pense, c'est son avenir.<br>• Son avenir, c'est ce …… elle pense. |

## ENTRAÎNEMENT

**3 Choisissez le pronom correct.**

a | C'est une innovation *qui / que / dont* je trouve particulièrement intéressante.

b | Ce sont des scientifiques *qui / que / dont* se consacrent totalement à leurs recherches.

c | C'est une application *qui / que / dont* les gens se serviront beaucoup.

d | C'est un problème de santé *qui / que / dont* nous semble sérieux.

**4 Reformulez pour mettre en valeur l'élément souligné.**

Exemple : *<u>L'entreprise</u> a développé cette idée.* → *<u>C'est l'entreprise qui</u> a développé cette idée.*

a | <u>Le bracelet connecté</u> va arriver dans les prochains mois.

b | Je trouve <u>les applications de santé</u> très intéressantes.

c | L'équipe pense <u>à l'amélioration du prototype</u>.

d | <u>Les scientifiques</u> développent ce modèle dans leur laboratoire.

e | <u>Le rapport aux médecins</u> a beaucoup changé en raison de l'arrivée d'internet.

**5 Transformez les phrases comme dans l'exemple.**

Exemple : *Les nouvelles technologies la passionnent.* → *<u>Ce qui</u> la passionne, <u>ce sont</u> les nouvelles technologies. Les nouvelles technologies, <u>c'est ce qui</u> la passionne.*

a | Je pense à ma prochaine consultation médicale.

b | Il déteste les applications de santé.

c | Nous avons besoin de l'avis d'un spécialiste.

## PRODUCTION ORALE

**6 Donnez votre opinion sur les éléments suivants :**

a | le tee-shirt connecté

b | les recherches scientifiques

## PRODUCTION ÉCRITE

**7 Écrivez un article présentant une invention technique ou technologique en mettant bien en valeur ce qui la rend innovante.**

CIVILISATION

## G Échappez-vous !

villes et régions ▸ promos ▸ bon cadeau ▸ trouver un escape game ▸

### C'est quoi un escape game ?

1 équipe, 1 escape room, 1 heure pour s'en sortir… Un savant mélange d'objets à trouver, d'énigmes à résoudre, de mécanismes et cadenas à ouvrir et plein de surprises à découvrir dans des décors incroyables sur des thèmes variés.

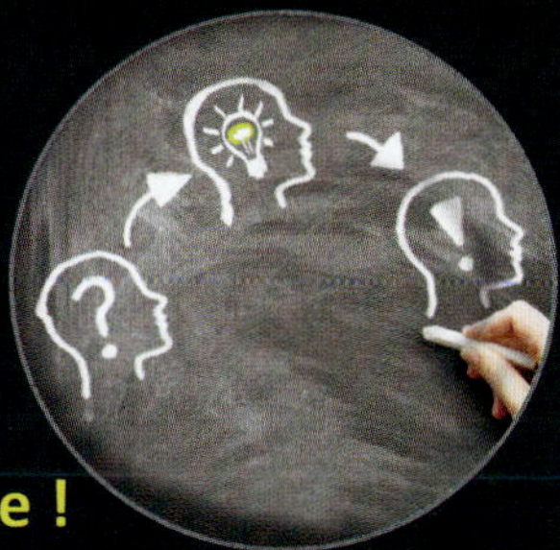

### Une activité incroyable !

Le Live Escape Game est une expérience exceptionnelle, innovante, divertissante, favorisant la cohésion d'équipe. Ce nouveau loisir est idéal pour passer un bon moment simple entre amis, fêter un anniversaire, enterrer une vie de garçon/de jeune fille ou fédérer un groupe de travail dans le cadre professionnel séminaire ou team building. Chacun pourra y tester ses compétences logiques, ses capacités à communiquer, à résister à la pression du temps. Il vous faudra fouiller la pièce, trouver des indices, résoudre des énigmes, ouvrir des cadenas et trouver le moyen d'en sortir… ou pas.

### N'ayez pas peur !

Pour toutes celles et ceux qui craindraient de rester enfermés dans la pièce : n'ayez crainte ! D'abord aucune raison d'avoir peur puisque chaque pièce dispose d'une issue de secours. Ensuite vous serez toujours suivis par caméra pendant votre expérience. À quelques mètres une personne vous suit du regard et interviendra aussi si vous bloquez sur une énigme. L'escape game est une activité pour adultes. Les enfants sont acceptés avec accompagnateurs dès 10 ans ou dès 15 ans seuls (voir conditions sur chaque établissement).

www.wescape.fr

### COMPRÉHENSION ÉCRITE

***Entrée en matière***

**1** Quel est le loisir le plus original que vous ayez pratiqué avec vos amis ?

***1re lecture (chapeau)***

**2** En quoi consiste un escape game ?

***2e lecture (1er paragraphe)***

**3** Quels sont les « bienfaits » d'un escape game ?

**4** Quelles sont les trois compétences mises en œuvre dans un escape game ?

**5** Que faut-il faire pour sortir d'un escape game ?

***3e lecture (2e paragraphe)***

**6** Quels dispositifs permettent d'assurer que les participants pourront toujours sortir ?

**7** À quel type de public s'adressent les escape games ?

### PRODUCTION ORALE

**8** Seriez-vous intéressé(e) par cette activité. Pourquoi ?

### Drôle d'expression !

« Sortir des sentiers battus. »

→ Qu'est-ce qu'un sentier ?

→ Par quelle partie du corps peut-il être « battu » ?

→ Qu'est-ce que cela nous dit sur la fréquence d'utilisation du sentier ?

→ Que signifie cette expression ?

→ Existe-t-il une expression identique dans votre langue ?

DOCUMENTS

## H Rester en bonne santé grâce au sport

Je vous présente les World Master Games ! Cet équivalent des Jeux olympiques pour les seniors a lieu tous les 4 ans et est ouvert à tous les participants âgés de plus de 35 ans. Le concurrent le plus vieux à participer à l'épreuve avait 104 ans ! et les athlètes de plus de 100 ans sont fréquents !

**Le sport c'est la santé !**

Ce genre de manifestation est un bel exemple qui permet de se rendre compte à quel point la pratique d'une activité sportive entretient notre corps et notre esprit, afin de bien vieillir et de rester en bonne santé. La beauté de l'épreuve vient également du fait que les athlètes sont animés par la passion du sport, la bonne humeur et l'esprit sportif. Bien qu'il y ait des classements et des podiums, la performance n'est pas le maître mot.

***Impossible is nothing***

Imaginez que même si vous n'avez pas été sportif dans votre jeunesse et que vous commencez le sport à 40 ans, si vous pratiquez jusqu'à 90 ans, vous aurez passé 50 années à prendre du plaisir avec le sport !
Faites du sport et restez en forme !

lemeilleurdelhomme.com

### COMPRÉHENSION ÉCRITE

***Entrée en matière***

**1** Aimez-vous regarder les grands événements sportifs ? Si oui, lesquels ?

***Lecture***

**2** Que sont les World Master Games ?

**3** Quel est l'âge minimum pour y participer ?

**4** Quelle catégorie de sportifs y est bien représentée ?

**5** Que démontre cette manifestation sportive ?

**6** Quelles sont les motivations des sportifs ?

**7** Quel est l'argument pour inciter les gens à commencer à faire du sport ?

***Vocabulaire***

**8** Retrouvez le vocabulaire :

**a** | du sport **b** | de la motivation

### PRODUCTION ORALE

**9** Que pensez-vous des événements sportifs pour les seniors et des événements de handisport ?

### PRODUCTION ÉCRITE

**10** Certains pensent qu'on peut faire du sport à n'importe quel âge et d'autres qu'il est dangereux d'en faire après un certain âge. Et vous, pensez-vous qu'il y ait une limite d'âge pour faire du sport ?

## I Les Français aiment la course à pied

11

### COMPRÉHENSION AUDIOVISUELLE

***Entrée en matière***

**1** Selon vous, pourquoi le jogging a-t-il autant de succès ?

***1er visionnage***

**2** Pourquoi les quais de Seine sont-ils comparés à des autoroutes ?

**3** Qu'est-ce que Florent et Thomas ont créé dans leur entreprise ?

**4** Pourquoi le jeune homme pense-t-il que courir à l'heure du déjeuner est particulièrement bénéfique ?

**5** Quels sont les avantages de courir ensemble pour les entreprises ?

***2e visionnage***

**6** Quelle proportion de Français pratique la course régulièrement ?

**7** Quel impact cela a-t-il sur les fabricants de matériel sportif ?

**8** Quelles sont les caractéristiques de la chaussure présentée ?

**9** Que permet la chaussure connectée ? Comment ?

### PRODUCTION ÉCRITE

**10** Rédigez un mail destiné à vos collègues pour les inciter à se joindre à l'équipe de sport de votre entreprise.

## J Choisir ou ne pas choisir

### COMPRÉHENSION ÉCRITE

***Entrée en matière***

**1** Quels sports aimez-vous pratiquer ?

***Lecture***

**2** Regardez le dessin. Quelle est l'attitude de cette femme ? Décrivez sa posture.

**3** À votre avis, pourquoi ?

### PRODUCTION ORALE

**4** Pensez-vous avoir suffisamment de temps pour faire toutes les activités que vous voulez ?

Sarah GULLY, *Sportives Magazine*

### PRODUCTION ÉCRITE

**5** « Choisir, c'est renoncer. » Pensez-vous que choisir c'est nécessairement laisser des choses de côté ? Pensez-vous, comme cette femme, qu'on peut tout faire ?

## K Ensemble, c'est mieux ! 75

*« Viens avec nous faire du sport ! »*

### COMPRÉHENSION ORALE

***Entrée en matière***

**1** La pratique du sport est-elle suffisamment valorisée dans les écoles ou à l'université selon vous ?

***1re écoute***

**2** Pourquoi Nicolas refuse-t-il la proposition d'Amélie ?

**3** Quelle alternative lui propose-t-elle ?

**4** Quelle crainte Nicolas a-t-il ?

***2e écoute***

**5** Quel est le but de cette équipe selon Amélie ?

**6** Que demande Nicolas à Amélie avant d'intégrer le groupe cycliste ?

**7** Quels sont les arguments d'Amélie pour convaincre Nicolas de rejoindre le groupe de sports en équipe ?

### PRODUCTION ORALE

**8** Pensez-vous que la pratique d'un sport soit particulièrement bénéfique pour réussir ses études universitaires ? Justifiez votre réponse.

**9 En scène !** Vous n'êtes pas du tout sportif/ve et vous essayez de parler à votre ami(e) qui, au contraire, en fait trop selon vous pour pouvoir étudier correctement à l'université. Vous jouez la scène en insistant sur les arguments pour convaincre l'autre.

**Pour confirmer, démentir**

- Évidemment/Sûrement/Certainement
- Sans aucun doute
- Il est évident que… (+ indicatif)
- Si !
- Absolument pas !
- Certainement pas !

### PRODUCTION ÉCRITE

**10** Comme Nicolas, d'autres étudiants de l'université sont hésitants à l'idée de participer à l'équipe multisports de la fac. Vous écrivez un article dans le magazine de l'université afin de les convaincre de le faire.

# GRAMMAIRE > le futur antérieur

Cahier unité 11 d'activités

## ÉCHAUFFEMENT

**1 Observez ces phrases. Quels temps sont utilisés ?**

**a** | Tu **seras** fier de toi quand tu **auras fini** !

**b** | Dans deux mois, tu **auras réussi** à parcourir entre 15 et 20 kilomètres !

**c** | Quand tu **auras couru** une fois ou deux avec le groupe, tu **changeras** d'avis.

**d** | Quand tu **auras senti** les bienfaits du sport, tu ne **pourras** plus arrêter !

**e** | Pour la prochaine rencontre, **j'aurai pris** un peu confiance en moi.

**f** | Quand tu **auras assisté** à un de nos matchs, tu **voudras** participer !

**g** | Il **aura fallu** deux ans de recherche pour mettre au point cette chaussure.

**h** | Si vous pratiquez jusqu'à 90 ans, vous **aurez passé** 50 années à prendre du plaisir avec le sport !

## FONCTIONNEMENT

### Le futur antérieur

**2 Dans les phrases *a, c, d* et *f*, quel est l'ordre chronologique des deux actions ? Relevez les marqueurs temporels dans les phrases *b* et *e*.**

**a** | Il y a deux actions futures, l'une précède l'autre : phrases **a**, ....

**b** | Il y a un marqueur temporel futur et une action achevée future : ....

**c** | Il y a un résultat et une durée de temps future : ....

**3 Choisissez la bonne réponse.**

On utilise le futur antérieur pour indiquer une action *achevée / inachevée* par rapport à une action ou à une référence temporelle future.

***Formation***

Comme pour les autres temps composés, le futur antérieur se forme grâce à **un auxiliaire** et à **un participe passé**.

| Pratiquer | Sortir | S'entraîner |
|---|---|---|
| j'**aurai** **pratiqué** | je **serai** **sorti(e)** | je me **serai** **entraîné(e)** |
| tu **auras** **pratiqué** | tu **seras** **sorti(e)** | tu te **seras** **entraîné(e)** |
| il/elle/on **aura** **pratiqué** | il/elle/on **sera** **sorti(e)** | il/elle/on se **sera** **entraîné(e)** |
| nous **aurons** **pratiqué** | nous **serons** **sorti(e)s** | nous nous **serons** **entraîné(e)s** |
| vous **aurez** **pratiqué** | vous **serez** **sorti(e)(s)** | vous vous **serez** **entraîné(e)(s)** |
| ils/elles **auront** **pratiqué** | ils/elles **seront** **sorti(e)s** | ils/elles se **seront** **entraîné(e)s** |

## ENTRAÎNEMENT

**4 Conjuguez les verbes au futur antérieur.**

**a** | Quand tu (faire) ..... cet exercice d'étirement, tu pourras passer à la suite.

**b** | Dans un mois, ils (contacter) ..... toutes les associations afin de développer leur programme santé-sport.

**c** | Pour la prochaine séance de course, nous (s'exercer) ..... à la posture correcte.

**d** | Je m'achèterai des chaussures connectées quand je (économiser) ..... suffisamment d'argent.

**e** | Pour mes 50 ans, je (terminer) ..... de construire ma maison !

**f** | Vous passerez à la catégorie supérieure quand vous (arriver) ..... à nager plus de 200 mètres.

**5 Choisissez la forme correcte.**

**a** | L'entreprise *lancera / aura lancé* sa nouvelle paire de chaussures quand elle *testera / aura testé* son modèle auprès du public.

**b** | Nous *mettrons / aurons mis* en place ce projet quand tous les partenaires *donneront / auront donné* leur participation.

**c** | Quand elle *règlera / aura réglé* tous ses problèmes de santé, elle *fera / aura fait* du sport quotidiennement.

**d** | Quand elle *finira / aura fini* d'installer tous les équipements nécessaires, la municipalité *inaugurera / aura inauguré* le parcours de santé.

**e** | Je *m'achèterai / me serai acheté* le nouveau modèle seulement quand le prix *baissera / aura baissé*.

## PRODUCTION ORALE

**6 Complétez ces phrases librement.**

**a** | Je serai fier/fière de moi quand…

**b** | Le monde ira mieux quand…

**c** | Je serai heureux/heureuse quand…

# VOCABULAIRE > le sport et la santé

Cahier d'activités unité 11

## Le sport

la boxe
la compétition
la coupe du monde
la course à pied, le jogging
s'entraîner
faire de la natation
les jeux olympiques
le joggeur, la joggeuse
jouer au tennis, au foot
le marathon
se muscler
la natation
la posture
le saut
le sport individuel ≠ le sport d'équipe

## L'équipement sportif

la balle
le ballon
le bâton de ski
le club
la combinaison
le court
le filet
le maillot
la piste
le protège-tibia, le protège-genou
la raquette
le ski
le terrain

## L'esprit sportif

la bouffée d'oxygène
la cohésion d'équipe
compétitif, compétitive
la dynamique de groupe
l'effort *(m.)*
être en forme
souffrir
transpirer

**1 Complétez le texte avec les mots des listes précédentes.**

Afin d'….., il existe un sport facile à pratiquer : ….. . Pour vous y mettre, rien de plus simple, il vous suffit d'enfiler vos baskets et c'est parti ! Pour commencer, mesurez votre ….. et courez sur de courtes périodes que vous augmenterez progressivement. Vous pouvez même créer ….. à votre travail, ce qui a pour double bénéfice d'améliorer votre santé mais aussi de créer une ….. . Attention à ne pas vous faire mal : soyez toujours attentif à garder une bonne ….. pendant votre course.

## La santé

l'anesthésiste *(m./f.)*
le/la chef de service
l'infirmier, l'infirmière
le/la médecin généraliste
le/la médecin traitant
le personnel médical
le praticien, la praticienne

## Les spécialistes

le/la cardiologue
le/la dentiste
le/la dermatologue
l'obstétricien, l'obstétricienne
l'ophtalmologue *(f./m.)*
l'orthopédiste *(f./m.)*
l'oto-rhino-laryngologiste (ORL) *(f./m.)*
le/la pédiatre
le/la stomatologue

**2 Retrouvez la spécialité de chaque médecin de la liste précédente.**

## La consultation médicale

la blessure
le cabinet médical
le diagnostic
être en bonne santé ≠ en mauvaise santé
guérir
le/la malade
la maladie chronique
contagieuse
grave
le malaise
le médicament
l'ordonnance *(f.)*
les paramètres vitaux
le patient, la patiente
prendre le pouls
la température
la tension artérielle
la salle d'attente
le soin, soigner
soulager
le symptôme
tomber malade
le traitement

**3 Classez les mots de la liste précédente selon qu'ils se déroulent :**

**a** | avant la consultation
**b** | pendant la consultation
**c** | après la consultation

## Le système de santé

le dépassement d'honoraires
le dossier médical
la mutuelle
la Sécurité sociale

## Les innovations

le brevet technologique
le budget de la recherche
le composant
dernier cri
l'essai clinique *(m.)*
lancer, mettre au point
le programme de recherche
le prototype

**PRODUCTION ORALE**

**4 Quelle est selon vous l'innovation qui a le plus révolutionné le monde et pourquoi ?**

## L Comment bien choisir son sport ? 76

### COMPRÉHENSION ORALE

***Entrée en matière***

**1 Lisez la phrase extraite du document. Quelles bonnes résolutions prenez-vous en début d'année ?**

***1re écoute (en entier)***

**2 Dans cet extrait, le docteur Sène explique comment :**

**a** | choisir un sport adapté à son âge.
**b** | trouver un sport qui nous plaise.
**c** | pratiquer un sport sans se faire mal.

***2e écoute (du début à « trois ou quatre mois. »)***

*« Et en ce début d'année, nombreux sont nos auditeurs à avoir de bonnes résolutions ! »*

**3 Selon le docteur Sène, qu'est-ce qui est le plus important quand on fait du sport ? Pourquoi ?**

**4 Pourquoi faut-il prendre son temps avant de choisir un sport ?**

**5 Qu'est-ce qui peut coûter cher dans certains sports ?**

**6 Quel est le conseil de Jean-Marc Sène quand on s'inscrit dans une salle de sport ?**

***3e écoute (de « Donc il faut tester » à la fin)***

**7 Quels sports conseille le docteur Sène si :**

**a** | on aime faire du sport en groupe ?
**b** | on préfère être seul(e) ?
**c** | on veut faire un sport d'intérieur ?
**d** | on aime la nature ?

### PRODUCTION ORALE

**8 Ajoutez d'autres exemples de sports dans les catégories de la question 7.**

**9 Vous participez à la semaine du sport dans votre ville pour promouvoir le sport que vous pratiquez. Expliquez en quoi consistent les entraînements, s'il y a des compétitions et indiquez quels sont les avantages à pratiquer ce sport selon vous.**

Une activité complémentaire sur **savoirs.rfi.fr**

## L'ESSENTIEL GRAMMAIRE

**1 Les doubles pronoms. Répondez aux questions en utilisant les doubles pronoms.**

**a** | Est-ce que tu as proposé cette activité à tes parents ?
→ ......
**b** | Ils vous ont montré le bilan de la recherche ?
→ ......
**c** | Quand va-t-elle nous présenter le tee-shirt connecté ?
→ ......
**d** | Est-ce que Sabrina s'approprie bien la posture ?
→ ......
**e** | Elle a dédié ce récital à sa sœur ?
→ ......
**f** | Est-ce que je dois poser la question à mon médecin ?
→ ......
**g** | Est-ce qu'ils se réservent l'exclusivité de la création ?
→ ......

**2 Le futur antérieur. Conjuguez les verbes entre parenthèses au futur antérieur.**

**a** | Marc reviendra quand il (terminer) ..... ses recherches.
**b** | Dans deux mois, elle (retrouver) ..... toute sa forme physique.
**c** | Pour le prochain concert, Ivan (apprendre) ..... tous les morceaux.
**d** | Tu retourneras à la compétition quand tu (s'entraîner) ..... suffisamment.
**e** | Il (falloir) ..... seulement deux semaines pour élaborer le nouveau concept !
**f** | Quand je (sortir) ..... de mon entraînement, j'irai directement chez moi.
**g** | Dans une semaine, nous (partir) ...... de ce bâtiment pour avoir une salle de sport plus grande.
**h** | Quand vous (s'arrêter) ...... de courir, vous ferez un exercice pour les abdominaux.

# ATELIERS

## 1 ÉLABORER UN PARCOURS SPORTIF

*Afin de faire la promotion du sport dans votre école, vous allez élaborer un parcours-santé basé sur des exercices sportifs simples à réaliser.*

### Démarche

*Formez des groupes de trois ou quatre.*

#### 1 Préparation

- Vous déterminez combien d'exercices sportifs vous allez proposer.
- Vous faites des recherches sur internet pour trouver des exercices faciles à réaliser au quotidien. Le degré de difficulté sportive peut cependant varier.
- Pensez à différentes sortes d'exercices :
- ceux à pratiquer à l'extérieur : dans la rue, dans un parc près de l'école ou du bureau.
- ceux à pratiquer à l'intérieur : à l'école, à la cafétéria, au bureau.
- Prenez bien en compte l'environnement, les postures et les objets utiles pour la réalisation des exercices.

#### 2 Réalisation

- Vous allez prendre une feuille par exercice.
- Pour chaque exercice, vous proposez le plan suivant : le contexte de réalisation (bureau, assis(e), allongé(e), avec un objet à porter ou non…), la partie du corps qui va être plus spécifiquement travaillée, le degré de difficulté physique de l'exercice, les instructions précises pour le réaliser sans se faire mal et enfin, les bénéfices pour la santé.

#### 3 Présentation

- Vous affichez chaque feuille dans la classe puis vous présentez chaque exercice en faisant également une démonstration.

## 2 RÉALISER UNE PRÉSENTATION SUR LES BIENFAITS DU SPORT

ATELIER TECH'

*Vous allez réaliser une présentation animée pour promouvoir les bienfaits du sport grâce à des interviews de sportifs.*

### Démarche

*Formez des groupes de trois ou quatre.*

#### 1 Préparation

- Vous faites une liste de personnes que vous connaissez qui pratiquent un sport plus ou moins régulièrement et que vous allez interviewer.
- Vous entrez en contact avec elles afin d'obtenir leur accord en vue d'une interview.
- Vous préparez une liste de questions pour votre interview. Une partie des questions visera à mieux connaître le sport de chaque sportif, une autre partie concernera la pratique plus spécifique de ce sportif. Enfin, une série de vos questions portera sur la dimension bénéfique que le sport apporte dans la vie quotidienne de chacun d'entre eux.

#### 2 Réalisation

- Vous allez interviewer ces sportifs et grâce à une caméra ou la caméra de votre téléphone, vous filmez ces interviews.
- Vous pouvez également filmer ou prendre en photo leurs séances d'entraînement, ainsi que l'équipement nécessaire pour pratiquer ce sport. Sinon, cherchez des vidéos sur internet pour illustrer vos interviews.
- Grâce à un logiciel ou à une application de montage vidéo, vous faites le montage de vos vidéos. Vous pouvez ajouter des commentaires et des effets.
- Ensuite, à l'aide d'un logiciel de présentation, vous préparez votre animation dans laquelle vous exposerez plus particulièrement des recommandations sur les bienfaits de la pratique sportive, illustrées par des photos ou vidéos supplémentaires.

#### 3 Présentation

- Vous faites votre présentation au reste du groupe.

# DÉTENTE

## En forme !

**1 Lisez les charades et trouvez les réponses.**

- Mon premier est le contraire de « avec ».
- Mon deuxième peut remplacer le mot souligné : « il est <u>vraiment</u> grand »
- Mon troisième est au milieu de mon visage et me sert à respirer.

→ Mon tout est un synonyme de « pratiquer chaque jour ».

- Mon premier est une grande assiette pour présenter la nourriture.
- Mon deuxième est la 20e lettre de l'alphabet.
- Mon troisième est le contraire de « faible ».
- Mon quatrième complète cette phrase : « je ..... souviens de toi ».

→ Mon tout est un outil informatique pour gérer un hôpital, une école, etc.

- Mon premier est une préposition utilisée dans la voix passive.
- Mon deuxième est la 19e lettre de l'alphabet.
- Mon dernier est le pluriel de « œuf ».

→ Mon tout est le contraire de « dynamique » et « actif ».

**2 Écouter les interviews de Claire, Thomas, Cécile et Simon. Devinez quels peuvent être les loisirs de chacun.** 77

a | le chant
b | la peinture
c | la pâtisserie
d | le yoga
e | le kayak
f | l'escrime
g | la randonnée
h | l'escalade
i | l'origami
j | la boxe
k | faire du violon
l | le deltaplane
m | le tricot

# CULTIVER LES TALENTS

### Objectifs

- Parler de ses pratiques de lecture
- Exprimer ses goûts artistiques
- Décrire une œuvre, un événement artistique
- Écrire une biographie

> *« L'art est le plus beau des mensonges. »*
> Claude Debussy
> (compositeur)

# A La patrie d'un écrivain, c'est sa langue

**À en croire certains, la littérature hexagonale ne serait plus à la hauteur de sa réputation et de son histoire. Un jugement que dément le nombre d'écrivains d'origine étrangère qui choisissent le français pour écrire.**

Les écrivains du reste du monde sont depuis longtemps attirés par la langue de Balzac et d'Hugo. Mais tandis que ces écrivains plaisaient à une élite cultivée, bon nombre des écrivains plus récents nés à l'étranger cherchent à toucher un public plus large.

Mercedes DEAMBROSIS

Mercedes Deambrosis estime que l'acte d'écrire en français la libère en tant que romancière. « *Bien que je sois totalement bilingue, je n'arrive pas du tout à écrire mes romans en espagnol, explique-t-elle. La seule chose que j'arrive à écrire directement en espagnol, c'est de la poésie. Bizarrement, je ne suis jamais arrivée à écrire de la poésie en français.* »

L'une des critiques souvent formulées à l'encontre de la fiction contemporaine telle que la pratiquent les écrivains français est qu'elle est introspective et autobiographique, comme l'est souvent la poésie. Les Français ont même inventé un terme pour ce type de littérature : l'autofiction. Même ceux qui racontent encore des histoires manquent cruellement d'ambition. Ils préfèrent ne pas faire de recherches dans le monde réel et se contentent d'un univers très restreint.

« *Je suis tout à fait conscient que je n'écrirai jamais comme Baudelaire ou Rimbaud, les poètes préférés des Français* », reconnaît Eduardo Manet, qui s'est installé à Paris en 1968. « *Mais cela ne me dérange plus. Ce que j'aime, c'est inventer une histoire et des personnages intéressants. Dès que j'en ai l'occasion, j'explore la structure et la syntaxe de la langue française, que je m'approprie différemment en insérant des mots espagnols dans le texte, par exemple.* »

« *L'un des aspects les plus intéressants des romans écrits par des auteurs nés à l'étranger, c'est qu'ils emploient des expressions et des mots étrangers de manière totalement décomplexée* », explique Donald Morrison. « *Les mandarins*[1] *de l'Académie française vont sans doute me détester, mais je pense qu'il est très sain que des mots étrangers se glissent dans la langue.* »

Jonathan LITTELL

En dépit de l'admiration qu'il leur voue, Pierre Assouline n'est toutefois pas convaincu que des auteurs francophones comme Littell ou Rahimi soient de taille à rivaliser avec les plus grands écrivains français du passé. Il ne se fait néanmoins guère d'illusions sur les auteurs français actuels : « *La qualité d'une œuvre reste très subjective. Personnellement, je ne trouve pas que l'offre contemporaine soit de très haut niveau. Des auteurs comme Proust ou Céline, cela n'arrive que trois ou quatre fois par siècle. À défaut de grande qualité littéraire, je dirais plutôt que ces auteurs possèdent une écriture originale.* »

« *Pour moi,* Les Bienveillantes *est un roman français, peu importe que son auteur soit américain, conclut Pierre Assouline. La patrie d'un auteur, c'est sa langue. S'il écrit en français, alors il est français. C'est tout ce qui compte.* »

Tobias GREY, *Courrier international*, 10 juin 2009.

1. *Lettré, personnage savant.*

## COMPRÉHENSION ÉCRITE

### *Entrée en matière*

**1** D'après le titre du document, quel est le thème abordé ?

### *1re lecture (du début à la ligne 23)*

**2** Selon certains, la littérature française a-t-elle baissé en qualité ? Par quoi cette opinion est-elle contredite ?

**3** À qui s'adressent les écrivains étrangers qui écrivent en français ?

**4** Qu'est-ce qui est bizarre pour Mercedes Deambrosis ?

### *2e lecture (de la ligne 24 à 46)*

**5** En quoi Eduardo Manet et Donald Morrisson se distinguent-ils des auteurs français ?

### *3e lecture (de la ligne 47 à la fin)*

**6** Quelle critique Pierre Assouline formule-t-il à l'égard des auteurs francophones ?

**7** Au-delà des origines de l'auteur, qu'est-ce qui compte le plus pour Pierre Assouline ?

### *Vocabulaire*

**8** Associez le mot à sa définition.

| | | | |
|---|---|---|---|
| a | autobiographie | 1 | observation de sa vie intérieure |
| b | introspection | 2 | récit inventé de sa vie |
| c | autofiction | 3 | vie de quelqu'un écrite par lui-même |

**9** Reformulez les expressions suivantes :

a | « manquer cruellement d'ambition »

b | « être de taille à rivaliser avec »

## PRODUCTION ORALE

**10** À votre avis, est-il plus facile d'écrire dans sa langue maternelle que dans une langue étrangère ? Pourquoi ?

## PRODUCTION ÉCRITE >>> DELF

**11** Pour une enquête nationale sur la lecture, vous donnez votre point de vue sur ce que vous aimez le plus dans un livre. Vous argumentez en donnant des exemples précis (180 mots).

## B Le bruit des mots 78

### COMPRÉHENSION ORALE

***Entrée en matière***

**1** **Qu'évoque pour vous le titre de l'émission de Zoé Varier : *D'ici, d'ailleurs* ?**

***1re écoute***

**2** **Dans l'extrait, Alain Mabanckou parle :**
a | de son goût pour les fruits.
b | de sa passion pour l'Europe.
c | d'un souvenir d'enfance.

**3** **À quoi le romancier compare-t-il le bruit évoqué ?**

***2e écoute***

**4** **Que faisait l'écrivain pour avoir une image de l'Europe ?**

**5** **Qu'est-ce que la journaliste trouve joli ?**

**6** **Que représente la pomme pour l'écrivain ?**

*« Un fruit exotique, c'est un fruit qui ne se trouve pas chez nous… »*

### PRODUCTION ORALE

**7** **Qu'est-ce qui est exotique pour vous ?**

## C Les Français et la lecture

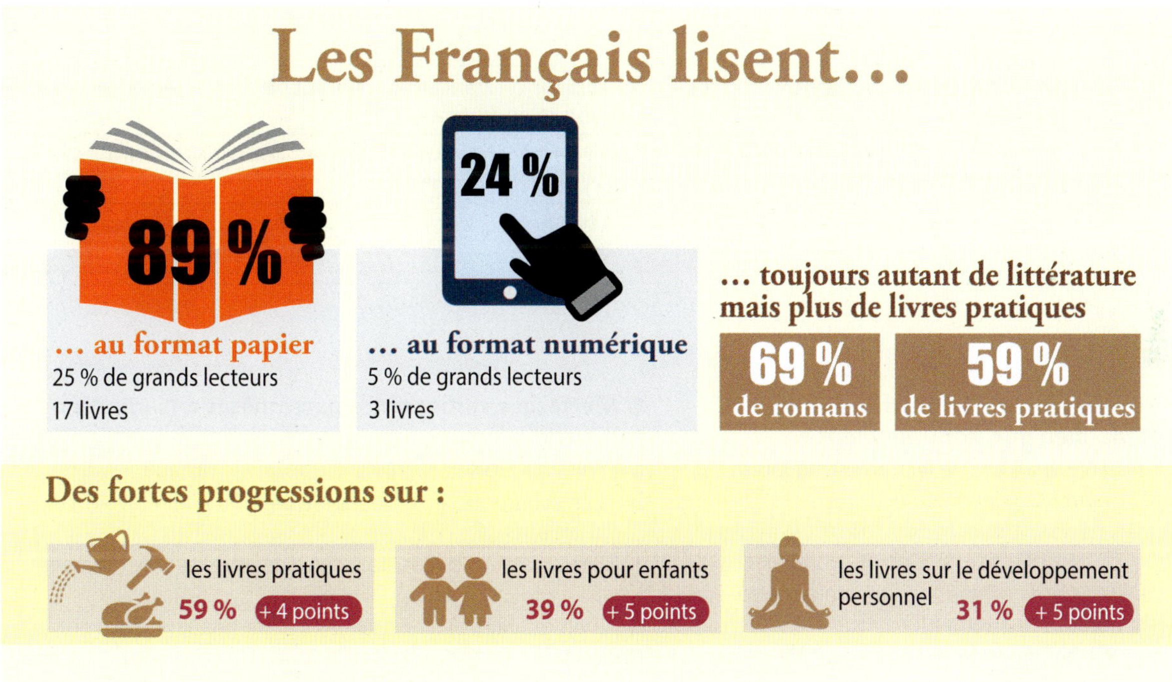


Ipsos pour le CNL, 2017

### COMPRÉHENSION ÉCRITE

**1** **Quelle différence constatez-vous entre les lecteurs de livres numériques et les lecteurs de livres papier ?**

**2** **Vrai ou faux ? Justifiez votre réponse.**
a | Un livre sur la confiance en soi est un livre de développement personnel.
b | Un livre pratique est un livre facile à lire.

**3** **Quels types de livres connaissent une forte progression ?**

### PRODUCTION ORALE

**4** **Et vous, quel(le) lecteur(trice) êtes-vous ?**

# GRAMMAIRE > l'opposition et la concession

Cahier d'activités unité 12

## ÉCHAUFFEMENT

**1 Observez ces phrases. Les idées exprimées vous paraissent-elles logiques ?**

**a** | Mais tandis que ces écrivains plaisaient à une élite cultivée, bon nombre des écrivains plus récents nés à l'étranger cherchent à toucher un public plus large.

**b** | Bien que je sois bilingue, je n'arrive pas à écrire mes romans en espagnol.

**c** | En dépit de l'admiration qu'il leur voue, Pierre Assouline n'est toutefois pas convaincu que ces auteurs soient de taille à rivaliser avec les plus grands écrivains du passé.

**d** | Il ne se fait néanmoins guère d'illusions sur les auteurs français actuels.

## FONCTIONNEMENT

### L'opposition et la concession

**2 Quelle phrase ci-dessus exprime :**

**a** | une conséquence qui n'est pas dans la logique des choses ?

**b** | une idée complètement contradictoire ?

**3 Quelles locutions sont utilisées dans les phrases de l'échauffement ?**

| Concession | Locutions | Exemples |
|---|---|---|
| Mots de liaison | **Mais, pourtant, cependant** | *Je n'écrirai jamais comme Baudelaire,* ***cependant*** *cela ne me dérange plus.* |
| Prépositions | **En dépit de, malgré** + nom | ***Malgré*** *son admiration, il n'est pas convaincu.* |
| Conjonctions | **Bien que** + subjonctif, **Même si** + indicatif | ***Même s'il*** *aime la poésie, il écrit plutôt des romans.* |

***REMARQUE***
***Néanmoins*** et ***toutefois*** introduisent une nuance, une restriction.

| Opposition | Locutions | Exemples |
|---|---|---|
| Mots de liaison | **Mais, au contraire, par contre, en revanche** | *J'écris mes romans en français.* ***En revanche,*** *je n'ai jamais réussi à écrire de la poésie en français.* |
| Prépositions | **Contrairement à, à l'inverse de, à l'opposé de** + nom | *Certains préfèrent lire des livres pratiques,* ***contrairement à*** *d'autres, qui lisent des romans.* |
| Conjonctions | **Alors que, tandis que** + indicatif | *Le père de Mabanckou parlait de la neige* ***alors qu'****il n'en avait jamais vu.* |

## ENTRAÎNEMENT

**4 Complétez ces phrases avec les locutions suivantes : *alors que, pourtant, bien que, contrairement à.***

**a** | Pour les jeunes de 15 à 24 ans, la lecture est un loisir, ...... ils dévorent des ouvrages liés à leurs études.

**b** | ...... les Français ne soient que 24 % à lire des livres au format numérique, ce chiffre a gagné 5 points en deux ans.

**c** | Le nombre de livres neufs achetés en librairie a baissé ...... la vente de livres d'occasion a augmenté.

**d** | Il aime lire ...... il n'ait jamais le temps de finir ses romans.

**e** | Alain Mabanckou enseigne aux États-Unis ...... il est francophone.

**f** | Chaque soir de la semaine, Coumba lit des romans, ...... Paul, qui regarde des films.

**5 Terminez les phrases.**

**a** | En dépit de son amour pour la littérature, elle…

**b** | Elle achète deux livres par semaine, pourtant…

**c** | Malgré les critiques qu'elle a lues sur la pièce de théâtre, elle…

**6 Mettez les verbes entre parenthèses à l'indicatif ou au subjonctif.**

**a** | Il lit chaque soir même s'il (être) ...... fatigué.

**b** | Elle achète des livres jeunesse bien qu'elle n'(avoir) ...... pas d'enfants.

**c** | La libraire vend plus de livres alors que les prix (augmenter) ...... .

**d** | Bien qu'il (être) ...... italien, il aime beaucoup lire en français.

**e** | Pierre préfère les livres au format papier tandis que Caroline les (lire) ...... sur sa tablette.

### PRODUCTION ÉCRITE

**7 Vous devez écrire un article sur les habitudes de lecture de votre groupe. Pour mener votre enquête, vous posez cinq questions aux membres de votre groupe. Vous analysez les réponses et relevez les contradictions, puis rédigez votre article en 100 mots. Vous utiliserez les locutions qui expriment l'opposition et la concession.**

# VOCABULAIRE > la littérature et la création

## Les auteurs

l'auteur, l'auteure ou l'autrice
l'écrivain, l'écrivaine
l'éditeur, l'éditrice
le/la journaliste
le poète, la poétesse
le romancier, la romancière

**1 Dans la liste précédente, trouvez des mots de la même famille.**
Exemple : *écrivain → écrire, écriture.*

## Écrire

adapter une œuvre littéraire
bâtir une intrigue
créer des personnages
écrire un dialogue
éditer
faire une description
publier
rédiger

## Les livres

le dictionnaire
l'encyclopédie *(f.)*
le format numérique ≠ le format papier
le guide de voyage
le guide/livre pratique
le livre d'art
le livre de cuisine
le livre de déco(ration)
le livre de jardinage
le livre de poche
le livre pour enfants/pour la jeunesse
le livre sur le développement personnel
le manuel scolaire

**2 Complétez ce texte avec des mots de la liste précédente.**
Hier, à la librairie je cherchais un ..... pour visiter les châteaux de la Loire. Dans le rayon des ...., j'ai découvert un guide sur Giverny, les jardins du peintre Monet. Ils sont tellement beaux que j'ai aussi choisi un ... pour apprendre à cultiver les mêmes fleurs. Puis j'ai pris un .......... sur ses peintures. Dommage qu'il n'existe pas au ......, cela prendrait moins de place.

## Les genres littéraires

l'autobiographie *(f.)*
la biographie
le conte
le documentaire
l'essai *(m.)*
la fiction
la nouvelle
la poésie
le roman d'amour
d'aventures
d'espionnage
historique
noir
policier
de science-fiction
le théâtre : la comédie/le drame/la tragédie

**3 À l'aide de la liste précédente, devinez de quel type de roman ou de genre littéraire il s'agit.**
**a** | Il se passe dans le futur.
**b** | Son héros mène une enquête.
**c** | Il raconte la passion entre deux personnes.
**d** | C'est une histoire courte.
**e** | Son sujet concerne les services secrets.
**f** | Il parle de l'histoire d'une personnalité.
**g** | Elle fait rire.

## Qualifier une œuvre

avant-gardiste
classique
contemporain(e)
engagé(e)
fantastique
imaginaire
moderne
poétique
réaliste
romanesque
sentimental(e)
théâtral(e)

**4 Choisissez dans la liste précédente un (ou deux) mot(s) qui correspond(ent) à une œuvre qui :**
**a** | défend une idée, une cause
**b** | parle d'amour
**c** | parle de la réalité
**d** | est actuelle
**e** | met en scène des êtres surnaturels

# PHONÉTIQUE

## « Un million de musiciens donne un concert en s'amusant »

**1 Écoutez la poésie de Robert Desnos. Relevez tous les mots qui contiennent des voyelles nasales et regroupez-les selon la voyelle prononcée.** 79

**La prononciation des voyelles nasales**

Pour bien prononcer les voyelles nasales, soyez détendu. Pour vous entraîner, utilisez des intonations descendantes en jouant les émotions de tristesse *(Oh, non, misère...)* ou de nostalgie *(Ah, mon beau Nathan...)*.

**2 Maintenant, jouez !**
• Préparez deux séries de cartes : la première série représente différents objets de la classe, la deuxième propose des chiffres contenant une voyelle nasale. Mettez-les en deux piles face cachée.
• Formez des groupes de deux à quatre.
• Le premier retourne l'image et formule une question : « Avez-vous des ... ? »
• Le deuxième répond en retournant la carte avec le chiffre : « Oui, mais on en a ... seulement. »
Exemple : **A :** *Avez-vous des stylos ?* **B :** *Oui, mais on en a cinq seulement.*

## D Le guide du photographe

Quelles que soient la préparation et les recherches, chaque photographe a sa vision des choses et rien ne vaut un repérage sur place pour découvrir les meilleurs moments. Le soleil, la météo contribuent à les déterminer et tout cela peut être réservé pour le lendemain.

La nuit, photographiez les illuminations et les fenêtres. Les villes sont plus éclairées après le coucher du soleil qu'à l'aube. Les réverbères, les enseignes lumineuses et l'éclairage des monuments sont allumés à différents moments. Peu d'habitants connaissent les horaires, mais ils pourront parfois vous renseigner sur un site en particulier. Sinon, faites un repérage la veille. Le moment le plus favorable pour la photo de nuit est le crépuscule, quand il reste assez de lumière naturelle pour que les immeubles se découpent sur le ciel.

Michael FREEMAN, *Le Guide tout terrain du photographe voyageur*, Pearson, 2009.

### COMPRÉHENSION ÉCRITE

**1** À qui s'adresse ce document ?

**2** Quel est son objectif ?

**3** Les photos de nuit sont-elles meilleures le soir ou le matin ?

**4** Quels sont les deux moyens pour préparer sa séance photos ?

**5** Quels sont les deux types de lumière évoqués dans le texte ?

***Vocabulaire***

**6** Relevez les expressions qui désignent les lumières artificielles.

**7** Relevez le mot qui indique :

a | que l'on va voir les lieux avant

b | le moment juste avant le lever du soleil

c | le moment juste après le coucher du soleil

**8** Retrouvez dans le texte un équivalent de l'expression « meilleur moment ».

### PRODUCTION ÉCRITE

**9** Rédigez quelques conseils qui pourraient figurer dans un article sur la photographie non professionnelle.

## E D'Henri Cartier-Bresson à Sophie Calle

80

*« J'aime ses photos prises sur le vif. »*

Henri CARTIER-BRESSON

### COMPRÉHENSION ORALE

***Entrée en matière***

**1** Qu'évoque pour vous cette photographie en noir et blanc ?

***1re écoute (du début à « le mouvement. »)***

**2** Quel est le style photographique de Bettina Rheims ?

**3** Que fait Sophie Calle en plus de la photographie ?

**4** Qu'est-ce que Justine aurait pu regretter ?

**5** Que pense Justine des photographies de Depardon ?

***2e écoute (de « L'inventeur » à la fin)***

**6** À quelle époque l'agence Magnum a-t-elle été créée ?

**7** Dans le dialogue, un instantané est :

a | une technique photographique

b | une photo en noir et blanc

c | un bref moment

**8** Pourquoi Moussa n'est-il pas d'accord avec Justine ?

**9** Qu'est-ce que Moussa trouve intéressant dans le travail de Lartigue ?

**10** À quel moment iront-ils voir cette exposition ?

### PRODUCTION ORALE >>> DELF

**11** Vous voulez aller visiter une exposition de photos ou de peinture avec un(e) ami(e) mais vous n'avez pas les mêmes goûts. Vous discutez ensemble et expliquez en argumentant ce qui vous donne envie d'aller voir cette exposition (le style, l'époque…) afin de trouver un compromis.

# F Art et BD

La bande dessinée, c'est de l'art ?
Évidemment !
À quoi sert l'art ? À ouvrir notre regard sur le monde, à nous faire rêver, à nous inciter à réfléchir… La bande dessinée aussi !
Les relations entre l'art et la bande dessinée sont nombreuses. Elles fonctionnent à double sens : la BD s'inspire de l'art mais elle l'influence à son tour, et les artistes n'hésitent plus à lui emprunter ses codes graphiques comme son langage narratif[1]. Aujourd'hui, la cote des planches originales s'envole dans les salles de vente. La BD a même fini par entrer au musée.
Le doute n'est plus permis : la bande dessinée, c'est de l'art ! La preuve, on parle d'elle comme du « Neuvième art ».

Extrait de Christophe QUILLIEN, *Art et BD*, Palette, 2015.

*1. Le langage narratif est la manière de raconter une histoire.*

R. MAGRITTE, 1928

## COMPRÉHENSION ÉCRITE

***Entrée en matière***

**1** **Lisez le titre. À votre avis, la BD est-elle un art ? Pourquoi ?**

***Lecture***

**2** **Selon l'auteur, qu'est-ce qui fait que la BD est un art ?**

**3** **Quelles relations entretient la BD avec les autres arts ?**

**4** **Vrai ou Faux ? Justifiez votre réponse.**

**a** | Le code graphique correspond aux caractéristiques visuelles propres à un auteur.

**b** | « la cote des planches s'envole » signifie que leur prix n'augmente pas vite.

## PRODUCTION ORALE

**5** **Observez le tableau de Magritte *L'Homme du journal*. Imaginez ce que le personnage a fait avant de lire son journal et ce qu'il est devenu.**

# G Valérian et Laureline sous les projecteurs

12

## COMPRÉHENSION AUDIOVISUELLE

***Entrée en matière***

**1** **Regardez l'image extraite de la vidéo. À quoi vous fait-elle penser ?**

***1er visionnage (sans le son, du début à ~1'03")***

**2** **À votre avis, où se passe ce reportage ?**

***2e visionnage (avec le son, du début à « voir le film. »)***

**3** **Quel est le sujet du reportage ?**

**4** **Quelles sont les impressions des personnes interrogées ?**

***3e visionnage (de « Les héros » à la fin)***

**5** **Pourquoi les auteurs sont-ils étonnés ? Justifiez votre réponse.**

**6** **En quoi cette série était-elle originale au moment de son lancement ?**

**7** **Qu'est-ce que les auteurs ont cherché à faire ?**

**8** **Quand les auteurs vont-ils publier leur prochain album ?**

**Pour exprimer le fait d'apprécier**

- J'admire… (+ nom)
- J'adore… (+ nom)
- J'ai été très ému(e), amusé(e), surpris(e) par… ( + nom)
- J'apprécie… (+ nom)
- Ça/Il/Elle me plaît.
- Cette scène m'a fait rire.
- Le film m'a enthousiasmé(e).

**Pour exprimer le fait de ne pas aimer**

- Ça/Il/Elle ne m'a pas plu.
- Ça/Il/Elle m'a ennuyé(e).
- Cette scène m'a fait pleurer, m'a choqué(e).
- Je déteste… (+ nom)
- Je n'aime pas beaucoup… (+ nom), du tout (+ nom)
- J'ai été déçu(e) par… (+ nom)
- J'ai horreur de… (+ nom)

## PRODUCTION ÉCRITE >>> DELF

**9** **Vous venez de voir un film tiré d'une œuvre (BD, conte, roman, pièce de théâtre…). Vous écrivez sur votre blog vos impressions, si vous avez aimé ou non et pourquoi (180 mots).**

# GRAMMAIRE > les indicateurs de temps (3)

Cahier unité 12 d'activités

## ÉCHAUFFEMENT

**1 Observez les expressions de temps dans les phrases suivantes. Sont-elles utilisées dans un récit raconté au passé ou au présent ?**

**a** | Le soleil, la météo contribuent à les déterminer et tout cela peut être réservé pour **le lendemain**.

**b** | Sinon, faites un repérage **la veille**.

**c** | **Aujourd'hui**, la cote des planches originales s'envole dans les salles de vente.

**d** | **Autrefois,** la photographie était plus impressionnante !

**e** | Mais si tu veux voir des photographies du XX^e siècle, **d'ici** quelque temps, je crois qu'ils vont faire une exposition sur Jacques Henri Lartigue.

**f** | **Dans** les années 1940, après la guerre, je crois.

**g** | **La semaine dernière,** j'ai lu un de ses livres que j'avais acheté **la semaine précédente** à une exposition.

**h** | Je crois que ce sera **vers** le mois de mars ou avril.

## FONCTIONNEMENT

### Les indicateurs de temps

**2 Pouvez-vous dire :**

**a** | quelles phrases sont **liées au moment où on parle** ? Phrases **c**, …

**b** | quelles phrases sont **liées à quelque chose qu'on raconte** ? Phrases **a**, …

**c** | avec l'emploi de quels indicateurs de temps pour : • le moment où on parle ?
• quelque chose qu'on raconte ?

| Les indicateurs de temps | indicateurs de temps liés au moment où on parle | indicateurs de temps liés à quelque chose qu'on raconte |
|---|---|---|
| **Avant** | il y a cinquante ans<br>la semaine dernière<br>le mois dernier<br>l'an dernier<br>récemment, il y a quelque temps<br>il y a un mois<br>hier, hier matin, hier soir<br>avant-hier<br>autrefois | cinquante ans avant, cinquante ans plus tôt<br>la semaine précédente<br>le mois précédent<br>l'année précédente<br>peu de temps auparavant<br>un mois avant, auparavant<br>la veille<br>l'avant-veille |
| **Pendant** | aujourd'hui<br>maintenant<br>ce soir | ce jour-là<br>à ce moment-là<br>ce soir-là |
| **Après** | demain, demain matin, demain soir<br>après-demain<br>la semaine prochaine<br>le mois prochain<br>l'an prochain, l'année prochaine<br>vers<br>d'ici, dans | le lendemain<br>le surlendemain<br>la semaine suivante<br>le mois suivant<br>l'année suivante<br>vers<br>dans<br>un jour après, plus tard |

## ENTRAÎNEMENT

**3 Complétez avec : *vers, ce jour-là, dès que, la semaine suivante, la veille, dans.***

C'était …… les années 1990. ……, il faisait beau, je l'ai retrouvé pour prendre des photos. ……, nous n'avions pas pu y aller parce qu'il pleuvait. Il m'a donné rendez-vous à cinq heures et demie du matin devant La Concorde mais je suis arrivée en avance, …… cinq heures. …… il est descendu du taxi, il a commencé à photographier les rues. Il m'a à peine saluée et n'a pas fait attention à moi de la matinée. ……, j'ai décidé que je m'achèterai un appareil et que je ferai mes propres photos.

### PRODUCTION ÉCRITE

**4 Racontez par écrit une rencontre marquante avec une œuvre de cinéma, de théâtre, de BD ou photographique. Quels changements cette œuvre a-t-elle produits sur vous ? Quelles œuvres aimeriez-vous découvrir dans les prochaines années ?**

# H Rencontres avec les artistes francophones

## COMPRÉHENSION ÉCRITE

**1** **Lisez les biographies. Associez chaque artiste ou groupe à un festival et à une image.**

**Gaël Faye** est rappeur, auteur-compositeur, interprète et auteur de *Petit Pays*, roman pour lequel il a reçu le prix Goncourt des lycéens 2016. Il est franco-rwandais, né en 1982 et arrivé en France en 1995.

**Le Balani Show Bizness de Bamako** crée de la musique urbaine. Il rassemble les grands instrumentalistes maliens qui mêlent modernité et sonorités traditionnelles africaines.

**Quatuor Akilone** est né en 2011 de la rencontre d'Émeline Concé (violon), d'Élise de Bendelac (violon), de Louise Desjardins (alto) et de Lucie Mercat (violoncelle). Ce quatuor a été primé au Festival de Bordeaux.

**Cyrille Aimée** est une chanteuse, compositrice et musicienne franco-dominicaine. Elle a sorti huit albums et s'est produite sur les plus grandes scènes de jazz en France et à l'étranger.

**Daft Punk :** Personne ne connaît le visage de ces deux Parisiens, pourtant mondialement connus. Ils ont commencé à faire parler d'eux en 1995, au moment où la musique électronique a pris de l'ampleur.

**La Femme :** ce groupe de six musiciens, compositeurs-interprètes, apparaît sur la scène pop-rock française en 2013. Ils sont une des Révélations des Victoires de la musique 2014.

### Artistes/groupes

**a** | La Femme
**b** | Quatuor Akilone
**c** | Daft Punk
**d** | Cyrille Aimée
**e** | Le Balani Show Bizness de Bamako
**f** | Gaël Faye

### Festivals

**1** | Jazz in Marciac
**2** | Les Eurockéennes de Belfort
**3** | Festival et atelier de Quatuor à cordes de Bordeaux
**4** | Electrobeach Music Festival
**5** | Festival Africa Fête à Marseille
**6** | Paris Hip Hop

## PRODUCTION ORALE

**2** Connaissez-vous ces festivals ?
Quel(le)s artistes souhaiteriez-vous connaître et pourquoi ?

**Drôle d'expression !**

« La critique est aisée mais l'art est difficile. »
→ Qu'en pensez-vous ?

# DOCUMENTS

## 1 Henri Rousseau le Douanier

Il peignait pour son plaisir, pour le plaisir de peindre et de fixer pour quelques années ses rêves de la nuit.

Rousseau était trop vieux (ou trop jeune, si l'on préfère) pour s'étonner quand les journalistes et les poètes le « découvrirent ».

Ces nouveaux amis se contentèrent d'ailleurs d'admirer ses tableaux. Chacun s'émerveillait, mais Rousseau trouvait cet émerveillement tout naturel.

Ce qui le surprit davantage, ce fut cette haine qu'il déchaîna à l'Exposition des Artistes indépendants, dont il était une des gloires. Il s'habitua peu à peu aux injures et, avec finesse, comprit très vite que ces insultes étaient de magnifiques, d'incomparables éloges.

On pouvait attendre de ceux qui le connurent, et qui prétendirent l'aimer, des anecdotes et des souvenirs. Ils ne surent pas regarder, et aucun d'eux, sauf Guillaume Apollinaire, n'osa parler de lui.

La beauté de ces paysages frappa même ceux qui refusaient de regarder sérieusement les toiles du Douanier, je veux parler de ceux qui haussaient les épaules comme ils les auraient haussées vingt ans plus tôt devant les toiles de Monet. Mais puisqu'ils étaient bien obligés d'admirer, en quelque sorte malgré eux, ils déclarèrent que Rousseau n'était pas un peintre, mais sans doute un décorateur. Et cette opinion, qui est à mon avis absolument fausse, trouve encore des défenseurs parmi les critiques actuels qui ne veulent pas considérer Rousseau comme le plus grand peintre de la fin du XIX^e siècle.

*Combat entre un tigre et un buffle*

Rousseau apparut comme un phénomène et il fut considéré comme tel, en prenant ce mot dans tous les sens, péjoratif et neutre. L'œuvre du Douanier, isolée au milieu de son temps, devait nécessairement choquer et scandaliser. C'est le sort de toutes les réactions artistiques.

Le récit de cette vie apprendra que le Douanier Rousseau n'était pas, comme on a voulu le faire croire, un amateur ou ce qu'on nomme un peintre du dimanche. La vocation d'Henri Rousseau fut plus forte que son milieu, que la haine, que les événements, plus forte que la misère. Car le Douanier, pour acheter des couleurs, des toiles et des pinceaux, acceptait de mourir de faim. Et il mourut de faim depuis l'âge de quarante-quatre ans jusqu'à sa mort, qui eut lieu vingt-deux ans plus tard.

Philippe Soupault, *Henri Rousseau le Douanier*,
Éditions des Quatre Chemins, 1927

### COMPRÉHENSION ÉCRITE

***Entrée en matière***

**1 Regardez ce tableau. Avez-vous déjà vu ce genre de peinture ? Qu'en pensez-vous ?**

***1^re lecture***

**2 De qui parle-t-on ? De quel type de texte s'agit-il ?**

**3 Pour quelles raisons l'artiste peignait-il ?**

**4 À l'Exposition des Artistes indépendants, comment ont réagi les critiques ?**

***2^e lecture***

**5 Quelle a été la réaction du peintre face aux critiques ?**

**6 Parmi les artistes de l'époque, qui l'a défendu ?**

**7 D'où venait la force du peintre, malgré les critiques ?**

***Vocabulaire***

**8 Relevez dans le texte :**

a | un synonyme et un contraire du mot « injures » ;
b | un synonyme du verbe « être fasciné par ».

**9 Reformulez l'expression suivante :** *Rousseau n'était pas un « peintre du dimanche ».*

### PRODUCTION ORALE

**10 Vous êtes guide dans une exposition consacrée au Douanier Rousseau, et vous décrivez une de ses œuvres aux visiteurs.**

**Pour décrire une œuvre d'art**

- C'est/Il s'agit de… + type d'œuvre (un dessin, une peinture, un tableau, une photo, une bande dessinée…).
- Cette œuvre a été réalisée par… (+ nom de l'artiste + *en* + date de production).
- Son titre est… (+ intitulé de l'œuvre.)
- Le sujet de l'œuvre est…
- La scène se passe à… (+ lieu + *en* + date/moment).
- On observe/On distingue/On peut voir/On remarque… (+ nom ou *que*).
- Au premier plan, il y a…
- Au deuxième plan, on distingue…
- Au loin, on aperçoit…/En regardant de plus près, on voit…
- Cette image éveille en nous des sentiments/émotions de tristesse/joie/bonheur/tranquillité.
- Ces sentiments sont plutôt positifs, négatifs ou neutres.
- Cette représentation nous fait penser à…

# J L'art de l'aquarelle 81

Vue d'une ville, Raoul Dufy.

*« Il voulait apprendre à fond l'art de l'aquarelle. »*

## COMPRÉHENSION ORALE

**Entrée en matière**

**1** Regardez ce tableau. Quel lien faites-vous avec la phrase entre guillemets ?

**1re écoute (du début à « argent. »)**

**2** Combien de personnages compte ce récit ? Quelle activité les réunit ?

**3** Quelle relation entretiennent-ils ?

**2e écoute (de « Bartlebooth » à « parisienne. »)**

**4** Qu'est-ce que Bartlebooth a appris la première année ?

**5** À quoi est-il parvenu au bout de deux ans ?

**6** Où les personnages ont-ils travaillé ensuite ?

**3e écoute (de « En dehors » à la fin)**

**7** Quelle question Valène posait-il souvent ?

**8** Quelle était la réponse de Bartlebooth ?

**9** Qu'est-ce que Bartlebooth a répondu à la fin ?

## PRODUCTION ÉCRITE

**10** Avez-vous déjà pratiqué une activité artistique, artisanale, manuelle ?
Racontez un événement lié à cette pratique.

# K L'exposition

**1** Observez la peinture, décrivez la situation. Où se passe la scène ? Qui voyez-vous ?

**2** Que regarde l'homme ?

**3** Quel est l'effet comique ?

## PRODUCTION ORALE

**4** Est-ce que certaines œuvres d'art vous ont déjà surpris(e) ou donné envie de rire ?

Noyau, « Retrospective », 2009.

# GRAMMAIRE > le passé simple

Cahier unité 12 d'activités

## ÉCHAUFFEMENT

**1 Lisez les phrases.**

**a** | La vocation d'Henri Rousseau **fut** plus forte que son milieu.

**b** | Ce qui le **surprit** davantage, ce **fut** cette haine qu'il déchaîna à l'Exposition des Artistes indépendants.

**c** | Rousseau **apparut** comme un phénomène et il **fut** considéré comme tel.

**d** | Ils ne **surent** pas regarder, et aucun d'eux, sauf Guillaume Apollinaire, n'**osa** parler de lui.

**e** | La fréquence et la durée de ces cours particuliers **firent** sursauter Valène.

**f** | Ils **commencèrent** à travailler en extérieur.

**g** | « Mais des puzzles, bien sûr ! », **répondit** sans la moindre hésitation Bartlebooth.

**2 Regardez les verbes au passé simple et cherchez l'infinitif correspondant.**

**3 Quel temps pourrait-on employer à la place du passé simple ?**

## FONCTIONNEMENT

### La formation du passé simple

**4 Répondez à ces questions.**

**a** | Le passé simple s'emploie dans :
- un dialogue.
- un récit.

**b** | On l'utilise :
- au quotidien.
- dans les textes littéraires.

| Verbes en -er | • Certains verbes en -ir<br>• La plupart des verbes en -re | Certains verbes en -oir/oire -ir -re | *Tenir, venir, se souvenir…* | *Être* | *Avoir* |
|---|---|---|---|---|---|
| **Affirmer**<br>J'**affirmai**<br>Tu **affirmas**<br>Il/elle/on **affirma**<br>Nous **affirmâmes**<br>Vous **affirmâtes**<br>Ils/elles **affirmèrent** | **Découvrir**<br>Je **découvris**<br>Tu **découvris**<br>Il/elle/on **découvrit**<br>Nous **découvrîmes**<br>Vous **découvrîtes**<br>Ils/elles **découvrirent** | **Savoir**<br>Je **sus**<br>Tu **sus**<br>Il/elle/on **sut**<br>Nous **sûmes**<br>Vous **sûtes**<br>Ils/elles **surent** | **Venir**<br>Je **vins**<br>Tu **vins**<br>Il/elle/on **vint**<br>Nous **vînmes**<br>Vous **vîntes**<br>Ils/elles **vinrent** | Je **fus**<br>Tu **fus**<br>Il/elle/on **fut**<br>Nous **fûmes**<br>Vous **fûtes**<br>Ils/elles **furent** | J'**eus**<br>Tu **eus**<br>Il/elle/on **eut**<br>Nous **eûmes**<br>Vous **eûtes**<br>Ils/elles **eurent** |

***REMARQUE***

- **Le passé simple se construit en général à partir du participe passé du verbe.**

*Mettre, mis → il mit, ils mirent*
*Déclarer, déclaré → il déclara, ils déclarèrent*
*Vouloir, voulu → il voulut, ils voulurent*
*Surprendre, surpris → il surprit, ils surprirent*

- **Quelques exceptions :**

*Faire, faisant → il fit*
*Voir, voyant → il vit*
*Perdre, perdant → il perdit*
*Mourir, mourant → il mourut*
*Naître, naissant → il naquit*
*Écrire, écrivant → il écrivit*
*Venir, venant → il vint*

## ENTRAÎNEMENT

**5 Trouvez le participe passé des verbes puis conjuguez-les au passé simple avec *elle* et *ils*.**

Exemple : *admirer → admiré : elle admira, ils admirèrent*

**a** | apparaître
**b** | pouvoir
**c** | apprendre
**d** | créer
**e** | choisir
**f** | croire

**6 Mettez les verbes au passé simple.**

Philippe Soupault (naître) ...... en 1897 et il (mourir) ...... en 1990. Il (faire) ...... partie du mouvement surréaliste. Il (écrire) ...... de la poésie et des critiques sur les artistes de son époque. Il (décider) ...... d'écrire la biographie du Douanier Rousseau pour témoigner. Il (admirer) ...... le peintre et (contribuer) ...... à la célébrité de l'artiste.

Le Douanier Rousseau ne (suivre) ...... pas de cours d'art dans une école, il (apprendre) ...... seul en peignant. Les critiques (qualifier) ...... son style d'« art naïf ». Il (peindre) ...... des portraits et des paysages. Il (croire) ...... en sa peinture même si ses contemporains le (mépriser) ...... . Seuls quelques artistes de son époque (avoir) ...... l'intelligence de reconnaître son talent.

### PRODUCTION ÉCRITE

**7 Écrivez à votre tour, au passé simple, la courte biographie d'une personne célèbre que vous connaissez.**

# VOCABULAIRE > l'art

Cahier unité 12 d'activités

## L'art *(m.)*

l'amateur, l'amatrice
s'améliorer
l'artiste *(m./f.)*
le chef-d'œuvre
le collectionneur, la collectionneuse
emprunter
exécuter
se former
le génie
influencer
inspirer
maîtriser une technique
l'œuvre *(f.)* d'art
posséder un art
progresser
la réputation
le succès
suivre un parcours
le talent
la vocation

**1 Retrouvez dans la liste précédente un équivalent des mots suivants : *progresser, apprendre, la réussite, la renommée, faire.***

## La peinture

l'aquarelle *(f.)*
l'autoportrait *(m.)*
le chevalet
les couleurs
l'esquisse *(f.)*
le modèle
le paysage
peindre
le/la peintre
le pinceau
le portrait
le tableau
la toile

**2 Complétez le récit avec des mots de la liste précédente.**

Le ...... demanda au ...... de s'installer devant le paysage pour peindre son ...... . Il posa la toile sur le ...... près du modèle. Il fit d'abord une petite ...... au crayon. Puis il prit son ...... pour peindre son aquarelle. Il choisit de la représenter avec des ...... vives.

## La bande dessinée

l'album *(m.)*
la bande
la bulle
la case
le dessinateur, la dessinatrice
la planche
le roman graphique
la série

**3 Retrouvez les mots de la liste précédente qui correspondent aux définitions suivantes :**

**a** | une page entière de BD
**b** | une succession horizontale de plusieurs images
**c** | une image avec ou sans texte

## La photographie

l'appareil photo *(m.)*
l'instantané *(m.)*
le/la photographe
photographier
le portrait

## Qualifier, réagir

admirer
choquer
s'émerveiller
s'étonner
être touché(e), ému(e)
faire des éloges
scandaliser
surprendre
audacieux, audacieuse
bouleversant(e)
brillant(e)
divertissant(e)
ennuyeux, ennuyeuse
mauvais(e)
prestigieux, prestigieuse
profond(e)

## Le cinéma et le théâtre

l'accessoire *(m.)*
l'acteur, l'actrice
la caméra
le comédien, la comédienne
le costume
le court-métrage
le décor
la distribution
l'écran *(m.)*
le film documentaire
le film de fiction
filmer
interpréter un personnage
inventer une histoire
jouer la comédie
jouer un rôle
le long-métrage
la mise en scène
la programmation
le réalisateur, la réalisatrice
réaliser
tourner un film

**4 Associez les métiers suivants à des actions : *le comédien, le réalisateur, le metteur en scène.***

## La musique

le chanteur, la chanteuse
le compositeur, la compositrice
le groupe
l'interprète *(f./m.)*
la mélodie
le musicien, la musicienne
la musique classique, contemporaine...
l'orchestre *(m.)*
le quatuor
la variété

## *Expressions*

connaître la musique
être au sommet de son art
ne pas savoir sur quel pied danser

## L *WIP*, nouvelle revue littéraire

82

### COMPRÉHENSION ORALE

« *Une vingtaine d'auteurs publient leurs écrits dans ce premier numéro.* »

***Entrée en matière***

**1** **Que trouve-t-on dans une revue littéraire ?**

***1re écoute (en entier)***

**2** **Dans cet extrait, on entend (plusieurs réponses) :**

**a** | ceux qui ont créé la revue littéraire *WIP*.
**b** | un membre du comité de lecture de la revue littéraire *WIP*.
**c** | le directeur d'une maison d'édition parisienne.
**d** | un auteur publié dans la revue littéraire *WIP*.
**e** | des lecteurs de la revue littéraire *WIP*.

***2e écoute (du début à « que ça représente. »)***

**3** **Quels sont les métiers de Mamadou Fédior, Karim Miské, et Sonia Rolley ?**

**4** **En quoi consistait leur projet le Pitch Me ?**

**5** **Quels types de texte trouve-t-on dans la revue *WIP* ?**

***3e écoute (de « Une vingtaine d'auteurs » à la fin)***

**6** **Qu'est-ce qui a impressionné Elizabeth Lesne dans les textes publiés dans *WIP* ?**

**7** **Que pense-t-elle du monde de l'édition française ?**

**8** **Qu'a publié Sabrina Kassa dans la revue *WIP* ?**

**9** **Qu'a-t-elle appris grâce au Pitch Me ?**

***Vocabulaire***

**10** **Retrouvez dans le document un équivalent des expressions suivantes :**

**a** | amis **b** | venus de partout **c** | personnes douées **d** | analyse un texte

Une activité complémentaire sur **savoirs.rfi.fr**

### PRODUCTION ORALE

**11** **Vous voulez lancer une revue avec un groupe d'ami(e)s. Choisissez le thème de la revue, ce que vous aimeriez y publier, le format… Présentez votre projet à la classe.**

## L'ESSENTIEL GRAMMAIRE

**1 L'opposition et la concession. Complétez les phrases avec : *au lieu de, malgré, alors que, bien que, mais* (vous pouvez utiliser deux fois la même locution).**

Vous rêvez de devenir un artiste …… vous estimez que vous êtes mauvais. Ne vous découragez pas, obstinez-vous ! Pour débuter, il faut être motivé. Commencez par explorer une technique …… ce ne soit pas facile, vous y arriverez …… vos difficultés. Avec des efforts, de la force …… aussi de l'ambition, vous serez bientôt de taille à rivaliser avec les plus grands ! …… rester chez vous à admirer les autres à la télévision, allez-y, créez ! Soyez décomplexé, inventez une œuvre de qualité qui surprendra. Vous recevrez des éloges de vos ennemis …… ils vous injuriaient. Votre voisine vous invitera à dîner …… elle ne vous regardait jamais ! …… vous ayez l'impression d'être le plus fort et ……votre succès, restez modeste ! L'essentiel est de trouver votre voie.

**2 Le passé simple. Réécrivez les textes au passé simple.**

**a** | Les réalisateurs (adapter) …… des BD et des romans pour produire des films de science-fiction, des comédies, des drames ou des tragédies. Mais avant eux, les romanciers et les poètes (raconter) …… le même type d'histoire. Ils ne (découvrir) …… rien, ils (savoir) …… simplement raconter différemment. Ils (parvenir) …… à nous étonner. Ils nous (émouvoir) …… .

**b** | Lorsqu'il la (voir) …… pour la première fois, il (comprendre) …… que c'était bien elle qu'il cherchait depuis longtemps. Elle était là, enfin accessible, d'une grande beauté : toute une collection de romans et de bandes dessinées en français ! « La bibliothèque de mes rêves ! » il (déclarer) …… . Il (s'approcher) …… , émerveillé. Il y en avait des milliers. Il (choisir) …… de les lire par ordre alphabétique. Il (prendre) …… le premier, (s'installer) …… dans un fauteuil et (se féliciter) …… d'avoir pris le temps d'apprendre cette langue qui, enfin, n'était plus complètement étrangère.

# ATELIERS

## 1 CRÉER UN GUIDE D'EXPOSITION

*Vous allez préparer le guide d'une exposition sur un événement artistique de France ou de votre pays.*

### *Démarche*

*Formez des groupes de trois ou quatre.*

#### 1 Préparation

- Chaque groupe choisit un événement artistique (exemples : Fête de la musique, Fespaco, Rencontres de la photographie d'Arles…).
- Faites une liste des événements dont vous aimeriez parler. Discutez-en ensemble puis faites un choix.
- Vous vous renseignez sur le contexte et les raisons de sa création, les artistes ou les œuvres que cet événement a fait connaître.
- Vous pouvez mener vos recherches en bibliothèque (encyclopédies, dictionnaires, livres…) et sur internet.
- Faites une sélection des informations que vous aurez trouvées. Il peut s'agir de photographies, d'illustrations, d'articles de presse (papier ou numérique) ou d'extraits de livres.

#### 2 Réalisation

- À partir de vos recherches, vous organisez votre guide d'exposition en quatre parties : l'historique de l'événement, la discipline (quel art est au cœur de l'événement ?), les artistes, des témoignages du public.
- Pour chaque partie, vous rédigez des textes courts (un texte de présentation de l'historique, un texte sur la particularité de la discipline, des biographies d'artistes, des témoignages auxquels vous pourrez associer des photographies).
- En fonction de votre équipement, vous créez ce guide sur papier ou sur ordinateur pour l'imprimer ou le projeter.

#### 3 Présentation

- Vous faites la présentation de votre guide. Vous expliquez pourquoi cet événement vous a intéressé(e).

## 2 ORGANISER UNE EXPOSITION VIRTUELLE

ATELIER TECH'

*Vous allez créer une exposition virtuelle sur un artiste de votre choix.*

### *Démarche*

*Formez des groupes de trois ou quatre.*

#### 1 Préparation

- Chaque groupe choisit un artiste, d'une discipline qui lui plaît (exemples : un chanteur, un peintre, un comédien…).
- Faites une liste des disciplines et des artistes qui vous intéressent et sur lesquels vous pourrez trouver suffisamment de documents sur internet. Discutez et faites un choix.
- Cherchez sur internet la biographie de l'artiste, la liste de ses œuvres et des critiques sur des supports variés : sons, photographies ou vidéos (musique, émissions de radio, témoignages, etc.). Vous notez les liens.
- Vous regroupez ensuite les documents en quatre parties : la vie de l'artiste, son œuvre, la critique et l'avis du public.

#### 2 Réalisation

- Chaque groupe crée un document Padlet (mur virtuel) : il s'agit d'un outil collaboratif en ligne qui permet d'intégrer son, image, document, diaporama…
- Vous l'organisez en fonction des quatre parties déjà définies. Vous lui donnez un titre et choisissez un fond, puis vous insérez les documents sélectionnés de manière ordonnée.
- Vous publiez votre mur.

#### 3 Présentation

- Dans chaque groupe, une personne présente une partie de l'événement sur le mur Padlet. Vous répondez aux questions.

# Entraînement au DELF B1

## Compréhension des écrits

### Exercice 2

**Lisez le texte ci-dessous, puis répondez aux questions en cochant (x) la bonne réponse ou en écrivant l'information demandée.**

Samedi 20 mai 2017, dans la soirée, des centaines de musées en France (et 3 000 dans toute l'Europe) ouvriront leurs portes aux visiteurs mais aussi aux autres formes d'art pour des lectures, spectacles, animations…

La Nuit des musées, créée en 2005, était conçue pour aider les gens qui ne s'y sentent pas les bienvenus à entrer dans un musée, souvent pour la première fois. « *Ça a marché très fort les premières années, nous confie le responsable des publics d'un grand musée régional. Mais petit à petit, l'événement s'est essoufflé sur le plan de la fréquentation. On ne fait pas plus d'entrées pour la Nuit des musées que pour une nocturne sur une grosse exposition.* » Aujourd'hui, pour de nombreux professionnels des musées, l'intérêt de l'événement réside ailleurs : tester des dispositifs.

**Pas plus de visiteurs, mais des visiteurs plus différenciés**

Gratuité partielle ou totale, ouvertures exceptionnelles, soirées festives… Les musées semblent avoir tout essayé ces dernières années pour séduire un public plus large. Pourtant, la fréquentation de musées est stable sur les dix dernières années. Certains s'en félicitent, notant que le développement des loisirs numériques a eu un impact négatif sur des pratiques culturelles comme la lecture.

« *L'objectif primordial, c'est la diversification des publics,* explique Delphine Levy, directrice de Paris Musées. *Aller chercher les plus jeunes, ce n'est pas si compliqué, les retraités non plus. Le vrai combat, il est sur les actifs avec enfants, déjà sollicités de toute part et qui ont des vies bien remplies.* »

**Des enfants médiateurs pour faire venir les adultes**

Pour la Nuit des musées, les organisateurs se creusent la tête. À Paris, le Palais de la découverte sera ouvert toute la nuit. Au musée d'Orsay, l'astrophysicien Hubert Reeves racontera l'histoire de l'univers accompagné par la musique de l'Ensemble Calliopée et des magnifiques images du cosmos qui seront projetées sur un grand écran.

Tout ça c'est bien joli, mais avec les expositions-événements qui scandent désormais l'agenda des urbains, cette offre ne tranche pas forcément. A donc été imaginé le dispositif « *La Classe, l'œuvre !* » mené en partenariat avec le ministère de l'Éducation nationale.

Dans toute la France, des classes de tous niveaux ont travaillé en partenariat avec des musées pour devenir médiateurs le soir de la Nuit des musées. Ainsi, Valentin Oller et sa classe de CP a conçu un récit autour d'une œuvre du musée Agathois, à Agde. « *On a écrit l'histoire tous seuls*, explique fièrement Valentin. *On a visité trois fois le musée. Il y avait quelqu'un pour nous faire visiter. Il expliquait bien.* » La classe de Valentin s'est intéressée à une maquette d'un bateau, la *Sylvie*, qui faisait le voyage jusqu'en mer de Chine au XIXe siècle. « *Les enfants vont lire leur histoire aux visiteurs en déambulant dans les différentes salles du musée,* explique Jean-François Castan, médiateur culturel du musée Agathois. *L'opération est intéressante pour les enfants mais aussi pour nous parce qu'elle fait venir les parents.* »

Benjamin Chapon, 20minutes.fr, 19/05/2017

**1 Ce texte est :**

❏ polémique. ❏ narratif. ❏ informatif.

**2 Ce document traite principalement :**

❏ de la manière d'élargir les publics qui fréquentent les musées ;
❏ de la baisse de la fréquentation des musées ;
❏ d'une expérience avec les jeunes publics.

**3 Dites si les informations suivantes sont vraies ou fausses en cochant (x) la case correspondante, et citez les passages du texte qui justifient votre réponse.**

La Nuit des musées a pour but de lancer une nouvelle forme de visite. Justification : …………………… ❏ V ❏ F
La Nuit des musées se révèle positive. Justification : …………………… ❏ V ❏ F
Le numérique favorise l'intérêt porté par les publics pour les musées. Justification : …………………… ❏ V ❏ F
Le jeune public est la cible des musées. Justification : …………………… ❏ V ❏ F

**4 D'après le texte, le développement des loisirs numériques a :**

❏ eu un effet négatif sur la lecture des explications dans les musées.
❏ contribué à la baisse de la fréquentation des musées.
❏ eu des conséquences néfastes sur d'autres secteurs culturels.

**5 Que signifie : « Le vrai combat, il est sur les actifs avec enfants » (l.26) ?**

**6 Que veut dire l'auteur lorsqu'il parle des expositions-événements et qu'il dit : « cette offre ne tranche pas forcément » (l. 36) ?**

**7 Les musées ont travaillé en partenariat avec des classes de :**

❏ chaque niveau. ❏ certains niveaux. ❏ quelques niveaux.

**8 Le dispositif « *La classe, l'œuvre !* » est :**

❏ bénéfique. ❏ peu pertinent. ❏ sans intérêt.

# TRANSCRIPTIONS > documents audios

## Unité 1

### 2 Page 13, B : Ce sont les clients qui travaillent

**Isabelle :** Bonjour, nous sommes aujourd'hui en compagnie de Nadja. Bonjour Nadja.
**Nadja :** Bonjour.
**Isabelle :** Nadja est kinésithérapeute et elle a participé à l'ouverture du premier supermarché coopératif de France, qui s'appelle la Louve. Alors Nadja, est-ce que vous pouvez nous en dire un peu plus sur la Louve ?
**Nadja :** Alors, à la Louve, on va trouver tout type de produits, on va trouver des produits frais, un type de légumes et de fruits, par exemple nous sommes au début de l'été, en ce moment il y a de très bonnes cerises, des abricots, des pêches, euh voilà, les étals commencent à être assez colorés. On va également trouver des produits frais comme de la viande.
**Isabelle :** Et qu'est-ce qui vous plaît dans ce supermarché alternatif ?
**Nadja :** Alors dans ce supermarché, l'idée c'est de refuser que la grande distribution soit le seul moyen de se nourrir et de consommer. Et de pouvoir consommer d'une manière différente, sans enrichir euh... toujours euh... voilà les mêmes... euh les mêmes personnes.
**Isabelle :** Alors expliquez-nous : comment faire pour devenir membre de la Louve ?
**Nadja :** Donc il faut d'abord participer à une réunion d'accueil où des gens vont vous présenter ce qu'est le supermarché, les conditions pour pouvoir y faire ses courses. Voilà, donc ça c'est pour une grande présentation du projet. Ensuite il faut choisir un créneau de travail de trois heures par mois. Donc ça peut être le matin, l'après-midi, en semaine ou en week-end. Et ensuite, voilà. Ensuite, payer euh... une adhésion à la coopérative et ensuite on peut venir faire ses courses... euh on peut venir faire ses courses dans le supermarché. Nous avons également l'autorisation quand on est coopérateur, soit d'inviter un visiteur pour pouvoir lui présenter le projet, ou alors, si on vit avec quelqu'un, que cette personne puisse également faire ses courses dans le supermarché... euh comme nous, donc, sans avoir à travailler trois heures.

### 3 Page 15, Phonétique, Le mot phonétique et la virgule phonétique, Exercice 1

**a** Ils regardent les voitures (//) et les spectateurs (//) les pilotes ; Ils regardent les voitures et les spectateurs (//) les pilotes.
**b** Il paraît (//) très gentil ; Il paraîtrait gentil.
**c** Une tasse de sucre ; Une tasse (//) deux sucres.
**d** Dans (//) ses deux mains ; Dansez demain.
**e** Jean (//) mène les enfants ; J'emmène les enfants.
**f** Les gares (//) sont dessinées ; Les garçons (//) dessinaient.
**g** Les poissons rouges ; Les pois (//) sont rouges.

### 4 Page 15, Exercice 3

Odile rêve au bord de l'île
Lorsqu'un crocodile surgit ;
Odile a peur du crocodile
Et lui évitant un « Ci-gît »,
Le crocodile croque Odile.

Caï raconte ce roman,
Mais sans doute Caï l'invente.
Odile alors serait vivante,
Et dans ce cas, Caï ment.

Un autre ami d'Odile, Alligue,
Pour faire croire à cette mort,
Se démène, paie et intrique.
Moi, je trouve qu'Alligue a tort.
Jean Cocteau, *Potomak*

### 5 Page 17, G : À ta place, je déménagerais

**Martine :** Allô ?
**Julien :** Allô, Martine ? C'est Julien !
**Martine :** Julien ! Quelle bonne surprise, comment vas-tu ?
**Julien :** Ben, pas trop mal, mais je suis fatigué, je n'ai pas bien dormi ces derniers jours à cause du bruit.
**Martine :** Comment ça ?
**Julien :** Tu sais, dans mon quartier, il y a des restaurants et des discothèques, et avec le beau temps, il y a beaucoup de monde dans la rue le soir, et même s'ils ne crient pas, impossible de fermer l'œil.
**Martine :** Ça c'est un gros problème. À ta place, je déménagerais.
**Julien :** Oui, je me rends compte que c'est la seule solution. Mais ce n'est pas facile à trouver, un appartement. Je suis assez exigeant.
**Martine :** Qu'est-ce que tu cherches exactement ?
**Julien :** Eh bien, il me faut de la place. Et puis, je voudrais un logement assez lumineux, un 4e ou 5e étage.
**Martine :** Ça ne doit pas être si compliqué.
**Julien :** Hier, je suis allé dans quelques agences immobilières, mais les frais d'agence sont chers. Je n'ai pas vraiment les moyens en ce moment.
**Martine :** Si tu veux un conseil, jette un œil sur les petites annonces, sur le site du Boncoin par exemple.
**Julien :** Tu crois ?
**Martine :** Ah oui, c'est sûr. Par contre, il faut y passer du temps. Mais avant de te lancer, il vaudrait mieux que tu fasses le point sur tes critères : le quartier, la surface, le nombre de pièces…
**Julien :** Un trois-pièces, ce serait bien. Comme je travaille à la maison, j'ai besoin d'un bureau. Et puis j'aimerais bien ne pas trop m'éloigner du centre, mais il me faut un endroit plus calme.
**Martine :** Le quartier Saint-Jean, par exemple, ce serait bien, non ? Il faudrait que tu ailles te balader un peu pour voir quels quartiers te plaisent.
**Julien :** C'est une bonne idée, ça.
**Martine :** Si tu veux, on peut se retrouver samedi et aller se promener. Regarde un peu le plan de la ville avant.
**Julien :** Merci, c'est sympa. On fait comme ça.
**Martine :** Je passe te prendre vers 14 h, alors.
**Julien :** OK, à samedi !

### 6 Page 19, H : Les kots à projet

**Thierry Beccaro :** Mais avant cela, on va partir à Bruxelles, où nous attend notre correspondant permanent, c'est Valéry Lerouge. Bonjour Valéry. On va parler d'une idée…
**Valéry Lerouge :** Bonjour Thierry.
**Thierry Beccaro :** … une idée intéressante qui se développe sur les campus. Le principe, c'est de créer du lien entre les étudiants. On appelle ça les « kots à projet ». Alors, est-ce que vous pourriez éventuellement nous en dire un peu plus sur ce projet, justement ?
**Valéry Lerouge :** Éventuellement, Thierry. Les kots d'abord. Les kots, ce sont les appartements pour étudiants colocataires. Ce n'est pas de l'argot, c'est le mot officiel ici dans les agences immobilières ou dans l'administration par exemple. On appelle ça, donc, les kots. Et il y a des kots un peu plus sympas que d'autres. À Louvain-la-Neuve, à 30 kilomètres de Bruxelles, dans les années 70, ils ont dédié des appartements à des colocataires qui voudraient porter un projet ensemble, mener une aventure pour qu'ils ne fassent pas seulement que cohabiter et partager le frigo, et ça a créé une dynamique très intéressante sur le campus. Nous y sommes allés avec Thomas Lecloux et Sylvain Bouinance. Reportage.
**Thomas Lecloux :** Au milieu du campus, ces maisons en briques accueillent des étudiants en colocation. Ici, on appelle ça des *kots*, traduisez « placards à balais » en flamand. Et certains kots sont un peu particuliers et dédiés à un projet. Florence, étudiante en architecture, en a choisi un consacré à la bande dessinée.
**Florence :** Euh donc, on est… on se trouve dans la bédéthèque. Donc c'est ici qu'on réunit toutes nos bandes dessinées. On en a plus ou moins 4 000, et donc voilà, les gens peuvent venir louer des BD ou même se poser et lire, et lire des bandes dessinées.
**Thomas Lecloux :** Des BD disponibles pour tous les étudiants, c'est le projet culturel qu'elle porte avec ses huit colocataires. Moyennant quoi, ils bénéficient de quelques avantages.
**Florence :** Ici on paie 300 euros. C'est… Tous les kots à projet ont un loyer, euh, moins cher, car c'est des kots qui appartiennent à l'UCL et donc c'est moins cher que les kots privés.
France tv

## 7 Page 21, L : Téléphone : les bons gestes à adopter

Bonjour et bienvenue à la minute de formation offerte par Actualisation. Cette semaine, nous allons voir les bons gestes à adopter pour l'utilisation d'un téléphone portable. L'objectif est de développer des comportements courtois par le respect de certaines règles de base et qui favorisent la civilité en milieu de travail. Compte tenu de la grande diffusion du téléphone mobile et de la proximité de chacun avec cet objet, l'utilisation de celui-ci fait partie de l'éducation de la vie en société. Le respect des autres, des règles et des recommandations est nécessaire pour promouvoir une utilisation responsable et citoyenne du téléphone dans la société. Dans les endroits publics, veillez à mettre votre téléphone portable en mode vibration ou silencieux. Il est inutile de hurler sa vie privée, veillez à ne pas parler trop fort. Le silence est d'or. Respectez le droit à l'image des personnes en ne les prenant pas en photo sans leurs autorisations. Respectez les interdictions de téléphoner dans certains endroits, par exemple les cinémas. Rangez votre téléphone intelligent.
L'utilisation de téléphones cellulaires constitue une forme importante et fréquente de comportements irrespectueux dans nos milieux de travail. Les formes les plus fréquentes de l'incivilité comprennent : consulter ses courriels ou texter pendant une réunion, et négliger d'éteindre son téléphone cellulaire.
Actualisation TV

## 8 Page 24, M : Équilibrer son alimentation

**Claire Hédon :** Docteur Saldmann, bonjour.
**Docteur Saldmann :** Bonjour.
**Claire Hédon :** Vous êtes cardiologue nutritionniste à l'hôpital européen Georges-Pompidou, à Paris. On sait bien que l'alimentation est un facteur clé de notre santé, alors comment s'alimenter correctement ? Quels sont les bons conseils ?
**Docteur Saldmann :** D'abord ne pas trop manger parce que, vous savez, 30 % de calories en moins, c'est 20 % de vie en plus. Donc déjà c'est tout simplement une question de quantité. Et pour réussir à avoir la main, il y a des coupe-faim naturels puissants qui marchent et qui permettent de garder un poids de forme toute l'année.
**Claire Hédon :** Alors quels sont ces coupe-faim par exemple ?
**Docteur Saldmann :** Alors il y en a beaucoup. J'avais parlé il y a longtemps du chocolat noir 100 %, mais aussi par exemple, commencer votre repas par le dessert. Vous activerez ce qu'on appelle la glucokinase et vous avez l'impression que la fête est finie avant qu'elle commence. Vous n'avez plus faim, tout simplement. Une banane fait parfaitement l'affaire dans ce cas-là.
**Claire Hédon :** Vous citez aussi le clou de girofle.
**Docteur Saldmann :** On peut sucer des clous de girofle, parce que c'est connu des dentistes mais ça anesthésie un petit peu au niveau des dents, mais surtout les papilles gustatives. On a moins faim. C'est comme de sucer un glaçon en début de repas, ça fait le même effet.
**Claire Hédon :** Ça ce sont les coupe-faim et après, comment manger équilibré ?
**Docteur Saldmann :** Alors pour manger équilibré, je dirais qu'on peut aussi utiliser des aliments détox. Vous savez, il y a des aliments qui ont un pouvoir formidable, ils nous aident à se débarrasser des toxines. L'avocat, par exemple, moi j'appelle ça le baume des intestins. Si vous prenez un burger avec du bacon, et bien vous prenez de l'avocat en même temps, vous aurez un tiers d'inflammations digestives en moins. Ça amortit l'effet de certains aliments qui peuvent être parfois nocifs. Un autre exemple : la salade de cresson, ça aide à se débarrasser du benzène. Les dattes aident à éliminer des métaux lourds comme le cadmium. Donc il y a des aliments qui sont des vrais boucliers pour manger plus sain si on n'a pas de bio sous la main.
**Claire Hédon :** Merci docteur Frédéric Saldmann, je rappelle que vous êtes cardiologue et nutritionniste à l'hôpital européen Georges-Pompidou à Paris.
RFI

# Unité 2

## 9 Page 29, B : Une famille, trois générations

Je viens du Cameroun, et maman, elle tenait vraiment à créer un esprit de famille. On mangeait avec les cousins, les cousines. À Noël, on retrouvait tout le monde : ceux qui étaient à Paris, ceux qui étaient en province, etc. Et puis on est devenus grands. Et, étonnement, cette famille qu'elle a essayé de construire ici en France a volé en éclats. La deuxième génération, on est redevenus ces cellules à la française, quoi : les parents et les enfants, puis de temps en temps on retrouve les uns, les autres. Et j'arrive à la troisième génération, parce que j'suis maman, voilà, j'ai deux fils qui sont adultes. Et ils ont la notion de famille ancrée. Donc il y a quand même quelque chose qui s'est transmis. Je ne les ai pas élevés particulièrement à l'africaine, je ne parle pas la langue de chez moi. Je ne me sentais pas vraiment concernée. Et ce qui est étonnant, c'est que mes fils, eux, ont cette notion de ça et de l'histoire qu'il y a derrière. Ils m'ont fait découvrir un joueur de kora magnifique. J'en revenais pas, quoi. Je trouve ça extraordinaire. Et la famille, pour moi, c'est aussi ça, c'est un peu quelque chose qu'on porte, un Cloud. On peut se brancher au Cloud ou pas, mais il est là, en fait. Ne pas avoir peur de la famille.
France Inter

## 10 Page 32, Phonétique, L'égalité syllabique et l'allongement de la voyelle accentuée, Exercice 1

a Madagascar
b Toronto
c Mississippi
d Casablanca
e Atacama
f Novgorod
g Vaasa

## 11 Page 32, Exercice 3

Ga
Gama
Gamana
Gamanapo
Gamanapoli
Gamanapolituro
Gamanapolituropi
Gamanapolituropitrou
Gamanapolituropitroumo
Gamanapolituropitroumo-sur-Seine
André Frédérique, *Mon village*

## 12 Page 33, F : À la recherche de ses racines

**Homme 1 :** Ça y est, c'est décidé, je vais faire mon arbre généalogique !
**Homme 2 :** Ton quoi ?
**Homme 1 :** Mon arbre généalogique ! Ça fait trois ans que mon fils me pose des questions sur nos arrière-arrière-grands-parents paternels et maternels. Et depuis quelque temps il ne me lâche plus. Il y a quinze jours, il m'a dit qu'il m'aiderait à chercher.
**Homme 2 :** Et tu vas faire comment ? Ce n'est pas comme si tu réunissais quelques personnes pour faire une photo de groupe. Tu vas demander à qui ? Ta famille habite aux quatre coins de la planète…
**Homme 1 :** Oui, mais nous avons tous un aïeul en commun et je sais qu'il a eu trois enfants. Je vais partir de lui et remonter petit à petit les trois branches. Tu ne te rends pas compte, c'est un vrai travail de détective. Tu tiens un nom, tu remontes vers un autre et en quelques mois tu peux obtenir déjà un résultat impressionnant… C'est une question de temps et de patience !
**Homme 2 :** Alors là, oui, tu en auras besoin, de la patience ! Tu seras tout seul, hein ?
**Homme 1 :** Mais il y a des associations de généalogistes amateurs ! Je vais m'y inscrire.
**Homme 2 :** Ouais, je ne sais pas, moi. Chercher dans les archives, lire des tonnes de documents… À moins de tomber sur un héritage, je ne vois pas où est l'intérêt.
**Homme 1 :** Il n'y a pas que l'argent dans la vie. On peut faire des découvertes : comment les gens ont vécu, comment les couples se sont rencontrés… Ce ne sont pas que des noms et des dates, ce sont des histoires et, finalement, l'Histoire avec un grand H.
**Homme 2 :** Pff, toi et tes grandes idées…

## 13 Page 34, H : Photos de famille

**Le journaliste :** Et nous plongeons ce matin dans les photos de famille où en quelques années on est passé, avec l'avènement du numérique bien sûr, de l'album ou de la boîte à biscuits à l'image sur écran. Bonjour, Irène Jonas.
**Irène Jonas :** Bonjour.
**Le journaliste :** Merci d'être notre invitée en duplex de notre studio de Paris. En tant que photographe et sociologue, vous vous passionnez justement pour l'évolution de ces chroniques familiales. La vie de famille n'était donc pas illustrée de la même manière à l'époque ?

**Irène Jonas :** Non, pas du tout. En fait, y avait des moments qu'on pourrait appeler très institutionnalisés, au cours desquels la photographie avait lieu. Et par exemple, si on prend l'anniversaire des enfants, qui aujourd'hui est un moment extrêmement photographié, il n'était absolument pas photographié à la fin du XIXe ou au début du XXe. Ça n'existait pas du tout, des photos d'anniversaire d'enfants.
**Le journaliste :** Ça va aussi alors, vous l'avez dit, avec l'évolution qu'on… qu'on a, que les parents ont, par rapport à leur enfant. Au fond, là, c'est une évolution parallèle.
**Irène Jonas :** Oui, complètement. C'est… enfin, je dirais que la photo de famille avance de façon parallèle et à la place de l'enfant, mais surtout à la mutation que connaît la famille entre le début du siècle et aujourd'hui, enfin, début du XXe siècle, pour préciser, et aujourd'hui.
**Le journaliste :** Et la mémoire familiale qui se transmettait *via* ces albums… Est-ce que Facebook peut remplacer tout ça ?
**Irène Jonas :** Les gens ont encore peu l'habitude de faire de nombreuses sauvegardes, et de toute façon, on ne sait pas non plus quels formats de photo il y aura dans quelques années au niveau informatique. Donc la grande inconnue est à ce niveau-là.
RTS

## 14 Page 36, J : Les grands-parents 2.0

**La journaliste :** De nos jours, les grands-parents 2.0 portent des jeans, explosent leur record de jeu sur leur smartphone, travaillent, et ont décidé qu'il y avait plein de nouvelles façons d'aborder ce rôle. Eh bien, justement, autour de cette table on a invité des papis et des mamies. On en parle avec nos invités, Jeanne Thiriet, du magazine *Pleine Vie* ; Mijo, qui est la grand-mère d'Axel. Mijo, vous avez des cheveux gris magnifiques. Vous nous disiez il y a un instant que quand Axel, votre petit-fils, vous a appelée « mamie », ça s'est fait comme ça, ça ne vous a posé aucun problème. Vous me confiiez également hors antenne que vous ne vous êtes pas pris un coup de vieux quand vous êtes devenue grand-mère et, en plus, vous avez des cheveux gris. Et vous avez les cheveux gris d'une mamie !
**Mijo :** Oui, tout à fait. C'est rigolo, mais bon. Moi, c'est quelque chose qui m'a… j'ai toujours aimé les cheveux blancs de ma grand-mère.
**La journaliste :** Oui, d'accord.
**Mijo :** Alors c'est vrai que je renvoie l'image de quelqu'un de plus âgé.
**La journaliste :** C'est génial d'assumer et d'être à ce point effectivement épanouie et… et heureuse dans ce rôle !
**Mijo :** Oui, parce que ça… ça remonte à mon enfance, voilà. Quand j'étais gamine, c'était vraiment mal vu qu'une femme garde ses cheveux blancs, c'était négligé. J'entendais ça : c'était négligé. Les hommes, ils étaient séduisants, mais les femmes, elles étaient négligées. Et j'avais 7-8 ans, mais pour moi, dans ma tête je me suis dit : « Ben tu verras… tu verras. Moi, un jour je les aurai, et puis, séduisante ou pas, j'en ai rien à faire, mais de toute façon, je les garderai blancs. »
**La journaliste :** « Ma mamie à moi, c'est un bijou à l'ancienne de toute beauté », nous écrit Delphine sur Facebook. « Elle a 87 ans, elle s'habille toujours à la mode, avec parfum et rouge à lèvres. Je vis à l'étranger, et ses filles et autres cousines sont loin. Et pour communiquer avec nous, elle skype sur sa tablette, et elle est même sur Facebook. Bref, mamie Colette, je t'aime. » Les grands-parents d'aujourd'hui, Jeanne Thiriet, ils sont souvent connectés ?
**Jeanne Thiriet :** Eh oui ! Et un des outils essentiels de la relation, c'est Skype. D'abord, parce qu'ils n'habitent pas toujours dans la même région, pas toujours dans le même pays, et que c'est très important de garder le contact. Ça, c'est la première chose. Ensuite, quand ils deviennent ados, l'outil merveilleux, c'est Facebook, puisque très souvent les petits-enfants acceptent leurs grands-parents sur Facebook… Et il y a les SMS… Il y a beaucoup de confidences qui passent par ça.
RTL

## 15 Page 40, L : Les émotions

**Claire Hédon :** Docteur Catherine Aimelet-Périssol bonjour.
**Catherine Aimelet-Périssol :** Bonjour.
**Claire Hédon :** Vous êtes médecin psychothérapeute. Comment faire quand nos émotions nous submergent ?
**Catherine Aimelet-Périssol :** La première chose à faire, c'est déjà reconnaître que l'émotion n'est pas là pour rien. C'est-à-dire de s'accorder à soi-même d'être ému, touché et donc d'être un être sensible.
**Claire Hédon :** C'est normal d'avoir des émotions.
**Catherine Aimelet-Périssol :** C'est normal, c'est sain, c'est juste, c'est fait pour. Et donc plus nous essayons de résister, plus ça s'amplifie.
**Claire Hédon :** Accepter d'être en colère, triste ou des choses comme ça.
**Catherine Aimelet-Périssol :** Accepter d'être vraiment touché, bouleversé même par rapport aux situations dans lesquelles nous sommes. Ça c'est vraiment le point le plus essentiel.
**Claire Hédon :** Et après on fait quoi ?
**Catherine Aimelet-Périssol :** Et juste derrière, c'est entendre que cette émotion est là pour quelque chose, qu'elle a du sens, qu'elle a une fonction et elle vient nous alerter, à la fois sur la situation et sur le désir que nous avons d'entrer en rapport avec cette situation d'une certaine manière, avec une certaine tonalité. Et donc c'est là où on va entendre les notions de besoin, les notions de désir, et c'est ce décodage que nous pouvons faire. Mais nous ne pouvons le faire qu'à partir du moment où nous avons accepté d'être cet être-là qui est touché et sensible.
**Claire Hédon :** Et ce décodage, finalement, sert à quoi au bout du compte ?
**Catherine Aimelet-Périssol :** Il sert à acquérir une sorte de justesse, d'alignement, de vérité, d'authenticité, de soi à soi dans la situation dans laquelle nous sommes.
**Claire Hédon :** Et après, du coup, ça va mieux ?
**Catherine Aimelet-Périssol :** Eh oui ! C'est-à-dire ce que nous constatons c'est qu'à partir du moment où nous opérons ces deux gestes, l'intensité, le niveau émotionnel s'apaise. Une fois que c'est apaisé, nous pouvons nous ouvrir à la situation, l'entendre, y participer, écouter l'autre, exprimer quelque chose de sa propre sensibilité, et du coup, devenir beaucoup plus humain et beaucoup plus authentique.
**Claire Hédon :** Et du coup ne pas être submergé par ses émotions.
**Catherine Aimelet-Périssol :** Et nous ne serons plus submergés par nos émotions, nous serons juste des êtres humains.
**Claire Hédon :** Merci docteur Catherine Aimelet-Périssol.
RFI

# Unité 3

## 16 Page 45, B : Après le coworking, voici le cohoming

**La journaliste :** Vous connaissiez le coworking, voici maintenant le cohoming. Le coworking, ce sont ces gens qui partagent un lieu pour travailler à la journée ; le cohoming, Philippe Duport, ce sont des particuliers qui accueillent d'autres travailleurs chez eux.
**Philippe Duport :** Et le cohoming a même son festival qui démarre aujourd'hui. Alors on ne va pas se mentir, c'est encore très modeste. Il y a un site en France qui propose ce service, mais quand même 3 500 inscrits dans 11 villes. Le principe est simple, vous l'avez dit : si on travaille tout seul chez soi et qu'on en a assez de l'isolement, qui n'est pas très bon pour la motivation et la créativité, eh bien on peut inviter, moyennant contribution, un ou deux autres travailleurs indépendants à venir installer leur ordi sur un coin de table. L'idée n'est pas de fournir un bureau indépendant et une salle de réunion, mais juste une multiprise et de transformer son salon en mini-open space avec wifi, café, thé et petits gâteaux.
**La journaliste :** C'est pas très propice à la concentration, tout ça…
**Philippe Duport :** Ben, c'est ce que l'on peut craindre, que l'exiguïté des appartements à Paris, en particulier, ne permette pas de travailler au calme, mais il existe une étiquette sur Cohome, le site qui propose ce service. On peut choisir son cohoming selon le niveau de blabla désiré : un peu de blabla ou beaucoup de blabla. L'hôte propose généralement des plages de travail concentrées et des pauses, y compris une pause déjeuner. Quant aux coups de fils, ils se passent en général dans la cuisine.
**La journaliste :** Et c'est payant ?
**Philippe Duport :** Oui, mais c'est pas cher : 11 euros par mois, dont un euro va au site, c'est deux fois moins cher que dans un espace de coworking classique. Mais le grand intérêt, c'est évidemment de rencontrer des gens, d'échanger sur son projet, de partager des contacts, de faire du réseau. Ça marche d'ailleurs bien pour les tout jeunes entrepreneurs et les freelances ; on trouve aussi des étudiants et des chômeurs. À noter que le paiement se fait par carte bancaire, et que ça comprend une assurance, au cas où la tasse de café du voisin se renverse sur l'ordinateur tout neuf.
**La journaliste :** « C'est mon boulot », à demain, Philippe Duport.
France Info

## 17 Page 47, Phonétique, L'énergie articulatoire (les consonnes finales), Exercice 1

**a** Elles connaissent la maîtresse. **b** Ils dorment chez les Delorme.

**c** Ils répondent dans une seconde.
**d** Elle sent qu'il est compétent.
**e** Il dort dehors.
**f** Il répond depuis Dijon.
**g** Tu connais le français.
**h** Elles sentent l'odeur de menthe.
**i** Tu réfléchis au compromis.
**j** Ils lisent le nom de l'entreprise.
**k** Ils réfléchissent avec la directrice.
**l** Tu lis pour gagner ta vie.

### 18 Page 47, Exercice 2

**a** Qui part à la chasse perd sa place.
**b** Il n'y a pas de fumée sans feu.
**c** Tel père, tel fils.
**d** Pierre qui roule n'amasse pas mousse.
**e** La nuit, tous les chats sont gris.
**f** Avec des « si », on mettrait Paris en bouteille.
**g** Après la pluie, le beau temps.
**h** Ton thé t'a-t-il ôté ta toux, Tata ?
**i** As-tu été à Tahiti ?
**j** Le cricri de la crique crie son cri critique.
**k** Le mur murant Paris rend Paris murmurant.
**l** Son chat chante sa chanson.

### 19 Page 48, E : Job vacances

**La journaliste :** Madame Gélie, bonjour !
**Mme Gélie :** Bonjour.
**La journaliste :** Vous êtes chargée de projet à la mission locale nord, c'est bien ça ?
**Mme Gélie :** Tout à fait.
**La journaliste :** Alors avec vous, nous allons parler des jobs vacances. Est-ce que c'est un vrai parcours du combattant, en tant que jeune, de trouver un… un job pour les vacances ?
**Mme Gélie :** Alors oui, c'est vrai que c'est un parcours du combattant. Il y a différentes difficultés qui peuvent apparaître. Donc déjà, il faut qu'ils prospectent très tôt, donc ils sont encore scolaires, ils prospectent depuis le mois de mars pour essayer de trouver un emploi. Euh… il y a la difficulté aussi de…
**La journaliste :** Mars, parce que… parce qu'en fait… ?
**Mme Gélie :** C'est la plus grande… les plus grandes entreprises, euh… font déjà leur recrutement pour les vacances, dès le mois de mars. Ils préparent déjà leur recrutement.
**La journaliste :** Dès le mois de mars, d'accord, très bien.
**Mme Gélie :** Voilà donc il y a… il y a cette difficulté-là. Il y a aussi le fait que… il faut que le jeune puisse… qu'il sache se présenter. Ils ont tendance à avoir une certaine crainte envers les employeurs, se présenter devant un employeur, pouvoir lui parler, et il y a certains jeunes qui ne sont pas encore préparés à ce niveau-là.
**La journaliste :** Est-ce qu'il y a des secteurs qui sont… beaucoup plus accessibles que d'autres ?
**Mme Gélie :** Alors y a le secteur hôtellerie-restauration, le commerce, le tourisme aussi qui ont tendance à recruter, parce qu'il y a une recrudescence, une plus grande activité pendant les vacances et qui recrutent pendant les vacances.
**La journaliste :** Alors, j'ai envie tout simplement de vous demander quel est le rôle que vous avez à la mission locale, que… quand vous accompagnez en fait ces jeunes qui veulent prétendre à un job vacances. Alors ça part aussi de la rédaction du…
**Mme Gélie :** Du CV…
**La journaliste :** … du CV, pourquoi pas ?
**Mme Gélie :** Voilà, on rédige… On aide, on travaille avec le jeune sur le CV, sur la lettre de motivation, savoir se présenter, se présenter devant un employeur. On travaille aussi sur le comportement verbal, non verbal à avoir, l'attitude. On peut même utiliser… Il y a différents outils. On peut même positionner le jeune sur des immersions en entreprise…
**La journaliste :** D'accord.
**Mme Gélie :** … pour qu'il voie ce que c'est qu'une entreprise. On aide également le jeune à prospecter sur une entreprise, savoir ce que c'est que l'entreprise, qu'est-ce que l'entreprise…
**La journaliste :** l'activité…
**Mme Gélie :** … l'activité de l'entreprise pour qu'il puisse être en mesure de se présenter devant un employeur.
**La journaliste :** Merci beaucoup, madame Gélie.
**Mme Gélie :** Très bien.
**La journaliste :** Au plaisir.
**Mme Gélie :** Merci.
**La journaliste :** Au revoir.
**Mme Gélie :** Au revoir.
Antenne TV

### 20 Page 53, K : Télétravail

**La grand-mère :** Tu n'en as pas marre de passer toutes tes journées devant ton ordi !
**Mathieu (son fils) :** Non mais je rêve ! Tu crois peut-être que je joue aux jeux vidéo ? TÉ-LÉ-TRA-VAIL !
**La grand-mère :** Comment tu parles à ta mère ! À mon époque, travailler c'était aussi être solidaire et avoir l'esprit de groupe ! On travaille tous dans cette maison !
**Mathieu :** Bon, ça va, j'ai l'impression d'entendre mon boss…
**La grand-mère :** Non mais, tu pourrais pas venir me donner un coup de main ?
**Mathieu :** *Why* ?
**La grand-mère :** Pardon ?
**Mathieu :** Ben je disais : *why* ?
**La grand-mère :** *Because* j'arrive pas à faire mon planning…
**Mathieu :** Pourquoi tu veux faire un planning ?
**La grand-mère :** Pour que mes employés puissent s'organiser.
**Mathieu :** Pourquoi tu demandes pas à Chloé ?
**La grand-mère :** Parce qu'elle est en ligne avec des clients.
**Mathieu :** Bon d'accord. Qu'est-ce que je ne ferais pas pour te faire plaisir… Bon, alors, tu crées ton fichier, là, hop. Ensuite, tu vas voir, c'est enfantin : tu proposes un calendrier. Là, regarde, hop ! Bouge pas, tu vas voir, ça va être magique. Tu l'envoies à toutes les personnes concernées et regarde, tu vas voir, bingo ! Ton planning, il est fait !
**La grand-mère :** Ben, merci !
**Mathieu :** De rien. Alors tu trouves toujours que je passe trop de temps devant mon ordi ?
**La grand-mère :** Oui, je continue à le penser.
**Mathieu :** Ben alors, qu'est-ce que tu dois penser de Chloé qui ne peut pas prendre un repas sans consulter sa page Facebook !
**Chloé (la petite-fille) :** Oui, mais moi, c'est pour la bonne cause ! Toi, à mon âge, tu n'avais pas fait le tour du monde et n'avais pas ton entreprise de voyages !
**La grand-mère :** Oui, c'est une bosseuse, ma petite-fille. Tu ne prends même pas de vacances. D'ailleurs, tu ne crois pas que ça te ferait du bien de t'arrêter un peu ?
**Chloé :** Tu dis ça pour que je passe plus de temps en famille, c'est ça ?
**La grand-mère :** Ben, c'est vrai que tu es souvent sur ton téléphone et qu'on a l'impression que tu n'es jamais complètement avec nous.
**Chloé :** Bon, d'accord, vous avez gagné. Afin de vous satisfaire tous les deux, je vais faire un effort et prendre quelques jours… Attends, j'ai un message…
**Mathieu :** Alors, tu disais ? Qui est le plus connecté ?
**La grand-mère :** Tel père, telle fille !

### 21 Page 56, M : Viemonjob.com

**Marine Mielczarek :** À l'heure qu'il est, Mme Bai Xu, économiste pour une grande banque à Paris, est déjà arrivée sur place. Quand nous l'avons rencontrée, la semaine dernière, elle finissait sa formation de nouveau métier. Immersion totale pour apprendre à monter son entreprise : une start-up de thés chinois.
**Mme Bai Xu :** Là, je suis à la fin de mon immersion et je me sens beaucoup mieux préparée. Je pars vendredi prochain.
**Marine Mielczarek :** Où ?
**Mme Bai Xu :** En Chine, pour étudier sur le terrain, voir les possibilités auprès de mes fournisseurs. Monter une start-up, c'est vraiment un complexe, donc je ne savais pas par quel bout prendre, et à ce moment-là je suis tombée sur Viemonjob. Donc ça permet aux gens de vraiment… de prendre connaissance.
**Marine Mielczarek :** Autre femme et autre enthousiasme. Depuis toute petite, Tiphanie de Malherbe rêve d'être fleuriste. Mais la vie en a voulu autrement : elle est devenue femme d'affaires, et sa formation en boutique de fleuriste lui aura au moins servi à se connaître.
**Tiphanie de Malherbe :** En fait je me suis rendu compte que j'avais une méconnaissance totale de ce métier. C'est un métier très physique. Je soupçonnais pas. Même en plein mois de mai on a très froid à cause de l'humidité. Et euh…
**Marine Mielczarek :** Dans le magasin ?
**Tiphanie de Malherbe :** Oui, dans le magasin, puis même à Rungis le matin très tôt… voilà. Je trouve que vraiment, ça m'a enlevé une frustration parce que j'aurais pu toute ma vie me dire : « Oh là là ! Je

voulais être fleuriste, je l'ai jamais fait. » À 80 ans, avoir des regrets. Mais voilà, ça me convient pas pour ma vie de tous les jours.
**Marine Mielczarek :** C'est elle, Célina Rocquet, qui a eu l'idée de ce site. Aujourd'hui, elle codirige Viemonjob.com.
**Célina Rocquet :** On est plutôt sur une cible 35-45 ans. Notre premier client, ça a été un comptable qui est venu faire une immersion en restauration et qui est maintenant en Polynésie et qui a monté son food truck sur la plage, et j'avoue que ça fait rêver quand on voit les photos.
**Marine Mielczarek :** Donc un camion où il vend de la nourriture.
**Célina Rocquet :** Exactement.
**Marine Mielczarek :** Boulanger, architecte, restaurateur, avocat... Les formations de Viemonjob.com coûtent entre 120 et 500 euros la semaine.
RFI

# Unité 4

## 22 Page 61, B : Les vêtements éthiques

**Sophie :** Salut, Céline !
**Céline :** Ah, salut ! Ça va ?
**Sophie :** Oui, super ! Bon, tu es toujours partante pour une virée shopping dans les magasins de vêtements ?
**Céline :** Ah oui ! Je n'ai plus rien à me mettre, c'est la catastrophe ! Mais j'ai déjà fait un tour l'autre jour, et je trouve qu'il n'y a rien dans les magasins... tout se ressemble...
**Sophie :** Attends ! Tu sais, j'ai entendu parler d'une toute nouvelle boutique qui vient d'ouvrir. C'est une boutique de slow fashion ! Il paraît qu'elle est géniale !
**Céline :** Quoi ? Qu'est-ce que c'est, la slow fashion ?
**Sophie :** Bon, c'est une nouvelle tendance, qui pousse les consommateurs à mieux réfléchir avant d'acheter des tonnes de vêtements pas chers, mais qui seront jetés rapidement et qui polluent... Et autre chose, il semble que tu puisses louer tes vêtements dans cette boutique !
**Céline :** Quoi ? Oh, là là ! Consommer responsable, tu sais que ça me plaît mais je ne suis pas sûre que ce soit très fiable. Est-ce que les vêtements sont dans un état parfait après avoir été portés plusieurs fois par d'autres personnes ?
**Sophie :** Mais oui ! De toute façon, il y a des garanties, les vêtements disponibles dans la boutique ne sont pas en mauvais état ! Ce n'est pas une boutique de vêtements deuxième main ! Il paraît que le prix de la location couvre toutes les réparations à faire sur les vêtements si c'est nécessaire. Donc tu peux louer des vêtements pendant quelques mois, puis les rapporter quand tu en es fatiguée, si tu veux ! Et un autre argument choc : c'est que ce sont uniquement des créateurs locaux qui créent les modèles, et en plus, ils n'utilisent que des tissus végétaux, bio et équitables ! Je ne pense pas que tu aies la possibilité de trouver ce genre de vêtements ailleurs !
**Céline :** Bon, allons faire un tour dans cette boutique alors ! Par contre, il est possible que je ne choisisse pas tout de suite la location, même si je trouve que l'idée est intéressante. On peut juste prendre quelques informations !
**Sophie :** Oui, on va sûrement réfléchir un peu avant de tenter l'aventure, mais je suis certaine qu'on trouvera des merveilles, et qu'on y reviendra au final !

## 23 Page 64, Phonétique, L'enchaînement vocalique, Exercice 1

a Lundi, papa a à aller à Amsterdam.
b Mardi, papa a à aller à Annecy.
c Mercredi, papa a à aller à Alger.
d Jeudi, papa a à aller à Atlanta.
e Vendredi, papa a à aller à Astana.
f Samedi, papa a à aller à Arles.
g Dimanche, papa a à aller à Athènes.

## 24 Page 64, Exercices 2 et 3

**Série 1 :** a J'écris ici – j'ai écrit ici.
b J'éteins un incendie – j'ai éteint un incendie.
c J'ai une idée – j'ai eu une idée.
d J'ai une amie italienne – j'ai eu une amie italienne.
e J'ai une humeur noire – j'ai eu une humeur noire.
**Série 2 :** a J'aimais et appréciais Ève et Élisa – j'ai aimé et apprécié Ève et Élisa.
b J'essayais onze habits – j'ai essayé onze habits.
c J'étais étonné – j'ai été étonné.
d J'étudiais à l'université – j'ai étudié à l'université.
e J'économisais en euros – j'ai économisé en euros.
f J'essuyais un tableau – j'ai essuyé un tableau.

## 25 Page 66, F : Nous visons 10 millions d'utilisateurs

**Journaliste :** Bonsoir, Frédéric Mazzela !
**Frédéric Mazzella :** Bonsoir !
**Journaliste :** Vous êtes le fondateur et le président de BlaBlaCar, leader du covoiturage. Vous avez 40 millions de membres aujourd'hui, dans plus de vingt pays, et vous lancez un nouveau service, service de covoiturage pour aller travailler, donc plus seulement pour les longs voyages mais pour aller travailler le matin et pour revenir du travail le soir. Ça existe déjà, vous avez des concurrents. Pourquoi vous lancez-vous là-dedans, Frédéric Mazzella ?
**Frédéric Mazzella :** Alors, tout d'abord, c'est un service qui permet justement d'aller optimiser les places vides dans les voitures, et sur les trajets domicile-travail, le taux d'occupation des voitures est encore plus faible que sur les trajets longue distance. Donc de toute manière il y a une opportunité d'aller optimiser tout cet espace vide et faire faire des économies à tout le monde, et diminuer évidemment les congestions et la pollution qui en découle. Ft donc en fait, aujourd'hui, il y a plus de 13 millions de personnes en France qui font des... qui vont tous les jours au travail en voiture, et avec un taux d'occupation des voitures de 1,08, c'est-à-dire que onze voitures sur douze n'ont qu'un seul conducteur à bord.
**Journaliste :** Donc deux lignes pour expérimenter. Quel est votre objectif au-delà ?
**Frédéric Mazzella :** Alors l'objectif...
**Journaliste :** Toute la France, comme pour le reste ou pas ?
**Frédéric Mazzella :** Alors on ira progressivement, c'est-à-dire que, quand on lance un produit comme ça, évidemment on peut pas se lancer du jour au lendemain avec, un jour, aucun utilisateur et, le lendemain, un million d'utilisateurs. Donc, en fait, c'est un déploiement progressif... Là, on commence avec deux axes.
**Journaliste :** Votre objectif, c'est un million d'utilisateurs ?
**Frédéric Mazzella :** Ah, euh... plus !
**Journaliste :** C'est combien ? Quel est votre objectif en covoiturage pour ces courts trajets ?
**Frédéric Mazzella :** Si vous me demandez à moi, il y a 13 millions et demi de personnes qui font du... qui font des trajets tous les jours.
**Journaliste :** Non, mais de manière réaliste ?
**Frédéric Mazzella :** Ah, je pense... Aujourd'hui, alors, sur BlablaCar, vous savez qu'il y a plus de 11 millions de Français inscrits sur BlaBlaCar service longue distance, on a même 40 % de la génération 18-35 ans qui est inscrite sur BlaBlaCar, donc c'est quand même un très très fort taux de... d'usage. Je pense qu'avec BlaBlaLines on peut faire largement autant, oui.
**Journaliste :** Autant ?
**Frédéric Mazzella :** Oui ! Oui, parce que, en fait, si vous voulez, c'est pour les trajets du quotidien. Il y a beaucoup, beaucoup plus de trajets du quotidien.
**Journaliste :** Donc plus de dix millions d'utilisateurs réguliers de BlaBlaCar pour des trajets de courte distance quotidiens.
**Frédéric Mazzella :** Oui, je pense qu'on peut faire le même ordre de grandeur, c'est-à-dire que, si vous voulez, on fait tous des trajets quotidiens, et de manière beaucoup plus fréquente que des trajets longue distance.
France Info

## 26 Page 68, H : La désertification des centres-villes

**La journaliste :** Une petite commune touristique, située en plein cœur de l'Ardèche : Annonay, 17 000 habitants, entre Lyon et Valence. Nous sommes en pleine semaine, un mercredi après-midi. Dans les rues, peu de monde. Difficile aussi de trouver un commerce ouvert. En quinze ans, le taux de boutiques inoccupées est passé de 7 à 21 %. Dans chaque rue, des locaux à vendre, des panneaux à louer et des rideaux baissés.
**La 1re femme interviewée :** C'était beaucoup plus commerçant, plus... plus agréable quand même. Maintenant ça devient triste.
**La 2e femme interviewée :** Et autrefois, il y avait des... beaucoup de magasins, mais maintenant, il y en a... il y en a pas un.
**L'homme interviewé :** Pour prendre des fois deux trois bricoles, on est obligés de prendre la voiture alors qu'avant, on avait tout à côté, quoi.
**La journaliste :** Symbole de cette désertification commerciale, la rue Boissy-d'Anglas. Cette commerçante y tient une mercerie depuis près de dix ans, et c'est un peu la dernière survivante de cette rue.
**La commerçante :** Ici, il y avait, il y a plusieurs années, il y avait une papeterie, après ça a été un pompes funèbres ; il est parti. Là, en face, il y avait... une mercerie ; après il y a eu un magasin de vêtements, là c'était... une ancienne droguerie, mais qu'ils ont fermée en appartements.
**La journaliste :** Tout est déserté ?

La commerçante : Euh… tout le monde, oui, tout le monde est parti. C'était une fermeture…
La journaliste : Pour elle…
La commerçante : Voilà une fermeture toute neuve.
La journaliste : … le départ de ses anciens voisins s'explique simplement : les habitants ont changé leurs habitudes de consommation.
La commerçante : Ils vont voir ailleurs parce qu'ils disent qu'ils ne trouvent pas sur Annonay, mais c'est un cercle vicieux. Moins y a de magasins sur Annonay, moins ils trouveront, et plus ils iront voir ailleurs.
La journaliste : Acheter ailleurs, c'est se rendre dans un des supermarchés de la ville, et les habitants ont l'embarras du choix : il y en a quatre, juste à côté du centre, sans compter cette zone commerciale : à peine 10 minutes de voiture pour s'y rendre. Magasins de vêtements, de bricolage, grandes surfaces ; ici, les enseignes s'enchaînent et attirent les clients.
Le client : Ici, on trouve un peu tout mais, euh… centre-ville, voyez, on est allés dans un magasin, il était fermé. On ne sait pas pourquoi, pourtant il était noté ouvert.
La journaliste : Campagne de communication, réhabilitation de locaux, la municipalité tente de trouver des solutions, mais les résultats sont encore timides.
France 2

## 27 Page 72, J : Suisse : un magasin gratuit

Un client : Bonjour madame.
Catherine : Bonjour.
Un client : Ça je peux prendre ?
Catherine : Oui, alors vous avez droit à cinq objets.
Katia Mischel : Dans cette petite boutique, inutile de chercher le prix sur l'étiquette, puisque tout est gratuit. Catherine, bénévole qui gère la boutique, a beau répéter le concept, partir sans payer ça laisse forcément un peu perplexe.
Catherine : Quand on leur explique justement que tout est gratuit, c'est marrant, bizarre, en Suisse. Je dis : « Oui oui, ça arrive, vous inquiétez pas. » Enfin voilà, c'est… c'est cool.
Katia Mischel : Livres, vêtements, vaisselle, parfum, DVD, jouets, des objets déposés par les uns, récupérés par les autres. L'idée, lancée par le centre socio-culturel du quartier, a séduit Catherine. Elle habite le quartier et consacre plusieurs de ses soirées à la gestion de la boutique.
Catherine : Je trouve qu'on était, on va trop loin dans la surconsommation, qui fait que de polluer, de polluer encore et on n'est pas plus heureux en ayant toutes ces affaires-là quoi. C'est… c'est pas ouvert qu'aux gens pauvres, c'est les gens vraiment qui ont cette philosophie de décroissance, quoi.
Dylan : On peut en acheter combien ?
Catherine : Cinq, alors tu peux pas acheter bonhomme.
Dylan : Ah.
Catherine : C'est gratuit.
Dylan : Oh cool, bah moi il m'en reste encore quatre à acheter.
Une maman : On dit quoi ?
Dylan : Merci.
Katia Mischel : À seulement 9 ans, Alya et Dylan ont déjà bien compris le concept de la boutique gratuite.
Dylan : J'ai pris une lotion pour mon père après-rasage et des savons. C'est bien, vu que c'est gratuit et en plus on peut se servir. Par exemple, ça fait pas du gaspillage, on n'a pas besoin de jeter ces choses. Et il y a d'autres personnes qui ne l'ont pas peut-être qui pourraient les acheter. Enfin qui pourraient les prendre.
Alya : J'ai déjà donné des rollers. Si on jette, ben c'est comme si on jetait un peu d'argent.
Katia Mischel : Donner, troquer, récupérer ou encore réparer au lieu de jeter. C'est ce que propose par exemple l'atelier La Bonne Combine à Lausanne. Pour Christophe, l'un des responsables de l'atelier, il s'agit surtout de lutter contre la société du « tout à jeter ».
Christophe : Il y a quand même pas mal de gens qui veulent faire réparer leurs appareils, et puis eux, ben ils arrivent au service après-vente de la marque puis on leur dit : « ben non, c'est pas possible, ça vaut pas la peine ». Alors que ben oui, c'est possible. On a toujours trouvé que ne pas réparer les appareils, ça gaspillait des matières, des ressources, et puis que ben, tant qu'on pouvait les réparer, ben il faut faire durer les appareils.
RFI

## 28 Page 74, Entraînement au DELF B1, La nouvelle tendance du freeganisme

Emmanuel Moreau : Partout en France, cette journée a été célébrée, mais c'est à Paris que le Freegan Pony a exceptionnellement ouvert ses portes ce week-end. Un restaurant à l'histoire incroyable. Mathilde Golla, journaliste au *Figaro Demain*, vous avez poussé les portes de cet établissement éphémère qui ne cesse de renaître.
Mathilde Golla : Oui, effectivement, Emmanuel, je me suis rendue au Freegan Pony. Alors ce restaurant est effectivement particulier parce qu'il ne cuisine qu'avec les invendus de Rungis et défend ainsi le principe du freeganisme.
Emmanuel Moreau : Alors Rungis, on le sait, c'est un des plus grands marchés alimentaires du monde, en revanche, le freeganisme, qu'est-ce que c'est ?
Mathilde Golla : Alors en fait, Emmanuel, c'est très simple. Le freeganisme consiste à ne se nourrir exclusivement que de produits qui auraient dû terminer à la poubelle et il y en a énormément. On considère que chaque année 1,3 milliard de tonnes d'aliments sont jetés, ce qui représente à peu près un aliment sur trois produit sur notre planète. Et en France, les chiffres sont aussi importants, puisque c'est environ 7 millions de tonnes qui sont jetées chaque année à la poubelle.
Emmanuel Moreau : Alors Mathilde, le Freegan Pony est donc un lieu éphémère !
Mathilde Golla : Oui ! Effectivement, Emmanuel, parce qu'en fait, ce qui est assez original, c'est que ce restaurant s'était installé dans une sorte de squat, en fait un lieu qui était plus du tout utilisé, un lieu qui appartenait à la mairie de Paris, donc des entrepôts qui sont situés sous le périphérique, dans le 19e arrondissement, près de La Villette. Donc, qui dit éphémère dit aussi une part d'illégalité, donc leur… leur survie était quelque peu menacée, mais comme ils ont eu beaucoup de succès, ils ont nourri beaucoup de monde. En fait, en moins d'un an, ils ont réussi à réaliser 15 000 repas, ce qui est considérable. Donc la mairie de Paris s'est un peu penchée sur leur cas, et ils ont décidé, en juillet dernier, de leur accorder une convention d'occupation temporaire de deux ans. Mais cette convention était conditionnée : ils doivent non seulement payer un loyer de 25 000 euros par an, en revanche, ils devaient faire des travaux de mise aux normes très conséquents.
France Inter

# Unité 5

## 29 Page 77, B : Une Belge au Canada

Adrien Joveneau : Bienvenue chez nos cousins québécois. Il paraît que c'est le peuple le moins déprimé de la Terre. Mais attention, en y allant vous courez le risque de ne pas vouloir rentrer. C'est ce qui est arrivé à Sarah Milis. Bonjour, Sarah !
Sarah Milis : Bonjour, Adrien.
Adrien Joveneau : Est-ce que, quand on débarque à Montréal, d'abord c'est facile de s'intégrer, et, d'autre part, est-ce qu'il y a des différences fondamentales entre votre nouveau pays, le Québec (le Canada), et puis la Belgique ?
Sarah Milis : C'est facile de s'intégrer parce que, au final, on parle la même langue et on a une culture vraiment proche. Et puis, en même temps, il y a tout ce qui est… juste tous ces petits aspects qui sont pas pareils et qui sont déboussolants, comme, par exemple, les feux de signalisation ou les gens qui sont très sages aux arrêts d'autobus, ou tout le monde qui tutoie tout le monde, ou…
Adrien Joveneau : Même à l'univ ? Parce que vous êtes prof à l'univ. Vos élèves vous tutoient ?
Sarah Milis : Oui, oui, oui, même à l'université. Oui euh en fait, ça a été encore plus déboussolant quand moi, je suis arrivée comme… en tant qu'élève à l'université, parce que j'arrivais d'un système où depuis toujours, ben, j'avais vouvoyé tout le monde. Et puis, à l'université, quand je vouvoyais les professeurs, ils me demandaient gentiment : « Arrêtez ça ! », « S'il vous plaît, arrêtez ça ! ». Donc c'était un peu déstabilisant pour moi de… d'arriver à ce niveau de familiarité avec mes professeurs, mais, au final, ça se fait très bien. Puis, maintenant, en tant que professeur, quand les élèves me vouvoient, j'ai l'impression qu'ils pensent que j'ai 65 ans.
Adrien Joveneau : Alors vous allez aussi pouvoir nous confirmer que c'est la mentalité… euh américaine : on peut se tromper, et un échec, c'est pas forcément négatif, Sarah ?
Sarah Milis : Absolument. Dans le fond, moi, j'avais pas réalisé, quand je suis venue étudier ici, que j'allais à ce point aimer les études. J'ai toujours pensé que j'étais pas quelqu'un de fait pour étudier. J'ai toujours pensé que les études, c'était plus... Fallait passer à travers pour pouvoir travailler après. Mais voilà que je suis devenue professeur et que je reste dans le milieu des études, ce que j'aurais jamais pensé, ça !
RTBF

## 30 Page 79, Phonétique, Les liaisons facultatives, Exercice 1

a Il est arrivé ? – il est ◡ arrivé ?
b Non, il n'est pas encore là. / Non, il n'est pas ◡ encore là.
c Dites-nous quand il arrive, c'est important. / Dites-nous quand ◡ il arrive, c'est ◡ important.
d Je me demande si vous allez aimer. / Je me demande si vous allez ◡ aimer
e Je vais apporter le dessert. / Je vais ◡ apporter le dessert.
f Je n'ai pas aimé sa familiarité. / Je n'ai pas ◡ aimé sa familiarité.

## 31 Page 79, Exercice 2

a Tu viens à Paris ? → Pas encore.
b Je vais ◡ à Rio ? → Pas ◡ encore.
c Je vais amener Julie à la gare ? → Pas encore.
d Il est ◡ entré ? → Pas ◡ encore.
e Elle est arrivée ? → Pas encore.
f Nous sommes arrivés ? → Pas encore.
g Tu n'as pas ◡ analysé le sujet ? → Pas ◡ encore.
h Il n'a pas ◡ entendu ? → Pas ◡ encore.
i Vous allez adorer ? → Pas encore.
j Vous allez ◡ apprécier ? → Pas ◡ encore.

## 32 Page 80, D : Des francophones en Océanie

Vanuatu est un des pays où les habitants sont les plus heureux au monde. L'université Sussex et la Fondation pour une Nouvelle Économie en sont venus à cette conclusion en étudiant l'indice du bien-être durable. Vanuatu est un petit État du Pacifique sud où le français a le statut de langue officielle. C'est aussi un territoire considéré comme un pays en voie de développement. Et pourquoi les Vanuatais arrivent en tête du classement des gens heureux ? Loin devant des sociétés dites développées, comme la France et le Canada ? Eh ben, les Vanuatais vivent dans un milieu naturel d'une beauté exceptionnelle. On y retrouve, entre autres, une végétation luxuriante et de l'eau immaculée, qu'ils ont su préserver et apprécier. Les Vanuatais vénèrent et vivent en harmonie avec cette nature généreuse et leur mode de vie laisse une faible empreinte écologique. Les Vanuatais seraient heureux, entre autres, car ils savent se satisfaire avec peu. Par ailleurs, ces insulaires du Pacifique accordent beaucoup d'importance à la vie communautaire, familiale et sociale. Les familles étendues et les communautés se rassemblent régulièrement pour des célébrations historiques, familiales ou spirituelles. À Vanuatu, il y a toujours une fête, des danses et de la musique quelque part. Les Vanuatais disent connaître la fragilité de la vie car ils sont constamment menacés par des cyclones et des tremblements de terre dévastateurs. Humbles, ils s'en remettent au moment présent, à la confiance, et s'efforcent de garder leur calme au quotidien et en toute situation. Peu de télévision et d'internet dans ce pays. Ça laisse tout le temps pour pratiquer la musique de l'eau. En frappant l'eau dans leur main, les femmes créent une musique tout à fait originale. Fermez les yeux, on vous propose un petit voyage sonore à Vanuatu.
Soundcloud

## 33 Page 83, I : En direct de la Station spatiale

Bonjour à tous. Je suis Thomas Pesquet, à bord de la Station spatiale, pendant six mois, pour la mission Proxima. Il y a dans le métier d'astronaute, comme dans le métier de pilote, une forte composante technique, mais il y a aussi une part de rêve et de poésie. Antoine de Saint-Exupéry la décrit mieux que quiconque dans ses écrits, et c'est pour ça que je souhaitais lui rendre hommage au cours de ma mission. Tout d'abord, ses œuvres complètes m'accompagnent. Et quand le travail de recherche scientifique ou de maintenance m'en laisse le loisir, je m'évade pour quelques instants de lecture en contemplant la Terre 450 km en dessous. Mais plus précisément, aujourd'hui, je m'adresse aux jeunes et aux jeunes adultes pour présenter le thème du premier concours d'écriture lancé depuis l'espace en lien avec l'histoire mondialement connue du Petit Prince. Dans le livre, le Petit Prince voyage de planète en planète et y fait des rencontres surprenantes, sept au total. Je vous propose d'écrire un texte court, d'une page maximum, qui prolonge le voyage du Petit Prince sur une huitième planète pour y rencontrer la personne qui l'habite. Vous pourrez soumettre vos textes, en ligne, du 1er janvier au 28 février, et le 6 avril prochain, je vous lirai depuis la Station spatiale les deux textes qui m'ont paru les meilleurs. Alors, bonne écriture et à très bientôt !
European Space Agency

## 34 Page 85, L : Retour de Chine

**Margot :** Aline, c'est bien toi ? Quelle surprise !
**Aline :** Margot !
**Margot :** Ben alors, tu es de retour ! Comment tu vas ? On ne s'est pas vues depuis que tu as fini ton master. Ton frère m'a dit que tu étais partie pour un stage linguistique en Chine. Tu parles chinois couramment maintenant ?
**Aline :** Mais non, c'est pas du tout ça. Après que j'ai eu mon master, j'ai postulé pour enseigner le français et j'ai eu presque tout de suite une réponse positive d'une école de langues à Shanghai. Je devais répondre très vite, avant la fin du mois. Je ne te cache pas que j'ai hésité avant d'accepter. C'était un peu stressant de partir comme ça, à l'autre bout du monde.
**Margot :** Comme je te comprends ! Moi, chaque fois que je dois prendre l'avion, je stresse, alors qu'objectivement il n'y a pas de danger, non ? Mais rien à faire, après avoir entendu toutes ces histoires d'avions, je ne peux pas m'empêcher d'y penser.
**Aline :** Oui, d'accord. Mais ce qui me faisait peur, ce n'était pas tant le voyage, mais tout le séjour à l'étranger, tu vois.
**Margot :** Et alors, comment ça s'est passé ? Pendant que tu étais là-bas, on n'a pas tellement eu de tes nouvelles.
**Aline :** Ben, c'était super. Des collègues franchement adorables, gentils. Avant que je sois à l'aise pour m'orienter dans la ville, avant que je m'installe vraiment, il y avait toujours quelqu'un pour m'accompagner, m'expliquer les choses. Les gens sur place sont hyper sympas, disponibles. Une fois qu'ils m'ont montré comment faire, c'était facile même si je ne parlais pas chinois.
**Margot :** Et tes étudiants ?
**Aline :** Ils travaillent vraiment dur. Tu sais, ils s'entraînent jusqu'à ce que ce soit absolument parfait.
**Margot :** Et maintenant ? Tu as des projets ?
**Aline :** Alors là… On va déjeuner ? Je connais un petit restau chinois dans le coin…

## 35 Page 88, N : L'atelier « Lingua libre »

**Yvan Amar :** Je me suis rendu au siège, à Paris, de l'OIF, l'Organisation internationale de la Francophonie, où se réunit une assemblée extrêmement sympathique. Je sais pas si on peut dire que c'est un atelier ou une sorte de laboratoire de langue, « Lingua libre », qui essaie de collecter un certain nombre de mots et d'expressions qu'on utilise en français, mais pas forcément en France. Lingua libre, donc, à l'Organisation internationale de la Francophonie. Rémi, merci beaucoup d'être avec nous. Est-ce que vous pouvez nous dire ce que vous êtes en train de faire ?
**Rémi :** Oui, bien sûr. Donc, en fait, le projet « Lingua libre » a été initié par l'association Wikimédia France, donc qui soutient le développement de Wikipédia. Wikipédia est un peu peut-être un symbole de la francophonie, puisque il n'y a qu'une seule version de Wikipédia en français. Les contributeurs viennent absolument de partout : du Canada, d'Afrique, de Suisse, de Belgique, voilà. Et donc, nous, ce qu'on a constaté, c'est qu'il y avait un souci, un manque de son sur Wikipédia. C'est quelque chose encore de très littéraire, et donc voilà : l'idée de ce projet, c'est que chacun de chez soi, à partir d'un site web, tout simplement, peut donner sa voix en partageant des mots, des expressions, des locutions, voilà, tout ce que l'on souhaite. Et tout cela, toute cette collecte servira à documenter, illustrer Wikipédia et les projets frères.
**Yvan Amar :** Monsieur, est-ce que je peux vous demander votre origine ?
**Belge de l'OIF :** Je suis belge. Et je fais beaucoup d'efforts pour avoir un français de France. Mais si…
**Yvan Amar :** Alors pourquoi, pourquoi vous faites des efforts pour avoir un français de France ? Parce que vous travaillez en France actuellement ?
**Belge de l'OIF :** Ben, parce que si je me mets à parler comme chez moi, ça va être compliqué à comprendre, et que...
**Yvan Amar :** Ah, mais c'est ça qu'on cherche justement ! Que, ici, justement à l'OIF, à cette Organisation de la Francophonie, un Belge puisse se sentir chez lui et parler peut-être comme en Belgique !
**Belge de l'OIF :** Ça sera pas toujours compréhensible, hein ?
**Yvan Amar :** Mais compréhensible pour qui ?
**Belge de l'OIF :** Écoutez, j'ai un bel exemple.
**Belge de l'OIF :** « Je n'sais plus ouvrir la porte. » Ça c'est une expression, mais c'est typiquement belge, ça nous fait repérer très rapidement. Parce que « Je n'sais plus ouvrir la porte », quand vous dites ça à un Français, il vous regarde vraiment bizarrement en se disant : « Mais il lui manque des neurones ou quoi ? » Non ! Je ne suis pas en mesure d'ouvrir la porte. Et…

**Yvan Amar :** C'est un peu quand… comme quand on dit en France, par exemple, euh… : « Je savais plus comment je m'appelais. »
**Belge de l'OIF :** C'est à peu près ça.
**Yvan Amar :** Vous, par exemple, je crois que vous êtes québécois. Je… je me hasarde à dire ça, est-ce que je me trompe ?
**Nicolas :** Oui, effectivement, Nicolas. Je suis canadien, québécois, montréalais, voilà, donc plusieurs origines. Et j'ai une phrase pour vous. Donc je me lance. Voilà. « C'est tiguidou ! J'm'en va caller l'orignal à c't'heure ! »
**Yvan Amar :** C'est tiguidou ?
**Nicolas :** « C'est tiguidou », ça veut dire « c'est super », « c'est génial ».
**Nicolas :** Et par contre, il y a beaucoup de contractions. Quand on dit « j'm'en va », c'est « je m'en vais ». Donc il y a une contraction lexicale.
**Nicolas :** Et puis « à c't'heure », c'est une contraction aussi de « à cette heure », « maintenant ». Donc...
**Yvan Amar :** Et ça c'est une expression tout à fait québécoise, « à c't'heure ». Qui veut dire, qui veut dire quoi ?
**Belge de l'OIF :** « Maintenant ». On dit ça aussi en Wallonie, mais on dit plutôt, je pense, « à c't'heure ». « Je vais faire ça à c't'heure, hé. »
**Yvan Amar :** Il y a une différence entre « à c't'heure » et « à c't'heure ». Eh oui, c'est là qu'on voit la différence entre la Wallonie et le Québec.
RFI

# Unité 6

## 36 Page 93, B : L'infobésité : le nouveau mal du siècle ?

« Des souris et des hommes », Jean Pouly.
**Lucie :** Et pour la dernière chronique de la saison, on retrouve Jean Pouly. Bonjour, Jean !
**Jean Pouly :** Bonjour, Lucie !
**Lucie :** Et vous allez nous parler aujourd'hui de l'infobésité. Serait-ce le nouveau mal du siècle ?
**Jean Pouly :** Ben, écoutez, ce néologisme qui nous vient du Québec en fait résume assez bien une situation que la plupart de nos contemporains connectés vivent chaque jour. Un sentiment d'être débordés, voire submergés par l'information, de subir un flot continu d'e-mails, de SMS, d'appels, de notifications dans les réseaux sociaux, sur son ordinateur mais aussi sur son smartphone, à son bureau et puis chez soi. Alors, depuis la démocratisation d'internet, ces canaux d'information se sont multipliés et ils s'ajoutent aux autres moyens d'information que sont la presse écrite, les radios et la télévision. Alors, faut-il être d'accord avec la devise selon laquelle trop d'information tue l'information ou bien faut-il s'interroger sur la manière de gérer cette nouvelle réalité et donc sur notre façon de vivre dans cette société qui devient hyperconnectée ?
**Lucie :** Et du coup, quelles sont les principales conséquences de cela dans notre rapport à l'information ?
**Jean Pouly :** Ben, écoutez, cette surinformation a d'abord pour conséquence de nous donner de véritables indigestions. L'information est trop importante et trop rapide pour que nous puissions la digérer, la traiter, la comprendre et la mettre en perspective, on parle d'hyper choix. Cette information pléthorique permise par le numérique contribue aussi à abolir la hiérarchisation des informations. Tout est mis à plat de façon horizontale, une information chasse l'autre, et on arrive même parfois à une sorte d'hystérisation de l'information avec l'exemple des chaînes d'information continue, et des fils d'information Twitter qui favorisent un traitement très superficiel de l'information, quand on sait que 60 % des utilisateurs de Twitter justement relaient des articles qu'ils n'ont même pas lus.
RCF

## 37 Page 95, Phonétique, L'élision, Exercice 1

**a** J'peux pas dire c'qui s'passe.
**b** J'sais pas c'que tu veux.
**c** J'suis pas sûr de c'que ça veut dire.
**d** J'veux pas répondre jusqu'à c'que je sache quoi dire.
**e** J'dois pas comprendre c'que vous faites.
**f** J'crois pas c'que tu dis.
**g** J'tiens pas à c'que ça se sache.
**h** J'me d'mande c'que j'fais là.

## 38 Page 96, E : Un vol de bijoux défraie la chronique

**Homme :** Tu as vu ce qui s'est passé cette nuit ?
**Femme :** Non, de quoi tu parles ?
**Homme :** Du vol de bijoux de cette star de la téléréalité américaine qui venait à Paris pour la Fashion Week.
**Femme :** Tu veux parler de… Non ?
**Homme :** Si !
**Femme :** Non, c'est pas possible !
**Homme :** Elle s'est fait attaquer cette nuit, dans sa chambre d'hôtel !
**Femme :** C'est pas vrai ! Qu'est-ce qui s'est passé ? Mais raconte !
**Homme :** Eh bien, cette nuit vers 2 h 30 du matin, y a cinq hommes habillés avec des blousons de police qui se sont pointés à son hôtel et qui ont demandé au veilleur de nuit de leur ouvrir la porte.
**Femme :** Et alors, il a ouvert ? Il n'a pas trouvé ça bizarre que la police débarque à 2 h 30 du mat ?
**Homme :** Oui, il a ouvert car il était menacé par une arme.
**Femme :** Oh, là là ! Et il s'est fait agresser ?
**Homme :** Ben oui, et ça ne s'est pas arrêté là, la star aussi !
**Femme :** Tu es sérieux !? Raconte !
**Homme :** Ils l'ont enfermée dans sa salle de bains.
**Femme :** Ah bon, elle n'a pas été blessée ?
**Homme :** Non, heureusement, ils étaient venus pour voler, donc ils lui ont juste piqué deux téléphones portables, et des bijoux d'une valeur de plusieurs millions d'euros.
**Femme :** Ben dis donc, elle a dû être sacrément choquée quand même ?
**Homme :** Oui, il paraît que son mari, tu sais, le chanteur, il a dû arrêter le concert qu'il donnait à New York.
**Femme :** Ah ben, dis donc, quelle histoire ! C'est beau, quand même, d'avoir tout arrêté pour sa femme.
**Homme :** Ouais, une belle preuve d'amour, en même temps…
**Femme :** Et les bandits ? Ils ont été arrêtés ?
**Homme :** Paraît qu'ils courent toujours.
**Femme :** C'est sûr, avec un butin pareil ! Combien tu dis ?
**Homme :** Plusieurs millions d'euros de bijoux.
**Femme :** Oh, là là ! Ils n'ont pas fini de défrayer la chronique !

## 39 Page 101, J : D'où viennent les fausses informations et comment les reconnaître ?

**Julien Moch :** La Semaine de la presse et des médias à l'école débute aujourd'hui ; des médias parfois pointés du doigt, on l'a vu ces derniers temps lors de la campagne présidentielle aux États-Unis, mais aussi en France. L'une des critiques qui revient, c'est que la presse relaierait de fausses informations. Ça interroge Valentin, Romain et Raphaël, en cinquième, dans un collège du 13e arrondissement de Paris. Ce sont nos interviewers du jour dans France Info Junior avec « 1 jour, 1 actu ». Ils sont au micro d'Estelle Faure et, pour leur répondre, Erik Kervellec. Bonjour Erik !
**Erik Kervellec :** Bonjour.
**Julien Moch :** Directeur de la rédaction de France Info. C'est Romain qui se lance le premier.
**Romain :** Comment est-ce qu'on peut savoir si une information est vraie ou fausse ?
**Erik Kervellec :** Ah ! En la vérifiant, je pense que c'est l'essentiel, et d'ailleurs c'est la base de notre métier de journaliste. C'est ce qui fait la crédibilité d'un média par rapport à un autre, finalement. Alors c'est tellement important de vérifier, qu'ici, à France Info, on a même décidé de constituer une équipe de journalistes spécialisés dans la vérification. Ils sont une douzaine, et leur mission numéro 1, c'est de trouver des sources qui accréditent la véracité d'un fait. C'est une agence interne de vérification, on l'appelle comme ça d'ailleurs, entre nous. Alors ils ont la pression, ces journalistes, car on ne délivre pas une information sur France Info tant que l'agence n'a pas donné son feu vert.
**Romain :** Est-ce que ça arrive souvent que des journalistes se trompent, qu'ils euh… font des erreurs et que ça passe quand même ?
**Erik Kervellec :** Oui, ça arrive ! Oui, ça arrive, et la plupart du temps, les journalistes qui se trompent sont de bonne foi. Pour limiter le risque de se tromper : 1. il faut donc vérifier ce que l'on dit ; 2. il faut multiplier les sources d'information sur le même sujet. Je prends un exemple : si deux témoins d'un événement rapportent des faits différents, attention danger ! Alors s'ils disent la même chose, ces deux témoins, c'est un bon début, mais s'il y a trois ou quatre témoins, c'est encore mieux.
**Julien Moch :** Mmh. Donc il faut multiplier les sources, recouper les sources, puis après, ben, il peut y avoir aussi des erreurs humaines, parfois…
**Erik Kervellec :** … d'interprétation.
**Julien Moch :** D'interprétation…
**Erik Kervellec :** … d'approximation…

**Julien Moch :** … de nuances sur les mots. Voilà.
**Erik Kervellec :** Tout à fait.
**Julien Moch :** Ça peut aussi jouer, parfois, dans les informations qu'on relaie à l'antenne, qui ne sont pas aussi précises qu'on le souhaiterait.
France Info

## 40 Page 104, L : Le mot de la semaine : la presse

**Zéphyrin Kouadio :** Nous sommes samedi, et le samedi, Florent, nous avons rendez-vous avec « Le mot de la semaine », d'Yvan Amar.
**Florent Guignard :** Et ce soir, Yvan revient sur l'origine du mot « presse », la presse écrite, qui se porte un peu mieux en France. Yvan Amar.
**Yvan Amar :** Bonne nouvelle pour la presse française, qui va mieux, notamment la presse quotidienne nationale, c'est-à-dire les grands journaux qui paraissent tous les jours et sont diffusés, sont achetés, partout en France. Alors, quand on parle de « presse » dans cette information, on redonne au mot son premier sens, qui vient de « presser », c'est-à-dire « appuyer fortement ». Alors on utilise le mot pour des appareils divers : un presse-citron ou un pressoir à raisin, mais aussi une presse à imprimer, puisqu'il faut fortement appuyer, faire pression sur les caractères d'imprimerie pour que l'encre laisse sa trace sur le papier. C'est le premier système qu'on a utilisé. Alors, le mot a été associé à une activité quotidienne assez vite et, dès le début du XVIIIe siècle, la presse a désigné le nombre de feuilles qu'un imprimeur pouvait tirer chaque jour. Et donc le mot s'est séparé assez vite de l'activité du livre, pour s'associer à l'activité du journal uniquement. C'est-à-dire d'une publication qui sort tous les jours – « journal ». Et le mot « presse » est, depuis cette époque, très lié à toutes les parutions périodiques et très associé à une idée d'information. Alors, quand d'autres formes sont apparues, on a gardé le mot : on a parlé de « presse radiophonique », et même de « journal radiophonique », bien que ce journal soit plus que journalier : on a le journal du matin, du soir, de la nuit… Et quand l'image est arrivée, on a aussi parlé de « presse audiovisuelle ». C'est bien la preuve qu'on avait tout à fait oublié, dans l'usage courant, l'origine de ce mot, « presse ».
RFI

# Unité 7

## 41 Page 109, B : Le voyage aérien du futur

**Marie :** Bonjour, Jérôme Colombain.
**Jérôme Colombain :** Bonjour, Marie, bonjour à tous.
**Marie :** À quoi ressemblera le voyage aérien dans le futur ? Au salon Vivatech, Air France dévoile *sa* vision du transport aérien à l'heure du numérique.
**Jérôme Colombain :** Oui, et, Marie, le transport aérien, aujourd'hui, il faut bien l'avouer, c'est quand même souvent plutôt synonyme de contraintes, de contrôles de sécurité compliqués, de confort limité, surtout en classe éco, de surréservation, etc. Eh bien, dans le futur… tout ça, ça ne devrait pas vraiment changer. En réalité…
**Marie :** Merci ! Au revoir !
**Jérôme Colombain :** Voilà, désolé. En revanche, ce qui va se passer, c'est intéressant, c'est qu'on va aller vers plus de dématérialisation. Par exemple, on pourra bientôt, et ça c'est… c'est quasiment fait, recevoir sa carte d'embarquement par Facebook Messenger. C'est ce qu'est en train de mettre au point la compagnie Air France-KLM. On pourra aussi dialoguer avec une intelligence artificielle, un *chatbot*, lorsqu'on aura besoin de… d'avoir des renseignements pratiques, par exemple savoir ce qu'on a le droit d'emporter ou pas dans tel ou tel pays, où sont passés nos bagages, s'ils sont perdus, etc. Air France-KLM se targue d'être la première compagnie au monde à proposer ce service, qui devrait donc arriver très rapidement.
**Marie :** Et ces *chat*…
**Jérôme Colombain :** *Chatbots*.
**Marie :** … *chatbots*, qui vont permettre de faire aussi plein d'autres choses.
**Jérôme Colombain :** Oui, ils pourront… par exemple, gérer aussi les problèmes de retards d'avions. Exemple : vous avez un souci, un avion annulé, retardé, etc. Eh bien, selon que vous souhaitez rentrer chez vous en taxi ou dormir dans un hôtel près de l'aéroport. Eh bien, plutôt que de faire la queue à un guichet, vous prendrez votre smartphone et vous pourrez dialoguer avec un assistant virtuel, ça devrait aller beaucoup plus vite. Dans un futur lointain, l'intelligence artificielle pourra même, éventuellement, vous enregistrer automatiquement sur un vol de remplacement. Par exemple, si vous avez un problème à la correspondance. Mais on n'en est pas encore là. Et puis, l'avantage d'un *chatbot*, Marie, c'est que, si on n'est pas content, ben on pourra l'insulter copieusement. Ça évitera de martyriser souvent les pauvres employés des compagnies aériennes dans les aéroports.
**Marie :** Bien vu. Et dans le futur, on pourra même voyager sans passeport ?
**Jérôme Colombain :** Oui, grâce à la biométrie et notamment à la reconnaissance faciale. Alors, pour cela, eh bien, très vite d'ailleurs, une version évoluée du système Parafe... Vous savez, le système Parafe, c'est un système de contrôle de police automatisé par empreintes digitales. Ben, il devrait évoluer. On va aller vers de la reconnaissance faciale. C'est déjà en test, en fait, à l'aéroport de Roissy à certains endroits. Mais, pour l'instant, il faut encore montrer le passeport papier. Dans le futur, on pourra peut-être et probablement, on l'espère, s'en passer complètement grâce au smartphone, grâce au selfie ID, une photo de soi-même sur smartphone qui fera office de pièce d'identité authentique.
France Info

## 42 Page 111, Phonétique, Les liaisons interdites : le « h », Exercice 1

**a** Les hommes / les héros ; les hôpitaux / les hasards ; les horaires / les hauteurs ; les hôtels / les Hongrois ; les heures / les Hollandais ; les herbes / les haricots.
**b** L'humour / le hoquet ; l'humeur / la honte ; l'habitude / le hamster ; l'horloge / le hall ; l'hiver / le hérisson.
**c** J'habille mon enfant / je hoche la tête ; j'habite la campagne / je hais le froid ; j'harmonise les couleurs / je hurle de colère.

## 43 Page 111, Exercice 2

**a** Les haricots, sont-ils en haut ? → Les haricots ? Ils sont dehors.
**b** Les Hollandais, sont-ils en haut ? → Les Hollandais ? Ils sont dehors.
**c** Les Hongrois, sont-ils en haut ? → Les Hongrois ? Ils sont dehors.
**d** Les héros, sont-ils en haut ? → Les héros ? Ils sont dehors.
**e** Les hérissons, sont-ils en haut ? → Les hérissons ? Ils sont dehors.
**f** Les hiboux, sont-ils en haut ? → Les hiboux ? Ils sont dehors.
**g** Les hamacs, sont-ils en haut ? → Les hamacs ? Ils sont dehors.
**h** Les hamsters, sont-ils en haut ? → Les hamsters ? Ils sont dehors.

## 44 Page 111, Exercice 3

Il était une fois un hibou et un hérisson qui avaient le hoquet. Le hasard leur fait rencontrer le hamster, le héros de la forêt…

## 45 Page 112, E : Quelques bons plans pour préparer ses vacances

**Chloé Triomphe :** Anne Le Gall, bonjour ! « Quoi de neuf » avec vous. C'est l'heure d'évoquer les innovations en matière de consommation. Ce matin, on parle des derniers bons plans du Net en matière de tourisme.
**Anne Le Gall :** Oui, certains sont peut-être déjà en train de penser à leurs vacances d'été, alors on fait le point sur quelques bons plans. Alors, au-delà des Airbnb, BlaBlaCar et puis tous les sites de promo qu'on trouve sur internet, premier bon plan. C'est un site qui a été primé lors du Forum du tourisme numérique la semaine dernière à Deauville : c'est Option Way, ou Option Way en français. C'est un site de réservation de billets d'avion sur lequel c'est vous qui indiquez le prix que vous souhaitez payer pour votre trajet. Vous avez, par exemple, déjà vu des Paris-Sydney à 800 euros, alors vous posez une option Paris-Sydney 800 euros, à vos dates et avec les critères d'escales, et vous attendez. Et à partir de ce moment-là, le site mouline 24 heures sur 24 pour vous auprès de 180 compagnies aériennes, pour savoir s'il y a pas un billet à 800 euros qui sera en vente quelque part, à un instant T, même si ça dure quelques minutes, parce que la volatilité des tarifs aériens est telle qu'il y a de force… fortes chances que ce billet existe à un moment donné. Alors, comme vous avez laissé vos coordonnées bancaires et que le site... quand le site trouve le billet, eh bien, il le prend.
**Pierre de Vilno :** Et c'est sûr que c'est pour moi, le billet ?
**Anne Le Gall :** Exactement. En fait, le créateur…
**Pierre de Vilno :** Mmh. C'est réservé.
**Anne Le Gall :** C'est réservé. Le créateur vient du monde de la finance, et donc il a juste transposé aux billets d'avion le principe des ordres d'achat que l'on passe en bourse. Deuxième bon plan, c'est un site, un autre site qui se cale sur votre buget… budget. Ça s'appelle Hellotrip. Alors là, vous rentrez vos dates et votre budget vacances, et lui suggère des bons plans pour le transport et l'hébergement en fonction des tarifs que vous proposez.
**Pierre de Vilno :** Et ce qui fonctionne bien aussi pour faire des économies, ce sont les vacances collaboratives.
**Anne Le Gall :** Oui, alors là, le problème, c'est qu'il y a tellement de sites

désormais, au-delà de Airbnb, le plus connu, euh… qu'on s'y perd. Donc il y a un site qui s'appelle Opitrip, O-P-I Trip, T-R-I-P. Là, c'est un comparateur d'hébergements et de solutions de covoiturage entre particuliers. C'est un site français. Donc vous pouvez dresser et faire votre voyage collaboratif grâce à ce comparateur. Et puis, au-delà de l'hébergement collaboratif, on peut aussi choisir un guide qui vient du cru, un guide qui est en fait un… un guide amateur local pour les prochaines vacances.
Europe 1

### 46 Page 113, G : Tour de France

**Marc :** Salut Gilles ! Tu vas bien ?
**Gilles :** Salut Marc ! Oui, super, je rentre de vacances. On a passé une semaine au ski dans les Pyrénées, c'était sublime !
**Marc :** Justement, tu pourrais m'aider à organiser un petit tour de France en voiture ? Il y a mes amis ukrainiens qui viennent me voir en Belgique, et ils voudraient bien visiter la France aussi.
**Gilles :** C'est pour quand, le voyage en France ?
**Marc :** En mai. Je saurai les dates exactes début avril.
**Gilles :** Pour combien de temps ?
**Marc :** Une semaine.
**Gilles :** À ta place, j'éviterais le début mai ; il y a beaucoup de jours fériés et de ponts, avec le 1er et le 8 mai. Idéalement, si tu as le choix, je dirais la deuxième quinzaine de mai. Et au départ de Belgique, si j'étais toi, je commencerais par Strasbourg : la balade en bateau, la cathédrale, la choucroute…
**Marc :** Et ensuite Paris, j'imagine ?
**Gilles :** Oui, mais à Paris, il y a tellement de choses à voir qu'il faudrait faire un choix. Tu devrais te renseigner auprès de tes amis sur ce qu'ils aimeraient voir à Paris.
**Marc :** Et après Paris, on pourrait aller où ?
**Gilles :** Ce serait pas mal si vous pouviez faire les châteaux de la Loire. Ils sont nombreux, mais mes préférés c'est Chenonceau et Cheverny.
**Marc :** Si on avait un peu plus de temps et un plus gros budget, je les emmènerais voir le Mont-Saint-Michel.
**Gilles :** Et les côtes bretonnes. Mais on ne peut pas tout faire en une semaine.
**Marc :** Et pour l'hébergement, qu'est-ce qui serait mieux ? L'hôtel ?
**Gilles :** Si tu loges chez l'habitant, ce sera moins cher. C'est aussi l'occasion de faire de belles rencontres.
**Marc :** Écoute, merci beaucoup. C'est dommage qu'on ne puisse pas se voir. Toulouse, c'est pas la porte à côté.
**Gilles :** Ben, tu viendras visiter la région une autre fois.
**Marc :** Promis ! Ah, si j'avais plus de temps et d'argent ! Allez, à une prochaine. Et encore merci pour tout.
**Gilles :** Avec plaisir, à plus !

### 47 Page 114, Grammaire, La condition, l'hypothèse, Exercice 4

Exemple : *Pour éviter les embouteillages, partez très tôt ! → Si vous partez très tôt, vous éviterez les embouteillages.*
**a** Pour apprendre une nouvelle langue, partez à l'étranger. → Si vous partez à l'étranger, vous apprendrez une nouvelle langue.
**b** Pour mieux découvrir ce pays, choisissez bien votre itinéraire. → Si vous choisissez bien votre itinéraire, vous découvrirez mieux ce pays.
**c** Pour mieux profiter de votre séjour, rencontrez des locaux. → Si vous rencontrez des locaux, vous profiterez mieux de votre séjour.
**d** Pour voyager léger, prenez le strict nécessaire. → Si vous prenez le strict nécessaire, vous voyagerez léger.
**e** Pour gagner du temps, partez en visites organisées. → Si vous partez en visites organisées, vous gagnerez du temps.
**f** Pour emporter beaucoup de livres, investissez dans une liseuse. → Si vous investissez dans une liseuse, vous emporterez beaucoup de livres.
**g** Pour sortir de votre zone de confort, voyagez seul(e). → Si vous voyagez seul(e), vous sortirez de votre zone de confort.
**h** Pour mieux connaître le pays, mangez local. → Si vous mangez local, vous découvrirez mieux le pays.

### 48 Page 114, Exercice 5

Exemple : *Je ne suis pas en vacances. Je ne vais pas à la montagne. → Si j'étais en vacances, j'irais à la montagne.*
**a** Il ne fait pas beau. Je ne sors pas. → S'il faisait beau, je sortirais.
**b** Je n'ai pas d'argent. Je ne voyage pas. → Si j'avais de l'argent, je voyagerais.
**c** Je n'habite pas au bord de la mer. Je ne vais pas tous les jours à la plage. → Si j'habitais au bord de la mer, j'irais tous les jours à la plage.
**d** Tu ne les invites pas. Ils ne sont pas contents. → Si tu les invitais, ils seraient contents.
**e** La ville n'est pas intéressante. Nous ne restons pas. → Si la ville était plus intéressante, nous resterions.
**f** Il y a du brouillard. Je ne peux pas skier. → S'il n'y avait pas de brouillard, je pourrais skier.

### 49 Page 120, L : Le voyage à vélo

**Laurent Berthault :** Il a passé seize ans de sa vie à voyager sur son vélo, dont sept années consacrées à faire le tour du monde. Et quand il ne pédale pas, Claude Marthaler écrit, d'une belle plume, pour raconter ses voyages et ses rencontres. À 56 ans, le grand gaillard suisse aux longs cheveux frisés n'a jamais cessé de vivre pour et par les voyages à vélo.
**Claude Marthaler :** Quand on est en voyage à vélo, on a l'impression des fois d'être hors du temps. Surtout euh… quand on est sur, euh… je veux dire, un haut plateau, ça peut être au Tibet, ou en montagne surtout, on a cette piste qui est sans fin. Après un haut col, ça redescend dans une autre vallée. Enfin on a vraiment… on se sent tout tout petit. On est réellement tout petit face à cette immense nature. Et on a l'impression de vivre pleinement, en fait. De… d'avoir notre place réelle, elle est là, en fait. On est aussi ces géographies respiratoires. On est très à l'aise, on pédale, et puis on se po… on n'a pas trop de questions à se poser en dehors de… du fait que, ben il faut s'arrêter, trouver un coin peut-être à l'abri du vent, faire un feu, continuer le lendemain. Et puis donc ça amène une certaine sérénité, et puis l'idée de la route aussi, qui pourrait conti… qui continue d'ailleurs à perpétuité, nous donne la magnifique illusion d'être éternel, en fait. C'est une illusion mais je pense qu'elle vaut la peine d'être vécue, en tout cas de temps en temps.
**Laurent Berthault :** Voyager à vélo, c'est un cheminement intérieur et à la fois une ouverture exceptionnelle sur les autres ?
**Claude Marthaler :** Il y a une formidable ouverture à une disposition au monde, à l'inconnu, à l'imprévisible, à la rencontre forcément. Parce que souvent, dans des coins complètement paumés, on plante la tente et, tout d'un coup, il y a un nomade qui arrive avec son cheval, ou il y a des choses comme ça, quand on est vraiment disponible aux choses, au temps, au monde, aux gens, eh ben les choses arrivent, en fait. Et quand on croise quelqu'un, la rencontre est... peut être plus forte ou plus inattendue, et du fait que c'est inattendu, on y prête plus attention. On est plus dedans, en fait.
RFI

## Unité 8

### 50 Page 125, B : Pour la première fois, un papier témoigne sur ses nombreuses vies !

Cinq vies ? Ben bien sûr qu'un papier peut vivre cinq vies, parfois plus même. Ben moi, j'ai eu la chance de démarrer en journal, un quotidien. Eh oui, c'est pas une vie très longue mais c'est intense. C'est un très bon souvenir. Ah et puis après, j'ai été un annuaire pendant... deux ans. Ah, et, il y a longtemps j'ai été un joli petit roman, en poche. Pas un grand succès, mais un premier roman, c'est toujours émouvant. Voilà. Ben, après tout ça me voilà en prospectus, une vie simple et pratique, quoi. Non, bien sûr, on sait jamais à l'avance. On mérite tous de vivre plusieurs vies. Mais bon, c'est pas automatique. On connaît tous des histoires de papiers qui finissent brûlés comme un vulgaire déchet, abandonnés. Aucun papier ne mérite de mal finir comme ça, bêtement. Si je pouvais choisir ? Un beau papier. Un papier à lettres, finir en lettre d'amour. Oui ça, ça me plairait bien. Mais bon, je prends ce qui vient. C'est la vie. Je peux ? Ben, je voulais juste remercier tous ceux qui m'ont trié. C'est grâce à eux que j'ai pu vivre toutes ces vies. Merci.
Citeo/Ecofolio

### 51 Page 127, Phonétique, l'intonation montante ou descendante (phrase interrogative), Exercice 1

**a** Tu as compris. = ↓
**b** Tu as compris ? = ↑
**c** Est-ce que tu as compris ? = ↓
**d** Il a raison ? = ↑
**e** Pourquoi il a raison ? = ↓
**f** Il a raison. = ↓
**g** Comment vous le savez ? = ↓
**h** Vous le savez. = ↓
**i** Vous le savez ? = ↑
**j** Elle est partie ? = ↑
**k** Où elle est partie ? = ↓
**l** Elle est partie. = ↓

## 52 Page 127, Exercice 2

J'irai je n'irai pas j'irai je n'irai pas
Je reviendrai Est-ce que je reviendrai ?
Je reviendrai je ne reviendrai pas

Pourtant je partirai (serais-je déjà parti ?)
Parti reviendrai-je ?
Et si je partais ? Et si je ne partais pas ? Et si je ne revenais pas ?

Elle est partie, elle ! Elle est bien partie Elle ne revient pas.
Est-ce qu'elle reviendra ? Je ne crois pas Je ne crois pas qu'elle revienne
Toi tu es là Est-ce que tu es là ? Quelquefois tu n'es pas là.

Ils s'en vont, eux. Ils vont ils viennent
Ils partent ils ne partent pas ils reviennent ils ne reviennent plus

Si je partais, est-ce qu'ils reviendraient ?
Si je restais, est-ce qu'ils partiraient ?
Si je pars, est-ce que tu pars ?
Est-ce que nous allons partir ?
Est-ce que nous allons rester ?
Est-ce que nous allons partir ?
Jean Tardieu, *Conjugaisons et interrogations* / Éditions Gallimard

## 53 Page 129, E : Quand le brouillard devient eau

**Le journaliste :** Transformer le brouillard en eau dans les régions qui en manquent, c'est… c'est étonnant mais c'est possible, grâce à des filets de plusieurs mètres de haut posés en altitude. C'est le pari relevé par une association marocaine dans le sud-ouest du pays, Charlie ?
**Charlie Dupiot :** Oui, plus précisément dans la région de Sidi Hifni. Alors, c'est une région semi-aride, proche de l'océan Atlantique. Et là-bas, il faut parcourir plusieurs kilomètres avant de pouvoir trouver une source d'eau. Mais la région dispose bien d'une ressource, un atout qui était, peut-être, jusque-là sous-estimé, le brouillard. Eh oui, elle vit dans le brouillard plus de la moitié de l'année. Alors pourquoi ne pas capturer ce brouillard, cette brume, pour en faire de l'eau potable ? Eh bien, c'est l'idée d'une association, l'association Dar Si Hmad pour le développement, l'éducation et la culture, qui a décidé donc de se lancer dans cette collecte inédite. En 2011, elle installe ses premiers « filets à brouillard », comme on les appelle, au sommet d'une montagne de la région. Et c'est le président de l'association, Aïssa Derhem, qui nous raconte comment l'idée lui est venue.
**Aïssa Derhem :** J'avais entendu parler d'expériences qu'on faisait au Chili pour ramasser de l'eau. Mais en retournant dans… dans le village de… de mes parents, j'ai entendu dire que, au-dessus de notre village, il y a une montagne qui a fait à peu près 1 225 mètres, Boutmezguida, c'est là où on a fait l'expérience plus tard.
Les expériences existent déjà en Afrique du Sud depuis le début du xx^e^ siècle. Mais, surtout, je pense au Chili à partir des années 60-80, les gens ont commencé à réellement penser à ça. Euh… l'idée, ça consiste simplement à mettre comme dans un… terrain de volley-ball, vous avez deux piquets, et entre les deux il y a un filet. Et donc le brouillard passe à travers ce filet, et au-dessous du filet il y a comme une rigole qui ramasse cette eau, qui descend goutte à goutte. Et les canalisations, à ce moment-là, ramassent cette eau-là, et vous l'amenez là où vous voulez l'utiliser. C'est une eau qui est pratiquement de l'eau distillée, qui est très, très pure. Et cette eau, on la minéralise en rajoutant de l'eau d'un puits. Et là, elle descend directement dans les citernes, et puis elle sert, elle sert les villages. Nous avons à peu près cinq villages, et donc on sert trois cents jusqu'à quatre cents personnes.
RTS

## 54 Page 133, J : Copropriété de rêve

**Homme 1 :** Tu sais où j'étais ce week-end ?
**Homme 2 :** Non, raconte.
**Homme 1 :** Eh ben, figure-toi que je suis allé à Monaco.
**Homme 2 :** Toi, l'amoureux de la campagne et de la verdure ? Qu'est-ce que tu es allé faire dans ce royaume du béton ? On dit que c'est l'endroit le plus urbanisé au monde.
**Homme 1 :** On a été invité avec ma femme par des amis qui y habitent. Et alors là, surprise : ils habitent un écoquartier dans un immeuble classé « habitat durable » !
**Homme 2 :** Et qu'est-ce que ça veut dire ?
**Homme 1 :** Eh bien, tout d'abord les copropriétaires de l'immeuble ont végétalisé le toit avec des bacs à légumes et des jardinières, et ensuite ils ont planté des arbustes tout autour pour les protéger du vent. Ça fait un bel espace en hauteur. En plus, on peut y organiser des apéros hyper sympas. En pleine ville, tu as une sorte de jardin suspendu. D'ailleurs, les habitants pensent même y installer une ruche pour avoir du miel fait maison.
**Homme 2 :** C'est eux qui cultivent tout ça ?
**Homme 1 :** Eh oui ! Et pas de produits chimiques, que du naturel ! Ils associent différentes plantes pour obtenir les meilleures combinaisons. Par exemple, les salades qui ont besoin d'ombre sont plantées sous les concombres qui aiment le soleil. C'est de la permaculture.
**Homme 2 :** Pratique. D'une part, tu habites en ville, et d'autre part, tu as tes propres légumes bio à portée de main.
**Homme 1 :** C'est ça. Et puis ils ont des panneaux solaires sur le toit pour produire de l'eau chaude et assurer en partie les besoins de chauffage.
**Homme 2 :** Ah oui, bien ! J'ai entendu dire que ça permet de réduire la facture d'eau chaude jusqu'à 75 %. J'y pense, moi aussi, aux panneaux solaires.
**Homme 1 :** Évidemment, pour ça il faut aussi un système de chauffage performant et une bonne isolation. C'est ça, les immeubles modernes.
**Homme 2 :** En résumé : tu protèges l'environnement et tu économises tes sous en même temps !

## 55 Page 136, L : Une déchetterie transformée en supermarché inversé

**Claire Fages :** « Nous n'avons pas de problème de ressources, nous avons un problème de poubelles », résume l'économiste Pierre-Noël Giraud. Produire moins de déchets ou les recycler, même si les matières secondaires issues du recyclage du plastique ou de la ferraille ont du mal à concurrencer les matières premières redevenues peu chères. Les collectivités innovent pour limiter l'enfouissement des déchets, très coûteux. Dans le Sud-Ouest de la France, une déchetterie s'est transformée, première mondiale, en « supermarché inversé ». Éric Buffo, directeur du développement du Syndicat intercommunal de collecte et de valorisation du Libournais, rebaptisé « SMICVAL market ».
**Éric Buffo :** On a revisité de fond en comble le concept de la déchetterie, où il s'agissait de venir abandonner et jeter des déchets. On l'appelle le « supermarché inversé » parce qu'on a utilisé les codes du supermarché. Quand on arrive, on se gare, on prend un caddie, et on remet en rayon dans des espaces dédiés comme dans les supermarchés : à la petite enfance, au bricolage, au jardinage, aux matériaux. On a même embauché un chef de rayon pour s'assurer que les objets et les matériaux puissent être mis en valeur et repartir.
**Claire Fages :** Résultat : la part des déchets enfouis a diminué de 60 % en un mois.
RFI

# Unité 9

## 56 Page 141, B : Verbalisée pour avoir voulu donner un livre

**Gwenaëlle :** Fin janvier, j'étais dans le quartier de Barbès. J'avais un beau livre, un beau livre de portraits politiques que je ne voulais pas moi-même, et j'ai fait ce que j'ai… ce que je fais fréquemment : j'ai déposé ce livre bien en vue sur un bord de trottoir, en espérant que très rapidement quelqu'un l'adopte et que ce livre, ben… trouve son propriétaire. Et comme pour moi, c'est pas un acte répréhensible, j'ai pas pensé à regarder autour de moi avant de le faire. Et il se trouve que, dix mètres plus loin, y avait une dizaine de policiers municipaux qui étaient en opération spéciale « zéro incivilité », « zéro indulgence » dans ce quartier-là. Et donc l'un d'entre eux m'a interpellée en me demandant si c'était moi qui venais de poser le livre. Ben, ce que je n'ai pas nié puisque, pour moi, c'est presque un acte citoyen de faire ça. Et c'est là qu'il m'a expliqué que c'était interdit, que c'était un dépôt illégal et que donc j'allais être verbalisée. Donc il a dressé le procès-verbal, il a pris le livre en photo comme preuve de l'infraction.
**Le journaliste :** Et vous avez reçu donc la contravention chez vous ?
**Gwenaëlle :** Quelques… Voilà ! Quelques jours plus tard, une dizaine de jours plus tard, j'ai reçu une contravention de 68 euros.
**Le journaliste :** Quelle est votre réaction par rapport à ça ?
**Gwenaëlle :** Euh… ben, un peu de sidération et puis un peu de, euh… pff… comment dire… un peu de sidération et le fait qu'on touche à la libre circulation d'un livre et qu'on confonde culture, ordure. Et… voilà, je trouvais

ça assez ubuesque en fait, assez… et puis assez symptomatique de notre époque où le fait que... qu'on essaie de tout cadrer, d'appliquer la loi avec zèle, on en perd son bon sens. On en perd son bon sens et on oublie que, finalement, voilà : c'est juste une envie de partager et que… ben… autant… Enfin, un livre, il ne va pas mettre plus de cinq minutes, quand il est beau, neuf et de bonne qualité, à disparaître, alors que ça viendrait jamais à l'idée d'adopter un tas d'ordures qui est resté dans la rue. Alors qu'un livre, en général, les gens sont très contents d'en trouver un, très étonnés, et de l'adopter.
France Bleu

## 57 Page 144, Phonétique, Les courbes intonatives, Exercice 1

a Le centre-ville est là. *(affirmation)*
b Le centre-ville est là. *(interrogation)*
c Le centre-ville est là. *(surprise)*
d Le centre-ville est là. *(incrédulité)*
e Le centre-ville est là. *(insistance)*

## 58 Page 144, Exercice 2

a Il a réussi.
b Elle est malade.
c On ferme le centre commercial.
d Tu y arrives.
e Il passera nous voir.

## 59 Page 144, Exercice 3

**Homme *(annonce une nouvelle)* :** J'ai eu mon permis.
**Femme *(répète incrédule)* :** Tu as eu ton permis ?
**Homme *(insiste)* :** Si, si, j'ai eu mon permis !

## 60 Page 146, G : Bien-être des citoyens en ville

**Femme :** Tiens, regarde cette brochure de la mairie de Paris : *Guide référentiel : Genre & espace public.*
**Homme :** De quoi est-ce que tu parles ?
**Femme :** Mais rappelle-toi, l'autre jour je t'avais parlé de ça : comment voir si un lieu public ou même une ville peuvent être considérés égalitaires !
**Homme :** Mais évidemment, l'espace public, il est public ! Donc il est à tout le monde !
**Femme :** Oui, mais lis les questions de cette brochure. Par exemple, une question essentielle : est-ce que les femmes bénéficient des mêmes installations et structures publiques que les hommes ?
**Homme :** Ah oui, je commence à comprendre….
**Femme :** C'est une question importante je crois, pour que chaque citoyen puisse trouver sa place dans l'espace public. Il n'y a pas que la distinction hommes-femmes, d'ailleurs.
**Homme :** Oui, en fait, tu as raison. Il y a les personnes âgées, par exemple. Est-ce qu'elles ont comme nous, les plus jeunes, un accès égalitaire à l'espace public ? C'est une bonne question, ça aussi.
**Femme :** Voilà ! C'est un excellent exemple ! C'est vrai que quand je pense à mes grands-parents, je constate la difficulté qu'ils ont à se déplacer dans la ville déjà : les trottoirs sont souvent trop hauts pour eux, même s'il y a eu des efforts qui ont été faits, c'est encore difficile de monter dans les bus de la ville parce que le niveau du bus aussi est trop haut !
**Homme :** Il y a aussi le problème des feux de circulation. Tout va très vite, le feu vert pour les piétons passe parfois très vite au rouge ! Ma grand-mère m'a déjà dit qu'elle trouvait que c'était trop rapide pour elle, et donc, elle limite ses déplacements en ville à cause de ça !
**Femme :** Les feux trop rapides, les trottoirs trop hauts… tu imagines tous les lieux auxquels nos grands-parents n'ont pas accès ?
**Homme :** Et que dire de l'accès aux lieux publics pour les personnes handicapées ! Tu vois souvent des rampes d'accès à côté des escaliers pour entrer dans des lieux comme les mairies ?
**Femme :** Non, c'est vrai. Je n'imagine pas ce que ça doit présenter comme difficulté…. Et si tout ça était pensé correctement, on pourrait juste développer le bien-vivre ensemble. D'où l'intérêt de ce genre de guide puisqu'il soulève des questions essentielles dans le même genre.

## 61 Page 148, I : JR fait entrer le street art au musée

**La journaliste :** Aujourd'hui, dans « À l'affiche », un artiste qui s'est fait connaître en collant les portraits d'anonymes en noir et blanc sur les murs du monde entier : des favelas de Rio à la pyramide du Louvre, des bidonvilles du Kenya à Manhattan. Son travail, aussi éphémère que monumental, interpelle, avec toujours en toile de fond cette volonté de rapprocher les cultures. JR expose en ce moment une fresque monumentale : 150 mètres carrés, 750 portraits rassemblés, ceux des habitants de Clichy-Montfermeil, cette ville de banlieue parisienne, épicentre des émeutes qui secouèrent la France en 2005. Après quelques semaines passées dans le très tendance Palais de Tokyo, à Paris, l'œuvre sera ensuite installée de manière pérenne à la Cité des bosquets de Clichy-Montfermeil.
**Louise Dupont :** JR, bonjour.
**JR :** Bonjour.
**Louise Dupont :** Merci beaucoup de nous accorder un peu de votre temps.
**JR :** Avec plaisir.
**Louise Dupont :** Alors on est devant cette gigantesque fresque : je crois que c'est 38 mètres de, euh... 38 mètres de long, 150 mètres carrés, et tous ces habitants de Clichy-Montfermeil en grand format. C'était quoi, votre idée ? en faire des héros ?
**JR :** Non, pas des héros, mais juste de représenter toute cette diversité, mais où en même temps on retrouve l'unité de chacun dedans. Donc ces 750 personnes, j'ai été les photographier une par une dans le quartier, sur fond vert, et ensuite je les ai recollées. Donc, ce que vous voyez là, c'est un collage. Je me suis beaucoup inspiré des grandes fresques comme celles de Diego Rivera, peintre mexicain qui avait fait des fresques sociales et politiques. Et c'est ces fresques-là que j'ai amenées à Clichy, à Montfermeil, que j'ai montrées aux gens, et j'ai dit : « Toi, tu es qui dans cette communauté-là ? » Et chacun a dû décider de ce qu'il était, comment il souhaitait se représenter.
France 24

## 62 Page 152, K : Street art ou graffitis : vandalisme ou expression artistique ?

**Sandrine Mercier :** Bonjour les voisins, les voisines, bienvenue. Je suis ravie de vous retrouver aujourd'hui. Et pour commencer la semaine, on descend dans la rue avec le street art. Longtemps les graffitis, les tags, les fresques ou encore les pochoirs sur les murs dans les villes ont été considérés comme du vandalisme, mais cette époque est bien révolue. C'est la consécration de l'art de la rue avec des festivals dans le monde entier, des galeries dédiées et des musées aussi qui s'ouvrent. À Paris, en octobre dernier, on a découvert le premier anti-musée d'art urbain, Art 42. Et de pair, donc, ça va de pair avec cette reconnaissance du mouvement. Du coup, certaines œuvres murales se négocient aujourd'hui à prix d'or. Alors, comment expliquer le succès de ces artistes, alors que ces peintures vivaient à la lisière de l'illégalité ? Quelles différences entre graffiti, art… street art ? Et comment l'art urbain est devenu une culture à part entière et comment ces peintures ont transformé nos villes ?
Alors beaucoup de messages arrivent sur Facebook. On a Ti Diane, de Thiès, au Sénégal, qui nous dit, eh ben, qu'il aime voir tous ces graffitis, qu'il… se déploie beaucoup d'imagination. C'est vraiment de l'art et, pour lui, ça participe à l'embellissement de nos villes.
Jackys, à Antananarivo, euh… dit que peindre ou décorer les murs des villes sans autorisation des voisins est sanctionné sévèrement à Madagascar. « Et je pense que pourtant… ben, qu'il n'y a pas de mal à faire ça, puisque ça donne, quand ça donne au moins une bonne idée du quartier. »
Stéphane, il y a Joseph aussi de Kananga, qui nous dit que le street art est vraiment un moyen d'expression, mais on peut déplorer des fois la présence d'obscénités parmi ces graffitis.
Et Anne, de Dakar, elle nous dit : « Pourquoi peindre sur des murs qui ne vous appartiennent pas ? » C'est une question alors pour vous, Lokiss. « Et à mon avis, on se doit de… », elle pense qu'il faut passer par une exposition dans une galerie en bonne et due forme si on se prétend artiste. C'est un peu aussi tout le débat du jour au 33 1 84 22 71 71 et sur Facebook.
RFI

# Unité 10

## 63 Page 157, B : Choisir son orientation

Je m'appelle Cathy, j'ai 41 ans, je suis titulaire d'un DEUG en littérature et civilisation étrangère que j'ai obtenu à l'âge de 23 ans. Et puis je me suis mariée, j'ai eu trois enfants, et pendant de nombreuses années je me suis occupée de ma famille. Aujourd'hui, mes enfants sont plus grands, ils sont plus autonomes, ce qui me permet de penser à mon avenir professionnel. Et la voie de la fonction publique est pour moi une opportunité, puisqu'elle ne demande pas d'expérience professionnelle. Je suis sortie du cursus scolaire depuis de nombreuses années maintenant et j'ai éprouvé le besoin de réactualiser mes connaissances, donc j'ai cherché une école. Et je me suis inscrite à Ideo parce qu'elle avait une très bonne réputation. Ideo m'a permis de reprendre confiance en moi et, grâce à

la préparation, aussi bien de l'écrit que de l'oral, je suis aujourd'hui lauréate du concours d'adjoint administratif territorial de première classe.
Idéo Prépa Concours

## 64 Page 160, Phonétique, La prononciation de [y], Exercice 1

a Cet examen était dur et stupide mais je l'ai eu !
b Zut alors, je dois encore chuchoter !
c Tu m'assures que c'est vraiment tout ?
d Elle a dû mettre une jupe en dessous du genou.
e C'est nul, je suis déçue. Si je l'avais su…
f Tu dis que c'est super, tu es sûr ?
g Il a eu une idée juste.

## 65 Page 160, Exercice 3

a – Où vois-tu une grue ? *(musée)*
A : – Je vois une grue au musée. Et toi ?
B : – J'ai vu une grue au musée hier.
b – Où lis-tu cette nouvelle ? *(Tribune du Midi)*
A : – Je lis cette nouvelle dans la *Tribune du Midi*. Et toi ?
B : – J'ai lu cette nouvelle dans la *Tribune du Midi* hier.
c – Où aperçois-tu cet individu ? *(rue)*
A : – J'aperçois cet individu dans la rue. Et toi ?
B : – J'ai aperçu cet individu dans la rue hier.
d – Où joues-tu de la flûte ? *(voiture)*
A : – Je joue de la flûte dans la voiture. Et toi ?
B : – J'ai joué de la flûte dans la voiture hier.
e – Où bois-tu du jus de prune ? *(cuisine)*
A : – Je bois du jus de prune dans la cuisine. Et toi ?
B : – J'ai bu du jus de prune dans la cuisine hier.
f – Où crois-tu qu'il se trouve ? *(Pérou)*
A : – Je crois qu'il se trouve au Pérou. Et toi ?
B : – J'ai cru qu'il se trouvait au Pérou hier.
g – Où résous-tu tes problèmes ? *(institut)*
A : – Je résous mes problèmes à l'institut. Et toi ?
B : – J'ai résolu mes problèmes à l'institut hier.
h – Où dois-tu choisir un boulot ? *(ONU)*
A : – Je dois choisir un boulot à l'ONU. Et toi ?
B : – J'ai dû choisir un boulot à l'ONU hier.
i – Où reçois-tu tes invitations ? *(bureau)*
A : – Je reçois mes invitations au bureau. Et toi ?
B : – J'ai reçu mes invitations au bureau hier.
j – Où peux-tu lire ? *(boulot)*
A : – Je peux lire au boulot. Et toi ?
B : – J'ai pu lire au boulot hier
k – Où couds-tu cette jupe ? *(cours de couture)*
A : – Je couds cette jupe au cours de couture. Et toi ?
B : – J'ai cousu cette jupe au cours de couture hier.
l – Où veux-tu aller ? *(Uruguay)*
A : – Je veux aller en Uruguay. Et toi ?
B : – J'ai voulu aller en Uruguay hier.

## 66 Page 162, E : Qu'est-ce qu'un MOOC ?

**Le présentateur :** De quoi parlons-nous aujourd'hui, Nancy ?
**Nancy :** Eh bien, on va parler d'un sujet qui fait couler beaucoup d'encre et qui ne cesse jamais de nous intéresser, il s'agit des MOOC.
**Le présentateur :** On en avait déjà parlé, ce sont les formations… en ligne.
**Nancy :** Voilà, donc on va déjà reprendre un petit peu les basiques, on va expliquer ce que veut dire MOOC.
**Le présentateur :** Oui, ça veut dire quoi, ça ?
**Nancy :** M, O, O, C : *massive online open courses.*
**Le présentateur :** Alors, *massive online open courses*, ouais.
**Nancy :** Donc ce sont des cours collectifs en ligne. Je le redis : ils ne sont pas à confondre avec les sessions de e-learning, puisque les sessions de e-learning se font à votre rythme. Les MOOC sont des cours de date à date, auxquels il est nécessaire de s'inscrire et auxquels il est nécessaire d'être présent.
**Le présentateur :** D'accord.
**Nancy :** C'est pas la même chose. Donc voilà, cette différence étant rappelée, je vous ai trouvé un outil super utile : un… un annuaire de MOOC.
**Le présentateur :** Un annuaire de MOOC.
**Nancy :** Ben oui, parce qu'il y a MOOC et MOOC.
**Le présentateur :** Pour les référencer. Ah bon ?
**Nancy :** Exactement. Je vais taper, dans le moteur de recherche de l'annuaire en ligne, l'intitulé et on va voir si un MOOC existe.
**Le présentateur :** D'accord.
**Nancy :** Mais, mieux encore, ils vont nous préciser les dates de sessions.
**Le présentateur :** Mmmh.
**Nancy :** Il va nous préciser exactement à quel type de MOOC cette… ce module est raccordé, nous expliquer aussi s'il est certifiant et donc nous expliquer aussi s'il est payant. Donc ce sont des précisions...
**Le présentateur :** Je pensais que c'était... Je pensais que c'était gratuit, les MOOC.
**Nancy :** Non, il existe des MOOC certifiants, donc ça va pas chercher...
**Le présentateur :** Certifiants ? Voilà.
**Nancy :** Voilà, ça va pas chercher bien loin : on est sur des budgets plancher à 250 euros, hein. Moi, hein, c'est ce que j'ai trouvé de plus cher pour l'instant, et qui vous donne donc une certification attestant que vous avez participé et suivi activement un MOOC. Rappelons aussi que les MOOC certifiants demandent donc… du travail. Il y a comme un contrôle si vous voulez, il y a des TP, des choses comme ça à rendre. Et puis sur ce site, sur cet annuaire en ligne des MOOC, vous allez trouver aussi le temps de travail nécessaire à fournir individuellement par semaine. Parce que, dans un MOOC, on a vraiment du travail à faire.
**Le présentateur :** C'est un vrai travail, c'est pas juste comme ça, on regarde une petite vidéo pépère.
**Nancy :** Non, non. Voilà, c'est pas, comme on dit, c'est pas du e-learning, même si le e-learning est de très, très grande qualité, mais il n'empêche que là c'est contrôlé, on a des vrais professeurs et on a des vrais devoirs à rendre.
**Le présentateur :** À rendre.
A3CV, www.a3cv.fr

## 67 Page 165, Document I : Les jeux sérieux

**Marco :** Hé, salut Agnès !
**Agnès :** Bonjour, Marco, comment vas-tu ?
**Marco :** Super, je n'ai rien fait ce week-end et ça m'a fait beaucoup de bien. Et toi, qu'est-ce que tu as fait ?
**Agnès :** Eh bien, figure-toi que je suis allée au salon du jeu vidéo !
**Marco :** Hein ? Mais ce n'est pas du tout ton truc ! Qu'est-ce que tu es allée faire là-bas ?
**Agnès :** En fait, j'ai accompagné mon neveu avec qui j'organise des jeux de rôle. Il voulait absolument voir les nouveaux jeux de stratégie. Mais tu sais que j'ai découvert des jeux extraordinaires...
**Marco :** Quoi, tu vas devenir accro à ces jeux pour adolescents ?
**Agnès :** Non, je ne te parle pas des jeux habituels. Tu connaissais les jeux sérieux, toi ?
**Marco :** Euh, non, ça ne me dit rien.
**Agnès :** Eh bien, toi qui es prof, ça pourrait t'intéresser.
**Marco :** Explique-moi un peu.
**Agnès :** Alors, un jeu sérieux, c'est un jeu vidéo grâce auquel on peut apprendre des choses ou développer des compétences. C'est un jeu à la fois ludique et pédagogique.
**Marco :** Ah, ça m'a l'air intéressant. Qu'est-ce que tu peux apprendre, par exemple ?
**Agnès :** Bon, je ne me souviens pas de tout, il y avait vraiment beaucoup de jeux. Dans le domaine de l'histoire, j'ai essayé « Vivre au temps des châteaux forts ». C'est un jeu dans lequel les étudiants découvrent le Moyen Âge. Ils peuvent apprendre des choses sur le mode de vie des paysans et des seigneurs, la musique et l'architecture médiévales… Celui-ci m'a vraiment plu, les images sont très belles et il y a beaucoup de choses à explorer.
**Marco :** C'est vraiment étonnant, il faudrait que je me renseigne. Mais tu crois que ça peut marcher pour des cours à l'université ?
**Agnès :** Écoute, c'est incroyable, mais avec la réalité virtuelle et la réalité augmentée, il y a même des simulateurs pour les étudiants en médecine. Ils peuvent simuler une opération chirurgicale dans un environnement reconstitué en 3D.
**Marco :** Mais ce sont des jeux pour lesquels il faut un dispositif assez important, non ?
**Agnès :** Oui et non, il faut déjà un casque de réalité virtuelle.
**Marco :** Et comment c'est ? Tu t'y crois vraiment ?
**Agnès :** Au début, ça fait vraiment bizarre, ça donne même le vertige, mais on

s'habitue. De toute façon, la technique devrait progresser, ça va devenir de plus en plus élaboré dans les années à venir. À mon avis, c'est le futur de l'apprentissage.

### 68 Page 168, J : 50 bougies pour le BELC

**Yvan Amar :** Bonjour. Bienvenus dans cette « Danse des mots » qui, aujourd'hui, a fait le voyage de Nantes. Nantes, dans l'Ouest de la France, aux confins de la Bretagne et de l'ancienne Vendée. Nantes qui accueille les sessions du BELC pendant tout le mois de juillet. Et le BELC est un organisme qui s'occupe de former des professeurs de français langue étrangère.
**Yvan Amar :** Bonjour Ana et Victor. Vous êtes tous les deux professeurs de français, vous êtes tous les deux espagnols et vous voilà à Nantes donc pour cette session du BELC. Comment est-ce que vous êtes arrivés là ? Ana ?
**Ana :** Oui, eh bien moi, c'est ma troisième année. J'aime beaucoup justement les modules qu'on propose ici au BELC. Et surtout pour nous, c'est très important d'échanger des expériences avec des professeurs qui viennent de beaucoup de pays, de cinquante-deux pays, parce que ça nous enrichit énormément.
**Yvan Amar :** Alors qu'est-ce que vous échangez ? Des ficelles du métier, des expériences, des façons de faire ?
**Ana :** Ben c'est un peu tout oui, des ficelles, des expériences. On travaille en groupes, en petites équipes, et on se rend compte que, bon ben c'est vrai qu'on travaille plus ou moins pareil, mais il y a quand même des petites différences.
**Yvan Amar :** Et vous Victor, vous êtes aussi familier de ces sessions de formation du BELC ?
**Victor :** Oui, c'est ma deuxième année ici. Je suis arrivé l'année dernière et j'ai partagé deux semaines, comme Ana elle vient de dire, avec des profs de n'importe où, avec un point commun, c'est l'amour qu'on a pour le français et l'apprentissage qu'on fait du français.
**Yvan Amar :** Qu'est-ce que vous avez l'intention de faire à Nantes pour cette session de formation du BELC ?
**Ana :** Moi, par exemple, j'ai choisi un module qui s'appelle « S'initier à l'enseignement du français de spécialité : le français du tourisme ». Je trouve que c'est très important puisque bon ben nous sommes le pays voisin et c'est vrai que les Espagnols voyagent beaucoup en France.
Donc, avec les élèves, on fait des simulations, c'est-à-dire, on leur demande de réserver une chambre d'hôtel, de préparer un voyage, un forfait et donc c'est très intéressant de savoir comment s'y prendre et surtout connaître tout le vocabulaire qu'on peut utiliser pour, justement pour faire ces exercices.
RFI

### 69 Page 170, Entraînement au DELF B1, Compréhension de l'oral, Exercice 1

**Homme :** Alors Aude, tu as trouvé un stage, finalement ?
**Aude :** Oui, au dernier moment. Mais c'est un super stage : je pars à Londres !
**Homme :** Oh, tu dois être contente ! J'adore cette ville, j'y suis allé plusieurs fois en vacances. Où vas-tu faire ton stage exactement ?
**Aude :** J'ai été prise dans une banque, au service marketing.
**Homme :** Tu dois être contente, tu avais l'air désespérée la dernière fois.
**Aude :** Oui, je suis vraiment soulagée. C'est grâce à mes contacts sur le réseau social LinkedIn. Tu connais ?
**Homme :** Oui, vaguement, mais je ne suis pas inscrit. Ça marche bien pour trouver du travail, il paraît.
**Aude :** Oui, ça peut marcher mais il faut être assez actif, mettre à jour ses contacts, et surtout aller chercher dans les contacts de tes contacts.
**Homme :** C'est comme ça que tu as réussi à trouver ton stage ?
**Aude :** Oui, un camarade de promotion avait un contact à Londres. Un ancien étudiant de mon école qui travaille dans cette banque depuis quelques années.
**Homme :** Donc ça marche aussi sur internet, le réseau entre anciens étudiants ?
**Aude :** Eh bien, dans mon cas, oui. Heureusement, car au début j'ai vraiment cru que je n'allais rien trouver.
**Homme :** Et tu pars quand ?
**Aude :** Dans une quinzaine de jours. Et je vais y rester trois mois. Je suis drôlement impatiente !
**Homme :** Et tu as déjà trouvé un logement ?
**Aude :** Non. J'ai commencé à regarder des annonces, mais il faut être sur place pour visiter. Je verrai bien. J'ai réservé une chambre chez l'habitant pour la première semaine.
**Homme :** J'ai entendu dire que les loyers sont très chers à Londres.
**Aude :** Ça oui ! La seule solution, c'est une colocation.
**Homme :** Ça va être l'aventure !
**Aude :** Ça c'est sûr, moi qui ne suis jamais sortie du pays !
**Homme :** Et en anglais, tu te débrouilles ?
**Aude :** Ça va, j'ai suivi des cours d'économie en anglais cette année. Je comprends assez bien. La question, c'est de savoir si les Anglais me comprendront !

### 70 Page 170, Exercice 2

**Le journaliste :** Chers auditeurs, voici venue l'heure de votre chronique « Apprendre » avec Élodie Morin. Bonjour Élodie.
**La chroniqueuse :** Bonjour Jean-Pierre.
**Le journaliste :** Alors, de quoi allez-vous parler aujourd'hui ?
**La chroniqueuse :** Eh bien, je vais donner quelques conseils à tous ceux qui voudraient apprendre une langue étrangère, mais qui ne peuvent pas ou ne veulent pas s'engager à suivre un cours collectif à des horaires fixes sur une année ou un trimestre. Soit parce qu'ils ne sont pas assez disponibles, soit parce qu'ils n'aiment pas les cours classiques.
**Le journaliste :** C'est le cas de beaucoup de gens, j'en suis sûr.
**La chroniqueuse :** Eh bien, il y a plusieurs possibilités. D'abord les cours en ligne, à la demande.
**Le journaliste :** Comment ça, « à la demande » ?
**La chroniqueuse :** Eh bien, certaines plateformes de e-learning, comme coursurmesure.fr, proposent des cours selon vos disponibilités. On vous assigne un professeur et, chaque lundi matin, vous décidez avec lui des horaires de cours pour la semaine à venir. Et après, le cours se fait par vidéo-conférence, avec Skype par exemple.
**Le journaliste :** C'est bien pratique, ça, pour les gens qui ont des horaires irréguliers.
**La chroniqueuse :** Effectivement. Alors ce type de formule, c'est pour suivre un vrai cours particulier. Si ce que vous voulez, c'est entretenir votre niveau d'anglais, d'allemand ou d'espagnol, sachez que les activités de loisirs en langue étrangère sont de plus en plus prisées. Vous faites du yoga ? Mettez-vous au yoga en anglais. Et pourquoi pas un cours de cuisine en italien, ou encore un cours de dessin en japonais ? Sur le site internet de la mairie de Paris, par exemple, vous trouverez une grande variété d'activités ponctuelles ou régulières dispensées en langue étrangère, et à un prix très modique.
**Le journaliste :** C'est une manière plus rigolote d'entretenir ou d'améliorer son niveau de langue. Mais qu'est-ce qu'on fait si on n'est pas parisien ?
**La chroniqueuse :** Eh bien, allez vous renseigner dans votre mairie. Comme je vous disais, c'est très à la mode. Par contre, ces activités sont plutôt pour des gens qui ont un niveau intermédiaire ou avancé. Pour les débutants, je recommanderais plutôt les cours sur-mesure. Bon et puis, pour terminer, si vous cherchez à faire des progrès en langue d'une manière encore plus détendue, vous pouvez faire un échange : certains réseaux sociaux proposent un mur de petites annonces pour pratiquer une activité dans une langue étrangère. Vous pouvez entrer en contact avec des personnes qui veulent améliorer leur niveau de français et vous pouvez converser en ligne ou, encore mieux, vous retrouver dans la vraie vie autour d'une passion commune : une partie d'échecs ou de golf en mandarin ? Tout est possible !
**Le journaliste :** Bon, eh bien, merci Élodie, pour toutes ces bonnes idées pour encourager le plurilinguisme. À la semaine prochaine.
**La chroniqueuse :** À la semaine prochaine, Jean-Pierre.

## Unité 11

### 71 Page 173, B : Les Français, champions des loisirs ?

**Samuel Étienne :** Élisabeth, je le disais, ce matin vous nous parlez de loisirs, du temps pris pour soi. Et c'est une étude réalisée dans vingt-deux pays et qui, en ce qui concerne la France, va à l'encontre de, ben, de pas mal de clichés, hein ?
**Élisabeth Assayag :** Eh bien, effectivement, on pense les Français un peu cossards, hein, fainéants, aptes à se la couler douce. Eh bien…
**Samuel Étienne :** Cossards ! C'est un beau terme ça, c'est un très bel adjectif.
**Élisabeth Assayag :** Eh bien, pas du tout, nous ne consacrons qu'un peu plus de seize heures par semaine à nos loisirs, que ce soit un cinéma entre amis, un petit tennis, une sortie en famille. C'est assez peu, sachant que la moyenne mondiale est de vingt et une heures par semaine.
**Samuel Étienne :** Ah oui, on est très en dessous, là !
**Élisabeth Assayag :** Nous sommes très en dessous. Pour avoir une idée du classement, sachez que ce sont les Danois, avec trente-trois heures en moyenne de loisirs par semaine…
**Samuel Étienne :** Trente-trois, c'est bien !

**Élisabeth Assayag :** … qui sont en tête, et la Bolivie, loin derrière, avec seulement douze heures.
**Samuel Étienne :** Donc on fait à peine mieux que les Boliviens, si je suis bien. Qu'est-ce que ça nous dit de nous, ce classement, Élisabeth ?
**Élisabeth Assayag :** Deux choses. D'abord, une qui est plutôt positive, pourrait-on dire, c'est que les Français sont des bosseurs et qu'ils ne lésinent pas à la tâche. Il y a peut-être aussi une histoire de rythme. La version moins glamour, c'est que ça dit de la… c'est ce que ça dit de la vie moderne, hyper active, dont nous n'arrivons pas à nous protéger et qui porte atteinte à notre bien-être. Car, au Danemark, on sait travailler, hein, n'en doutez pas, mais on sait peut-être surtout mieux travailler. En France, ça manque un peu de sérénité, de capacité à assumer ses choix et de ne pas faire de présentéisme inutile au travail le soir…
**Samuel Étienne :** Le fameux présentéisme !
**Élisabeth Assayag :** … ce qui nous caractérise bien. Il y a un aspect un petit peu, pourrait-on dire, infantile dans notre rapport au travail.
**Samuel Étienne :** Et Élisabeth, quelles sont les conséquences de ce rapport français au travail ?
**Élisabeth Assayag :** Eh bien, en France, par exemple, cette étude, Mortar Research, fait apparaître que près d'un parent sur deux n'a pas accompagné son enfant jouer au parc pendant l'année écoulée. Cela a forcément un impact sur notre vie personnelle. Et les deux populations les plus concernées sont les plus jeunes, qui entrent dans la vie active et qui doivent en faire deux fois plus, hein, pour prouver qu'ils sont bien à la hauteur de leur travail, ainsi que les femmes, encore trop accaparées par d'autres tâches et qui doivent rogner encore sur leur temps de loisirs.
Europe 1

## 72 Page 175, Phonétique, La prononciation de /Œ/, Exercice 1

**Homme :** Chérie, c'est l'heure !
**Femme :** Quel or, je ne vois pas ?
**Homme :** Nous devons partir, mon cœur !
**Femme :** Nous devons faire partir ton corps ? Quelle horreur ! Tu es malade ?
**Homme :** Moi, malade ? Mais, mon cœur…
**Femme :** C'est bien ce que je dis, ton corps. Mais tu me parles de l'or.
**Homme :** Oui, c'est l'heure des adieux !
**Femme :** Lors de nos derniers adieux, j'ai pleuré.
**Homme :** Euh… bon. Le train est à douze heures, tu te rappelles ?
**Femme :** Bien sûr, nous partons à deux heures.
**Homme :** Non, chérie, à douze heures zéro zéro.
**Femme :** Je sais, mais avec ton cœur malade…
**Homme :** Je vais bien. Partons !
**Femme :** D'accord, d'accord, mais on a le temps encore. C'est à deux heures.

## 73 Page 175, Exercice 3

**a** Je le lui donne.
**b** Elle le lui explique.
**c** Nous les lui présentons.
**d** Tu le lui apportes.
**e** Vous les lui donnez.
**f** Il le lui prend.
**g** On les lui envoie.
**h** Il les lui offre.
**i** Tu le lui présentes.
**j** Nous les lui apportons.
**k** On le lui envoie.
**l** Elle le lui offre.
**m** Vous le lui prenez.
**n** Je les lui explique.

## 74 Page 177, E : L'appli qui facilite l'accès aux médecins

**Bénédicte Tassart :** Bonsoir, Georges Aoun !
**Georges Aoun :** Bonsoir, Bénédicte Tassart.
**Bénédicte Tassart :** On va parler santé avec vous. Vous êtes à la tête de Concilio, vous permettez une mise en relation rapide avec les meilleurs spécialistes médicaux. De quel constat êtes-vous parti ?
**Georges Aoun :** Je suis parti du constat… nous sommes partis du constat que… un utilisateur aujourd'hui est perdu. Quand on a un problème de santé, quand on se retrouve confronté à une maladie, on ne sait pas comment accéder aux soins, et on n'a pas quelqu'un qui puisse nous aider.
**Bénédicte Tassart :** C'est-à-dire un médecin ?
**Une autre femme :** Oui, le médecin généraliste.
**Georges Aoun :** Un médecin proche, qui, justement, quand vous avez un problème, vous l'appelez, il vous dira : « Deux secondes, je vais prendre mon numéro… mon téléphone, appeler mes anciens collègues et vous trouver le bon spécialiste », le moment venu.
**Bénédicte Tassart :** Mais il faut connaître quelqu'un.
**Georges Aoun :** Il faut connaître quelqu'un, il faut avoir un proche dans la famille qui a fait des études de médecine. Notre objectif, c'est de démocratiser cet accès.
**Bénédicte Tassart :** Je voudrais un stomatologue, je voudrais un ORL…
**Georges Aoun :** Je voudrais un cardiologue, je voudrais un orthopédiste.
**Un autre homme :** Moi je sais que, jusqu'à aujourd'hui, j'aurais eu tendance à appeler mon médecin traitant !
**Georges Aoun :** La problématique n'est pas tellement d'appeler ou pas le médecin traitant. La problématique c'est qu'une fois, par exemple j'ai déjà une maladie, comment je fais aujourd'hui pour m'assurer que j'ai l'accès au meilleur de la santé à un moment donné.
**Bénédicte Tassart :** Alors qu'est-ce que vous avez de plus, donc, qu'un simple annuaire ou qu'une simple plateforme de rendez-vous ?
**Georges Aoun :** Tous nos médecins, ceux qui ont été… sont présents dans notre base de données, ont été sélectionnés parce qu'ils ont été recommandés par d'autres médecins. Nous sommes partis du constat que seuls les médecins savent qu'un médecin est compétent dans un domaine donné à un moment donné. Donc on part de ce réseau de médecins, et on fait en sorte, de façon complètement anonyme, d'obtenir une base mondiale de médecins. On en a plus de quinze mille aujourd'hui, dans mille villes, cinquante pays.
**Bénédicte Tassart :** Donc vous avez sélectionné ces médecins. Est-ce que vous avez un lien financier avec ces médecins ?
**Georges Aoun :** Nous n'avons aucun lien financier avec les médecins. Nous sommes résolument du côté des utilisateurs. Nous n'avons… La crédibilité, c'est justement : vous êtes utilisateur, votre entreprise, votre mutuelle, votre programme de fidélité vous a permis d'accéder à ce service. Les médecins nous connaissent parce que nous les avons informés qu'ils sont dans notre base, mais nous n'avons aucun lien avec eux.
RTL

## 75 Page 181, K : Ensemble, c'est mieux !

**Amélie :** Allez, Nico, viens avec nous faire du sport dans notre équipe de la fac !
**Nicolas :** Oh non, l'effort, c'est pas mon truc. En fait, je n'arrive pas à tenir l'effort ! Tiens, par exemple, même le vélo ! Je ne peux pas vous suivre dans votre balade du vendredi après-midi ! Vous faites 30 km !
**Amélie :** Ah mais attends ! Ce que tu ne sais pas, c'est qu'il y a plusieurs groupes ! C'est vrai qu'un groupe fait 30 km mais il y a deux autres groupes qui font des tours beaucoup plus courts ! Au début, c'est vrai que ce n'est pas facile de faire 30 km, mais tu peux commencer par le groupe des 10 km et les progrès sont très rapides si tu le fais régulièrement !
**Nicolas :** Mais je suis nul en sport !
**Amélie :** Bon, tu commenceras avec 5 km et tu verras : tu seras fier de toi quand tu auras fini !
**Nicolas :** Cinq kilomètres…
**Amélie :** Oui et, progressivement, tu augmenteras la distance ! Et dans deux mois, tu auras réussi à parcourir entre 15 et 20 km, j'en suis sûre !
**Nicolas :** Oui, mais tous les autres du groupe vont se moquer de moi !
**Amélie :** Tu sais bien que le but n'est pas de chercher la performance. C'est une manière d'être ensemble en dehors du contexte de l'université, donc d'apprendre à se connaître différemment, voir que tout le monde vit des difficultés aussi, et que le reste du groupe peut aider. Tout le monde s'encourage, tu sais ! Vraiment, essaie ! Au moins une fois ! Sincèrement, quand tu l'auras fait une fois ou deux avec le groupe, tu changeras d'avis et, surtout, quand tu auras senti les bienfaits du sport, tu ne pourras plus arrêter ! Tu commenceras peut-être comme nous à faire tous tes trajets en ville à vélo !
**Nicolas :** Bon, tu commences à me convaincre… mais j'ai une condition ! On pourrait d'abord faire un petit entraînement ou deux, ensemble… Comme ça, pour la prochaine rencontre, j'aurai pris un peu confiance en moi…
**Amélie :** Ça marche ! Et puis, pour les matchs de sports en équipe qu'on organise un week-end sur deux, viens déjà nous voir jouer. On fait du basket, du volley et du foot en salle. Je crois que quand tu auras assisté à un de nos matchs, tu voudras participer ! En fait, ce n'est pas seulement pour le sport, mais c'est une excellente occasion de laisser le stress des études et des examens derrière, et de rencontrer les étudiants des autres facultés de l'université qu'on ne voit jamais ! C'est vraiment sympa, on s'amuse beaucoup !

## 76 Page 184, L : Comment bien choisir son sport ?

**Présentateur :** « Priorité santé », sur RFI.
**Sandrine Mercier :** Bonjour, docteur Sène.
**Jean-Marc Sène :** Bonjour, Sandrine.
**Sandrine Mercier :** Alors vous nous conseillez souvent de faire une

activité physique ou sportive, c'est normal, c'est votre boulot. Et en ce début d'année, nombreux sont nos auditeurs à avoir de bonnes résolutions ! C'est vrai, on veut faire du sport, mais pouvez-vous nous dire comment bien choisir son sport ? Quand on débute, par exemple. Et d'abord les erreurs à éviter ?
**Jean-Marc Sène :** Eh bien, Sandrine, il faut d'abord, bah, se faire plaisir. Bon, ça sert à rien de se forcer lorsqu'on va faire du sport. Il faut essayer d'y aller d'un bon entrain, parce que c'est la meilleure façon de tenir en fait sur la longueur, de faire que ces séances vont pouvoir se répéter. Donc la première chose, c'est la notion de plaisir. Et puis, il faut pas se presser lorsqu'on va choisir ses séances, parce qu'il faut pas hésiter plusieurs fois par semaine à faire différentes séances, comme du vélo, de la marche, de la natation, des exercices au sol, parce que, évidemment, quelquefois, on va s'engager, on va prendre des abonnements et puis, trois mois après, on se rend compte que c'est pas le sport qu'on souhaitait faire.
**Sandrine Mercier :** On est tous passés par là.
**Jean-Marc Sène :** Voilà. Alors, bien aussi, bien se renseigner sur le coût, bien sûr, sur le coût notamment de l'activité sportive. Certaines fois, ça nécessite de l'achat de matériel ou d'équipement relativement onéreux et là, quelquefois, il y a quand même des clubs qui permettent de prêter ce matériel et à ce moment-là c'est tout à fait intéressant. Et puis, pour les salles de sport, il y a quelquefois, faut pas hésiter à prendre un ou deux mois d'abonnement. Regarder, et puis choisir évidemment de prendre des inscriptions au bout de trois ou quatre mois.
**Sandrine Mercier :** Donc il faut tester, et choisir en fonction de ses goûts, tant qu'à faire.
**Jean-Marc Sène :** Absolument, en fonction de ses goûts. Si vous aimez par exemple faire du sport en groupe, eh ben, bon ben, il y a le sport collectif : le foot, le volley, le handball qui peut être fait. Si vous préférez être seul, eh bien, le vélo, la marche à pied, la natation est tout à fait intéressant. Les sports d'intérieur, alors là, ça peut être les sports collectifs ou des sports individuels. Et puis, évidemment, si vous aimez la nature, là, la course d'orientation, la randonnée, la marche. On parlait de la marche et le vélo sont des très, très bons sports.
RFI

### 77 Page 186, Détente, Sport et santé

**Claire :** Après avoir passé tant d'heures chaque jour à utiliser mes neurones, penchée sur des textes littéraires, j'ai absolument besoin d'activer mes muscles et de développer mes réflexes. Ça m'aide à évacuer toutes les tensions liées à la rédaction de ma thèse !
**Thomas :** J'adore la montée d'adrénaline liée à la pratique de mon métier et même dans ma vie personnelle et mes loisirs ! J'adore l'aventure, prendre des risques, être toujours dans l'action.
**Cécile :** J'aime m'occuper des autres... En fait, j'aime offrir, partager et être créative. J'ai beaucoup de temps pour ça ! Donc je peux aider des personnes qui en ont besoin mais aussi les gens proches qui m'entourent... J'adore donner.
**Simon :** J'aime la compétition et le travail que je fais pour maîtriser mon corps, le développer. Mais une fois sorti de ce milieu, j'ai besoin de concentrer mon attention sur le mental, le contrôle de l'esprit... pour être aussi plus performant en compétition au final !

## Unité 12

### 78 Page 189, B : Le bruit des mots

**Alain Mabanckou :** Mon père amenait cette pomme, vous faites bien de le souligner, et quand on les mangeait, on devait fermer les yeux, et quand vous fermez les yeux en mangeant une pomme, vous entendez comme les bruits des pas dans la neige. Ça fait : « Crouatch, crouatch, crouatch ! » Et là, mon père disait : « C'est ça, la neige en Europe », alors qu'il n'a jamais été là-bas.
**Zoé Varier :** Ah ! Mais je suis en train de comprendre... La pomme, c'était exotique ?
**Alain Mabanckou :** C'est... ben, pour nous, c'est exotique ! Un fruit exotique, c'est un fruit qui ne se trouve pas chez nous mais donc, hé, hé, hé, hé !
**Zoé Varier :** Je n'y avais pas pensé, je n'y avais pas pensé !
**Alain Mabanckou :** Pour nous, la pomme n'existe pas là-bas, donc... Pour nous, la mangue n'est pas exotique. Donc pour nous, ben voilà, tout ce qui est pomme...
**Zoé Varier :** Non, non, c'est parce que l'image est très jolie qu'en croquant dans la pomme vous entendiez la neige de l'Europe !
**Alain Mabanckou :** On entendait la neige. Et pour moi, jusqu'à présent, la pomme a toujours symbolisé l'Europe. Mon père disait : « Qu'est-ce que l'Europe ? C'est une pomme. »
France Inter

### 79 Page 191, Phonétique, La prononciation des voyelles nasales, Exercice 1

Le capitaine Jonathan
Étant âgé de dix-huit ans
Capture un jour un pélican
Dans une île d'Extrême-Orient.

Le pélican de Jonathan
Au matin, pond un œuf tout blanc
Et il en sort un pélican
Lui ressemblant étonnamment.

Et ce deuxième pélican
Pond, à son tour, un œuf tout blanc
D'où sort, inévitablement
Un autre, qui en fait autant.

Cela peut durer pendant très longtemps
Si l'on ne fait pas d'omelette avant.
Robert Desnos, *Le Pélican*, Gründ

### 80 Page 192, E : D'Henri Cartier-Bresson à Sophie Calle

**Moussa :** On m'a offert un très beau livre de photos de Bettina Rheims.
**Justine :** Qui est-ce ?
**Moussa :** Une photographe française.
**Justine :** Et qu'est-ce qu'elle fait comme style de photos ?
**Moussa :** Elle a fait beaucoup de portraits de stars françaises dans des décors surprenants, dans le genre photos de mode.
**Justine :** Je ne connais pas. Moi, comme photographe contemporaine française, j'aime bien Sophie Calle. Je la trouve drôle. Et ce qui me plaît dans son travail, c'est qu'elle met sa vie en scène, elle écrit et elle photographie. La semaine dernière, j'ai lu un de ses livres que j'avais acheté la semaine précédente à une exposition. À la librairie du musée, j'avais envie d'acheter des tas de livres. Mais c'est très cher. J'aurais regretté le lendemain.
**Moussa :** Et l'exposition, elle était intéressante ?
**Justine :** J'ai adoré ! Il y avait surtout des photos de Raymond Depardon. Lui, il a des choses à dire sur le monde contemporain. C'est émouvant, humain... et j'aime ses photos prises sur le vif, dans la rue, comme si on voyait le mouvement.
**Moussa :** L'inventeur de l'instantané, c'est Henri Cartier-Bresson.
**Justine :** C'est vrai. Un homme génial ! Un des créateurs de l'agence Magnum.
**Moussa :** Quand l'agence a-t-elle été créée ?
**Justine :** Dans les années 1940, après la guerre, je crois. Lui, il avait vraiment du talent. Il a eu une carrière étonnante... Ses photos sont magnifiques. À mon avis, c'est le meilleur photographe du XX^e siècle. Autrefois, la photographie était plus impressionnante !
**Moussa :** Comme tu es nostalgique ! Je ne suis pas d'accord avec toi. Aujourd'hui, il y a de très bons photographes. Tu as toi-même parlé de Depardon et de Sophie Calle... Mais si tu veux voir des photographies du XX^e siècle, d'ici quelque temps, je crois qu'ils vont faire une exposition sur Jacques Henri Lartigue. Ça te plairait d'aller la voir avec moi ?
**Justine :** J'en ai entendu parler. Je crois que ce sera vers le mois de mars ou avril. J'aime moins que Cartier-Bresson mais j'apprécie tout de même, c'est plus romantique.
**Moussa :** C'est vrai. Ce qui m'intéresse, personnellement, dans ses photos, c'est qu'elles racontent une histoire du XX^e siècle... Alors, c'est d'accord ? Dès que ça commence, on va voir cette exposition ensemble ?
**Justine :** Ça marche !

### 81 Page 197, J, L'art de l'aquarelle

Valène mit des années à comprendre ce que cherchait exactement Bartlebooth. La première fois qu'il vint le voir, en janvier mille neuf cent vingt-cinq, Bartlebooth lui dit seulement qu'il voulait apprendre à fond l'art de l'aquarelle et qu'il souhaitait prendre une leçon quotidienne pendant dix ans. La fréquence et la durée de ces cours particuliers firent sursauter Valène, qui se trouvait parfaitement heureux quand il avait décroché dix-huit leçons en un trimestre. Mais Bartlebooth semblait décidé à consacrer à cet apprentissage tout le temps qu'il faudrait et n'avait apparemment pas de soucis d'argent.
Bartlebooth non seulement ne connaissait rien à cet art fragile qu'est l'aquarelle, mais n'avait jamais tenu un pinceau et à peine davantage un

crayon. La première année, Valène commença donc par lui apprendre à dessiner et lui fit exécuter des exercices de perspectives.
Au bout de deux ans, Bartlebooth parvint à maîtriser ces techniques préliminaires. Le reste, affirma Valène, était simplement affaire de matériel et d'expérience. Ils commencèrent à travailler en extérieur, au parc Monceau, sur les bords de Seine, au bois de Boulogne d'abord, puis bientôt dans la région parisienne.
En dehors de cette pédagogie laconique, Bartlebooth et Valène ne se parlaient presque pas.
Pourtant à plusieurs reprises, sur le chemin du retour, il lui demanda pourquoi il s'obstinait tellement à vouloir apprendre l'aquarelle. « Pourquoi pas ? », répondait généralement Bartlebooth. « Parce que, répliqua un jour Valène, à votre place, la plupart de mes élèves se seraient découragés depuis longtemps. » « Je suis donc tellement mauvais ? » demanda Bartlebooth. « En dix ans, on arrive à tout, et vous y arriverez, mais pourquoi voulez-vous posséder à fond un art qui, spontanément, vous est complètement indifférent ? » « Ce ne sont pas les aquarelles qui m'intéressent, c'est ce que je veux en faire. » « Et que voulez-vous en faire ? » « Mais des puzzles bien sûr », répondit sans la moindre hésitation Bartlebooth.
Georges Perec, *La vie mode d'emploie*, Fayard

### 82 Page 200, L : *WIP*, nouvelle revue littéraire

**Une personne qui lit un texte :** « C'était un peu plus de trois ans après mon accident. Les journées n'émergeaient presque pas de la brume du matin. Les… »
**Mamadou Fédior :** En fait j'avais un petit resto qui était un resto clando, carrément le style maquis africain et tout ça. Et on s'est dit : « Qu'est-ce qu'on pourrait faire de sympa ici ? »
**Muriel Maalouf :** Ils sont trois compères au départ : Mamadou Fédior, dit Mame, barman en quête de culture, qu'on vient d'entendre ; Karim Miské, écrivain, et Sonia Rolley, journaliste à RFI. Leur idée est d'accueillir des auteurs de tous horizons pour lire leurs textes en public. Ainsi naît le Pitch Me, bar, restaurant, café littéraire. Babacar Diop, cuisinier, peintre à ses heures perdues, est un fidèle du lieu.
**Babacar Diop :** Chacun donne son point de vue et je trouve ça vraiment intéressant. Y a aucune gêne. Les gens qui viennent aussi, c'est toutes classes sociales et c'est ça qui est intéressant. Y a du bissap, du gingemb' et voilà, quoi.
**Muriel Maalouf :** Ainsi, au bout de trois ans de café littéraire, naît la revue *Wip. Littérature sans filtre*, aux éditions Karthala. Sonia Rolley, directrice de la publication :
**Sonia Rolley :** On a constaté que, en tout cas dans le *work in progress*, il y avait beaucoup de talents qui avaient pas encore trouvé d'éditeur. Et puis après, bon évidemment, il y a des auteurs qui sont déjà édités. Donc cette revue, c'est un peu le mélange des deux, de cette nouvelle scène de la littérature qui a du mal parfois à se faire reconnaître, etc. Et aussi l'idée de la revue, c'est de montrer que, effectivement, c'est du travail. Donc il y a des textes là-dedans, à propos de l'écriture, où chaque auteur aussi parle de son rapport à l'écriture et du travail que ça représente.
**Muriel Maalouf :** Une vingtaine d'auteurs publient leurs écrits dans ce premier numéro et nous font entrer dans les coulisses de leur création. Élisabeth Lesne, du comité de lecture :
**Élisabeth Lesne :** Oui, là ce qui frappait dans tous ces textes, ou dans la plupart en tous les cas, c'est la grande diversité, aussi bien des auteurs, des thèmes choisis. On n'était pas simplement dans le 5e arrondissement – ce que souvent j'appelle « l'édition française, le 5e parle au 6e ». Et là, ça ouvrait des portes, des univers, et c'est ça qui me plaisait. C'est vivant.
**Muriel Maalouf :** Sabrina Kassa fait partie des vingt auteurs dans ce premier numéro. Elle publie sa nouvelle *Lila box*.
**Sabrina Kassa :** À force de lire ici, et puis y a toute cette partie du Pitch Me où on décortique, on commente, on essaie d'enrichir le texte de l'autre. Je crois que ça m'a ouvert. J'ai ouvert le récit, j'ai compris là où il fallait laisser le personnage vivre.
**Muriel Maalouf :** *WIP. Littérature sans filtre*. Le premier numéro est disponible déjà en librairie. Et le Pitch Me s'installe, lui, dans un nouveau restaurant, dans le 20e arrondissement, à Paris.
RFI

# TRANSCRIPTIONS > documents vidéos

## Unité 1

### 1 Page 16, L'habitat participatif, ça consiste en quoi ?

Paul et Margot souhaitent acheter un logement pour leur famille mais pas à n'importe quelle condition, c'est tout de même leur projet de vie. Leur rêve ? Un habitat écoresponsable qui peut évoluer avec les besoins de leur famille, bien situé et qui soit accessible à petit budget. Ils cherchent, ils cherchent encore, mais les offres standardisées des promoteurs ne leur conviennent pas. Et un jour, ils découvrent qu'Axanis, une coopérative immobilière, développe des projets d'habitat participatif. Mais l'habitat participatif, ça consiste en quoi ? Tout part de la recherche d'un terrain, menée par Axanis. Heureusement, des communes désireuses de voir se développer un projet sur leur territoire proposent avec l'appui de Bordeaux métropole du foncier à prix maîtrisé. Une fois ce terrain acheté, Axanis réunit des individus souhaitant accéder à la propriété : de jeunes couples, des retraités, des personnes seules et des familles. La coopérative s'entoure d'un architecte pour concevoir techniquement le projet et mener le chantier. Mais aussi d'un assistant à maîtrise d'ouvrage pour animer le projet. Autour de ces experts, les futurs habitants se réunissent régulièrement afin d'imaginer leur résidence pour bien vivre ensemble, chacun chez soi. Ils s'accordent tous sur les principes de vie, comme agir de manière responsable, ou encore inventer de nouveaux usages et services partagés. Collectivement, ils vont décider des espaces mutualisés et des règles d'usage des équipements communs. Individuellement, chaque famille imagine l'agencement et la configuration de son logement. Une fois tous les éléments arrêtés, Axanis dépose le permis de construire auprès de la mairie. Dès qu'il est validé, le chantier peut démarrer. C'est ainsi que trois ans après la première réunion, la famille de Paul et ses voisins s'installent dans leur logement. Ils se connaissent bien maintenant. Ainsi, solidarité et convivialité se mêlent au quotidien. Et l'aventure ne fait que commencer. Finalement, en imaginant leur habitat collectivement, en mutualisant des espaces et en concevant leur logement sur mesure, Paul et Margot ont pu accéder à la propriété à un prix jusqu'à 30 % inférieur au marché.
Axanis

## Unité 2

### 2 Page 36, Une gigantesque cousinade

**La journaliste :** La photo de famille est impressionnante.
**Le photographe :** Il faut que tout le monde regarde ! Personne se cache, personne tourne la tête ! On y va ?
**La journaliste :** Face à l'objectif, 600 cousins et cousines, tous issus du même aïeul, un certain Laurent Emonet, né vers 1605. Certains découvrent aujourd'hui leur lien de parenté.
**Roger :** Toi, c'est la même chose, tu m'as jamais dit que t'étais mon cousin !
**La journaliste :** Roger, arrière-arrière-arrière-petit-fils de Laurent, est l'un des premiers généalogistes de la famille.
**Roger :** Il y a soixante-dix ans en arrière, je me suis trouvé à être ouvrier de ferme chez des cousins. Et comme je n'aime pas du tout jouer ni aux cartes, ni à quoi que ce soit, c'est comme ça que j'ai commencé, aux veillées, à mettre le nez dans les archives de la famille.
**La journaliste :** Et c'est son fils, Bernard, qui a pris la relève. Cela fait trente ans qu'il prépare ces retrouvailles familiales.
**Bernard :** La généalogie, c'est une… c'est une enquête policière, pour des gens qui sont passionnés d'histoire. Et c'est une enquête policière dans laquelle il y a beaucoup de morts. D'habitude, dans une enquête, y a qu'un seul mort. Là y a beaucoup de morts, mais ça m'a permis de retrouver énormément de personnes vivantes, de me trouver tout un tas de cousins dans différentes… dans différents lieux, dans différents horizons.
**La journaliste :** Et parmi les vivants, chacun tente de retrouver sa place dans l'arbre généalogique. Pas facile. Les deux tiers des descendants de Laurent vivent encore dans les deux Savoies. Les autres viennent du monde entier. Marcella est argentine. Elle est très émue de retrouver la terre de son arrière-grand-père.
**Marcella :** J'ai gardé beaucoup de souvenirs de ma vie avec mon grand-père. J'ai toujours aimé la glycine, je ne savais pas pourquoi. J'ai toujours

aimé le fromage, je ne savais pas pourquoi. Ce sont vraiment des choses qui me tiennent à cœur.
**La journaliste :** Les cousins ont beau être lointains, très lointains, la famille, dit-on ici, c'est un peu comme une petite patrie, un pays d'origine.
France 3

## Unité 3

### 3 Page 49, La loi du marché

**Le recruteur :** Bonjour.
**M. Taugourdeau :** Bonjour… Pardon.
**Le recruteur :** Je vous en prie. Vous êtes M. Taugourdeau, c'est ça ?
**M. Taugourdeau :** Oui.
**Le recruteur :** Bien. D'abord, je voulais vous remercier d'avoir accepté de faire ce… cet entretien sur Skype.
**M. Taugourdeau :** Mais je vous en prie.
**Le recruteur :** Ben, écoutez, nous, on cherche des programmateurs de machines-outils. J'ai eu votre CV par Pôle emploi. Est-ce que vous pensez que vous seriez d'accord pour accepter une fonction en dessous de celle que vous avez occupée dans votre ancienne entreprise ?
**M. Taugourdeau :** Ah oui, je pense, oui.
**Le recruteur :** Ben, vous pensez ou vous êtes sûr ?
**M. Taugourdeau :** Non non, je suis sûr, je suis sûr. Sûr. Bien sûr, non non, bien sûr.
**Le recruteur :** Vous… vous comprenez bien que ça signifie que ça serait avec un salaire en dessous, aussi ?
**M. Taugourdeau :** Oui, je sais, je sais… Mais, non, mais ça… ça me convient parfaitement.
**Le recruteur :** D'accord, d'accord. Vous êtes disponible de suite ?
**M. Taugourdeau :** Ben oui.
**Le recruteur :** Bon. Ah si, il y a quelque chose que je voudrais vous dire, que je… je me permets de vous dire sans vouloir vous mettre dans l'embarras. Je… je trouve que la rédaction de votre CV est… comment dire… Vous pourriez… avoir un meilleur CV dans sa rédaction.
**M. Taugourdeau :** Ah, euh…
**Le recruteur :** Je… je… vraiment, je veux pas vous donner de leçon, je veux pas vous…
**M. Taugourdeau :** Ah non, non, non, non, mais, pour…
**Le recruteur :** Ah non mais écoutez, je vous dis ça pour vous.
**M. Taugourdeau :** Mais qu'est-ce qui…
**Le recruteur :** C'est important, un CV bien rédigé, vous le savez. Je sais pas : la façon dont vous parlez de vous… c'est pas… il est pas clair, voilà. Je… je…
**M. Taugourdeau :** Ah bon ? Ben c'est la première fois qu'on me dit ça. Ben peut-être que j'ai du mal à … Non, mais j'avais l'impression qu'il était assez clair et, au contraire.
**Le recruteur :** C'est pas mon opinion.
**M. Taugourdeau :** Non, non, non, non, mais je… d'accord.
**Le recruteur :** Voilà, j'insiste pas. Je suis pas là pour vous donner un cours sur la rédaction des CV. Bon, voilà, écoutez…
**M. Taugourdeau :** Je vais le changer, de toute façon. Pardon ?
**Le recruteur :** Oui, pardon ?
**M. Taugourdeau :** Non je disais que je vais… je vais… je vais…
**Le recruteur :** Je vous ai pas posé la question : est-ce que vous êtes flexible, au niveau des horaires ? C'est important pour nous.
**M. Taugourdeau :** Oui, très. Très flexible.
**Le recruteur :** Oui ? Très flexible.
**M. Taugourdeau :** Oui, enfin, je…
**Le recruteur :** Ben, écoutez, voilà. Moi je… je… je vais faire mon petit tour. J'ai d'autres candidats à voir. Je pense que vous aurez une réponse maximum d'ici deux semaines. D'accord ?
**M. Taugourdeau :** D'accord, très bien. Juste, c'est… pour savoir : est-ce que c'est vous qui me contactez ? c'est moi qui vous contacte ? Je… je me permettrai de vous rappeler ?
**Le recruteur :** Non, non, non, non, surtout pas, ni l'un, ni l'autre. On vous enverra un mail pour vous dire. D'accord ?
**M. Taugourdeau :** Ah d'accord, entendu.
**Le recruteur :** On procède comme ça, c'est beaucoup plus simple. Si, dernière chose quand même qu'il faut que je vous dise, c'est important : je veux être honnête avec vous. Y a… y a… y a très peu de chances que vous soyez pris. Je dis pas qu'il y a pas de chance du tout, je suis pas en train de vous donner une réponse, je vous dis simplement qu'il y a très peu de chances. D'accord ?
**M. Taugourdeau :** D'accord.
**Le recruteur :** Voilà, c'était important pour moi de vous le dire. Voilà. Je vous souhaite une bonne journée.
**M. Taugourdeau :** Merci, vous aussi.
**Le recruteur :** Au revoir.
**M. Taugourdeau :** Au revoir, monsieur.
*La loi du marché*, film de Stéphane Brizé

## Unité 4

### 4 Page 68, Quand les gares font des affaires

**Le journaliste :** Ils traversent la gare Saint-Lazare dans un tourbillon, au pas de course. Ne pas être en retard au travail, ne pas manquer son train… 450 000 personnes y passent chaque jour, c'est trois fois l'affluence du plus grand centre commercial en France. Entre les quais et le parvis de la gare, passage obligé devant 90 boutiques, une tentation. Le voyageur s'arrête, un coup d'œil à la vitrine… et il devient client.
**La voyageuse 1 :** En fait j'ai un train qui est seulement à midi… cinquante-huit, je crois. Donc voilà, ben je fais les magasins, les boutiques, en attendant.
**La voyageuse 2 :** On essaie de prendre son temps mais on est vite rattrapé par les impératifs horaires.
**La vendeuse 1 :** C'est pour vous ou c'est pour offrir ?
**La voyageuse 2 :** C'est pour offrir s'il vous plaît !
**Le journaliste :** Des clients pressés qui achètent rapidement.
**La vendeuse 1 :** Ben comme vous voyez, madame, c'est une voyageuse, hein ? Donc la particularité c'est que c'est des personnes qui savent très bien ce qu'elles veulent. Donc, en général, les achats sont de petite taille et sont très concis et très précis.
**Le journaliste :** Et ils restent pas beaucoup de temps dans le magasin ?
**La vendeuse 1 :** Exactement. Ils restent pas beaucoup de temps en magasin.
**Le journaliste :** Des boutiques en gare, l'idée n'est pas révolutionnaire. Dès les années 30, Saint-Lazare abrite déjà quelques commerces. Mais, depuis quatre ans, la gare est un centre commercial à part entière. Et aujourd'hui…
**La vendeuse 2 :** Comme ça vous avez le petit socle pour poser dessus.
**La voyageuse 3 :** Oui.
**Le journaliste :** … beaucoup viennent y faire du shopping, sans avoir de train à prendre.
**La cliente 1 :** Moi je viens de banlieue parisienne, juste pour me balader. Voilà, je travaille pas du tout ici.
**La cliente 2 :** En plus, les grands magasins sont pas ouverts encore à cette heure-ci, donc c'est vrai que c'est bien.
**Le journaliste :** De 7 h 30 à 20 h, cette boutique d'objets déco est remplie, ses caisses aussi. De quoi ravir le PDG de la marque.
**Le PDG :** C'est une des meilleures boutiques du groupe, en termes de chiffre d'affaires, en termes de rentabilité. On ne le cache pas, on en est… on en est très fiers.
France 3

## Unité 5

### 5 Page 81, La langue française évolue avec le temps

**La journaliste :** Cette coupole abrite le temple de la langue française. Et c'est sous sa protection que les immortels élaborent le dictionnaire. Mais, au fait, le mot « coupole » est-il bien un mot français ?
**Passante 1 :** C'est un piège, là ? Je ne sais pas.
**Passante 2 :** Ça doit être ou bien latin ou bien grec, mais c'est peut-être latin, plutôt.
**Passant :** Italien, oui, peut-être. Michel-Ange, tout ça, on a l'habitude, non ?
**La journaliste :** Gagné. Le mot « coupole » est emprunté à la langue italienne, source d'inspiration dans le domaine des arts. En français, près d'un mot sur huit est d'origine étrangère. Certains sont clairement identifiables, d'autres moins, comme « abricot », qui vient de l'arabe. Aux académiciens de se prononcer sur les nouvelles entrées dans le dictionnaire. Aujourd'hui, la commission discute du mot « rough » : sur un parcours de golf, c'est l'endroit où l'herbe est la plus touffue. En matière sportive, les anglicismes sont courants.
**Frédéric Vitoux :** Mais le « rough » est utilisé régulièrement, ça j'en suis catégorique.

**Jean-Luc Marion :** Il y a vingt ans, tout le monde disait « corner » ou « penalty », etc.
**Dominique Fernandez :** Et « goal », on dit « goal ».
**Jean-Luc Marion :** Et « goal », oui oui, tandis que maintenant il y a une évolution et parfois une refrancisation.
**La journaliste :** Le français s'est beaucoup enrichi des autres langues, mais aujourd'hui 90 % des apports sont d'origine anglaise. Certains s'en inquiètent. Pourtant de tout temps les mots ont voyagé.
**Hélène Carrère d'Encausse :** Les mots français ont complètement fabriqué la langue anglaise à un moment donné dans le passé. Et puis, souvent, ils sont revenus. Des mots français qui sont devenus des mots anglais reviennent, et nous ne nous rendons pas compte que ce sont des mots français. Nous disons : « Oh là là, mais quelle horreur, nous sommes envahis ! »
**La journaliste :** Derrière ces murs, une ambiance moins académique. Mais ici aussi on défend la langue française et on fait voyager les mots. Le principe des Franglaises : traduire les grands titres de la chanson anglaise en français.
**Jonathan (Yoni Dahan) :** Nous avons mis les meilleurs traducteurs sur le coup.
**Étienne (Adrien Le Ray) :** *Yes* !
**Jonathan (Yoni Dahan) :** Voilà, ça, par exemple, ça veut dire…
**Étienne (Adrien Le Ray) :** … ça veut dire « oui ».
**Jonathan (Yoni Dahan) :** Ça veut dire « oui » !
**La journaliste :** Et Michael Jackson dans la langue de Molière, ça fait moins rêver.
**Jérémy (Quentin Bouissou) :** C'était genre une reine de beauté d'une scène de film. J'ai dit pardon, mais qu'entends-tu par « je suis le un » ?
France 3

## Unité 6

### 6 Page 97, C'est quoi une information ?

Le dimanche soir, Romain, Léonard, Léa et Fama se retrouvent dans un kebab de la ville. Ils se racontent leur week-end. Ce soir-là, les quatre prétendaient avoir une super info à raconter aux autres. En fait, un seul avait réellement une information. Romain a expliqué qu'il avait fait du skate avec son chien, Léa qu'elle s'était acheté des vinyles, Fama qu'elle était presque sûre d'avoir vu la prof de français avec un homme et Léonard a annoncé qu'un nouveau cinéma allait être construit dans le quartier. C'est lui qui avait l'info. Pourquoi ? Reprenons. C'est quoi une information ? La séance de skate de Romain avec son chien, c'est rigolo, mais ce n'est pas une info, c'est une anecdote, ça ne regarde que sa vie à lui, ça ne change rien pour celle du petit groupe. C'est comme les vidéos de chats sur internet, ça occupe cinq minutes mais ça n'a aucun intérêt. Les vinyles de Léa ? Pas une info non plus. Léa est dingue de vieux disques, et ses parents qui ont beaucoup d'argent lui permettent d'en acheter quasiment tous les week-ends. Rien de nouveau. Une information doit apporter quelque chose de neuf. La prof qui aurait fait une rencontre alors ? Toujours pas une information, c'est un potin. La vie privée d'une personne ne regarde qu'elle-même tant qu'elle ne choisit pas d'en parler en public. Et puis une information, on doit en être sûr, elle doit être vérifiée, ce n'est pas juste une impression. Le cinéma de Léonard, ça oui c'est du scoop. Enfin un cinéma à Troupômé sacrée nouvelle pour les quatre amis, ils vont enfin pouvoir profiter des dernières sorties en salle. Et puis Léonard a vérifié ce qu'il affirme. Quand il a vu le chantier, il a d'abord demandé à un ouvrier ce qui se construisait. Et puis il a envoyé un texto à son oncle qui travaille à la mairie et son oncle lui a confirmé que c'était bien un cinéma. À la télé, dans les journaux, sur internet, c'est la même logique. Une véritable information, c'est quelque chose de nouveau, qui a des conséquences pour un nombre important de personnes, et quand on l'annonce, on est sûr que ce n'est pas une bêtise. D'ailleurs le patron du kebab a un truc à dire aux quatre copains. Le prix des sandwichs a augmenté. Mauvaise nouvelle, mais vraie info.
La Générale Production

## Unité 7

### 7 Page 117, Le voyage au Groenland

**Thomas :** Thomas, pense à une image positive.
**Thomas, le fils de Nathan :** *There is a strange noise, no ?* [Il y a un bruit bizarre, non ?] *No no*, regardez devant ! *Look ahead !* [Regardez devant].
**Thomas, le fils de Nathan :** Ce type-là, c'est mon père, et ça fait des années qu'il m'invite à Kullorsuaq, ce village du bout du monde où il a choisi de vivre il y a presque vingt ans.
**Thomas :** Y aurait pas un p'tit truc quand même à boire, là ?
**Nathan :** Ah, mais y a pas d'alcool dans le village.
**Thomas, le fils de Nathan :** Quoi ?

**Thomas, le fils de Nathan :** Voici Thomas, mon meilleur ami. Je m'appelle moi aussi Thomas.

**Thomas, le fils de Nathan :** C'est bizarre quand même, ça. Il fait jour tout le temps et ils mettent pas de volets. T'as aucun volet nulle part.
C'est le jour sans fin, que veux-tu que je te dise !

**Thomas, le fils de Nathan :** Au début c'était assez compliqué.

**Les deux Thomas :** *Fejl* ? [Erreur]

**Thomas :** Elle est belle, non ?
**Thomas, le fils de Nathan :** Ouais, pas mal, ouais !
**Thomas :** Pas mal, tu rigoles ou quoi ? C'est miss Groenland !
Qu'est-ce que t'as acheté ? *What did you bough?* J'aime bien ta coupe, elle est marrante…
Il faut vraiment que j'apprenne l'inuit en accéléré, moi.

**Thomas, le fils de Nathan :** Au fur et à mesure, les jours passés à Kullorsuaq nous éloignaient de notre vie parisienne.
J'ai fouillé dans la chambre de mon père hier et j'ai trouvé des radios du cœur.
**Thomas :** Ce serait peut-être bien que vous en parliez.

**Thomas :** C'est qui, lui ?

**Thomas :** Oh, là là ! Dis donc, c'est tout flasque.
**Thomas, le fils de Nathan :** J'crois que c'est du gras, ça.

**Thomas :** C'était pas une bonne idée, ce p'tit footing ?
**Thomas, le fils de Nathan :** Mouais.
**Homme 1 *(en inuit)* :** [Pourquoi est-ce qu'ils sont si pressés ?]
**Homme 2 *(en inuit)* :** [Ils sont bizarres parfois, ces Français !]
*Le Voyage au Groenland*, film de Sébastien Betbeder

## Unité 8

### 8 Page 131, Demain

**Cyril Dion :** Gandhi disait : « Montrer l'exemple n'est pas la meilleure façon de convaincre, c'est la seule. » Partout sur la planète, des hommes et des femmes inventent un autre monde qui respecte la nature et les humains, d'autres façons de faire de l'agriculture, de l'économie, d'autres formes d'éducation, de démocratie. Je connais beaucoup d'entre eux, j'ai enquêté sur leurs solutions, j'ai collecté tellement de matière, tellement de choses qui pourraient nous donner envie de faire mieux, d'être plus intelligents.
**Mélanie Laurent :** Nous allons prendre la route et nous allons les filmer, raconter leur histoire, notre histoire, l'histoire de nos enfants, de notre futur. Rien n'est plus puissant qu'une histoire qui nous fasse rire, pleurer, qui nous donne envie de nous retrousser les manches. Pour la première fois, nous allons mettre toutes ces solutions bout à bout et montrer à quoi notre monde pourrait ressembler… demain.
*Demain*, film de Cyril Dion et Mélanie Laurent

## Unité 9

### 9 Page 148, Illuminer la ville

**Xavier Boeur :** B71 c'est un studio de *video mapping*. On existe depuis 2009, on a d'abord commencé en collectif d'artistes à Namur et, tout doucement, ça a évolué en studio et maintenant nous sommes basés à Liège. Le *video mapping*, c'est vraiment l'art de projeter sur n'importe quel objet de la vidéo. Donc ça peut aller d'un bâtiment à une voiture, de la scénographie pour des concerts, pour des spectacles. Donc c'est vraiment utiliser un projecteur pour ce qu'il est mais l'utiliser de façon innovante dans les volumes à projeter.
Alors c'est très intéressant d'essayer de comparer le *video mapping*, justement, à la réalité augmentée parce que nous trouvons que d'une certaine façon nous faisons déjà de la réalité augmentée : on utilise un support véridique et on le sublime avec du numérique, mais effectivement on va aller vers du *video mapping* augmenté par l'interactivité, je veux dire que le spectateur pourra avoir avec. Ça existe déjà, mais on aimerait l'amener plus loin, parce que pourquoi

pas jouer sur un bâtiment comme si on faisait un casse-briques ou si on était même cent joueurs à essayer d'arriver le plus vite possible au sommet, comme aussi essayer d'avoir un *video mapping* qui vit en fait avec la ville, qui pourrait prendre, je veux dire, des données qu'on a dans la ville et qui ferait donc évoluer un bâtiment ou quelconque autre objet en fonction de ces données.
Alors je pense que le *video mapping* va devenir une nouvelle forme d'art. À l'heure actuelle, il emprunte énormément de codes du monde du cinéma, mais également plus aussi, des effets spéciaux dans le cinéma, du jeu vidéo dans certains cas ; de même, je dirais, des prestations de danse ou autre, parce que comme le *video mapping* ce n'est pas que sur un bâtiment, ça peut être sur plein de choses, il va piocher un peu à gauche, à droite des inspirations. Mais je pense qu'à terme, parce qu'aussi la technologie va démocratiser énormément le *video mapping*, à terme ça va devenir un art en fait… à part entière.
Moovizz.be

## Unité 10

### 10 Page 165, Quand et comment utiliser Wikipédia ?

Où c'est que je pourrais bien trouver de l'information sur le sujet ?
Pourquoi pas sur Wikipédia, la plus grande encyclopédie en ligne ? Ça doit être bien, elle est classée parmi les sites web les plus consultés au monde.
Wikipédia provient du mot « encyclopédie », combiné avec le mot « wiki », qui désigne un site web collaboratif où chacun peut participer à la rédaction du contenu.
Super ! Mais est-ce que l'information que j'y trouve peut être utilisée dans mes travaux universitaires ?
Allons voir ça de plus près. Qui sont les auteurs des textes qu'on trouve dans Wikipédia ? Des gens réputés dans leur domaine ?
Sous l'onglet « historique », on accède à la liste des contributeurs. Toutefois, rien ne nous indique s'ils sont experts ou non en la matière. On en trouve probablement de tous les types de profils. Impossible de savoir qui est l'auteur, sauf si c'est moi.
Le contenu des articles est-il pertinent pour mon travail ? Est-ce que l'information est complète ? Les références sont-elles fiables ? Selon les articles, je peux trouver entre autres des cartes, des graphiques, mais il faut savoir que la qualité de l'info varie d'un article à l'autre. D'ailleurs, Wikipédia nous met en garde à l'effet que la qualité des informations diffusées n'est pas garantie. Alors pour amorcer la validation, on doit fouiller dans les références citées à même l'article.
Mais alors, quelles sont les intentions, les motivations, les objectifs de Wikipédia ? C'est un dénommé Jimmy Wales qui, en janvier 2001, a créé cette encyclopédie en ligne, dans le but d'offrir un contenu librement réutilisable, neutre et vérifiable, que chacun peut éditer.
Mais est-ce que tous les contributeurs respectent cette mission ?
La plupart sans doute. Toutefois, il peut arriver que certaines personnes manipulent ou sabotent les informations. Question de fiabilité, il faut donc rester prudent.
Et ça date de quand, ces informations ? L'information a-t-elle été mise à jour récemment ?
Ah… ça oui, c'est un des avantages de Wikipédia. L'information peut être mise à jour à tout moment. En gros, Wikipédia, c'est une source utile pour se faire une tête, se donner une idée générale et actuelle d'un sujet. Mais on est bien averti que toute information trouvée sur Wikipédia doit être validée avec d'autres sources, car Wikipédia ne garantit pas le contenu mis en ligne. Dans le fond, c'est un point de départ, mais faut absolument aller plus loin. Par exemple, sur le site web de ma bibliothèque, en quelques clics on m'offre un bon choix d'articles spécialisés et scientifiques, des livres, des ouvrages de référence, dont le contenu est fiable.
En fait, quand et comment utiliser Wikipédia ? C'est une question de bon sens ! Posez-vous les bonnes questions.
Visitez bibliotheques.uquebec.ca

## Unité 11

### 11 Page 180, Les Francais aiment la course à pied

**La journaliste :** Entre midi et deux sur les quais de Seine, c'est un peu l'autoroute. De tous âges, de tous niveaux, les coureurs profitent de leur pause déjeuner pour transpirer. Parmi eux, Florent et Thomas. Ils travaillent ensemble dans un grand groupe d'assurance, et depuis le début de l'année, ils ont monté une équipe de collègues joggeurs, qui se retrouvent tous les jeudis.
**Le coureur :** C'est une petite coupure dans la semaine, une petite bouffée d'oxygène. Et puis on s'est rendu compte qu'entre midi et deux, c'était plutôt bien placé dans la journée pour être en forme l'après-midi et finir la journée de travail.
**La journaliste :** Courir ensemble, voilà la nouvelle tendance. Rien de tel pour créer une dynamique de groupe et certains chefs d'entreprise l'ont bien compris, qui encouragent et financent cette activité. Chez ce fournisseur de gaz et d'électricité par exemple, un salarié sur trois est inscrit dans l'équipe de running, PDG inclus.
**Le PDG :** Quand on a souffert dans l'effort pendant un semi-marathon ou un dix kilomètres, on se voit totalement différemment. Il n'y a pas de grade, il n'y a pas de hiérarchie, il n'y a pas d'âge, tout le monde souffre de la même manière. Il y en a qui souffrent un peu plus que d'autres, mais ça permet de vraiment créer un état d'esprit totalement différent et de faire en sorte que ce sport individuel devienne vraiment quelque chose de collectif.
**La journaliste :** Aujourd'hui, 20 % des Français disent chausser leurs baskets au moins une fois par semaine. Dix millions de coureurs, un marché en plein essor, les équipementiers cherchent tous à capter cette clientèle souvent aisée. Voilà par exemple une chaussure dernier cri qui contient à elle seule cinq brevets technologiques. 310 grammes, semelles argentées pour les femmes, dorées pour les hommes, 250 euros.
**La cliente :** On sent beaucoup, enfin… la rigidité derrière, et elles sont effectivement plus stables. Donc ouais… ça va me faire du… ça va me faire du bien !
**La journaliste :** Mais aujourd'hui, la tendance est aux équipements connectés. Il aura fallu deux ans de recherche pour mettre au point cette chaussure qui permet en temps réel de corriger sa posture.
**Le vendeur :** On a donc deux capteurs, qui sont à l'intérieur de la chaussure, qui permettent de pouvoir vérifier si, quand vous êtes en train de courir, vous êtes plus sur l'arrière de la chaussure, sur le milieu ou sur l'avant. Sachant que la meilleure technique de course, pour éviter les blessures, est de courir plutôt sur le milieu et sur l'avant du pied.
**La journaliste :** Le salon du running se tient à Paris jusqu'à dimanche.
France 3

## Unité 12

### 12 Page 193, Valérian et Laureline sous les projecteurs

**La journaliste :** 2 000 auteurs, 216 éditeurs et quelque 200 000 visiteurs d'ici dimanche. La planète BD s'est donné rendez-vous à Angoulême. Une planète dominée cette année par *Valérian*, la bande dessinée de science-fiction de Mézières et Christin, adaptée au cinéma par Luc Besson. Le réalisateur a accepté de dévoiler un peu de son projet pharaonique : 170 millions d'euros, le film le plus cher de l'histoire du cinéma européen, entièrement tourné en France ; 30 000 m² de décors, 600 costumes fabriqués par 80 personnes pendant neuf mois. Quelques spécimens sont exposés ici, pour la première fois.
**Une visiteuse :** C'est magnifique, là, je suis en train de regarder, au niveau conception, enfin au niveau couleur ! On a envie de l'essayer.
**Un visiteur :** C'est génial, c'est tout à fait dans l'esprit des créateurs de *Valérian* et… j'ai hâte de voir le film !
**La journaliste :** Les héros : Valérian et Laureline, des agents spatio-temporels. Ils habitent une galaxie peuplée d'étranges créatures. Les créateurs de la série découvrent leurs personnages en chair et en os.
**Pierre Christin :** Ben, c'est bien.
**La journaliste :** Il y a cinquante ans qu'ils ont inventé la série dans le journal *Pilote*. Une BD atypique pour l'époque, de la science-fiction, où la diplomatie prévaut sur la violence. Les 22 tomes ont été vendus à cinq millions d'exemplaires et traduits en seize langues.
**Pierre Christin :** C'était un truc de jeunes… disant, on va essayer de faire une BD pas comme les autres. Si on nous avait dit que cinquante ans plus tard, on serait encore en train d'en parler, là, et pire encore, d'en faire ! Ça nous aurait tout simplement stupéfaits.
**Jean-Claude Mézières :** Et on vire ça ?
**La journaliste :** Et ils travaillent effectivement à un nouvel album pour l'été prochain. Le film de Luc Besson, lui, *Valérian et la cité des mille planètes*, est prévu pour fin juillet.
France 3

**Références Iconographiques**

**couv** Sigrid Olsson/PhotoAlto/Photononstop, **12, 13** La Louve, **13** (mg) Elisabeth Lennard/Opale/Leemage, **16** (hg) « Sondage Spécial «Fête des voisins» : 1 Français sur 5 est ami avec son voisin », AVendreALouer.fr - Etude quantitative réalisée auprès d'un échantillon de 1216 répondants âges de 18 ans et plus, représentatifs de la population française sur des critères de sexe, d'âge, de CSP, de région, et de taille d'agglomération. Date de terrain : avril 2015., **17** (m) Chris Hill/National Geographic Magazines/Gettyimages, **19** (hd) Lionel Arrijs-Sudpresse , **19** (m) Fortise/Istock/Gettyimages, **20** « Pico Bogue, Carnet de bord », tome 9, Roques et Dormal © Dargaud, 2016, **21** (bd) Deligne-Iconovox, **21** (hd) Campagne « Laissez-vous gagner par la courtoisie », ASWR (Agence Wallone pour la Sécurité Routière), 6/01/2017, **24** (hd) Aamulya/iStockphoto, **25** (hd) Christophe Boisson/Shutterstock, **25** (md) Sébastien Ortola/Réa, **26** (hd) Hinterhaus Productions/Digital Vision/Gettyimages, **26** (hg) KatarzynaBialasiewicz/iStockphoto/Gettyimages, **26** (hhd) mikroman6/Moment/Gettyimages, **28** Hero Images/Gettyimages, **29** (bg) ALF photo-Fotolia.com/Statistiques « 93% des parents estiment qu'il n'y a pas de plus grand succès dans la vie que d'être un bon parent », Ipsos pour Kinder, 2017, **29** (hg) Thomas Barwick/DigitalVision/Gettyimages, **31** (bd) Sergey Galyamin/123rf, **31** (hg, hm) Anna Isaeva-Fotolia.com, **31** (hhg, hhm) Pétrouche-Fotolia. com, **33** (hg) « Les Français et la généalogie », Afp, 6/03/2015, **33** (mg) Deligne-Iconovox, **34** (bd) Onimage/Slaven Gabric/plainpicture.com, **34** (hd) « Trois jours chez ma mère », François Weyergans, Collection Folio (n° 4560), © Éditions Gallimard, 2007, **35** T. Hoenig/plainpicture.com, **36** (mg) Hero Images/Gettyimages, **37** (hd) Aleutie/iStockphoto, **38** Franck Rothe/DigitalVision/Gettyimages, **40** (hd) Ilhedgehogll-Fotolia.com, **41** (bg) Maksym Yemelyanov/Alamy, **41** (md) « En Famille » sur M6, Cécile Rogue/M6 , **42** Cathy Yeulet/123rf, **44** © Sarah Zendrini, **45** (b) www.kalagan.fr, **45** (hd) © Imothep Production, **48** (bd) Jiho-Iconovox, **48** (hd) GaudiLab/Shutterstock, **49** (hm) macrovector-Fotolia.com, **51** © Onisep Grenoble, **52** Bike_Maverick/iStockphoto, **53** (bg) « Qu'est-ce qui vous rend heureux dans votre travail », publié dans « Les Français et le bonheur au travail » un sondage Ifop pour Pèlerin, Bayard Presse/ASK Media, **53** (hd) Maskot/www.plainpicture. com, **56** (hd) Maridav/Shutterstock, **57** (bg) Vadim Ermak/Shutterstock, **57** (hd) Gearstd/iStockphoto , **58** « 18h39.fr, le magazine d'inspiration de Castorama », l'illustratrice Lorraine Huriet, **60** Marco Govel/www.agefotostock.com, **61** (hd) Vincent Poillet/Réa, **61** (mg) « Pourquoi consommer slow ? », source : The True Cost, Docummentary/Besight.fr, **63** « Quitter Paris. Vous en rêvez ? Je l'ai fait ! », de Mademoiselle Caroline © Editions Delcourt, 2017, **65** Mychele Daniau/Afp, **66** (h) « L'économie du partage, zoom sur les jeunes urbains », L'observatoire LCL en ville, réalisé par BVA », juin 2014, Société Idé, **66** (md) Kenzo Tribouillard/Afp, **67** Bruno Barbey/Magnum Photos, **68** (bd) Chris Hellier/Alamy/hemis.fr, **69** « Le Grand A » Bétaucourt, Xavier (récit). Loyer, Jean-Luc (ill.) - Ed. Futuropolis, 2016, p. 3 © Futuropolis/Dist. La Collection, **70** Repair Café Farham, **71** Florence Cestac/Cartoonbase/Photononstop, **72** (hd) Magasin gratuit de Bellevaux, **73** (bg) Wicki58/ iStockphoto, **73** (hd) © RIVED, **74** Anthony Micallef/Haytham-Réa, **76** « Bled Runner », un spectacle de et avec Fellag, Mise en scène Marianne Epin, au Théâtre du Rond Point le 22 fevrier 2017, Patrick Berger/ArtComPress, **77** (bd) « La Révolte des accents » par Erik Orsenna, ©Editions Stock, 2007, **77** (hd) Linda Raymond/ Gettyimages, **80** (bg) « La parole des sables. Dessins sur sable du Vanuatu », Jean-Pierre Cabane, photographie Eric Lafforgue, Édition Alliance Française de Vanuatu., **80** (hd) Michael Runkel/Gettyimages, **81** (hd) Deligne-Iconovox, **82** (bm) http://getgreenordietrying.com, **82** (bd) «Book-Table», Richard Hutten, 2007, **83** (bm) « Le Petit Prince », Antoine de Saint-Exupéry, 1946 © Éditions Gallimard, **83** (hg) © Labo des Histoires/Institut français, **83** (md) Peggy Whitson/ESA/NASA/ Afp, **84** Moïse Fournier, **85** (hd) www.diplomatie.gouv.fr – MEAE, 2017, **85** (hg) Haensel/Flirt/Photononstop, **86** © Victor-Emmanuel Costa, ULFE, Tout droits réservés, **88** (hd) Xenophôn, **89** (bg) Tony Barson/WireImage/Gettyimages, **89** (hd) nicoolay/iStockphoto, **89** (hd) icoolay/iStockphoto, **90** (bd) Hervé Hugues/hemis. fr, **90** (bm) tanatat-Fotolia.com, **90** (hd) zhaubasar-Fotolia.com, **90** (hm) igorphoto50-Fotolia.com, **90** (mbd) Lasse Kristensen-Fotolia.com, **90** (mbm) Lydie Lecarpentier/Réa, **90** (mhd) oatawa-Fotolia.com, **92** Julien Thomazo/Photononstop, **93** (bd) « Journalistes français et Medias Sociaux », édition 2016 - http://www. cision.fr/ressources/infographies/infographie-journalistes-et-medias-sociaux-2016/, **93** (hd) DrAfter123/DigitalVision Vectors/Gettyimages, **94** Nicolas Tucat/Réa , **96** (hd) Christian Maucler, jda, **96** (md) Pierre Gajewski (dit PieR), **97** (h) «MediaEntity», volume 1 de Emilie et Simon © Éditions Delcourt, 2013, **99** « Les Ficelles du Pouvoir », XXI, n° 36, **100** Schot/Cagle.com, **101** (bg) Agathe Dahyot, Le Monde, 1/02/2017, **101** (hg) Lanier/Réa, **103** Soulcié-Iconovox, **104** (hd) Damien Meyer/Afp, **105** (bg) laflor/E+/Gettyimages, **105** (hd) Jean Claude Moschetti/Réa, **106** auremar-Fotolia.com, **108** Kris Seraphin/www.plainpicture.com, **109** (hd) denvitruk/Shutterstock, **109** (bg) www.amadeus.com/tribes2030 , **109** (hg) Leander Baerenz/Westend61/Photononstop, **112** (bd) Michel Gaillard/Réa, **112** (hd) photogramme « Monsieur Ibrahim et les fleurs du Coran », 2003, réalisateur Francois Dupeyron, avec Omar Sharif et Pierre Boulanger Collection ChristopheL © ARP, **113** (bd) ElenaR-Fotolia.com, **113** (bg) Eric Isselee/123rf, **113** (bh) Giuseppe Porzani-Fotolia.com, **113** (bm) Mapics-Fotolia.com, **113** (hd) Moma (The Museum of Moderm Art), **115** « Les Parisiens », de Fab et Désert, tomme II, Éditions Jungle, 2007, Steinkis Groupe, **116** Jon Arnold Images/hemis.fr, **117** (bg) Nippon Connection, **117** (hd, md) « Le voyage au Groenland » de Sébastien Betbeder, 2016/Ufo Productions, **119** Gendrot-Iconovox, **120** (hd) David Brazier/Afp, **121** (bg) kwanchaichaiudom-Fotolia.com, **121** (hd) dorian2013/iStockphoto, **122** (1) « Tintin et le lac aux requins », 1972, réalisateur Raymond Leblanc, Collection ChristopheL © Belvision/Dargaud Film, **122** (2) The Image Works/Roger-Viollet , **122** (3) « Tartarin de Tarascon » de Francis Blanche avec Francis Blanche,1962/ Bridgeman Images, **122** (4) « Around the world in Eighty days » by Michael Anderson with Cantunflas & David Niven, 1956, Film Company/AF archive/Alamy, **122** (5) Bianchetti/Leemage, **122** (6) Isadora/Leemage, **124** (hd) Photopqr/La Dépêche de Midi/Maxppp, **125** (bd) Marine-Fotolia.com, **125** (bg) Gudellaphoto-Fotolia. com, **125** (bhm) Alain Le Bot/Photononstop, **125** (bm) jblah-Fotolia.com, **125** (bmbd) danielsbfoto/Istock, **125** (bmbg) zaie-Fotolia.com, **125** (bmbm) Coprid-Fotolia.com, **125** (bmhd) Pierre Bessard/Réa, **125** (bmhg) Phawat-Fotolia.com, **125** (bmhm) digitalstock-Fotolia.com, **125** (hd) Ecofolio/Citeo, **126** Brenda Carson/123rf, **128** « Givrés ! » - Carrément l'intégrale. Avril 2016, scénario Amalric, dessin & couleur Madaule. Vous pouvez commander l'album: b_cmad@club-internet.fr, **129** (hd) Fadel Senna/Afp, **129** (mg) Coll. Fortunio, Éditions de Fallois © Marcel Pagnol, 2004, **131** (md) « Demain Genève – Le Film », auteur l'Association Demain Genève/wemakeit.com, **132** Philippe Wojazer/Reuters, **133** (bd) Amis de la Terre , **133** (bg) Aurel/Iconovox, **133** (hd) pbombaert/Moment/ Gettyimages, **136** (hd) Smicval, **137** (bg) Drobot Dean-Fotolia.com, **137** (hd) Jorg Greuel/DigitalVision/Gettyimages, **140** Valinco/Sipa, **141** (hd) Sebastien Ortola/ Réa, **141** (md, bd) copyright BB Com - illustration Rémi Malingrëy/Ville de Nancy/Métropole du Grand Nancy , **143** Cobalt-Fotolia.com, **145** (hg) Sylvain Sonnet/ Photodisc/Gettyimages, **145** (md) Julien de Casabianca réalisant «Outings in Aberdeen», **146** (bd) Jacques Loic/Photononstop, **146** (hd) Le guide « Genre & espace public : les questions à se poser et les indicateurs pertinents à construire pour un environnement urbain égalitaire » de la Mairie de Paris. Voir sur : www.paris.fr/ actualites/la-ville-de-paris-devoile-le-premier-guide-referentiel-sur-le-genre-l-espace-public-4138 , **148** (bd) « Chroniques de Clichy-Montfermeil », JR, Palais de Tokyo, 2017 ©Adagp, Paris 2018/Thierry Orban/Gettyimages, **149** (hd) ©Inti Castro/Christophe Lehenaff/Photononstop, **152** (hd) Klaus Steinkamp/Ullstein bild via Gettyimages, **153** (bg) Helene Roche/www.agefotostock.com, **153** (hd) Bull's Eye/www.agefotostock.com, **154** (bd) Sylvie Bouchard/123rf, **154** (h) Daniel Thierry/ Photononstop, **156** Daria Plantak, Université de Bourgogne, **157** (bg) « Etudier à l'étranger » par Madeline, https://www.ingesup.com/news/etudier-a-letranger/ Ynov Campus, **157** (hd) Jan Greune/Look/Photononstop, **161** Albert-Iconovox, **162** (bd) « L'entonnoir du e-learning », forMetris, **162** (hd) thodonal88/Shutterstock, **164** Denis Allard/Réa, **165** (bg) Alvarez/iStockphoto, **167** (a) ppbig/123rf, **167** (b) Sergii Iaremenko/123rf, **167** (c) Rin Lagunova/123rf, **167** (d) auremar-Fotolia.com, **167** (e) Elly Walton/Ikon Images/Gettyimages, **167** (f) Baptiste Fenouil/Réa, **168** (hg) Gary Burchell/DigitalVision/Gettyimages, **169** (bd) AJ_Watt/iStockphoto, **169** (hd) Hamilton/Réa, **170** Siegfried Kaiser/EyeEm/Gettyimages, **172** Thomas Linkel/Laïf-Réa, **173** (b) Maison de la poésie, **173** (hd) Albert-Iconovox, **176** www. innovant.fr, **177** (bd) Aster, **177** (hd) Romain Gaillard/Réa, **179** (h) www.wescape.fr, **179** (hd) lassedesignen-Fotolia.com, **179** (hm) Marco2811-Fotolia.com, **180** (hd) Rick Rycroft/AP/Sipa, **181** (bg) Boomer Jerritt/All Canada Photos/Gettyimages, **181** (hd) Sarah Gully pour Les Sportives Magazine, **184** (hd) gerenme/E+/ Gettyimages, **185** (bg) BlindTurtle/Istock/Gettyimages, **185** (hd) UpperCut Images/Gettyimages, **186** (m) NorGal-Fotolia, **186** (a) Rainer Klotz/123rf, **186** (b) Jacob Lund-Fotolia.com, **186** (c) Prostock-studio-Fotolia.com, **186** (d) Syda Productions-Fotolia.com, **186** (e) ARochau-Fotolia.com, **186** (f) auremar-Fotolia.com, **186** (g) ARochau-Fotolia.com, **186** (h) industrieblick-Fotolia.com, **186** (i) dyageleva-Fotolia.com, **186** (j) wabeno-Fotolia.com, **186** (k) alipko-Fotolia.com, **186** (l) Lobo-Fotolia.com, **188** (md) Anne-Christine Poujoulat/Afp, **188** (mg) Jean Luc Paille/Opale/leemage, **189** (b) « Les Français et la lecture », Ipsos pour CNL, 2017, **189** (bbd) artmaster85-Fotolia.com, **189** (bbh) vladvm50-Fotolia.com, **189** (bbm) musmellow-Fotolia.com, **189** (bhm) bismillah_bd-Fotolia.com, **189** (md) Baltel/Sipa, **189** (hd) Natala Standret/123rf, **192** (hd) Henri Cartier-Bresson/Magnum Photos, **192** (hg) leungchopan/Can Stock Photo, **193** (hd) René Magritte, « L'Homme au journal », 1928, The Tate Gallery ©Adagp, Paris, 2017 © Photothèque R. Magritte/BI, Adagp, Paris, 2017, **195** (a) Photopqr/L'Est Républicain/Maxppp, **195** (b) Michel Petit, **195** (c) InfotronTof/Alamy, **195** (d) Ce document provient du site quatuorakilone.com. Droits de reproduction réservés et strictement limités . quatuorakilone.com, photos Natacha Colmez-Collard, **195** (e) C Flanigan/FilmMagic/Gettyimages, **195** (f) JMQuinet/Isopix/Sipa, **196** « Le combat du tigre et du buffle », Henri Rousseau dit le Douanier, 1908-1909, Saint Petersbourg, musée de l'Ermitage, AISA/Leemage , **197** (bd) «Rétrospective» publiée dans «Faire Surface», Noyau, 2009, **197** (hg) « Le cours de la Seine de Paris à l'estuaire (partie droite) » Aquarelle de Raoul Dufy,1937 Rouen, Musée Des Beaux Arts © Adagp, Paris 2018/Photo Josse/Leemage, **200** (hd) « Wip. Littérature sans flitre », Karthala, **201** (bd) Michael Francis McElroy/Zuma/Réa, **201** (hd) Made in Marseille, **202** Li Genxing/Xinhua-Réa, (md) 24, 40, 56, 72, 88, 104, 120, 136, 152, 168, 184, 200 : sdecoret-Fotolia.com.

**Références Textes**

**12** La Louve, **13** Marguerite Duras, « Outside » © P.O.L Éditeur, 1984, **16** «Sondage Spécial «Fête des voisins» : 1 Français sur 5 est ami avec son voisin », AVendreALouer.fr - Étude quantitative réalisée auprès d'un échantillon de 1216 répondants âges de 18 ans et plus, représentatifs de la population française sur des critères de sexe, d'âge, de CSP, de région, et de taille d'agglomération. Date de terrain : avril 2015., **19** Kap Délices, **21** Campagne « Laissez-vous gagner par la courtoisie », ASWR (Agence Wallone pour la Sécurité Routière), 6/01/2017, **28** « Mes origines et moi, du Maroc à l'Alsace - Nos racines », 29/12/2016 par Mymy, www.madmoizelle.com, **34** François Weyergans, « Trois jours chez ma mère », © Éditions Grasset & Fasquelle, 2005, **37** www.super-grandparents.fr, **44** « Le wi-fi, c'est l'oxygène du nomade digital », par Thérèse Courvoisier, 15/05/2016, www.24heures.ch/, **48** « Julie est étudiante de deuxième année du master. Elle a déjà effectué deux stages », http://medialabnews-geneve.ch, **51** « Féminisation des mots : la France est en retard » par Elise Saint-Julien et Marion Chastain, 14/03/2016, www.tv5monde.com, **52** « Les jeunes sont guidés par l'esprit d'entreprise et apprécient toujours le contact direct », 9/05/2016, Accents Jobs, Belgique, **60** « La france vue par les étrangers : Roel Romualdo Jr et Kawai Leung », 29/04/2015, http://blog.univ-provence.fr, DR, **76** « Fellag : « Je dois beaucoup à la langue française », par Armelle Héliot, *Le Figaro*, 6/03/2017, **77** « La Révolte des accents » par Erik Orsenna, ©Editions Stock, 2007, **83** « Le Petit Prince », Antoine de Saint-Exupéry, 1946 © Éditions Gallimard, **84** « La miraculeuse survie des francophones de Louisiane » par Laure Mandeville, *Le Figaro*, 20/03/2015,

**92** « Les médias réinventent leur business model », Jean-Pierre Borloo, *Journalistes*, juin 2016, **96** horizonsmediatiques.fr, DR, **99** « Le grand bouleversement des médias ? » par Julien Kostreche, *Ouest Medialab*, 23/03/2017, **100** « Pourquoi et comment j'ai créé un canular sur Wikipédia », par Pierre Barthélémy, *Le Monde*, 12/02/2017, **108** « Voyage en France » par Benjamin Lauterbach, *Die Zeit*, Hambourg, publié dans *Courrier international*, 28 juillet 2016, **112** « Monsieur Ibrahim et les fleurs du Coran » par Eric-Emmanuel Schmitt, 2001. Avec l'aimable autorisation des Éditions Albin Michel, **113** « Dessin dans le ciel », Claude Roy, **116** « Et si je pouvais remonter le temps? », 2corsesauQuebec.com par Elodie Poggi, 20/10/2014, **124** « Bookcrossing : un inconnu vous offre des livres », Claire Teysserre-Orion, *Kaizen*, 27/09/2016, **129** Coll. Fortunio, Éditions de Fallois © Marcel Pagnol, 2004, **131** « Demain Genève – Le Film », auteur l'Association Demain Genève/wemakeit.com, **132** « Pour l'environnement, végétalisons nos toits !. Road trip écolo en Suisse romande » par Jonas Schneiter, *GHI*/Lausanne-Cités, 5 juillet 2017, **138** (bd) « La plante verte, nouvel animal de compagnie ? » par Valérie de Saint-Pierre, *Madame*, *Le Figaro*, 23/06/2017, **138** (bg) « Nos geste écocitoyens suffiront-ils ? », Sylvia Revello, 31/01/2017, letemps.ch, **140** 20Minutes/Fabrice Pouliquen, « Á Paris, Les Green Birds se retroussent les manches pour nettoyer nos trottoirs », http://www.20minutes.fr/paris/1791395-20160222-video-paris-green-bird-retroussent-manches-nettoyer-trottoirs, **145** (hd) « Outigs Project. Déplacer les musées dans votre rue » par Vidos, 19/10/2014, www.street-art-avenue.com, **145** (hg) www.bruxelles.be/parcours-bd, **146** Le guide « Genre & espace public : les questions à se poser et les indicateurs pertinents à construire pour un environnement urbain égalitaire » de la Mairie de Paris. Voir sur : www.paris.fr/actualites/la-ville-de-paris-devoile-le-premier-guide-referentiel-sur-le-genre-l-espace-public-4138 , **149** « Street art à Paris, suivez le guide », Alexis Perché publié dans *Le Monde*, 23/03/2017, **156** Loredana Hoza, Université de Bourgogne , **161** « La philo au bac, fantasmes et réalité », Afp, 8/06/2016, **164** « Certains jouent de la guitare, moi je contribue à Wikipédia », Julien Duriez, www.la-croix.com, 14/07/2016, **172** « Paresse Café : deux Françaises ont fait le pari d'apprendre la paresse aux Américains » par Marine Masson, *Le Figaro*, 30/07/2014, **176** « CHU de Liège : des « t-shirts connectés » au service de la santé » par Michel Gretry, RTBF, 24/04/2017, «Texte d'archives SONUMA-RTBF», **179** www.wescape.fr, **180** « MasterGames ou comment rester en bonne santé grâce au sport », posté par G. le 2 novembre 2011, www.lemeilleurdelhomme.com, DR, **188** « La Patrie d'un écrivain, c'est sa langue », *Courrier international*, 10 juin 2009, **192** «Le guide tout terrain du photographe voyageur» par Michael Freeman, Pearson, 2009, **193** « Art et BD » de Christophe Quillien, Palette, 2015, **196** « Henri Rousseau le Douanier », Philippe Soupault, 1927, Famille Soupault, **202** 20Minutes.fr/Benjamin Chapon-http://www.20minutes.fr/culture/2070915-20170519-nuit-musees-comment-organisent-musees-forcer-venir-voir/23-01-2017.

**Références Audio**

**pistes : 2** (13, 203) Nous remercions Nadja, **4** (15, 203) *Potomak* de Jean Cocteau, Gallimard, Remerciement au Comité Jean Cocteau, **6** (19, 203) « Sans frontières, Bruxelles : Les Kots à projet qui cartonnent », Télé matin, 11/03/2016/France Télévisions, **7** (21, 204) « Civilité : les bons gestes à adopter pour l'utilisation d'un téléphone portable », dans « La minute de formation », Actualisation TV, 4/08/2016, voir sur: https://www.youtube.com/watch?v=UrMf98gB5KA , **8** (24, 204) Programme « Le conseil santé », « Équilibrer son alimentation », avec Claire Hédon et le cardiologue nutritionniste Frédéric Saldmann, l'hôpital européen Georges-Pompidou, à Paris, RFI, 16/03/2017, **9** (29, 204) Émission « 16 et 45 ans – La Famille », « Á près de 30 ans d'écart, Félicité et Mégane se demandent quelle place trouver au sein de leurs familles », par Caroline Gillet, France Inter, 25/12/2016, **11** (32, 204) André Frédérique, « Mon village » publié dans « Poésie sournoise », Editeur Plasma, 1982 , **13** (34, 204) « InterCités », « Le numérique a transformé l'album de photos de famille », RTS, 15/12/2016 avec la participation d'Irène Jonas, photographe et sociologue, **14** (36, 205) Émission « On est fait pour s'entendre », « Qui sont les grands-parents 2.0. ? » par Flavie Flament, RTL, 16/02/2016 avec la participation de Jeanne Thiriet du magazine *Pleine Vie* et Mijo, **15** (40, 205) Programme « Le conseil santé », « Les émotions » avec Claire Hédon et Catherine Aimelet-Périssol, médecin psychothérapeute, RFI, 14/02/2017, **16** (45, 205) Chronique « C'est mon boulot », « Après le coworking, voici le cohoming » par Marie Bernardeau et Philippe Duport, 23/07/2017, France Info, **19** (48, 206) Émission « Antjie Péyic », « Trouver un job vacances, un vrai parcours du combattant » Catleine Gelle by Antilles Television, ATV, 29/06/2016, **21** (56, 206) Programme « Reportage France », « Viemonjob.com ou comment changer de métier en un clic », avec Marine Mielczareket ses invités Madame Beycsou, Thypanie de Malherbe et Célina Rocquet, RFI, 27/06/2017, **25** (66, 207) Chronique: « L'interview éco », « Avec BlaBlaLines, nous visons 10 millions d'utilisateurs » avec Jean Leymarie et l'intervention de Frédéric Mazzella, Président-Fondateur de BlaBlaCar, France Info, 02/05/2017, **26** (68, 207) « Désertification des centres-villes : où sont passés les commerces ? », France 2, 18/02/2017/France Télévisions, **27** (72, 208) Programme « Reportage international, Suisse : magasin gratuit pour promouvoir un mode de vie basé sur la décroissance » avec Katia Mischel, RFI, 25/05/2017, **28** (74, 208) Émission « L'ésprit d'initiative », « La nouvelle tendance du freeganisme » par Emmanuel Moreau, 17/01/2016, France Inter avec Emmanuel Moreau et Mathilde Golla, journaliste au *Figaro*/ © Mathilde Golla pour France Inter/*Le Figaro*, 17/01/2016 , **29** (77, 208) « Les belges du but du monde : Une Belge au Canada avec Sarah Millis », par Adrien Joveneau, Rtbf.be, mai 2017, Fichier son d'archive SONUMA-RTBF, **32** (80, 209) Texte, musique et réalisation : Martin Ferron, extrait de l'émission Microphone francophone « Rémusicaliser le Monde : s'inspirer du Vanuatu, lieu du bonheur durable » par Martin Ferron et Erika Leclerc-Marceau, émission 9, saison 6 © Martin Ferron, 2016, **33** (83, 209) « Faites voyager vos histoires dans l'espace », ESA avec Thomas Pesquet, 2/06/2017, http://m.esa.int/spaceinvideos/Videos/2017/01/Faites_voyager_vos_histoires_dans_l_espace, Credit: ESA/NASA, **35** (88, 209) Programme « Danse des mots », « Lingua Libre, émission spéciale Francophonie » avec Yvan Amar, RFI, 12/03/2017, **36** (93, 210) « L'infobésité : le nouveau mal du siècle ? », présentée par Jean Pouly, 1/07/2016, RCF, **39** (101, 210) Chronique: « D'où viennent les fausses informations et comment les reconnaître ? » avec Julien Moch, Estelle Faure et Eric Krevellec, France Info Junior, 20/30/2017, **40** (104, 211) Programme « Journal en français facile » avec Zéphyrin Kouadio, Florent Guignard et Yvan Amar, RFI, 16/09/2017, **41** (109, 211) Chronique « Nouveau Monde », « Le voyage du futur selon Air France », Jérôme Colombain, France Info, 16/06/2017, **45** (112, 211) Chronique « Quoi de neuf ? de l'émission d'Europe 1 « Bonjour », « Quelques bons plans pour préparer ses vacances », Anne LeGall, 28/03/2016, **49** (120, 212) Programme « Chronique transports », « Le voyage à vélo : aventure intérieure et ouverture au monde » avec Laurent Berthault et son invite Claude Marthaler, RFI, 14/01/2017, **50** (125, 212) « Pour la première fois, un papier témoigne sur ses nombreuses vies ! », Ecofolio/Citeo, **52** (127, 213) « Conjugaisons et interrogations, I », in « L'accent grave et l'accent aigu », Jean Tardieu, 1986 © Éditions Gallimard, **53** (129, 213) RTS Radio Télévision Suisse - CQFD (16.02.2016) « Quand le brouillard devient eau », entretien de Charlie Dupiot avec Aissa Derhem, président de l'association Dar Si Hmad , **55** (136, 213) Programme « Chronique des matières premières », « Nous avons un problème de déchets plus que de ressources » avec Claire Fages, invité Eric Buffo, SMICVAL market, RFI, 28/06/2017, **56** (141, 213) « Verbalisée pour avoir voulu donner un livre : la mairie de Paris va annuler l'amende » par Nicolas Olivier, France Bleu, 16/02/2017 © Radio France - Nicolas OLIVIER, **61** (148, 214) « Jr, le street art de Clichy-Montfermeil au Palais Tokyo », France 24, RFI, 7/04/2017, **62** (152, 214) Programme « 7 milliards de voisins », « Le street art ou graffitis : vandalisme ou véritable expression artistique ? », avec Sandrine Mercier, RFI, 9/01/2017, **63** (157, 214) Ideo Prepa Concours. Nous remercions Cathy pour son aimable autorisation, **66** (162, 215) « Les Mooc, qu'est-ce que c'est ? », 22/03/2016, A3CV-A3Conseil SAS, Espace RH & Emploi, www.a3cv.fr, **68** (168, 216) Programme « Danse des mots », « 50 bougies pour le BELC » avec Yvan Amar, RFI, 7/07/2017, **71** (173, 216) Chronique « Le kiosque de Samuel Etienne », « Les Français consacrent moins de temps à leurs loisirs, Nouvelles J.D Salinger et des cortèges à travers toute la France » avec Elisabeth Assayg, Europe 1, 2/05/2017, **74** (177, 217) Émission « Eco 2.0 », Thème abordé « Santé : Cocilio, l'application qui facilite l'accès aux meilleurs médecins » par Bénédicte Tassart, diffusée le 21/07/2017 avec la participation de George Aoun, concilio.com, RTL, **76** (184, 217) Programme « Le blog de priorité santé-sports », « Comment bien choisir son sport ? » avec Sandrine Mercier, invité Jean-Marc Sène, RFI, 4/01/2017, **78** (189, 218) Emission « D'ici, d'Ailleurs », « Alain Mabanckou », Zoé Varier, France Inter, 24/09/2016, **79** (191, 218) © « Le Pélican », *Chantefables*, Robert Desnos, Gründ, 1944, **81** (197, 218) « La vie mode d'emploie » de Georges Pérec, © Hachette Littératures, 1978, © Librairie Arthème Fayard, 2010, **82** (200, 219) Programme « Reportage culture », « Sortie en kiosque d'une nouvelle revue littéraire *Work In Progress* » avec Muriel Maalouf, invités Mamadou Fédior, Babacar Diop, Sonia Rolley et Elisabeth Lesne, RFI, 2/07/2017.

**Références vidéo**

**v1** (16, 219) « L'habitat participatif, ça consiste en quoi ? », Axanis, 8/02/2016, **v2** (36, 219) « Savoie. Une cousinade rassemble 600 personnes à la Bioll », France 3, Alpes. 7/05/2016/France Télévisions, **v3** (49, 220) « La loi du marché » un film de Stéphane Brizé avec Vincent Lindon © 2015 NORD-OUEST FILMS – ARTE FRANCE CINÉMA, **v4** (68, 220) « Quand les gares font des affaires », France 3, 22/12/2016/France Télévisions, **v5** (81, 220) « La langue française évolue avec le temps », France 3, JT, 17/03/2015/France Télévisions, **v6** (97, 221) « C'est quoi une information ? », 24/11/2015, réalisateur Matthieu Decarli & Olivier Marquéz, auteur Bruno Duvi.La Générale de Production, **v7** (117, 221) « Le voyage au Groenland » de Sébastien Betbeder, 2016/Ufo Productions, **v8** (131, 221) « Demain » de Mélanie Laurent et Cyril Dion, MoveMovie, 2015, **v9** (148, 221) « Découvrez la vidéo Mapping avec B71 », 2/02/2017, Moovizz.be, **v10** (165, 222) « Wikipédia pourquoi ? Quand et comment utiliser Wikipédia ? », Bibliothèques du Réseau de l'Université du Québec, 22/12/2010/Université du Québec, **v11** (180, 222) « Les Français aiment la course à pied », France 3, 1/04/2016/France Télévisions, **v12** (193, 222) « Festival de BD d'Angoulême : Valérian et Laureline sous les projecteurs », JT France 3, 27/01/2017/France Télévisions, avec l'autorisation de Europacorp pour les images extraites du film « Valérian et la Cité des mille planètes », réalisé par Luc Besson, 2016.

DR : Malgré nos efforts, il nous a été impossible de joindre certains photographes ou leurs ayants droit, certains producteurs ou leurs ayants droit ainsi que les éditeurs ou leurs ayants droit pour certains documents, afin de solliciter l'autorisation de reproduction, mais nous avons naturellement réservé en notre comptabilité des droits usuels.